Die Kunst da zu sein

Michael Huppertz, geb. 1953, Dr. phil., Dipl.-Soz., Arzt für Psychiatrie und Psychotherapie. Studium der Soziologie, Philosophie und Medizin. Verschiedene psychotherapeutische Ausbildungen, seit 1997 Arbeit mit achtsamkeitsbasierter Psychotherapie. Er hat bereits mehrere Bücher zum Thema Achtsamkeit veröffentlicht. www.mihuppertz.de

Michael Huppertz

Die Kunst da zu sein

Häufig, selten und nie gestellte Fragen zur Achtsamkeit

Mabuse-Verlag
Frankfurt am Main

Bibliografische Information der Deutschen Nationalbibliothek
Die Deutsche Nationalbibliothek verzeichnet diese Publikation in der Deutschen Nationalbibliografie; detaillierte bibliografische Daten sind im Internet über http://dnb.dnb.de abrufbar.
Informationen zu unserem gesamten Programm, unseren Autor:innen und zum Verlag finden Sie unter: www.mabuse-verlag.de.
Wenn Sie unseren Newsletter zu aktuellen Neuerscheinungen und anderen Neuigkeiten abonnieren möchten, schicken Sie einfach eine E-Mail mit dem Vermerk „Newsletter“ an: online@mabuse-verlag.de.

Kasseler Str. 1 a
60486 Frankfurt am Main
Tel.: 069-70 79 96-13
Fax: 069-70 41 52
verlag@mabuse-verlag.de
www.mabuse-verlag.de
www.facebook.com/mabuseverlag

Projektkoordination und Lektorat: Simone Holz, Pisa,
www.lektorat-redazione-holz.eu/
Satz und Gestaltung: Walburga Fichtner, Köln
Umschlagabbildung: © akg-images/Claude Monet, Die japanische Brücke
Umschlaggestaltung: Marion Ullrich, Frankfurt am Main
Druck: SOL Service GmbH, Schrobenhausen

ISBN: 978-3-86321-555-2
Printed in Germany

Inhaltsverzeichnis

1 **Einleitung** 7

2 **Zur Einführung: Was ist Achtsamkeit?** 23
Achtsamkeit ist eine Haltung **23** Formen der Achtsamkeit **27**
Vom Bewerten zum Wahrnehmen, Spüren und Beschreiben
und zurück **29** Gefühle der Achtsamkeit **31**

3 **Rückenwind** 33
Innehalten **33** Aufmerksamkeit, Aufmerksamkeitslenkung **34**
Vordergrund – Hintergrund **35** Wahrnehmen **36**
Beschreiben **38** Dekonstruktion **40** Und **43**
Mit, Verbundenheit **44** Verlangsamung **46** Der weiche Blick **47**
Ressourcen **48** Kontemplation **49**

4 **Schritt für Schritt** 52
Übungspraxis **52** Selbstverpflichtung (Commitment) **53**
Experimentieren **54** Geduld, Ungeduld **56** Disziplin **57**
Partielle Achtsamkeit **57** Unterbrechungen **59**

5 **Stolpersteine und Hindernisse** 60
Stolpersteine für die Absichtslosigkeit **60** Ablenkung **62**
Anstrengung **64** Konzentration **66**
„Aushalten“ und Akzeptanz **66** Müdigkeit **69**
Problemtrance **69** Vertagen **70**
Entspannung, Anspannung, Entspannungsübungen **71** Lass los! **72**
Kann man in der Achtsamkeitspraxis auch scheitern? **73**

6 **Ankommen** 75
Zu-sich-Kommen, Bei-sich-Sein **75** Empfangsbereitschaft **78**
Körpererfahrungen **79** Anfängergeist und Abschiedsgeist **82**
Gelassenheit **83** Das Zeiterleben der Achtsamkeit **86**
Gleichzeitigkeit, Ambivalenztoleranz **92**

7 **Transzendenz** 96
Spirituelle Erfahrungen **96** Transzendenz und Sinnlichkeit **101**
Meditation **120** Erleuchtung **123** Monismus, Harmonismus **128**

8 **Erkundungen** 131
Eindrücke **131** Wirklichkeit **135** Fantasie **137**
Perspektiven **140** Der Einfluss der Achtsamkeit auf das Denken **141**

9 **Begegnungen** 155
Achtsame Kommunikation **155** Du, dialogisches Prinzip **162**
Empathie und Mitgefühl **164** Miteinander **171**
Situationsbeschreibung **176**

10 **Gefühle** 178
Der Umgang mit Gefühlen **178**
„Der Buddhismus", die Gefühle und das Werden **185**
Wünschen und Wollen **190** Sensibilität **192** Glück **194**
Daseinsfreude **202** Langeweile **203**

11 **Einkehr** 206
Ego, Ich, Selbst **206** Optimierung, Selbstoptimierung **210**
Bewusstsein und Distanz **214** Getriebensein, Der innere Kritiker **217**
Lebenskrisen, Posttraumatisches Wachstum **221**

12 **Umwege, Kreuzungen und Abzweigungen** 228
Imagination, Fantasiereisen, Trance **228** Flow **230**
Wachsamkeit **232** Genießen, Sinnlichkeit **232** MBSR **233**
Esoterik **238** Realitätsflucht (Eskapismus) **240**
Unerwünschte Wirkungen **244** Perfektionismus **249**
„Nicht-Denken" **250** Nichts als Konstruktionen? **252**
Das Sein und das Nichts **254**

13 **Mitwirken** 257
Können **257** Handeln und Nicht-Handeln **260**
Freiheit und Determinismus **264**
Altruismus **268** Rechtfertigen **270** Sinn finden **272**
Ethische Aspekte der Achtsamkeit **281**

14 **Literatur** 289

1 Einleitung

Viele Menschen haben seit Jahrtausenden in unterschiedlichen Kulturen geahnt, gespürt und beschrieben, welche weitreichenden Konsequenzen die Haltung der Gegenwärtigkeit, Absichtslosigkeit und Offenheit für ihr Leben haben kann. Viele von ihnen haben ihr ganzes Leben mit der Praxis der Achtsamkeit und dem Nachdenken über sie verbracht. Ich kann dieses Engagement verstehen und hoffe, es in diesem Buch verständlich machen zu können. Die Haltung der Achtsamkeit ist ein geistiges Weltkulturerbe, das nirgendwo zu Hause ist. Es taucht in Form von Spuren, Facetten oder prominenten Darstellungen in vielen Kulturen und Zeiten auf. Wir finden es in spirituellen Traditionen, in zahllosen Empfehlungen zur Lebenskunst, in Gedichten, Romanen und Tagebüchern und in ganz privaten Erzählungen. Die Praxis und die Haltung der Achtsamkeit können dazu beitragen, sich selbst und andere zu verstehen, die existenzielle Landschaft zu erkunden und ihren Horizont ins Spirituelle zu erweitern. Sie können helfen, individuelle Probleme zu lösen, die persönliche Entwicklung voranzubringen und die psychische Gesundheit zu schützen oder wiederherzustellen. Die Idee der Achtsamkeit ist aber auch fruchtbar, wenn es um die Lösung aktueller gesellschaftlicher Probleme geht. Gerade diese Fähigkeit wird in den letzten Jahren zunehmend angezweifelt. Der Achtsamkeitsboom trage vielmehr zur Erhaltung des Status quo oder besser der laufenden fatalen Entwicklung bei. Wenn es sie nicht schon lange gäbe, müsste der Spätkapitalismus die Achtsamkeit erfinden, so sehr eigne sie sich als Öl für sein Getriebe und zur Eindämmung kritischer Bewegungen (Purser 2021; Forbes 2019).

Es herrscht Einigkeit, dass das Leben in den hochindustrialisierten Ländern mental anstrengender geworden ist. Die Arbeitswelt hat sich verändert. Körperliche Anstrengung nimmt ab, geistige und psychische Belastungen nehmen zu. Die Arbeitsintensität steigt, die Trennung von Arbeit und Freizeit wird aufgelockert. Freizeit wird genutzt, gefüllt, getaktet. Für die profitorientierte Wirtschaft ist Zeit, die ohne Konsum verbracht wird, verlorene Zeit. Ständiger Input ist nicht nur für die weitere Vermarktung vieler Produkte notwendig, sondern auch selbst eine Form rentablen Konsums geworden. Dafür braucht es stets neue unterhaltsame Inhalte, man muss Neuigkeiten produzieren, notfalls dramatisieren, skandalisieren etc. Die Inhalte wechseln schnell. Der technische Fortschritt der Medien schafft einen immer einfacheren Zugang zu noch mehr Informationen, die noch schneller konsumiert werden können. Dabei handelt es sich auch um Informationen aus dem privaten Umfeld, das durch die sozialen Medien durchlässiger wird. Viele wollen Schritt halten, informiert sein, Teil der privaten und öffentlichen Netzwerke werden und bleiben, in Kontakt sein. Dieses Teilnehmen ist nicht nur unterhaltsam, sondern verschafft auch Zugehörigkeiten und Bindungen, schiebt schwierige Themen, Gefühle und Gedanken beiseite. Die Folgen im alltäglichen Miteinander sind drastisch, das Smartphone hat die alltägliche Kommunikation und das analoge Miteinander massiv verändert. Die Flut an Informationen, Reaktionen und Aktivitäten ist derzeit eine anspruchsvolle Herausforderung für Lebenskunst und seelische Gesundheit.

Das Mehr an Informationen und Anregungen schafft aber nicht nur einen Bedarf an weiteren Informationen, sondern auch ein Bedürfnis nach Steigerung der „Lebensqualität". Eine Optimierung der Lebensumstände ist in vielerlei Hinsicht dringend notwendig, wenn wir z. B. das extreme Gefälle des Wohlstands auf nationaler wie internationaler Ebene betrachten. Wir brauchen auch intelligentere Dinge und Techniken, um gefährlichere überflüssig zu machen, wir brauchen mehr Forschung, Weitsicht, Umsicht und Gemeinsinn auf allen Ebenen, nicht Stillstand oder Orientierung an der Vergangenheit. Verzicht ist ein vielleicht individuell passendes, aber kein global taugliches Konzept, solange viele Menschen von fließendem Wasser nur träumen können oder an Krankheiten sterben, die leicht zu verhindern oder zu heilen sind. Auch die Haltung der Achtsamkeit ist keine Haltung des Verzichts, sondern der Eröffnung von Möglichkeiten, das Leben zu gestalten. Sie kann aber die Art und Weise, wie wir diese Möglichkeiten des Konsums, der Technik, des Wohnens, des Reisens, der Kultur entwickeln und umsetzen, beeinflussen.

Achtsamkeit kann vor allem Hindernisse beseitigen, die in Form von Gewohnheiten und Haltungen die Lösung individueller und gesellschaftlicher Probleme erschweren: Konsumismus, Konkurrieren, Vergleichen, Unzufriedenheit, Bereicherung oder Optimierung. Schauen wir uns z. B. das Optimieren genauer an: Es kann sich zu einer Haltung des „Mehr" und „Besser" verselbstständigen und zu einer Gewohnheit werden, im Kleinen wie im Großen. Dies führt nicht nur zu tatsächlichen und oft wertvollen Verbesserungen, sondern auch zu einer Fokussierung der Wahrnehmung auf alles, was nicht optimal ist und Anlass sein könnte, der Gewohnheit der Optimierung nachzugehen – in allen Lebensbereichen. Die Folge sind eine immense Geschäftigkeit, ein alltäglicher Aktivismus, eine allgemeine Sucht nach Neuigkeiten, Erlebnissen und Aktivitäten. Die Angst, etwas zu verpassen, ist sicher manchmal eine Folge von Exklusion und Armut, oft aber nicht mehr als eine Gewohnheit, die ein Gefühl von Sicherheit, Kontrolle oder sogar Sinn vermittelt. Aber die Ressourcen der Menschen sind so endlich wie die der Erde. Die Begrenztheiten des Planeten sind evident, die seiner Bewohner:innen in den fortgeschrittensten Industrienationen weniger. Sie liegen in der Endlichkeit der Zeit und der Aufmerksamkeit. Auch wenn und gerade wenn die Zeit maximal gefüllt ist, bleibt vor dem Hintergrund der Optimierung als Lebenseinstellung das Gefühl, dass der Tag und das Leben zu kurz sind; wenn die Aufmerksamkeit maximal genutzt wird, entstehen nicht Zufriedenheit und Ruhe, sondern Erschöpfung und Unerfülltsein.

Dieser Haltung des „Mehr" im Sinne der Optimierung und Selbstoptimierung kann die Praxis der Achtsamkeit begegnen, indem sie sie zunächst einmal bewusst macht und dann eine neue Haltung entwickelt. Sie kann helfen, zu klären, was notwendig, machbar und fair ist, was mit einer nachhaltigen Wirtschaft zu leisten ist und was für den Einzelnen jeweils wichtig und noch verträglich ist. In einem weiteren Sinne geht es darum, was ein gutes und richtiges Leben ist und wie wir verhindern können, dass uns alle die Eindrücke, Herausforderungen, Aufgaben und Aktivitäten besinnungslos machen und keine Spuren mehr hinterlassen, weil sie sofort verwischt werden. Die oft zitierte „Nachhaltigkeit" ist auch ein Thema für die Lebenskunst und die Psyche, Welche Ereignisse, welche Filme, welche Begegnungen, welche Informationen sind wirklich nachhaltig? Nicht alles muss nachwirken, aber wenn nichts mehr nachwirkt, muss stets etwas Neues erlebt werden. Andernfalls kommt die Leere, die für viele Menschen bedrohlich ist.

Ein persönlicher Widerhall der aktuellen Entwicklung ist das Gefühl der permanenten Anstrengung. Natürlich ist Anstrengung oft sinnvoll und notwendig, aber sie ist zu einer Haltung und einer Gewohnheit geworden. Es ist normal geworden, sich ständig anzustrengen, es sei denn man schaltet in den Modus des „Abhängens", „Chillens" oder, inzwischen oft schwierig, in den des Schlafens. Die Gefahr ist groß, dass man sogar mit der Achtsamkeitspraxis nur das alte Spiel von Angestrengtheit, Effektivität und Selbstoptimierung fortsetzt. Ich staune immer wieder, wie findig die Teilnehmer:innen unserer Gruppen sind, selbst einfache Achtsamkeitsübungen kompliziert und leichte Übungen schwer zu machen. Sie können sich gar nicht vorstellen, dass etwas anstrengungslos sein kann. Natürlich geschieht bei allen Menschen vieles ohne Anstrengung, aber ihr Bewusstsein diktiert ihnen: „Wie kann ich das gut machen?", „Wie ist es richtig?", „Geht es besser?", „Wo sind denn hier die Schwierigkeiten?". Häufig sehen wir in der Achtsamkeitspraxis eine große Bemühtheit, eine Geschäftigkeit, ein Erledigen einer Aufgabe, ziemlich egal, ob es darum geht, ruhig zu sitzen oder eine Partner:in, die die Augen geschlossen hat, nur mit Geräuschen zu führen. Da bemühten sich nun die Teilnehmer:innen, sich nicht zu bewegen und kein Geräusch zu machen, oder es entsteht ein Rascheln und Klopfen ohne Ende, sodass weder der oder die Führende oder Geführte in Ruhe hören oder spüren kann, was da gerade geschieht. Aber was ist damit gewonnen? Natürlich nehmen wir unseren Alltagsaktivismus und unsere Ansprüche in die Achtsamkeitspraxis mit. O. K., nehmen wir sie also wahr und gehen wir dann in eine andere Haltung! Es geht immer um die Haltung, nicht um die „Bewältigung" einer Aufgabe.

Die Achtsamkeit fördert die Empfangsbereitschaft und minimiert den Input, sie macht aus wenig viel. Sie ist skeptisch gegenüber Gewohnheiten und bremst vor allem die Gewohnheit, rasch zu reagieren. Welche Revolution ist alleine schon das nicht-funktionalisierende Betrachten: Wahrnehmen, ohne daraus irgendeinen Nutzen ziehen zu wollen! Welcher Reichtum enthüllt sich, wenn wir ein Gegenüber, sei es ein Objekt oder ein Mensch, wahrnehmen und die Brille der Nützlichkeit – und sei es des erhofften Wohlbefindens – ablegen! Keine Erholung, keine Entspannung, keine Erkenntnis, keine Gesundheit! Achtsamkeit kreiert einen zeitlichen, mentalen und manchmal sozialen Raum, in dem ein Mensch zur Besinnung kommen kann. In diesem Raum ist es nicht sinnvoll, eine Anforderung ohne Weiteres zu akzeptieren, eine Frage sofort zu beantworten oder Gewohnheiten einfach fortzuführen. Es macht viel mehr Sinn, das, was auf mich zukommt und was es bei mir auslöst, erst einmal in Ruhe wahrzunehmen: „Sie müssen Anforderungen nicht sofort erfüllen, denn vielleicht passen sie nicht zu dem, was Sie wollen und was Sie für richtig halten. Ein Auftrag oder ein Wunsch sind zunächst einmal nur der Auftrag oder Wunsch eines anderen Menschen oder einer Institution. Sie müssen auch Fragen nicht sofort beantworten. Fragen geben Antworten vor. Wollen Sie die Vorgabe, die diese Frage gerade macht, wirklich übernehmen? Wollen Sie die Frage auch zu Ihrer eigenen machen?“ So kann auch ein Raum für existenzielle Fragen entstehen: „Ist das wirklich wichtig genug, um meine Energie darauf zu verwenden, meine Zeit damit zu verbringen? Ist es das, was ich wirklich aus meinem Leben machen will? Sind das die Fragen, mit denen ich mich wirklich beschäftigen will?“ Eine Haltung, die dieses Vorgehen fördert, ist nicht immer angebracht, denn oft müssen wir rasch reagieren oder haben keine andere Wahl, als uns auf eine bestimmte Weise zu verhalten, aber sicher ist es uns häufiger möglich als wir glauben, einen solchen Raum und eine solche Zeit der Achtsamkeit zu eröffnen – für uns selbst, aber auch für andere. Die Haltung der Achtsamkeit ist also weniger eine Haltung des Verzichts, sondern eine Haltung, sich etwas zu gestatten, sich Zeit und Raum zu nehmen und vielleicht zu entdecken, dass wir nicht mehr brauchen, als schon da ist – oder auch nicht. Sie ist eine Bereicherung, weil sie zu den Haltungen der Veränderungen (Ehrgeiz, Konkurrieren, Engagement, Sich-Durchsetzen, Kämpfen usw.) hinzukommt und ihnen eventuell eine andere Färbung gibt.

Manchmal genügt es, nur etwas mehr Gegenwärtigkeit oder Offenheit in unser Leben zu bringen, und in Therapie und Beratung ist oft nicht mehr möglich. Das hat aber oft etwas Banales: „Hab ich schon oft gehört.“ „Was soll daran besonders sein?“ „Ist mir zu einfach.“ Will man dem begegnen, muss man die Haltung als ganze verstehen und sich wirklich in die Niederungen des alltäglichen Übens begeben. Erst wenn man sie als ganze betrachtet, kann man erkennen, wie stark und vielfältig sie unsere Existenzweise beeinflussen kann. Man wird verstehen, warum so ein Gewese um eine auf den ersten Blick so einfache Angelegenheit gemacht wird. Die Haltung hat viele Facetten und die einzelnen Elemente wirken synergistisch. So führt die zentrale Eigenschaft der Absichtslosigkeit zu mehr Gegenwärtigkeit und Offenheit, aber auch umgekehrt: Wenn ich die Gegenwart stärke, treten zukunftsbezogene Vorstellungen in den Hintergrund. Wenn man achtsam etwas fokussiert (einen Gegenstand, Geräusche, den Atem usw.), ist es gut, sich auch gleichzeitig der Weitung bewusst zu sein, denn zu jedem Fokus gehört auch ein Horizont, ein Rand des Unscharfen, Vagen, Erahnten. Achtsamkeit verändert auch das Denken. Das Bewusstsein, dass um uns herum immer noch mehr ist, als wir gerade im Fokus haben, und dem wir uns, wenn wir es wollen, zuwenden können, gehört zur Fokussierung. Achtsamkeit ist stets mit dem Bewusstsein der Weite und der Offenheit verbunden. Sie macht deutlich, dass es immer einen Hintergrund für all das gibt, was uns vordergründig beschäftigt. Das Bewusstsein des Hintergrundes kann Dankbarkeit aufkommen lassen, es kann ein Drama zur Komödie werden lassen, einen Elefanten zur Maus. In einem Streit kann eine Bindung spürbar werden; das Bewusstsein einer Bindung und der Bedeutung des Anderen macht einen möglichen Streit sinnvoll. Dieses Bewusstsein des Hintergrundes erleichtert es auch, sich auf etwas zu fokussieren, denn alles andere ist damit nicht verschwunden. So kommen wir aus den Entweder-oders heraus.

Die Vorschläge in diesem Buch versuchen also Facetten einer Haltung darzustellen, die sich gegenseitig ergänzen und verstärken. Sie verschieben oft nur ein wenig die Perspektive, regen kleine Gestaltwechsel an, sind alltagsnah und einfach, wenn auch vielleicht schwierig umzusetzen. Ihre Wirkungen sind im Einzelnen meist undramatisch. Aber vor allem in der Summe und im Zusammenwirken können sie das Leben verändern. Nicht für alle Wirkungen der Achtsamkeit braucht es Geduld und Beharrlichkeit, manche Übungen sind sofort wirksam. Mehr Zeit und Geduld dürften notwendig sein, wenn man mehr Verständnis für dieses Zusammenwirken und die Auswirkungen der vielen Facetten der Achtsamkeit sucht und wenn man sich mit existenziellen Themen beschäftigen möchte. Um beide Anliegen wird es in diesem Buch immer wieder gehen. Sie rechtfertigen hoffentlich den Umfang meiner Darstellung und manche Wiederholungen, wenn immer wieder neue Zusammenhänge dargestellt werden.

Trotz mancher Diskussionen zu diesem Punkt beharre ich darauf, dass Achtsamkeit eine Kunst ist. Sie ist keine schlafende Riesin, die wir einfach in uns wecken können, sie ist nicht bereits in uns vorhanden, wir kehren in der Übungspraxis nicht zu unseren Ursprüngen zurück, wie oft gesagt wird. Achtsamkeit ist in erster Linie eine sehr erwachsene Haltung, eine anspruchsvolle Kulturleistung. Es ist eine Kunst, einfach da zu sein. Von Kindern können wir lernen, in der Gegenwart, spiel- und experimentierfreudig, emotional und teilnehmend zu sein. Aber uns selbst aus dem Mittelpunkt des Geschehens zu rücken, vorübergehend absichtslos zu sein, Impulse Impulse sein zu lassen, warten zu können, empathisch zu sein, auch wenn es uns schwerfällt, sich und anderen in Ruhe einen Überblick zu verschaffen, fremde Interessen und ein Gemeinwohl wahrzunehmen – das sind in der vollen Ausprägung erwachsene Fähigkeiten. Aber sie gehören zur Achtsamkeit und geben ihr erst ihre ethische Bedeutung.

Wenn sie den Raum der Achtsamkeit eröffnen oder schützen, können Menschen die Verantwortung wahrnehmen, die sie immer wieder haben, auch wenn sie sie nicht haben wollen. Für viele Untaten in Geschichte und Gegenwart sind nicht alleine Diktatoren und Warlords verantwortlich, sondern auch ihre zahllosen Handlanger, die KZs beaufsichtigt haben, die Mitarbeiter:innen der Gesundheitsberufe, die psychisch Kranke ermordet haben, oder die Bandenmitglieder, die heute wehrlose Dorfbewohner:innen in Afrika umbringen. Und wenn wir harmlosere Schandtaten in den Blick nehmen, so wäre auch der Dieselskandal bei VW nicht möglich gewesen, wenn die beteiligten Mitarbeiter:innen ihre Verantwortung wahrgenommen und sich geweigert hätten zu tun, was man von ihnen verlangt, oder zu schweigen. Unternehmen brauchen sicher mehr ethisch engagierte Achtsamkeit, aber es ist auch eine Frage jedes Einzelnen. Achtsamkeit ist eine gute Voraussetzung für die Ethik einer Organisation oder eines Unternehmens, aber auch für Zivilcourage. Sie entsteht unter anderem in dem kleinen Raum der Besinnung, den niemand verbieten kann.

Die gesellschaftliche Entwicklung ist sicher ein Grund dafür, dass das Thema der Achtsamkeit auf einer Welle des Erfolgs schwimmt. Sie hat den Leser:innen eine Unzahl von Büchern vor die Füße gespült. Die Schwierigkeiten des Themas sind dabei leider weitgehend untergegangen. Deswegen habe ich nun ein weiteres Buch über Achtsamkeit geschrieben. Ich möchte diese Schwierigkeiten behandeln, Missverständnisse ausräumen und das Konzept so entwickeln, dass es langfristig moralisch und politisch überzeugend und praktikabel ist.

Die See für die Achtsamkeit ist inzwischen rauer geworden. Es gibt seit einigen Jahren eine zunehmende Kritik an dem Mainstream-Achtsamkeitskonzept, wie es vor allem im *MBSR (Mindfulness-Based Stress Reduction)* vertreten wird. Die Kritik betrifft viele Aspekte (Tagney et al. 2017; van Dam et al. 2019; Purser 2021; Forbes 2019; Cabanas, Illouz 2019; Schindler 2020). Es wird z. B. die übermäßige Vermarktung beklagt, die sich in der Verbreitung positiver Ergebnisse zeige, die einer kritischen externen Überprüfung nicht standhalten, oder auch in der Idealisierung neurowissenschaftlicher Begleitforschung, die außerhalb ihrer Disziplin bislang keinen Erkenntnisgewinn bringe und nur das Prestige der Achtsamkeitsarbeit anheben solle. Auch Nebenwirkungen von achtsamkeitsbasierten Therapien werden inzwischen thematisiert (Howard 2016; Britton et al. 2021). Dabei werden aber vor allem Effekte wie Angst, Unruhe und Schlafstörungen angesprochen, die auftreten, wenn man ein verengtes – vorwiegend introspektives – und deshalb therapeutisch unflexibles Achtsamkeitskonzept therapeutisch einsetzt. Die Gefahren des Vorgehens sind viel geringer, wenn man sich achtsam nach außen auf die Natur, auf Musik, auf andere Menschen fokussiert. Das ist für viele Menschen leichter, nebenwirkungsärmer und sinnstiftender. Spezifische achtsamkeitsbasierte Vorgehensweisen haben sich auch bei schweren psychischen Erkrankungen wie Psychosen und Borderline-Persönlichkeitsstörungen bewährt. Zu der Anwendung der Haltung der Achtsamkeit in Therapie und Beratung haben wir als Arbeitsgruppe ein Buch geschrieben, das etwa zeitgleich mit dem vorliegenden erscheint (Huppertz 2021). Aber bei jeder Art von Achtsamkeitspraxis sind unerwünschte Wirkungen möglich. Ich gehe auf dieses Thema in Kapitel 12 ein.

Vor allem buddhistische Autoren kritisieren, dass die spirituellen Hintergründe des Konzepts mal verleugnet, mal hervorgehoben werden, je nachdem, ob man sich an Versicherungen oder an ein spirituell interessiertes Publikum wendet. Diese Einwände sind aus meiner Sicht berechtigt und sind eine Herausforderung für das Konzept, seine Darstellung und die Forschung.

Viele aktuelle Darstellungen der Achtsamkeit folgen tatsächlich *zweifelhaften gesellschaftlichen Trends*. Sie fördern

- die Fixierung auf das individuelle Glück;
- die Verlagerung des Glücks in die individuelle Verantwortung (Beck 2015 [1986]; Cabanas, Illouz 2019);

- ein unrealistisches Heilsversprechen in einer unheilvollen Welt;
- einen Rückzug in die eigene Innenwelt, ins Private;
- eine übermäßige Beschäftigung mit der eigenen Befindlichkeit;
- eine Flucht vor der Erinnerung und der Verantwortung für die Zukunft in das „Hier und Jetzt";
- eine Erlösung von der Unsicherheit des Zweifelns und den Mühen der Reflexion durch die Idee einer absoluten Gewissheit in der unmittelbaren Erfahrung und eine Idealisierung des Nicht-Denkens;
- einen radikalen Konstruktivismus, für den es nur subjektive Wahrheiten gibt;
- Gelassenheit um jeden Preis auch dort, wo Zorn, Wut und Empörung angesagt wären;
- Nicht-Bewerten, wo es notwendig wäre, Werte zu vertreten und Stellung zu beziehen;
- eine Fortsetzung und Steigerung des Programms der Selbstoptimierung in der paradoxen Form des Verzichts auf Optimierung;
- die Maximierung und Intensivierung des Erlebens: Jeder Augenblick soll genutzt werden, ganz im Sinne einer „Erlebnisgesellschaft" (Schulze 2000) oder einer „Gesellschaft der Singularitäten" (Reckwitz 2019), in der die Erlebnisqualität und die Suche nach dem Besonderen über alle anderen Qualitäten dominiert. Diese Form der Optimierung wird von Andreas Reckwitz vor allem bestimmten materiell besser gestellten Schichten zugeschrieben. Aus dieser „neuen Mittelschicht" kommen auch viele Menschen, die sich für Achtsamkeit interessieren.

Diese Kritik zeigt, wie wichtig es ist, die philosophischen, soziologischen und politischen Aspekte psychotherapeutischer Konzepte und Trends zu erkennen und zu diskutieren. Die Erkenntnistheorie, das Menschenbild, die explizit oder implizit vertretenen Werte, die Bedeutung der Subjektivität und des Individuums, aber auch auf einer tieferen Ebene: Was traut man dem Subjekt zu, der Selbstgestaltung, den Lebensbedingungen, wie viel dem Denken und wie viel den Gefühlen und dem Handeln? Ein Teil dieser grundlegenden Einschätzungen ist nicht dem Fortschritt des therapeutischen Handwerks oder der von ihm genutzten Wissenschaften zu verdanken, sondern den historischen und aktuellen gesellschaftlichen Selbstverständlichkeiten, die in sie einfließen und sie der Reflexion entziehen. Aber wir sind ihnen nicht ausgeliefert. Die aktuelle

Diskussion um die Achtsamkeit ist ein gutes Beispiel. Sie macht uns auf *einige wesentliche Irrtümer* aufmerksam, die sich in vielen Varianten und Ausprägungen im Mainstream der Achtsamkeit finden und nicht nur die Entfaltung des Potenzials der Idee verhindern, sondern auch die Entwicklung ihrer ethischen und politischen Überzeugungskraft und Integrität blockieren:

- Achtsamkeit ist in erster Linie introspektiv.
- Achtsamkeit ist vor allem fokussiert.
- Achtsamkeit ist nicht bewertend.
- Achtsamkeit bevorzugt das Nicht-Denken.
- Achtsamkeit dient der Förderung „positiver“ Gefühle.
- Achtsamkeit ist eine Fertigkeit, die unabhängig von weltanschaulichen, ethischen, sozialen und politischen Kontexten eingesetzt werden kann.

Die größte Aufgabe für eine Weiterentwicklung der Idee der Achtsamkeit liegt aus meiner Sicht aber in der Kritik, dass die Idee der Achtsamkeit in den aktuellen Konzepten aus allen sozialen, politischen und moralischen Aspekten herausgelöst und zu einer Sammlung wertfreier Techniken zu beliebigen Zwecken degradiert worden sei. Buddhistische Autor:innen fordern, die Achtsamkeit wieder in den Kontext der buddhistischen Lehre und ihrer Ethik einzubetten (Bhikku Analayo 2012; Wallace 2012; Grossmann 2015; Purser 2021; Forbes 2019). Ich werde diesen Weg zurück nicht mitgehen und nur ausnahmsweise auf buddhistische Einsichten zurückgreifen, weil sie mir teilweise zu anfechtbar erscheinen. Andere Traditionen der Achtsamkeit scheinen mir in vielerlei Hinsicht besser begründet, fruchtbarer und zeitgemäßer, weil sie z. B. ein positiveres Verhältnis zum Werden, eine offenere Einstellung gegenüber Gefühlen, mehr Interesse an Individualität und eine dialogische Auffassung von zwischenmenschlichen Beziehungen und der Vermittlung von Wissen haben. Das bedeutet nicht, dass die spirituelle Dimension der Achtsamkeit keine Rolle spielt. Skeptische Menschen reagieren inzwischen auf die Idee und auch auf den Begriff der „Achtsamkeit“ ziemlich allergisch, weil sie sie rasch der „Esoterik“ oder der buddhistischen Religion zuordnen. Das hat mit entsprechenden Darstellungen zu tun, aber auch mit der Annahme, dass existenzielle und spirituelle Traditionen nicht rational behandelt werden können. Ich werde mich mit dem spirituellen Aspekt der Achtsamkeit in diesem Buch ausführlich und so rational wie möglich beschäftigen, weil er für das Verständnis der Idee wichtig ist.

Es ist möglich, die Klippen, die die Kritiker:innen anzeigen, zu umschiffen, statt munter auf sie loszufahren. Eine Achtsamkeitspraxis, die dauerhaft von der Notwendigkeit gerechter und humaner gesellschaftlicher Bedingungen ablenkt, ist nicht viel wert. Sie schadet mehr, als sie nutzt, wenn sie den Sinn von Zorn, Empörung, Wut und anderen wichtigen und angemessenen Gefühlen angesichts des Zustandes der Welt nicht erkennt. Aber die Anwendung der Haltung der Achtsamkeit auf die äußere menschliche und nicht-menschliche Wirklichkeit in Weite und Offenheit führt zu neuen, kreativen, moralisch relevanten Perspektiven. Der Boom der „Achtsamkeit" bedient nicht nur den Zeitgeist, er kritisiert ihn auch. Achtsamkeit ist ein *fortschrittliches, kritisches Unternehmen*, das den Zeitgeist herausfordert und zu korrigieren versucht. Sie stellt konservative Denkformen infrage, befreit das Wahrnehmen und das Denken und kann den Horizont der Wahrnehmung auch auf all die strukturellen Missstände erweitern, für die sich kaum jemand interessiert, weil sie nicht tagesaktuell, nicht neu, nicht irgendwie unterhaltsam sind. Sie relativiert die anthropozentrische Perspektive und kann dazu beitragen, das Verhältnis zur Natur neu zu gestalten (Huppertz, Schatanek 2021).

Natürlich geht es bei Achtsamkeit auch darum, „zu sich zu kommen". Achtsamkeitspraxis bedeutet fraglos auch eine Auseinandersetzung mit sich selbst. Schließlich wird die eigene Lebenseinstellung thematisiert und sie verändert sich im Laufe der Übungspraxis. Wir sind aber unauflöslich in unsere Umgebung verwickelt – durch unsere Gefühle und Körper, unsere äußeren und inneren Beziehungen. Deshalb können wir uns auch von unserer Umwelt und Mitwelt helfen lassen, in eine achtsame Haltung zu kommen. Wir müssen uns nicht am eigenen Schopf aus dem Sumpf ziehen und uns dann gegebenenfalls später in einem befreiteren Zustand der Welt wieder zuwenden. Wir können unser Selbst über die Welt entdecken und entwickeln. Wir müssen und können aufpassen, dass wir mit dem Propagieren der Achtsamkeit den Stress nicht verschlimmern. Deshalb sollten wir sie in den Alltag integrieren, sie leicht und kurz gestalten, keine Parallelwelt der Achtsamkeit errichten und Anstrengung herausnehmen, wo immer es geht. Nicht geringer ist die Gefahr, dass die Achtsamkeit die kritische Beschäftigung mit sich selbst zwecks Selbstoptimierung verstärkt. Sich selbst wahrzunehmen und eigene Wünsche und Grenzen zu erkennen, ist fraglos ein Anliegen der Arbeit mit Achtsamkeit. Aber genauso wichtig ist es, in

Ruhe wahrzunehmen, zu erkennen und zu fühlen, wo die Lebensverhältnisse und die gesellschaftlichen Bedingungen verändert werden können und müssen.

Es gibt einen wertvollen *Kern des Konzeptes*. Er betrifft die Lenkung der Aufmerksamkeit auf die Gegenwart, das bewusste Wahrnehmen mit einer mehr oder weniger großen Distanz, die Eröffnung eines Freiraums zwischen mentalen Prozessen und Handeln, die Stärkung des Wahrnehmens und Beschreibens gegenüber dem Kategorisieren und Bewerten, einen Sinn für Sinnlichkeit und Sich-Spüren, eine Neigung, Wahrnehmungs- und Denkmuster ebenso wie Gewohnheiten infrage zu stellen, die Fähigkeit, den Horizont immer wieder zu erweitern. Das ist viel gegenüber den *Aspekten, die unterschiedlich gesehen werden*, etwa: Wem oder was soll die Aufmerksamkeit gelten? Welche Formen der Achtsamkeit gibt es? Geht es um Nicht-Denken? Wie festgelegt oder experimentell sollte die Praxis aussehen? Ist Achtsamkeit anstrengend? Wie wichtig ist die Wirklichkeit? Hat die Achtsamkeit eine ethische Bedeutung und wenn ja, welche? Kann Achtsamkeit sinnstiftend sein? Was ist ein achtsamer Umgang mit Gefühlen und welche Bedeutung haben Gefühle überhaupt für unser Leben? Wie ist das Verhältnis von Handeln und Nicht-Handeln? Kann und sollte man das „Selbst" überwinden und was soll das bedeuten? Diese Fragen sind notwendig, um die Idee weiterzuentwickeln. Es ist ein gutes Zeichen, wenn Begriffe sich verändern. Es spricht dafür, dass sie lebendig sind, sich mit den Zeiten, in denen sie wirken sollen, weiterentwickeln, und dass sie diskutiert werden.

Ich glaube, dass alle, die sich ernsthaft mit dem Konzept der Achtsamkeit beschäftigen, sich einig sind, dass es mit Weltflucht nicht zu vereinbaren ist. Aber bei allem Engagement für das Engagement: Wir können unsere Lebensbedingungen oft nicht verändern, nicht das Elend in der Welt, nicht das Scheitern mancher unserer Pläne, nicht all die Missverständnisse, nicht unsere Mitmenschen, nicht die Verletzlichkeit unserer Körper, nicht die Aussicht auf den Verlust von Menschen, die uns nahestehen, durch Trennung, Krankheit und Alter, nicht die Gewissheit des Todes aller Lebewesen und letztlich auch nicht den Untergang des Planeten, aus kosmischen Ursachen. Im Kleinen wie im Großen bleibt uns oft nur eine kluge Akzeptanz gerade dann, wenn wir unnötige Enttäuschungen und Erschöpfungen vermeiden wollen. Das bleibt aus meiner Sicht die wesentliche und wertvollste Erkenntnis des Buddhismus. Da die Veränderung nicht immer eine Lösung ist, hat Buddha seinen Schülern ein gutes Stück Selbstverantwortung zugesprochen, einen klugen Umgang mit dem Leid zu pflegen und eine Änderung ihrer Haltung und nicht nur die Änderung der Verhältnisse anzustreben. Beides gegeneinander auszuspielen, ist schlicht überflüssig. Achtsamkeit ist eine Antwort auf diese Erfahrung der Kontingenz und der Abhängigkeit, transzendiert sie, indem sie sich mit Akzeptanz auf den Weg macht und dem Selbst eine Erweiterung der Existenzweise ermöglicht. Diese Freiheit fällt nicht vom Himmel, ist aber von der Aktualisierung irdischer Bedingungen doch erstaunlich unabhängig. Sie kann weder durch Krankheit noch durch Armut eingeschränkt werden, sondern nur durch das, was die Einsicht trübt. Wer diese Möglichkeit nicht denken mag, wird mit seiner Kritik an der Achtsamkeit immer einen zentralen Punkt der menschlichen Existenz verpassen und in der Begründung der Achtsamkeit eine entscheidende Dimension übersehen – die spirituelle.

Wie immer wir „Spiritualität" verstehen, sie relativiert die Bedeutung unserer alltäglichen Sorgen und Anliegen, Wünsche und Interessen. *Spiritualität* transzendiert und stellt sie in einen größeren Kontext. Sie kann nicht nur unsere Gefühle, unser Denken und unser Handeln, sondern auch unsere Existenzformen des interessengeleiteten Handelns, unser Erleben von Zeit, Raum, Selbst usw. so verändern, dass wir in einem höheren Maße von unseren unmittelbaren Lebensbedingungen unabhängig werden. Damit ist sie eine Provokation für alle Lebenseinstellungen, die ausschließlich auf eine Verbesserung der Lebensverhältnisse setzen. Aber ohne den Aspekt der Akzeptanz wird das Konzept der Achtsamkeit ähnlich flach, wie wenn wir es auf den Blick nach innen begrenzen. Achtsamkeit hat Eigenschaften, die von sich aus spirituelle Erfahrungen nahelegen und vermutlich mindestens teilweise für solche Erfahrungen auch notwendig sind: Offenheit, Gegenwärtigkeit, Dekonstruktivität und Empfangsbereitschaft. Sie fördert spirituelle Gefühle, die mit dieser Haltung einhergehen, wie Gelassenheit, Dankbarkeit oder Daseinsfreude.

Nicht zufällig war die Achtsamkeit als Praxis lange Zeit in spirituelle Traditionen eingebettet, und sie ist es heute noch. Spirituelle Erfahrungen und Einsichten gehen über existenzielle Erfahrungen und Einsichten hinaus, indem sie Lösungen anbieten. Gerade die Praxis der Achtsamkeit ist stark darin, solche situativen Möglichkeiten in Form von Anmutungen, Einladungen zu Erfahrungsexperimenten, ästhetischen und gefühlvollen Aspekten zu entdecken. Spirituelle Erfahrungen sind additive Erfahrungen, sie ersetzen nichts, sie stellen keine Alternative dar, sie sind den alltäglichen Erfahrungen nicht überlegen. Wir können gleichzeitig säkular und spirituell wahrnehmen und zwischen beiden Perspektiven oszillieren, in kurzen oder großen Abständen und Bewegungen. Es gibt hier auch kein Problem des Alles oder Nichts, die Erfahrungen können sich auch vermischen. Vor allem aber beeinflussen sie sich wechselseitig, oder es wäre jedenfalls wünschenswert. So können die spirituellen Erfahrungen in unser Handeln einfließen und z. B. unseren Lebensrhythmus oder unsere Praxis wie unsere Wahrnehmung und Darstellung der Schwierigkeiten des Lebens in all ihren Formen beeinflussen.

Es begeistert mich auch nach vielen Jahren noch, dass ein abstraktes Konzept wie Achtsamkeit so konkret sein kann – es lebt im Wahrnehmen, Denken, Verhalten, Sprechen, Handeln. Es kann gelernt und geübt werden, gezeigt und geteilt werden. Seine Umsetzung kann sofort beginnen, in unendlich vielen kleinen Schritten. Der Weg der Achtsamkeit ist der Weg einer stillen Verwandlung (Jullien 2019). Sie ist in konkreten alltäglichen Situationen erlebbar und spürbar, die nun nicht mehr so grau sind, sondern so bedeutsam wie die besonderen Situationen des Lebens, die Grenzsituationen, die Highlights und ihre Schattenseiten. Das Verständnis wächst mit der Praxis und umgekehrt. Achtsamkeit ist im Idealfall ein Wissen und ein Können, eine Form von „tacit knowing“ (Polanyi 1966), das teilweise, aber auch nur teilweise expliziert werden kann.

Sowohl von der Praxis als auch von der Theorie handelt also dieses Buch. Es ist daher nicht nur – ja nicht einmal in erster Linie – für diejenigen geschrieben, die Fragen an das Konzept haben, sondern für alle, die die Praxis der Achtsamkeit erlernen oder weiterentwickeln wollen und auf diesem Weg auf praktische Fragen und Schwierigkeiten stoßen. Solchen Schwierigkeiten sind schon zahllose Menschen begegnet. Ich gehöre dazu und viele andere, mit denen ich gearbeitet habe. Sie sind für uns alle nie dauerhaft gelöst, sie kommen und gehen und kehren zurück. Sie werden uns immer begleiten. Unsere Lebensumstände verändern sich ständig, wir nicht minder, und was uns heute gelingt, wird uns morgen wieder misslingen. Die praktischen Probleme sind nach meinem Eindruck leichter lösbar als die konzeptuellen Fragen. Wir können mit etwas Erfahrung und Nachdenken schon viel dazu sagen, was zu tun ist und was wir besser lassen sollten. Wir können Umwege vermeiden und uns auf das Wesentliche besinnen. Wir können alles vermeiden, was eine eigentlich einfache Sache unnötig kompliziert macht. Im Idealfall wirken Theorie und Praxis Hand in Hand. Wenn wir wissen, was wir tun und was wir wollen, so vermeiden wir auch praktische Empfehlungen, die nicht praktikabel sind oder den wesentlichen Kern des Konzepts an seiner Entfaltung hindern oder ihn gar zerstören.

Ich werde vor allem Themen aufgreifen, die in Achtsamkeitsgruppen und Workshops aufgekommen sind. Viele sind mir als Fragen gestellt worden, und wenn es so war, habe ich sie in diesem Text am Rand der entsprechenden Passage notiert. Manche davon werden häufig, andere selten oder nie gestellt. Sie erscheinen mir dennoch interessant und nützlich. Dieses Buch ist nicht so geschrieben, dass Sie es von Anfang bis Ende durchlesen müssten. Sie können sich an den Abschnitten (in der Regel sind es Stichworte) oder den Fragen am Rand orientieren und das lesen, was Sie besonders interessiert. Oft ist eine Frage nur im Zusammenhang mit anderen Fragen wirklich gut zu beantworten. Deswegen finden sich in den Abschnitten häufig Verweise auf andere Abschnitte. Überschneidungen und Wiederholungen lassen sich dabei trotzdem nicht immer vermeiden, weil jeder kleine Abschnitt auch ein wenig für sich stehen können soll. Es ist gut, wenn Sie vorher die Einführung lesen, sofern Sie nicht mit dem Thema vertraut sind. Die Zitate in der rechten Spalte habe ich ausgewählt, weil sie mir mehr aus der Seele sprechen, als ich es vermag. Die Spalte rechts führt quasi ein Eigenleben. Die Zitate werden im Text nicht interpretiert, beziehen sich aber auf den jeweiligen Abschnitt und umgekehrt. Damit möchte ich eine Reduktion und eine Vereinheitlichung all dieser kreativen Schöpfungen und Überlegungen vermeiden. Manchmal habe ich mir theoretische Unterstützung geholt, aber die meisten Zitate beschäftigen sich nicht explizit mit dem Thema, benennen es nicht, sie lassen es nur aufblitzen. Der Spirit der Achtsamkeit taucht oft und unverhofft auf. Man kann ihn spüren, hinter Worten hören, zwischen Zeilen lesen, in einem Verhalten ahnen und in Szenen erleben. Manchmal zeigt er sich mit Pathos, manchmal versteckt er sich. Manchmal ist er gemeint, manchmal nicht. Er lebt nicht in irgendeinem Diskurs und er nimmt schon gar nicht in einzelnen Worten Platz, auch nicht in dem Wort „Achtsamkeit".

Ich lege Ihnen also viele Mini-Essays vor. Die Frage liegt nahe, ob es nicht einen roten Faden gibt, eine Grundidee, die alle diese kurzen Texte zusammenhält. – Es gibt diesen roten Faden: Er liegt in dem Gedanken, dass es einen größeren Gewinn an Achtsamkeit darstellt, wenn ein Mensch unter widrigen Bedingungen im Alltag für sich und andere ein Fünkchen der Achtsamkeit entzündet, als wenn ein anderer an einem ruhigen Ort ein großes Feuer entfacht. Eltern, die es schaffen, bei hoher Arbeitsbelastung und viel Trubel ihren Kindern achtsam zuzuschauen oder zuzuhören, zeigen aus meiner Sicht eine bedeutsame Achtsamkeit – bedeutsam im Sinne der Achtsamkeit und bedeutsam für die Gesellschaft. Niemand muss große Umstände machen, um Achtsamkeit zu lernen, und es ist für jeden leicht, auf diesem Weg Erfolgserlebnisse zu haben. Ich bin sicher, dass nur in dem „muddy water", im Alltag, die Haltung der Achtsamkeit richtig verstanden und zu einer neuen Selbstverständlichkeit im Wahrnehmen und Handeln werden kann, die einen Unterschied für den Einzelnen wie für die Gesellschaft ausmacht.

Übungen möchte ich in diesem Buch nur selten vorstellen. Das haben wir in zwei anderen Büchern getan (Huppertz 2015; Huppertz, Schatanek 2021). Auch auf spezielle therapeutische oder präventive achtsamkeitsbasierte Verfahren wie Dialektisch-Behaviorale Therapie (DBT), Mindfulness Based Cognitive Therapy (MBCT) oder Acceptance and Commitment Therapy (ACT) usw. werde ich nicht eingehen, mit Ausnahme des Mindfulness-Based Stress Reduction (MBSR) (s. Kap. 12). Das MBSR ist einfach derzeit in Deutschland so bekannt, dass ich in Gruppen und Workshops oft gefragt werde, wie ich zu diesem Verfahren stehe, ob ich bzw. wir in unserem Team etwas anderes machen, wo die Unterschiede liegen etc. Da ich in diesem Buch die häufigen Fragen behandeln möchte, will ich hier keine Ausnahme machen.

In diesem Buch wimmelt es von Ratschlägen. Nehmen Sie sie bitte als praktische und gedankliche Anregungen.

2 Zur Einführung: Was ist Achtsamkeit?

In dieser „Einführung" stelle ich noch einmal in einer aktualisierten Kurzfassung die Idee der Achtsamkeit und die allgemeinen Wirkungen der Achtsamkeitspraxis vor.

Achtsamkeit ist eine Haltung

Wir sind es gewohnt, Probleme zu ignorieren oder zu lösen. Wenn wir sie lösen wollen, überlegen wir, was wir erreichen wollen und welche Mittel uns möglicherweise zur Verfügung stehen. Wir verhalten uns zielorientiert, zweckmäßig oder wie man auch sagt: „zweckrational". Zweckrationalität ist eine Haltung. Haltungen sind Bereitschaften (Dispositionen), auf eine bestimmte Weise zu denken, zu fühlen und sich zu verhalten. Sie werden durch Situationen aktualisiert. Haltungen wie Großzügigkeit, Ehrgeiz, Bescheidenheit, Fürsorglichkeit, Gleichgültigkeit usw. prägen Persönlichkeiten. Auch Achtsamkeit ist eine solche Haltung. Bei Haltungen geht es um die Art und Weise, wie man mit einer Situation und all dem, was zu ihr gehört, umgeht: mit Ereignissen, Prozessen, Dingen und anderen Menschen, mit Zeit und Raum, mit sich selbst und seinen Gefühlen, Wahrnehmungen, Gedanken, um die wichtigsten Elemente zu nennen, die in alltäglichen Situationen eine Rolle spielen. Wenn wir von einer Haltung sprechen, sprechen wir also weniger von konkreten Inhalten, sondern darüber, wie man mit all diesen Prozessen umgeht.

Achtsamkeit ist die Haltung des absichtslosen Verweilens in der Gegenwart. Diese Haltung ist in unserer Gesellschaft ungewöhnlich, widerspricht unseren Intuitionen, wir nehmen sie selten im Alltag ein. Es herrscht ein alltäglicher gesellschaftlicher Gegenwind. Wenn wir wach sind und Energie haben, dann sind wir meist auch aktiv, mindestens mental. Wir denken nach, wälzen Probleme, wollen etwas erreichen oder verbessern, uns erholen, etwas erleben oder uns einfach nur wohlfühlen. Wir lassen das alles nur, wenn wir müde werden, „abschalten“, uns entspannen, in den Schlaf gleiten. Selten sind wir in dem, was ich den „dritten Zustand“ nenne: wach, voller Energie, aber einfach nur da. Wann waren Sie zuletzt wach und schwungvoll, aber einfach nur da, ohne die Zeit zu nutzen?

Da es heute für die meisten Menschen ein eher schwieriges Unterfangen ist, sowohl wach als auch in einem *absichtslosen, empfangsbereiten* Zustand zu sein, kann man auch sagen:

Achtsamkeit ist die Kunst, einfach da zu sein.

Das scheint mir die einfachste Definition von Achtsamkeit. Es ist zwar nicht einfach, in der Gegenwart voll und ganz anwesend und dabei offen und empfangsbereit für das zu sein, was ist, aber es ist auch keine komplexe Praxis. Es ist ja auch nicht leicht, auf einem Bein zu stehen, aber es ist leicht zu sagen, was zu tun ist. Auch die Haltung der Achtsamkeit ist leicht zu erklären. Aber für die Umsetzung sind Erläuterungen, Tipps, Übungen, Geduld und ein langer Atem hilfreich.

Wie jede Haltung hat auch Achtsamkeit eine begrenzte Reichweite. Manchmal passt sie und manchmal nicht. Manchmal kann sie Gutes bewirken, manchmal wäre es fatal, in erster Linie achtsam zu sein. Im Hintergrund mag sie immer einen gewissen Beitrag leisten, aber nicht immer kann sie im Vordergrund stehen. Nehmen wir an, jemand wurde gerade operiert, wacht auf und hat starke Schmerzen. Schmerzmittel sind nun sicher angebracht und hilfreich. Anders ist es, wenn jemand unter chronischen Schmerzen leidet. Jetzt ist eine dauerhafte Einnahme von Medikamenten mit erheblichen Nachteilen verbunden. Achtsamkeit kann helfen, den Medikamentenkonsum zu reduzieren, den Schmerz zu akzeptieren, sich nicht zusätzlich zu verspannen, die Aufmerksamkeit nicht ausschließlich auf die Schmerzen zu lenken, aktiv zu bleiben usw. Aber in Situationen, in denen dringendes Handeln und das direkte, rasche Verändern der Situation zur Beseitigung einer Gefahr oder eines anderen Missstandes notwendig sind, ist Achtsamkeit als vordergründige Haltung meist unangebracht.

Wenn Sie eine Lösung für ein Problem suchen, z. B. für einen zwischenmenschlichen Konflikt, für Angstzustände oder Suchtverhalten, und Sie das Problem mit Achtsamkeit lösen wollen, so müssen Sie über die Haltung gehen. Nehmen Sie die Haltung der Achtsamkeit ein und schauen Sie dann, wie sich das Problem darstellt und was sich von selbst verändert bzw. welche Lösungsmöglichkeiten sich ergeben. Gehen Sie nicht den direkten Weg zur Lösung. Dieser direkte Weg ist oft naheliegend, aber wenn er funktionieren würde, wären Sie ihn vermutlich schon gegangen. Achtsamkeit ist immer dann ein guter Rat, wenn Sie mit allen direkten Lösungsversuchen gescheitert sind. Man könnte auch sagen, dass Achtsamkeit bei chronischen Problemen, Beschwerden und Symptomen besonders hilfreich ist, bei denen die intuitive Herangehensweise des Veränderns gescheitert ist.

Man kann die Haltung der Achtsamkeit genauer aufschlüsseln:

Die Haltung der Achtsamkeit ist

- bewusst, wach: „Bewusst" hat einen Doppelsinn:
  1. Zu der Haltung gehört ein normales Alltagsbewusstsein (statt z. B. Trance oder Schläfrigkeit), also Sie sind wach. Üben Sie nicht, wenn Sie müde sind, es ist zu schwierig. Wenn Sie müde werden, variieren Sie zu einer aktiveren Praxis oder hören Sie erst einmal auf. Wechseln Sie z. B. zu informeller Achtsamkeit (s. u. in diesem Abschnitt). Üben Sie nur im Liegen, wenn Sie wirklich ausgeruht und wach sind. Im Sitzen, Stehen, Gehen usw. ist es viel einfacher.
  2. Zu der Haltung gehört lange Zeit eine bewusste Entscheidung. Die bewusste Entscheidung ist notwendig, um aus der gewohnten handlungsorientierten Haltung in eine ungewohnte Haltung wechseln zu können. Mit der Zeit geschieht dieser Wechsel immer häufiger spontan und ohne besondere Entscheidung, auch ohne dass man „Jetzt übe ich Achtsamkeit!" sagt, weil die achtsame Haltung eine neue Gewohnheit geworden ist und Achtsamkeit immer wieder rasch aus dem Hintergrund in den Vordergrund wandert.
- absichtslos:

  Alle weiteren Absichten außer der, achtsam zu sein, stören und verkomplizieren die Haltung. Wenn zusätzliche Absichten hinzukommen („Ich will mich entspannen", „Ich will etwas über mich herausfinden", „Das will ich jetzt intensiv erleben", „Ich will mich wohlfühlen" usw.), so ist es sinnvoll, diese

Gedanken wahrzunehmen und dann zu einem anderen Fokus überzugehen oder sich der Gegenwart in ihrer Fülle zu öffnen (s. u. Fokussierte und Weite Achtsamkeit). Bei Routinetätigkeiten ist die Absicht, die mit ihnen verbunden ist, unproblematisch, denn sie läuft nebenbei mit, z. B. bei unproblematischen Hausarbeiten, Gehen usw. (s. u. Informelle Achtsamkeit). Hier wird die Handlung oder Verhaltensweise zwar durch eine Absicht angestoßen, aber sie verschwindet dann sozusagen in der Tasche, um erst wieder herausgezogen zu werden, wenn ein Problem auftaucht. Die Absicht bleibt in der Regel implizit und verträgt sich deshalb gut mit der bewussten Absichtslosigkeit.

Die Absichtslosigkeit ist einer der wichtigsten, aber auch einer der wenigen nicht leicht verständlichen Aspekte der Achtsamkeit. Natürlich verbinden wir mit der Haltung der Achtsamkeit Absichten, aber in der Haltung der Achtsamkeit sind wir nicht in der Zukunft, sondern ganz in der Gegenwart bei dem, was gerade ist (s. auch Kap. 5).

- gegenwärtig:
  In der Haltung der Achtsamkeit bleibt man bei dem, was gerade geschieht. Man bleibt in der Gegenwart. Was aber ist Gegenwart? Gegenwart wird durch die Prozesse bestimmt, die gerade stattfinden und mit denen ich im Kontakt bin. Das kann ein Klingelton sein oder ein langes Musikstück, ein Vogelflug, ein Sonnenuntergang oder eine Erzählung (s. auch Kap. 6).
- offen, experimentell:
  Ich öffne mich tendenziell für die Situation in all ihren Facetten. Ich kann sie auch auf spielerische Weise erleben und erforschen. Ich kann meine Position im Raum verändern, Objekte anfassen, die Augen schließen und nur auf die Geräusche achten usw. „Experimente“ ist hier nicht so gemeint, dass man etwas Bestimmtes herausfinden will, sondern dass man mit offenem Ausgang experimentiert. Wir wissen bei einem achtsamen Experiment nicht, was wir erleben werden, wir wollen es auch nicht wissen. Nur in der 3. Person-Perspektive, also „von außen“, ist Wissen notwendig, das über das Wissen um die Achtsamkeitspraxis hinausgeht, also das Wissen einer Person, die eine naturpädagogische, eine medizinische oder eine psychotherapeutische Ausbildung durchlaufen hat, je nachdem, welches Ziel mit der Übungspraxis verfolgt wird.
- akzeptierend:
  Ich lasse vorläufig die Prozesse geschehen und lasse die Situation, wie sie ist. Akzeptieren heißt zu sich sagen: „So ist es!“, nicht: „So ist es gut!“ Eigentlich

gehört das Akzeptieren zu dem Nicht-Verändern und der Absichtslosigkeit schon dazu und man müsste es nicht extra erwähnen, aber es macht manchmal einen Unterschied, ob man sich bewusst dafür entscheidet, etwas zu akzeptieren, was man nicht verändern kann oder will, oder ob man es nur widerwillig erduldet und eigentlich weiter insgeheim nach Wegen sucht, es zu verändern. Akzeptanz muss kein „Annehmen" im Sinne einer wohlwollenden oder freundlichen Betrachtung sein. Es ist auch kein Festhalten, wie es das Wort „Annehmen" implizit nahelegt, sondern ein schlichtes Hinnehmen und Geschehenlassen (s. Kap. 5, „Aushalten" und Akzeptanz).

- teilnehmend:
  Ich bin und bleibe Teil der Situation und schwinge mit. Den Abstand, die Intensität meiner Resonanz mag ich regulieren, aber wenn ich ihn zu groß wähle, fehlt mir das Erleben, wenn ich ihn zu klein wähle, die Freiheit und die Weite des Bewusstseins.

Formen der Achtsamkeit

Die Unterscheidung verschiedener Formen der Achtsamkeit macht vor allem in der Praxis viel Sinn. Manchmal ist es gut, auf eine bestimmte Art und Weise achtsam zu sein, z. B. seine Aufmerksamkeit mehr nach innen oder mehr nach außen zu richten. Verschiedene Achtsamkeitstraditionen haben hier unterschiedliche Schwerpunkte, weil sie auch unterschiedliche Philosophien, Menschenbilder und Auffassungen über die Ziele der Achtsamkeit vertreten. Alle Formen in Betracht zu ziehen hat den Vorteil, dass man das ganze Potenzial des Konzepts ausschöpfen kann und nicht zu einseitig vorgeht, also z. B. immer nur seinen Körper spürt oder seine Atmung wahrnimmt und dabei übersieht, dass man auch achtsam zuhören oder auf die Atmosphäre einer Beziehung achten kann, was im Alltag und bei bestimmten seelischen Problemen möglicherweise sehr nützlich ist:

- *Fokussierte A.:* Sie gehen achtsam mit einem bestimmten Ereignis, einer Tätigkeit, einem Menschen oder einem Objekt um. Wenn Sie den Fokus verlieren, kehren Sie mit einem „Und" zurück.
- *Weite A.:* Sie sind gegenüber der gesamten gegenwärtigen Situation achtsam und nehmen wahr, was gerade ist und geschieht, ohne etwas gezielt auszuwählen (und ohne Anspruch auf Vollständigkeit!): Objekte, Menschen, Ereignisse,

auch Ihre Empfindungen, Gefühle, Gedanken usw. Sie halten dabei nichts fest und bleiben offen für Verschiebungen Ihrer Aufmerksamkeit, die einfach von selbst geschehen. Mal zieht Sie ein Vorgang an, mal ein anderer. Wenn Sie merken, dass Sie an einem Vorgang, Objekt etc. festhängen, anfangen zu grübeln oder aus der Gegenwart aussteigen, weil Ihre Gedanken sich vor allem auf die Vergangenheit oder Zukunft beziehen, dann sagen Sie sich: „Und was geschieht gerade noch?" Die Frage führt zu einer erneuten Weitung der Achtsamkeit. Die weite Achtsamkeit ist die Praxis, die am wenigsten Anstrengung beinhaltet, Sie können einfach Ihrer Aufmerksamkeit erlauben spazieren zu gehen. Damit verkörpert sie am klarsten die Achtsamkeit als anstrengungslose Empfangsbereitschaft.

- *Innere A.:* Die räumliche Metapher „innen" versus „außen" funktioniert nur beschränkt im Kontext der Achtsamkeit. Es gibt zahlreiche Phänomene, die sich mit dieser Metapher nicht erfassen lassen. Dazu zählen z. B. Gefühle. Sie haben sowohl „innere" (Körperempfindungen, Gedanken, Gefühle, Fantasien usw.) als auch „äußere" Anteile (Wahrnehmungen, Verhaltensweisen, Beteiligung an Situationen, Ausdrucksformen usw.). Am besten übersetzt man die Metapher erst einmal so, dass „innen" das ist, wozu wir einen privilegierten Zugang haben. Was können andere grundsätzlich nicht so erleben wie ich? Das gilt vor allem für mentale Prozesse (Gedanken, innere Bilder, Erinnerungen, Fantasien usw.) und Körperempfindungen.
- *Äußere A.:* Sie sind achtsam auf die Wirklichkeit, d. h. auf das, was unabhängig von Ihnen existiert und auf Sie einwirkt, auf Ihre Umwelt und Mitwelt. Darin steckt die Annahme: Es gibt eine robuste Wirklichkeit (Natur, Objekte, andere Subjekte), die unabhängig von uns existiert und auf uns einwirken kann (und umgekehrt). Die äußere Wirklichkeit kann von anderen Menschen auf ähnliche Weise wahrgenommen werden wie von mir selbst.
- *Relationale A.:* Sie sind achtsam darauf, wie Sie mit Ihrer Umwelt und Mitwelt interagieren und verbunden sind. Sie nehmen wahr, wie Sie an Situationen und Beziehungen teilnehmen. Relationale Achtsamkeit schaut nach dem Dritten, dem „Zwischen" (Interaktion, Gespräch, Atmosphäre, Produkt usw.), das aus den unterschiedlichen Beiträgen der Partner entsteht. Wir sind also im Idealfall im Kontakt mit uns selbst, dem Anderen und dem gemeinsamen Prozess.
- *Beobachtende A.:* Beobachten Sie Ihre inneren Erfahrungen (Gedanken,

Empfindungen etc.) und die Erfahrungen aus der Umwelt aus einer größeren Distanz, als Sie es gewöhnlich tun (zum Problem der „reinen Beobachtung“ s. Kap. 11, Bewusstsein und Distanz).

- *Begleitende A.:* Nehmen Sie Ihre Erlebnisse, Eindrücke und Wahrnehmungen bewusst wahr, aber bleiben Sie in engem, differenzierten Kontakt mit ihnen. Da Bewusstheit immer eine gewisse Distanz und Freiheit beinhaltet, können Sie selbst entscheiden, wie stark Sie sich auf eine Erfahrung einlassen.
- *Formelle A.:* Sie praktizieren Achtsamkeit in Form von klar definierten Übungen, tun also etwas, was Sie sonst nicht tun würden (mit dem Sitzen experimentieren, sich ausschütteln, still sitzen und die Augen schließen, nur auf die Geräusche oder auf Lücken achten, langsam gehen usw.).
- *Informelle A.:* Achtsamkeitsübungen bei alltäglichen Gelegenheiten. Geeignet sind z. B. alltägliche Objekte oder Tätigkeiten, die eine ausreichende Absichtslosigkeit erlauben: Gehen, Atmen, Essen (z. B. einzelne Nahrungsmittel betasten, riechen, sehr langsam essen), gewohnte Tätigkeiten im Haushalt oder im Garten (s. Kap. 13, Können). Sehr hilfreich ist es auch, kleine Pausen im Alltag zu nutzen, um weite Achtsamkeit zu üben. Beginnen Sie auch bei informellen Übungen bewusst die Übungspraxis, indem Sie sich kurz die Haltung der Achtsamkeit vergegenwärtigen, und beenden Sie die Übung auch wieder bewusst. Es ist oft hilfreich, sich dabei auf einen bestimmten Zeitraum (z. B. ca. drei Minuten) festzulegen. Ein großer Vorteil der informellen Achtsamkeit ist, dass sie keine oder kaum Zeit kostet. Wenn Sie allerdings keine zehn Minuten am Tag Zeit finden, Achtsamkeit zu üben, ist es sicher noch wichtiger, dass Sie sich über Ihren Lebensstil Gedanken machen.

Vom Bewerten zum Wahrnehmen, Spüren und Beschreiben und zurück

Bewertungen geschehen spontan, sind unvermeidlich und völlig in Ordnung, wenn sie nicht auf Kosten des Kontakts, der genauen Wahrnehmung oder Beschreibung gehen. Bewertungen sind nur dann problematisch, wenn sie diesen Kontakt unreflektiert verhindern. Das kann leicht geschehen, weil Bewerten bedeutet, dass man einen Maßstab an etwas anlegt und je nachdem mehr mit dem Anlegen des Maßstabs beschäftigt ist als mit dem, was gerade geschieht. Die Bewertung kann auch zu einer zu raschen Abwendung führen. Man steckt etwas in eine Schublade und macht sie zu. Es macht aber keinen Sinn, Bewertungen generell negativ zu bewerten. Wir versuchen in der Haltung der Achtsamkeit, Bewertungen zu erkennen und zum Wahrnehmen oder Beschreiben fortzuschreiten bzw. zurückzukehren. Dann kann man weitersehen. Eventuell folgt dann keine weitere oder eine hoffentlich differenziertere Bewertung.

Es gibt mehrere Formen von Bewertungen:

- funktionale (nützlich – nicht nützlich, effektiv
- ineffektiv, gelungen – misslungen etc.)
- ästhetische (schön – hässlich)
- hedonistische (angenehm – unangenehm)
- moralische (gut – böse)

Interessanterweise ist in unseren Achtsamkeitsgruppen die hedonistische Bewertung die mit Abstand häufigste. Sie ist schwer zu überwinden, weil viele Menschen glauben, Achtsamkeitsübungen sollten sich angenehm anfühlen, sollten ihnen guttun, sie sollten sich anschließend besser fühlen. Das ist ein grundlegender Irrtum, auf den ich in diesem Text immer wieder eingehe.

Bewertungen sind für unser Leben von entscheidender Bedeutung. Sie erlauben uns, uns zu engagieren, Verpflichtungen einzugehen, für uns oder andere zu sorgen, Stellung zu beziehen. Bewertungen sind auch ein wesentlicher Bestandteil aller objektbezogenen („intentionalen") Gefühle (Wut, Liebe, Ärger, Ekel, Hoffnung, Sehnsucht, Trauer usw.). Wir sollten sie also wertschätzen, wenn uns unsere Gefühle wichtig sind. Oft wecken sie auch überhaupt erst unser Interesse für Vorgänge, Ideen, Menschen, Landschaften, Bilder, Musik usw., weil wir sie eben spannend, attraktiv, interessant, schön, harmonisch, reizend usw. finden. Es gibt durchaus Menschen, die zu wenig bewerten. Sie sind zu gefühlsarm, wenig schwingungsfähig oder empathisch, gegenüber dem Leid und den Ungerechtigkeiten in der Welt unempfindlich, verfolgen ihre Ziele nicht konsequent und effektiv, legen sich nie fest, erkennen ihre eigenen unmoralischen oder kriminellen Handlungen nicht als solche. Achtsamkeit, die als grundsätzliches und ständiges Nicht-Bewerten verstanden und gelebt wird, kann diese Fehlentwicklungen verstärken (Tangney et al. 2017; Schindler 2020).

Aber es bleibt bei der Empfehlung: Bewertungen sollten achtsam erfolgen, d. h. auf einer möglichst differenzierten Wahrnehmung und Beschreibung beruhen und immer wieder überprüft werden. Auch wenn oder gerade weil sie spontan, rasch und deswegen unvermeidlich geschehen, sollten wir sie nicht blind unterschreiben.

Gefühle der Achtsamkeit

Achtsamkeit wird aus meiner Sicht oft zu stark als eine Form des Denkens, der Betrachtung oder gar des Beobachtens beschrieben, als kognitiver Prozess, manchmal auch als Beobachtung eigener subjektiver Prozesse, als „Metakognition". Bei dieser Auslegung geht die emotionale Seite der Idee oft schnell unter. Ich möchte betonen, dass die Haltung der Achtsamkeit eine gefühlvolle Haltung ist. Ich kann mir schwer vorstellen, wie sie so grundlegende Wirkungen auf das eigene Leben haben könnte, wenn sie nicht eine emotionale Veränderung und Betroffenheit mit sich bringen würde. Ob man achtsam ist oder nicht, kann man fühlen. Es fühlt sich auf eine spezifische Weise an. Sie spüren mit etwas Erfahrung, ob und wie sehr Sie achtsam sind.

Das Gefühl der Achtsamkeit kann mehr oder weniger umfassend und stark sein. Aber erst dieses Gefühl der Achtsamkeit erinnert und motiviert dauerhaft dazu, sie zu praktizieren. Es kann die Achtsamkeitspraxis zu einer existenziellen, lebensverändernden Erfahrung machen. Das Gefühl der Achtsamkeit ist eine Mischung aus Ruhe, Leichtigkeit, Lebendigkeit, Gelassenheit, Verbundenheit, Dankbarkeit, Heiterkeit, Vertrauen, Daseinsfreude und Freiheit. Manchmal treten auch Verunsicherung oder Angst auf, aber im Rahmen der alltagsnahen kurzen Übungen, wie wir sie in der Regel verwenden, habe ich das sehr selten erlebt (s. Kap. 12, Unerwünschte Wirkungen). Natürlich sind die verschiedenen Komponenten des Gefühls der Achtsamkeit in der Regel nicht alle gleichzeitig oder gleichermaßen bedeutsam. Auch das hängt wieder von der Praxis und vom Kontext ab. Ich werde in diesem Buch, wann immer es möglich ist, die emotionale Seite des Themas unterstreichen.

Das Gefühl der Achtsamkeit ist so wichtig, weil es andere Gefühle zu beeinflussen vermag. Wenn wir voller Kummer, Angst oder Trauer sind, verunsichert und desorientiert, depressiv oder einfach nur unruhig, so kann die Haltung der Achtsamkeit die problematischeren Gefühle einfärben, sich in sie hineinmischen, sie quasi umarmen, oft erleichtern und z. B. mit Leichtigkeit oder der Freude, da zu sein, vermischen. Dies geschieht nicht, weil wir die spontanen Gefühle gezielt verändern, sondern weil sie sich durch die Haltung der Achtsamkeit verändern, weil unsere Gesamtverfassung sich ändert und sie in dieser Gesamtverfassung einen anderen Stellenwert, eine andere Bedeutung bekommen.

3 Rückenwind

Innehalten

Die einfachste, weil eine direkte und umstandslose Form, Achtsamkeit zu üben, ist das Innehalten. Wann immer Sie die Gelegenheit dazu haben, unterbrechen Sie kurz Ihre Tätigkeiten. Es ist nicht wichtig, ob Sie stehen, sitzen oder liegen oder ob Sie die Augen schließen. Bleiben Sie mehr oder weniger in der Haltung, die Sie gerade haben. Sie können auch mit offenen Augen innehalten und niemand wird merken, dass Sie sich gerade eine Auszeit nehmen. Es ist mit geschlossenen Augen allerdings leichter. Spüren Sie die Körperhaltung, die Sie gerade haben, machen Sie es sich dann vielleicht ein bisschen bequemer und spüren Sie weiter Ihren Körper, dann den Kontakt, den Ihr Körper mit der Umgebung hat, Ihren Atem, Ihr Energieniveau (frisch, schwungvoll, neutral, müde, erschöpft usw.), schließlich Ihre Stimmung. Es dauert eine Minute oder ein paar Minuten. Es kann sogar hilfreich sein, immer wieder für ein paar Sekunden in die Haltung der Achtsamkeit umzuschalten. Natürlich können Sie auch ein anderes Vorgehen wählen, z. B. indem Sie auch oder nur Ihre Gedanken wahrnehmen oder eine andere Reihenfolge als die vorgeschlagene wählen.

Wie kann ich mit der Achtsamkeitspraxis beginnen?

Es sollte jedenfalls eine kurze Bestandsaufnahme, sein, wie Sie gerade unterwegs sind, ein Ankommen in der Gegenwart. Eventuell spüren Sie dadurch, ob Sie noch leistungsfähig sind oder eine Pause brauchen oder einfach etwas anderes machen sollten. Es kann auch gut sein, die eigene Gefühlslage kurz wahrzunehmen, um z. B. einem Gespräch eine andere Wendung zu geben oder eine neue Tätigkeit zu beginnen.

Ich nehme mir immer vor, Achtsamkeit zu praktizieren, finde aber keine gute Gelegenheit, es kommt mir immer etwas dazwischen.

Vermutlich finden Sie viele Gelegenheiten für dieses Innehalten, wenn Sie danach Ausschau halten. Oft ergeben sie sich zwischen zwei verschiedenen Tätigkeiten. Was Sie vorher noch sehr beschäftigt hat, verliert dann vielleicht seine Dramatik. Ich selbst genieße das sehr. Wenn ich die Zeit dazu habe, lasse ich dieses Innehalten in weite Achtsamkeit (s. Kap. 2, Formen der Achtsamkeit) übergehen. Dieser Übergang geschieht oft von selbst, und ich lasse es zu. Es scheint mir natürlich, mich nach einem kurzen Innehalten auch für die Dinge, Farben, das Licht, die Geräusche usw. zu interessieren und sie in die Achtsamkeit mit hineinzunehmen.

Aufmerksamkeit, Aufmerksamkeitslenkung

Was ist der Unterschied zwischen Aufmerksamkeit und Achtsamkeit?

„Aufmerksamkeit" und „Achtsamkeit" werden oft verwechselt. Aufmerksamkeit bedeutet eine Ausrichtung der Wahrnehmung und des Denkens (der Kognition) auf etwas. Sie ist keine Haltung, sondern eine psychische Funktion, die wir ständig brauchen. Achtsamkeit ist dagegen eine komplexe und ungewöhnliche Haltung. Die Fähigkeit, die Aufmerksamkeit zu lenken, nutzen wir in der Haltung der Achtsamkeit.

„Lenkung der Aufmerksamkeit" ist eine passende, allerdings auch eine leicht irreführende Metapher. Wir dürfen uns diese „Lenkung" nicht so vorstellen, als sei in unserem Kopf eine eigene Instanz, sozusagen ein weiteres Subjekt, das unabhängig und frei unsere Aufmerksamkeit sendet, wohin es will. Die Aufmerksamkeit ist immer schon unterwegs (wenn wir wach sind), sie wendet sich von sich aus verschiedenen Aspekten der Gegenwart oder auch der Vergangenheit oder Zukunft zu. Sie wandert zu Aspekten, die sie interessieren, binden oder gar fesseln, die sozusagen hervorspringen (in der Philosophie sagt man passend, dass sie „salient" sind). Aufmerksamkeitslenkung ist daher keine Steuerung aus dem Nichts heraus, sondern eine Form der Regulierung (Jullien 2019) dessen, was schon geschieht.

Das klingt sehr theoretisch, ist es aber nicht. Wenn wir die Aufmerksamkeitslenkung so betrachten, gehen wir sehr viel entspannter mit dieser Fähigkeit um. Wir wissen, dass sie unter normalen Umständen im Alltag immer nur einen begrenzten Spielraum hat, und wundern uns nicht, dass wir unsere Aufmerksamkeit nicht einfach beherrschen können. Wir befreien uns von der Idee, unsere Achtsamkeit könnte „gestört" werden. Natürlich ist es leichter, die Aufmerksamkeit zu lenken und zu fokussieren, wenn es nichts gibt, was sie spontan bindet oder lenkt, also z. B. wenn wir in einem stillen, halbdunklen Raum sitzen. Es ist auch einfacher, weite Achtsamkeit (s. Kap. 2, Formen der Achtsamkeit) zu praktizieren, wenn ich auf einem hohen Berg stehe und über eine weite Landschaft schaue. Aber das alles ist nicht der Ernstfall. Der Ernstfall ist immer der Alltag. Und im Alltag kann niemand der Aufmerksamkeit einfach befehlen, was sie zu tun hat, wir müssen mit ihr zurechtkommen, so wie sie nun mal ist, sprunghaft, unberechenbar, quicklebendig.

Vordergrund – Hintergrund

Was immer wir als ein Etwas (eine Entität) wahrnehmen, hebt sich von einem Hintergrund ab. Ich höre in der Nacht ein Käuzchen rufen. Sein Ruf wirkt deswegen so einsam und unheimlich, weil er von Stille umgeben ist, weil er im Dunkeln hallt und einen unsichtbaren Raum zum Klingen bringt.

Vordergrund und Hintergrund entstehen gemeinsam und beeinflussen sich wechselseitig. Sie hängen von meiner Subjektivität und Perspektive ab, wenngleich nicht nur. Es kann sein, dass sich etwas in den Vordergrund schiebt oder so prägnant ist, dass sich meine subjektive Wahrnehmung dieser Wirkung nur sehr schwer oder gar nicht entziehen kann. Ein Schrei, ein Schmerz, eine Nachricht usw. zieht meine Aufmerksamkeit zwingend auf sich. Der Vordergrund kann den Hintergrund beeinflussen, z. B. wenn der Zahnarzt besonders freundlich ist, wenn auf einem Fest eine Ansprache gehalten wird oder Sie eine gute Nachricht bekommen. Der Hintergrund färbt seinerseits den Vordergrund ein. Eine Filmszene wirkt mit Musik anders auf uns als

Always on My Mind

Little things I
should have said
and done
I just never took
the time.
You were always
on my mind
[...]
Maybe I didn't hold
you
All those lonely,
lonely times
And I guess I never
told you
I'm so happy that
you're mine
[...]
You were always
on my mind.

Songtext
J. L. Christopher Jr.,
M. James und
W. Carson

„Schwimmen zwei junge Fische des Weges und treffen zufällig einen älteren Fisch, der in die Gegenrichtung unterwegs ist. Er nickt ihnen zu und sagt: ‚Morgen Jungs. Wie ist das Wasser?' Die zwei jungen Fische schwimmen eine Weile weiter, und schließlich wirft der eine dem anderen einen Blick zu und fragt: ‚Was zum Teufel ist Wasser?'"

D. F. Wallace 2012, S. 9

ohne, auch wenn wir die Musik gar nicht bewusst wahrnehmen. Hintergründe sind oft Atmosphären.

Häufig besteht die Achtsamkeitspraxis darin, den Hintergrund zum Vordergrund zu machen. Der Hintergrund findet oft wenig Beachtung, er ist unauffällig oder allzu selbstverständlich. Gegenstände, Einrichtungen, Städte, Räume, Jahreszeiten, Menschen bestimmen eine Situation wesentlich mit, aber sie entgehen unserer Aufmerksamkeit und unserem Bewusstsein. Es ist faszinierend, zu sehen, was passiert, wenn wir uns dem Hintergrund bewusst zuwenden.

Achtsamkeit braucht keine besonderen Erlebnisse. Alltägliche Dinge und Vorgänge reichen völlig, wenn wir sie eben mit Interesse und Ruhe betrachten: vertraute Gegenstände, die Alltagsgeräusche (wenn wir mal kurz die Augen schließen), unsere Nächsten, wenn wir ihnen wirklich offen und interessiert begegnen. Künstler wie Marcel Proust, Fernando Pessoa, Paul Cézanne, John Cage haben diesen interessierten Blick auf das allzu Selbstverständliche künstlerisch gestaltet. Die Zuwendung zum Hintergrund erzeugt oft das Gefühl, das schon so viel da ist und wir nicht immer mehr oder etwas Neues brauchen. Es erzeugt Vertrauen, Verbundenheit und Dankbarkeit.

Wahrnehmen

„Da wir die Schuhe draußen gelassen haben und viele barfuß sind, ist das eine Einladung zum Wahrnehmen, was für eine überraschend hohe Anzahl von Leuten seit ihrer Kindheit nicht mehr praktiziert worden ist. Die Füße sind ihrer Natur nach sehr empfindlich,

Das Wahrnehmen spielt in der Achtsamkeitspraxis eine große Rolle. Wahrnehmungen sind immer mehr als unsere Erwartungen, Begriffe etc. Eine Orange zu essen ist eine ganz andere Erfahrung, als über ihren Geschmack zu sprechen, und jede Orange schmeckt anders und so wie sie jetzt gerade schmeckt. Die sinnliche Wahrnehmung führt uns unmittelbar in die Gegenwart, und das macht sie für die Haltung der Achtsamkeit so bedeutsam. Wahrnehmungen sind immer gegenwärtig. Erst mithilfe von Worten, Sätzen und inneren Bildern können wir die Gegenwart verlassen. Es braucht symbolische Prozesse, damit wir uns in die Vergangenheit oder Zukunft begeben können. Je mehr wir wahrnehmen, umso stärker sind wir in der Gegenwart.

Wenn Sie sich das übungsweise verdeutlichen wollen: Halten Sie kurz inne, bevor Sie ein Objekt ergreifen. Stellen Sie sich vor, wie es sich anfühlen wird. Dann ertasten Sie es in Ruhe. Der Unterschied ist in der Regel erheblich. Ähnlich ist es übrigens mit Tätigkeiten und Aufgaben, z. B. wenn Sie sich vorstellen, eine Treppe hinaufzusteigen und dann wahrnehmen, wie es tatsächlich ist, sie zu begehen, Schritt für Schritt. Bewusst diesen Unterschied zu machen ist eine dekonstruktive Unternehmung, denn man kann sich so der eingeschränkten Reichweite seiner Vorstellungen und Voraannahmen bewusster werden.

Manchmal wird behauptet, man könne über das sinnliche Wahrnehmen unmittelbar mit der Wirklichkeit in Kontakt kommen und Achtsamkeit könne dabei helfen. Damit berühren wir eine schwierige philosophische Frage. Unsere Wahrnehmungen sind von vielen Vorgaben geprägt: Bedürfnisse, Wünsche, Suchprozesse, Wahrnehmungsmuster, sprachliche Konzepte. Wir erkennen eine Kerze sofort als Kerze und ein Handy als Handy, weil wir über die entsprechenden Worte verfügen. Unsere Voreinstellungen geben vor, wie wir uns einer Sache nähern, und prägen die Erfahrungen, die wir machen. Aber auch wenn wir unsere Wahrnehmungsmuster nicht vollständig aufgeben können, müssen wir nicht an ihnen haften. Auch wenn es unmöglich ist, ganz frei und ohne alle Erwartungen und Muster an die Wirklichkeit heranzugehen, so können wir doch mit diesen Vorgaben spielen und sie teilweise zurücksetzen. Wenn Sie sich etwa längere Zeit z. B. eine Wasserflasche anschauen, können Sie das Konzept einer Wasserflasche – wenn Sie das wollen – in den Hintergrund schieben und dann sehen Sie Lichtreflexe, Perlen, Wasserspiegel und andere Details, die vorher vermutlich in der Wahrnehmung der Wasserflasche als Wasserflasche untergegangen sind. Das Objekt wird dadurch interessant, vielleicht auch ein wenig unheimlich. Sie können das mit vielen Eindrücken der Umgebung machen und werden feststellen, dass sich Farben und Formen verselbstständigen, hervorspringen, intensiver werden. Maler gehen so vor, wenn sie z. B. Farben nicht mehr an Objekte binden.

sogar erotisch, und viele werden mit Interesse darauf eingehen. Sie fühlen wirklich den Fußboden und seinen Belag! Sie fangen an, Gewebe und Temperaturen zu entdecken und auch die Festigkeit unter sich. Da ist etwas wirklich da, was sie als selbstverständlich hingenommen, aber nie erfahren haben. Nach einer Weile fragen wir vielleicht: ‚Wenn Sie den Boden fühlen, wie sind Sie mit ihm in Verbindung?' [...] Wenn sie ein besser verteiltes Stehen erlaubten, an dem mehr von dem Fuß teilhatte, dann entstanden unbekannte und erstaunliche Empfindungen von mehr Gegenwärtigkeit und Verbindung."

C. W. Brooks, C. Selver 1979, S. 35

Mir fällt es schwer, beim Hören von Musik alle inneren Bilder, Erinnerungen und Gefühle beiseite-zulassen und mich nur auf das Hören der Töne zu konzentrieren. Muss ich das ändern?

Aber es ist auch nicht so, dass Erwartungen, Fantasien, Bilder, Erinnerungen, Bewegungsimpulse und Gefühle den Wahrnehmungen schaden. Es ist absurd, wenn im Rahmen von Achtsamkeitsgruppen empfohlen wird, beim Hören eines Musikstücks nur die akustischen Reize zu hören und alle Assoziationen und Fantasien beiseitezulassen, die die Musik auszulösen vermag. Erstens verändern wir dadurch aktiv unser natürliches Zuhören und zweitens verfremden wir uns zu einem Aufnahmegerät, dem alles Menschliche fremd ist. Die menschliche Wahrnehmung von Musik umfasst Gefühle, Bilder, Fantasien, Erinnerungen. Erst das macht sie zu einer persönlichen Erfahrung. Wahrnehmungen sind Phänomene des Zwischen, interaktive Prozesse; sie sind das gemeinsame Werk von Strukturen der Wirklichkeit, Sinnesorganen, Erinnerungen und Erwartungen.

Beschreiben

In der Natur machen wir gerne folgende Gruppenübung:
Eine Hälfte der Gruppe (A) sucht in der Umgebung Naturmaterialien (Blätter, Blüten, Erde, Holz usw., etwa insgesamt drei), die in irgendeiner Weise – nicht notwen-digerweise angenehm – duften. Die andere Hälfte der Gruppe (B) steht in einer Reihe und hat Pause. Nach wenigen Minuten kommt Gruppe A mit ihren Duftstoffen zurück und die Teilnehmer:innen von Gruppe B schließen die Augen. Nun halten die Teilnehmer:innen der Gruppe A den Teilnehmer:innen der anderen Gruppe das, was sie gefunden haben, in bunter Abfolge – mal dieser, mal jenem – unter die Nase, zerreiben es, verändern den Abstand usw. In der Regel passiert Folgendes: Die Teilnehmer:innen der Gruppe B versuchen zu raten, was sie zu riechen bekommen. Es kommt sogar häufig zu einem Wortwechsel darüber, obwohl wir solche Übungen gewöhnlich schweigend machen. Es scheint für viele Menschen ein starkes Bedürfnis zu sein, zu wissen, was sie wahrnehmen. Sie wollen dem Gegenüber einen Namen geben und geben sich dabei richtig Mühe: Moos, feuchtes Laub, Waldmeister! Manchmal schlagen wir vor, diesen Ablauf und diesen Wunsch wahrzunehmen und (!) dann wieder stärker den Geruch zu fokussieren. Tatsächlich kann es sein,

dass das Suchen nach einer Erkenntnis und einer Bezeichnung das Riechen beeinträchtigt. Außerdem kommt gleich wieder eine Anstrengung in die Achtsamkeit, die die ursprüngliche Anleitung gar nicht nahelegt. Viele Teilnehmer:innen riechen sehr aktiv, weil sie genauer wahrnehmen wollen. Auch das wäre nicht notwendig, und es ist kein Teil der Anleitung. Es reicht auch ein normales Atmen, man muss nicht intensiv schnuppern (s. Kap. 6, Empfangsbereitschaft). Es ist unglaublich, wie sehr wir es gewöhnt sind, uns Mühe zu geben, und wie erfindungsreich wir dabei sind.

Ist es wichtig, Objekte, Wahrnehmungen und Gefühle zu benennen?

Mit „Beschreiben" ist die sprachliche Artikulation von Wahrnehmungen gemeint. Das klingt kompliziert, und tatsächlich ist es auch ein schwieriges Problem der Philosophie, das Verhältnis von Wahrnehmung und Sprache zu verstehen. Es ist ja nicht so, dass wir erst ohne Sprache wahrnehmen und dann diese Wahrnehmungen in Sprache fassen. Wir spüren nicht erst den Schmerz und bezeichnen ihn dann als solchen. Nur weil wir wissen, dass es verschiedene Mondphasen gibt, sehen wir einen Vollmond. So ist unser Erleben, auch wenn wir psychologisch oder neurophysiologisch eine andere Abfolge konstruieren können.

Behindert die Sprache das Wahrnehmen?

Mir scheint für die Achtsamkeitspraxis ein kritisches und ausgewogenes Verhältnis zur Sprache angemessen. Wir kommen nicht umhin, im Einzelfall abzuschätzen, ob Worte uns und andere der äußeren und inneren Wirklichkeit näherbringen, ob sie uns auf eine falsche Fährte setzen, ob sie uns davon abhalten, wirklich wahrzunehmen, oder ob sie uns helfen, differenzierter zu erleben. In den Achtsamkeitskonzepten gibt es sehr unterschiedliche Vorstellungen von der Bedeutung der Sprache für die Achtsamkeit. Manche halten sie eher für störend, weil sie die Wahrnehmungen einschränkt und kanalisiert. Sie betonen also, dass wir immer mehr wahrnehmen, als wir versprachlichen können. Natürlich müssen subjektive Erlebnisse erlebt werden, sie können nicht durch Sprache vermittelt werden. Das gilt für alle Erlebnisse.

Auf der anderen Seite wird auch in der Achtsamkeitsarbeit oft besonderen Wert auf die Versprachlichung gelegt. Insbesondere Gefühle sollen nicht nur gespürt, sondern auch benannt werden, möglichst korrekt. Hintergrund ist die Erfahrung, dass manche Menschen erhebliche Schwierigkeiten haben, Gefühle voneinander zu unterscheiden und gegebenenfalls adäquat auszudrücken, die richtigen Schlussfolgerungen zu ziehen etc. Es macht einen erheblichen Unterschied für mich und meine Mitmenschen, ob ich mich als traurig oder wütend erlebe oder vielleicht beides und dies entsprechend ausdrücke.

Draußen

Das macht das Fenster, daß wir „draußen" sagen –
und weil wir selber drinnen sind.
Nach draußen muß man schauernd fragen,
denn draußen ist der Wind.
Laternen stehn schon Hundert schwarze Nächte –
und abends, bald nach zehn,
wenn mancher schlafen möchte,
graut wohl die Straße blass
und schweigend aus der Flut
von Seufzern, Stein und Glas.
Nun ist es unser Blut,
das so gewaltig rauscht –
da hält der Wind im Tanz den Schritt,
bleibt manchmal stehn,
als ob er lauscht.
Und die Laternen gehen
noch lange durch die Träume mit.

W. Borchert, 1949, S. 274

Aber auch in anderen Kontexten ist es sehr hilfreich, die Wahrnehmungen sprachlich zu fassen, nicht nur aus kommunikativen Gründen, sondern auch weil uns die Sprache hilft, mehr und genauer zu sehen, zu hören etc. In der Natur ebenso wie im Kontakt mit Kunstwerken kann man manchmal mit kundigen Erläuterungen die Unterschiede sehen und hören und den natürlichen, historischen oder ästhetischen Kontext verstehen. Dann aber hört man mit anderen Ohren und sieht mit anderen Augen.

Dekonstruktion

Anleitungen zur Meditation beginnen in verschiedensten Traditionen mit einer Anleitung zur Dekonstruktion. Man soll sich leer machen, öffnen für grundlegend neue Erfahrungen, für das Nichts, Gott, das Universum. Wo immer die Reise der Erfahrung, des Herzens, des Geistes hingehe, sie solle mit leichtem Gepäck erfolgen. Befreit Euch von Euren gewöhnlichen Erwartungen, Befürchtungen, Begierden! Nehmt Euch Zeit! Seid bereit für die Ankunft des Herrn! So sehr sich auch die Ziele dieser Reise, die Wegmarken, der Proviant und alles andere unterscheiden mögen, die Idee der Dekonstruktion ist von Anfang an dabei, ein stetiger Begleiter. Sie ist überall, wo meditiert wird, und sie ist häufig auch Teil von Achtsamkeitsübungen. In ihnen stellen wir durch bewusste Wahrnehmung Distanz zu unseren Gewohnheiten des Wahrnehmens, Denkens, Fühlens und Verhaltens her und öffnen uns damit für neue Wahrnehmungen, Verhaltensexperimente, neue Perspektiven, achtsame Kommunikation, Begegnungen und vieles andere.

Das stille Sitzen ist eine Standardtechnik der Meditation und der Dekonstruktion, weil in dieser speziellen Körperhaltung alle Inputs und Outputs auf ein Minimum reduziert werden. Nun treten vor allem die mentalen Denkmuster, die repräsentierenden, symbolischen Prozesse nach vorne und können relativiert oder verabschiedet werden. Sie haben in dieser Situation erkennbar keine Bedeutung, wenn man in der Gegenwart bleibt. An ihrer statt werden elementare Körperempfindungen gesetzt wie das Atmen.

Es gibt aber auch viele andere Übungen, die die Dekonstruktion befördern: intensive Bewegung und Tanz, die Veränderung von Geschichten, mit denen wir uns unser Leben erzählen, das Relativieren spontaner Bewertungen, das häufige Wiederholen von Worten, Konfusionstechniken wie Koans (prinzipiell unlösbare Fragen), aber auch Imaginationen (Wasserfall oder Wolken, die die Gedanken davontragen) usw. Dekonstruktiv ist auch z. B. folgende Übung: Sie stehen vor einem Baumstamm, einem Felsen, einem Stoff oder irgendeinem anderen Objekt, das Sie berühren können. Es kann natürlich auch ein Mensch sein. Nun stellen Sie sich bitte vor, wie sich z. B. der Baum anfühlen wird. Dann berühren Sie ihn. Ihre Vorstellung und die taktile Erfahrung werden nicht identisch sein. Oder: Ein Beispiel: Wenn wir bei unwirtlichem Wetter draußen unterwegs sind, kommt es leicht vor, dass wir frieren. Daraus machen wir gerne eine Übung: „Setzt mal bitte ‚Ich friere' in Anführungszeichen und spürt genauer auf Euer Temperaturempfinden an verschiedenen Körperteilen. Versucht, die Temperaturen zu spüren. Was spielt sich genau ab? Lehnt Ihr sie ab? Spannt Ihr Euch an? Wenn ja, experimentiert damit. Spürt Ihr einen Windzug, ist es irgendwo warm?" Bei den meisten Teilnehmer:innen ändert sich das Empfinden, wenn das alarmierende „Frieren" in den Hintergrund tritt. Es wird differenzierter. Ähnlich kann man vorgehen bei: „Ich habe Schmerzen", „Ich habe keine Energie" usw.

In der Haltung der Achtsamkeit ist nichts selbstverständlich und nicht alles ist wichtig. Dekonstruktion ist aber immer nur partiell möglich. Wir können nicht alles gleichzeitig infrage stellen. Jeder Zweifel be-

„Zen-Lehrer bringen ihren jungen Schülern bei, sich selbst auszudrücken. Zwei Zen-Tempel hatten je einen kleinen Schützling. Das eine Kind, das jeden Morgen Gemüse einkaufen ging, traf das andere auf dem Weg. ‚Wohin gehst du?', fragte das eine. ‚Ich gehe dahin, wo meine Füße hingehen', antwortete das andere. Diese Antwort verwirrte das erste Kind, das zu seinem Lehrer ging und ihn um Hilfe bat. ‚Morgen früh', sagte der Lehrer zu ihm,

'wenn du diesen kleinen Kerl triffst, so stelle ihm dieselbe Frage. Er wird dir die gleiche Antwort geben, und dann frage ihn: ‚Angenommen, du hast keine Füße, wohin gehst du dann? Das wird ihn festnageln.'
Die Kinder begegneten einander am folgenden Morgen wieder.
‚Wohin gehst du?', fragte das erste Kind.
‚Ich gehe wohin der Wind weht', antwortete das andere.
Das setzte den Knaben wieder außer Gefecht, und er trug seine Niederlage zu seinem Lehrer.
‚Frag ihn, wohin er geht, wenn kein Wind weht', empfahl ihm der Lehrer.
Am nächsten Morgen trafen die Kinder einander zum dritten Mal.
‚Wohin gehst du?', fragte das erste Kind.
‚Ich gehe zum Markt, um Gemüse zu kaufen', antwortete das andere."

Ohne Worte – ohne Schweigen 2003, S. 97/98

ruht auf vielen Voraussetzungen. Wenn z. B. ein zu einfaches, etwa biologisches Verständnis von Geschlechteridentitäten, von „Autonomie" oder „Fortschritt" dekonstruiert wird, so muss gleichzeitig ein enormes historisches, soziologisches, psychologisches, ökonomisches Wissen aufgewandt werden. Wenn ich alles bezweifle, lande ich nicht bei der Erfahrung des Denkens, sondern bei der Praxis der Sprache und all den Sprachspielen und praktischen Kontexten, die sie zu dem machen, was sie ist. Das bedeutet den Verzicht auf ein absolutes Wissen und ist gleichzeitig beruhigend, weil wir uns nicht auf unsere Fähigkeit zur Reflexion verlassen müssen.

Zu dekonstruieren ist erleichternd, erheiternd, befreiend. Von Dekonstruktionen leben Witze, Märchen (z. B. „Hans im Glück", „Der süße Brei"), Zen-Geschichten, die Bergpredigt, viele andere Geschichten aus Weisheitslehren und natürlich nahezu alle wichtigen Innovationen in Musik, Literatur, Kunst, Architektur, Theater, Film. Könige hatten ihre Weisen und Narren, die nach Herzenslust dekonstruieren durften, damit die Herrschenden nicht völlig betriebsblind wurden, Artisten, Komödianten und Kabarettisten wie Charlie Chaplin, Loriot oder Gerhard Polt führen den Zeitgenossen ihre Absonderlichkeiten und ihre normale Verrücktheit vor Augen. Daniel Kehlmann hat in seinem Roman „Tyll" anhand von Till Eulenspiegel, den er ins 17. Jahrhundert versetzte, die grausame Verrücktheit einer ganzen Epoche dargestellt (Kehlmann 2017). Oft wissen wir ja erst Jahrzehnte oder Jahrhunderte später, welchen wilden Überzeugungen und Gewohnheiten Menschen aufgesessen sind. Denken wir an all die Mythen der Kindererziehung, der Medizin oder der Sexualität.

Aber Till Eulenspiegel war nicht zufällig ein Seiltänzer. Die größte Gefahr des Dekonstruktivismus ist seine Bodenlosigkeit. Wie weit sollen wir ihn treiben? Was kommt danach? Wie geht es demjenigen, der wie dic Lilie auf dem Felde auf Gott vertraut? Was ist schlimmer: das Festhalten an der Konstruktion der romantischen Liebe oder ihre Dekonstruktion? Was würde nach der Dekonstruktion der Menschenrechte geschehen? Welche existenziellen und ethischen Fundamente brauchen wir für ein gelingendes Leben? Der Frage, was nach der Dekonstruktion kommt, gehe ich in den Abschnitten „Der Einfluss der Achtsamkeit auf das Denken“ (Kap. 8) und „Das Sein und das Nichts“ (Kap. 9) nach.

Und

„Und“ ist für mich ein großes Wort in der Achtsamkeitspraxis. „Und“ ist ein Wort, das den Umgang mit der Vielfalt, der Unveränderlichkeit, der Unbestimmtheit und dem Chaos um uns herum erleichtert. Wenn wir planen, handeln und organisieren, bewältigen, strukturieren, dann vereinfachen wir das Chaos (modern die „Komplexität“, das Unberechenbare). Chaos ist nicht lebbar, nicht zielführend und für viele Menschen selbst in kleinen Dosen auch schlicht unverträglich. Aber es existiert, neben aller Ordnung und Struktur. Das „Und“ hilft, die Phänomene erst einmal stehen zu lassen – so wie sie auftreten.

„Sie ließ ihren Kummer treiben, ließ ihn sich ausdehnen, sich ungezwungener erholen am freien Horizont, ließ ihn Blumen pflücken, hervorbrechen mit den Stockrosen, den Springbrunnen und den Säulen, dann hinter den Dragonern her galoppieren, die das Quartier d'Orsay verließen, willenlos umhertreiben auf der Seine und im bleichen Himmel mit den Schwalben schweben.“

M. Proust 1996, S. 75

Das „Und“ ermöglicht eine Leichtigkeit des Umgangs mit mehr oder weniger schwierigen Situationen. Die Logik des „Und“ ist leichter, großzügiger und toleranter als die Logiken des „Entweder-oder“, des „Ja“ oder „Nein“, des „Besser“ oder „Schlechter“ des „Dazugehören“ oder „Nicht-Dazugehören“. Das „Und“ lenkt die Aufmerksamkeit darauf, dass noch etwas anderes existiert. Bei dem „Und“ muss zwischen den Eindrücken der Gegenwart kein Zusammenhang bestehen. Viele Erfahrungen stehen nebeneinander, man muss keine Verbindung zwischen ihnen herstellen.

Hier nun zwei alltägliche Anwendungen des „Und“ in der Achtsamkeitspraxis:

- Mit „Und“ zu einem Fokus zurückkehren:
  Wenn Sie Ihre Achtsamkeit fokussieren wollen (auf das Gehen, den Atem, ein Objekt etc.) und merken, dass Sie an etwas anderes denken, auf etwas anderes achten etc., so nehmen Sie dies bitte wahr. Nehmen Sie sich etwas Zeit für diese Wahrnehmung, setzen Sie sich nicht unter Druck. Es ist völlig normal, dass Sie immer wieder auch etwas an-

Was kann ich tun, wenn ich mich leicht ablenken lasse? Wie kann ich lernen, mich besser zu fokussieren?

Ich bin oft von einem Problem völlig okkupiert. Kann mir Achtsamkeit dabei helfen, mich davon zu lösen?

deres wahrnehmen, denken, sich kritisieren. Kehren Sie zu einem für Sie passenden Zeitpunkt mit einem „Und" zu Ihrem Fokus zurück.

- „Und" was geschieht noch?
  Drängt sich umgekehrt immer wieder ein Fokus (ein bestimmtes Problem, Ängste, Grübeln, Schmerzen, Zwangsgedanken etc.) auf und Sie möchten die aktuelle Situation umfassender wahrnehmen, so gelingt dies ebenfalls mit einem „Und" („Und was geschieht gerade noch?").

Das „Und" spielt auch in anderen Abschnitten dieses Buches eine wichtige Rolle, z. B. bei der Darstellung der Gleichzeitigkeit unterschiedlicher oder sogar widersprüchlicher seelischer Prozesse (s. Kap. 6, Gleichzeitigkeit, Ambivalenztoleranz) und bei der Darstellung einer Form der Zwischenmenschlichkeit, die ich unter dem Stichwort „Miteinander" (in Kap. 9) behandle.

Mit, Verbundenheit

Das „Mit" konstruiert kein einfaches Nebeneinander wie das „Und", sondern eine Form von Verbundenheit. Es lenkt die Aufmerksamkeit auf das Zusammenspiel, den Kontakt, nicht nur mit Menschen: Ich spreche mit jemandem, ich bewege mich mit der Musik, ich arbeite mit der Säge oder dem PC, ich kämpfe mit einem Gegner, einer Erkrankung usw. Wenn wir Achtsamkeit praktizieren wollen, können wir dieses „Mit" gut gebrauchen. Es befreit uns von der Vorstellung, wir müssten uns am eigenen Schopf aus dem Sumpf der Unachtsamkeit ziehen. Achtsamkeit ist in erster Linie eine Beziehung, die ich im Umgang mit meiner Mitwelt (Menschen und Natur) entwickle. Je empfangsbereiter ich bin, umso eindrucksvoller ist die Mitwelt für mich, je eindrucksvoller die Mitwelt für mich ist, umso empfangsbereiter werde ich.

Schon unsere Wahrnehmungen können wir als ein Ergebnis des „Mit" ansehen. Ohne uns existieren keine „Bäume", aber ohne den Eindruck, den ihre spezifischen Eigenschaften auf uns machen, gibt es auch keine „Bäume“. Es gibt kein „Wetter“, keine „Kinder“ und keine „Liebe“, wenn wir sie nicht als solche definieren, aber ohne Sonne, Wolken und Wind gibt es kein Wetter, ohne Wachstum keine Kinder und ohne Bindung keine „Liebe“. Jedes Geräusch, das wir hören, beruht auf einem „Mit“. Durch das „Mit“ lassen wir uns mitnehmen in die Gegenwart.

Hilft Achtsamkeit gegen Einsamkeit?

Man kann sich diese Allgegenwärtigkeit der Verbundenheit bewusst machen, wenn man innehält und sich vor Augen hält, auf wie vielfältige Weise wir in jeder beliebigen Situation mit der Umwelt und Mitwelt im Kontakt sind: über die Sinnesorgane, inklusive des Kontaktorgans Haut, über die Atmung, über die Schwerkraft, als Teil des Raums, eines Hauses, eines Ortes (wie weit wir das auch immer in unserem Erleben ausdehnen), als Teil einer Gruppe, einer größeren Gemeinschaft, eines sozialen Netzwerks (auch hier gilt: so weit wie wir es denken und spüren). Wir sind mit vielen Menschen und Gruppen verbunden, lebenden und toten, solchen, die wir persönlich kennen, und solchen, die uns nur in Mitteilungen oder Spuren begegnen. Wir teilen mit ihnen gemeinsame Interessen, Sprache, Gewohnheiten, Sichtweisen, Erkenntnisse, Erlebnisse, Gefühle, aber wir müssen uns oft erst dessen bewusst werden.

Auf wen oder was soll sich „Verbundenheit“ beziehen?

Das „Mit“ entgeht uns in unserer Alltagserfahrung leicht, weil wir es gewohnt sind, in unserer Handlungsorientierung vor allem auf Widersprüche, Widerstände und Hindernisse zu achten. Es ist selbstverständlich, dass die Tastatur uns hilft zu schreiben, aber wir werden sofort hellwach, wenn der PC abstürzt und wir ein Problem vor uns haben, weil wir erleben, dass die Kooperation zwischen der Maschine und uns zu Ende ist. Viele Dinge interagieren miteinander, Phänomene formen miteinander Atmosphären, Töne einen Klang, Objekte einen Raum, Farben eine Dekoration, Blumen einen Strauß. Wir nehmen das oft als ebenso selbstverständlich, wie wir (heutzutage) davon ausgehen, dass unser Auto anspringt. Zu meiner Verwunderung wundert sich niemand mehr, dass der Geldautomat die richtige Summe ausspuckt, ein Mensch am Telefon spricht, der gerade weit entfernt ist, oder dass der Computer sorgsam einen Text aufbewahrt. Das „Mit“

ist sehr wichtig, um den Einfluss der Achtsamkeit auf das Handeln zu verstehen. Wenn wir handeln, ist es sinnvoll, mit den Tendenzen einer Situation, mit den Anliegen, Wünschen und Sichtweisen anderer Menschen zu handeln, nicht gegen sie – wo immer es geht (s. Kap. 13, Nicht-Handeln und Handeln).

Verlangsamung

Es gibt keinen zwingenden Grund, Achtsamkeit mit Verlangsamung in Verbindung zu bringen. Wir können auch achtsam schnell gehen, atmen, essen, schreiben, erzählen, arbeiten, solange es uns „leicht von der Hand geht". Wir müssen sogar schnell sein, wenn wir es mit Sternschnuppen, dem Zwitschern einer Mönchsgrasmücke, der schnellen Rede eines anderen Menschen oder einem krabbelnden Kind zu tun haben.

Dennoch erfreut sich die Langsamkeit in der Achtsamkeitspraxis einer starken Beliebtheit, und wir tendieren in unseren Wahrnehmungen und Tätigkeiten dazu, langsamer zu werden, wenn wir achtsam sind. Dafür gibt es mehrere Gründe:

- Da die Haltung der Achtsamkeit selbst absichtslos ist, fließt mehr Aufmerksamkeit in die Art und Weise des Wahrnehmens oder Handelns als in das Ziel. Das berühmte „Der Weg ist das Ziel". Der Weg – das Wahrnehmen, das Fühlen, die Tätigkeit – als solcher bekommt einen Wert. Warum ihn rasch hinter sich bringen, wenn es nicht sein muss?
- Wir nehmen in der Achtsamkeit tendenziell differenzierter wahr. Das liegt an der Verlagerung des Interesses auf die Gegenwart, an der Offenheit der Haltung, die sich im Umgang mit den Phänomenen zeigt, an der Dekonstruktion, die die Gewohnheiten des Wahrnehmens, Denkens, Fühlens und Verhaltens infrage stellt. Neue Wege, selbst wenn sie alten Pfaden folgen, erfordern mehr Aufmerksamkeit und Zeit. Wir berücksichtigen in der Haltung der Achtsamkeit, vor allem wenn sie nicht zu streng fokussiert, sondern eher weit ist, auch mehr Aspekte der gegenwärtigen Situation. Das dauert eventuell.
- Wir stellen uns stärker auf die Zeitlichkeit unserer Umgebung ein.

Wenn Menschen ihre Zeit brauchen und wir mit ihnen in Kontakt bleiben wollen, so nehmen wir sie uns – von einem Kind, das seine Schuhe anzieht, bis zu einem alten Menschen, der nach den rechten Worten sucht.

- Achtsamkeit ist selbst eine angenehme Haltung. Sie verstärkt also die Annehmlichkeiten und das Glück, die uns im Leben widerfahren, und mindert das Leid. Wenn wir uns aber wohler fühlen, haben wir es weniger eilig. Das kann so weit gehen, dass wir den Zustand nicht mehr verlassen wollen oder dass wir sogar das Zeitgefühl verlieren.
- Das Bewusstsein kann besser erfassen, was geschieht, wenn weniger in einer bestimmten Zeit passiert. Vieles nehmen wir ja nicht bewusst wahr. Wenn wir das Gehen, das sonst ganz automatisch geschieht, genau und bewusst spüren wollen, ist es sinnvoll, langsam zu gehen, und wenn wir wahrnehmen wollen, wie wir auf dem Boden liegen, macht es Sinn, sich dafür Zeit zu nehmen. Tätigkeiten bewusst zu verlangsamen kann die Achtsamkeit fördern, wie man an dem beliebten langsamen Gehen („Kinhin“) sehen kann, das in einer gemäßigten Form („Gehen Sie ab und an 10 % weniger schnell!“) auch alltagstauglich ist. Das gilt aber auch für Gespräche, Sex, Haus- und Gartenarbeit usw. Verlangsamung erlaubt der Seele, die Tätigkeiten einzuholen, ihren Ablauf, ihre Bedeutung und unsere Resonanz in Ruhe zu erfassen und zu spüren.

Sollte man in der Achtsamkeitspraxis immer langsam sein?

„Wenn Sie sich nun weiter überlegen, dass wir einen Menschen ‚ruhig‘ nennen, der niemals in Erregung kommt, weil er zu stur ist, um die Tragweite einer Situation zu ahnen, dass wir den Schlaffen, der aus Bequemlichkeit zu allem ja sagt, weil er sich sonst mobilisieren müsste, auch einen ruhigen Menschen nennen, so werden Sie verstehen, mit welchen unbewussten Widerständen wir zu kämpfen haben, wenn wir das Wort ‚Ruhe‘ überhaupt nennen. [...] [E]ine Klasse, die den Mund hält, ist nicht still!“

E. Gindler, in Ludwig 2002, S. 114/15

Der weiche Blick

Einen weichen Blick hat man, wenn man die Augen entspannt, er fühlt sich weich an. Man schaut, ohne etwas zu fokussieren. Dabei hat man das Gefühl, die Augen würden leicht zurück in den Kopf gleiten. Es kommt etwas mehr Ruhe in die Augen, vielleicht auch in den ganzen Körper. Die Augen und damit wir selbst kommen mit dieser Art zu schauen leichter in die Haltung der Empfangsbereitschaft, der Rezeptivität. Notwendig ist der weiche Blick für die Achtsamkeitspraxis nicht. Auch ein genaues Fokussieren und Hinschauen der Augen kann sehr sinnvoll sein. Aber manchmal ist es hilfreich, sich an diesen weichen Blick zu erinnern und ihn einzunehmen, weil er die Anstrengung in der Haltung reduzieren kann, falls sie auftritt. Man findet mit diesem Blick daher leichter in die Haltung der Achtsamkeit hinein.

Ressourcen

Kann man mit der Achtsamkeit Ressourcen aktivieren? Macht sie mich stärker, resilienter?

Viel ist von Ressourcen die Rede, wenn es um die Bewältigung von Krisen geht. Die Metapher wird auf natürliche Ressourcen eines Landes, die wirtschaftlichen Ressourcen einer Gesellschaft oder eines Haushalts angewendet. Im Kontext von Lebenskunst und Therapie sind meist persönliche Quellen gemeint, auf die wir zurückgreifen können. Die Metapher legt nahe, dass wir etwas nutzen, was bereits vorliegt, sozusagen auf die Aktivierung wartet, etwas, was wir vielleicht vergessen haben, woran wir uns erinnern können. Typische persönliche Ressourcen sind: Jemand hat schon einmal eine Niederlage, Schwierigkeiten und Entbehrungen durchgestanden, ohne Schaden zu nehmen, jemand kann auf gute Beziehungserfahrungen oder bewährte eigene Fähigkeiten zurückgreifen.

Die Ressource der Achtsamkeit ist die Gegenwart. Die Vergangenheit spielt insofern keine Rolle, als wir uns in der Achtsamkeit nicht aktiv mit ihr beschäftigen. Ansonsten ist sie natürlich sehr bedeutsam. Wir versuchen aber nicht, Ressourcen in der Vergangenheit zu finden. Das hat gleich mehrere Gründe:

- Wir müssten uns aus der Gegenwart herausbewegen.
- Wir müssten uns bemühen, etwas zu finden.
- Wir müssten auf Narrative – unsere oder fremde Erzählungen über unser Leben – setzen.

Das Potenzial der Haltung der Achtsamkeit liegt in ihr selbst. Es geht nicht um weitere Fähigkeiten, Wissen, Erfahrungen, an die wir uns erinnern, sondern nur um die Fähigkeit, sich auf die Gegenwart zu beziehen, die mitzureden hat, die uns zu Hilfe kommt – mit Vielfalt, Anmutungen, Selbstverständlichkeiten, Sinnlichem, Verlässlichem, Weite usw. Wir üben wahrzunehmen, dass wir immer auch in der Gegenwart sind. An die Stelle der Handlungs- und Verwertungsorientierung treten dann auch die Ressourcen achtsamkeitsaffiner Gefühle wie Vertrauen, Dankbarkeit, Verbundenheit.

Kontemplation

Kontemplationen haben als Achtsamkeitspraxis in der Arbeit unserer AG einen immer größeren Raum eingenommen. Ich halte sie für einen großen Gewinn. Leider sind Kontemplationen etwas schwieriger als andere Achtsamkeitspraktiken. Sie sind auch etwas schwieriger zu erklären. Ich folge in diesem Abschnitt nicht dem traditionellen christlichen Begriff der Kontemplation, der eine besonders intensive Phase der spirituellen Suche und der Beziehung zu Gott meint, sondern verwende ihn in einer allgemeineren Weise als Form von „Besinnung" auf etwas. Diese Bedeutung hatte früher in christlichen Kontexten der Begriff der „Meditation". Inzwischen hat hier aber ein Bedeutungswechsel stattgefunden (Baier 2009; Frick, Hilpert 2020) und „Meditation" steht heute für eine Vielzahl spiritueller Praktiken, die auch gegenstandslos sein können. Ich schließe mich dem an und lege in dem entsprechenden Abschnitt dieses Buches Wert darauf, dass der Begriff der „Meditation" auch nur dann verwendet wird, wenn er einen spirituellen Sinn hat. Dadurch ist der Begriff der Kontemplation quasi frei geworden, der immer objektbezogen war. Ich verwende ihn jetzt so, dass er eine Besinnung auf eine existenzielle und/oder spirituelle Thematik bezeichnet, die sich durch Verweilen, Nachspüren und Vertiefung auszeichnet.

Worüber kann man kontemplieren?

Das Thema kann durch einen Begriff, eine Aussage, eine Metapher, eine Erkenntnis, eine Geschichte, ein Gedicht, ein Bild usw. angestoßen werden. Wenn wir in der Natur kontemplieren, so schauen wir, welches existenzielle Thema sich an einem bestimmten Ort anbietet. In der Regel wird es uns durch die Atmosphäre des Ortes nahegelegt. Dann kontemplieren wir, indem wir uns das Thema in Form eines oder zweier Begriffe benennen (ohne laut zu sprechen) und indem wir den Ort auf uns wirken lassen. Da die Atmosphären eines Ortes zwar nicht beliebig wahrnehmbar, aber auch nicht eindeutig sind, sollten Sie sich genügend Zeit und Spielraum lassen, um ein geeignetes Thema zu finden. Typische Themen in der Natur sind „Geborgenheit“, „Leichtigkeit“, „Heiterkeit“, „Einsamkeit“ oder auch Begriffspaare wie „Geborgenheit – Freiheit“, „Einsamkeit – Verbundenheit“, „Nähe – Distanz“, „Werden – Vergehen“, „Vergänglichkeit – Stabilität“ usw. Es können natürlich auch individuellere Themen sein.

Wie kann man Nachdenken und Kontemplation unterscheiden?

Die möglichen Begriffe sind zahlreich, aber ich würde vorschlagen – und auch das wäre im Sinne der Tradition –, sich vor allem mit existenziellen Themen zu beschäftigen. Zum einen, weil es sich lohnt und damit die existenzielle Dimension der Achtsamkeit zum Tragen kommt, die bei vielen Übungen nicht so deutlich wird. Zum andern, weil hier die Gefahr viel geringer ist, dass Sie in ein Nachdenken verfallen. Die Leitfragen sind: Was lösen diese Begriffe in mir aus? Welche Gefühle und inneren Bilder rufen sie hervor? Welche Rolle spielt dieses Thema in meinem Leben? Man kann auch sehr gut mit Gedichten, anderen Texten oder Bildern kontemplieren. Gerade beim Kontemplieren besteht die Gefahr der Anstrengung. Sollten Sie wichtige Erkenntnisse gewinnen, die Sie nicht wieder verlieren wollen, notieren Sie sich ein Stichwort, über das Sie dann außerhalb der Kontemplation nachdenken können. Lassen Sie dann den Gedanken wieder los und schauen Sie, was als Nächstes kommt. Halten Sie nichts fest, bleiben Sie einfach offen und ein wenig neugierig. Wer kontempliert, zieht an einem Zipfel seiner Existenz und schaut, was zum Vorschein kommt.

Wenn Sie kontemplieren wollen, räumen Sie sich genügend Zeit dafür ein. Ich halte 15 Minuten für eine Mindestdauer. Sie kommen sonst nicht in die Haltung der Achtsamkeit, sondern „denken nach“, weil Sie das so gewohnt sind. Nachdenken ist ein gezieltes Denken, bei dem Sie etwas besser verstehen, eine Lösung finden, etwas planen wollen etc. Das ist alles nicht gemeint. Sie fokussieren in einer Kontemplation lediglich ein Thema und nehmen dann wahr, was von ganz alleine geschieht. Es ist, wie wenn Sie einen Stein ins Wasser werfen und schauen, welche Kreise er zieht. Der Stein ist das Thema und die Gedanken, Bilder, Gefühle, Erinnerungen, Körperempfindungen usw. die Kreise.

Sicher werden Sie sich dabei auch von dem Thema entfernen, aber dann denken Sie bitte an das „Und" und kehren Sie in aller Ruhe zu dem Thema zurück.

Wozu soll es gut sein, zu kontemplieren?

Die Kontemplation erscheint mir als Achtsamkeitspraxis inzwischen so wichtig, weil sie eine besondere Form des Erkennens beinhaltet. Kontemplierend wollen wir keine Erkenntnis gewinnen. Kontemplierend loten wir die Bedeutung einer Erkenntnis aus, wir lassen sie in uns sinken, schauen, was sie in unserem Denken und Fühlen verändert. In diesem Sinne vertiefen wir das Thema oder die Botschaft.

Weil es im Kontemplieren nicht darum geht, Erkenntnisse zu gewinnen, sondern sie zu vertiefen oder einfach in freier Form einem Thema nachzugehen, können wir auch immer wieder zu demselben Thema zurückkehren. In Religionen wurden und werden immer wieder die gleichen Lehrtexte verwendet, die gleichen Bilder angeschaut, die gleichen Geschichten erzählt. Aber sie können jeweils eine andere Vernetzung in unserer aktuellen Lebenssituation und in unserer Psyche erfahren. Wenn wir kontemplieren, suchen wir keine Erkenntnis, wir bearbeiten kein Thema, wir finden ein Thema und wir experimentieren mit ihm und schauen, ob wir es uns zu eigen machen können.

4 Schritt für Schritt

„Und so kommt es auf einmal, dass jeder Schüler in seiner Weise übt [...], d. h. die ganze Klasse arbeitet verschieden [...]. Der Leiter sieht nun bald, wo es hapert. Er sieht z. B. wie einige immer mit großem Talent das Schwerste und Schwierigste auswählen, und hat die Pflicht, Klarheit darüber zu schaffen, dass man immer versuchen muss, mit den einfachsten und leichtesten Formen ein Ziel zu erreichen. Jedenfalls arbeitet jeder Kurs mit völlig anderen Übungen und erfindet sich seine Übungen selbst. Wir erreichen dadurch sehr Wesentliches. Der Schüler fängt an zu spüren, dass er selbst etwas mit seinem

Übungspraxis

„Übung“ ist ein irreführendes Wort. Es klingt so als käme die eigentliche, wahre, vollkommene Praxis erst später. Als müsse man noch einen Weg gehen, bevor es mit der Achtsamkeit richtig losgehen kann. Das Wort mindert also die Bedeutung der Praxis in der Gegenwart. Deswegen erscheint es mir in der Regel besser, einfach von „Achtsamkeitspraxis“ zu sprechen. Im Unterschied zum „Klavierüben“ ist in jedem Moment die Chance groß, dass Achtsamkeit so gelingen kann, dass es an ihr nichts mehr zu verbessern gibt. Für Sekunden, Minuten kommt man in die Haltung und verweilt darin, und der Gedanke daran, die Haltung noch zu verbessern, zerstört nur die Erfahrung.

Unsere Achtsamkeit hängt von den inneren oder äußeren Umständen ab. Der Weg kann kurz sein. Manchmal hilft uns die Umgebung, in Windeseile in eine achtsame Haltung zu finden, z. B. der Anblick einer Landschaft, eines Raumes, eines Menschen, das Hören eines Musikstücks. Oder wir sind gerade frei von Handlungs- und Problemdruck. Das gilt auch für den Zugang zur Idee überhaupt. Hilfreich kann auch eine individuelle Disposition sein, nach meinem Eindruck z. B. durch frühe spirituelle Erfahrungen oder eine religiöse Sozialisation. Wenn solche Faktoren zusammenkommen, kann es sehr schnell und leicht geschehen, dass jemand die Haltung der Achtsamkeit versteht und erlebt. Die meisten Menschen müssen sich eine Weile bemühen und mehr oder weniger regelmäßig praktizieren, um die Haltung einzunehmen und zu spüren, vor allem aber, um auch unter weniger günstigen Umständen in sie hineinzufinden.

Im Normalfall empfehlen wir eine Übungszeit von zehn Minuten pro Tag und stellen in Aussicht, dass sich dann vermutlich nach etwa vier Wochen neue Erfahrungen einstellen. Die Übungspraxis kann in formale und informelle Praxis (s. Kap. 2, Formen der Achtsamkeit) aufgeteilt werden und muss nicht am Stück erfolgen. Unsere Erfahrungen zeigen uns, dass solche Empfehlungen auch umgesetzt werden. Wir haben dies mit anonymen Fragebögen abgefragt. Zehn Minuten sind für viele Menschen, die im Leben stehen und Anforderungen verschiedenster Art erfüllen müssen, schon eine Herausforderung. Ich habe schon mehrfach erlebt, dass mir Gruppenteilnehmer:innen gesagt haben, sie hätten keine zehn Minuten am Tag für die Achtsamkeitspraxis. In diesen Fällen möchte ich nicht weiter über die Achtsamkeitspraxis sprechen, sondern lieber den Fragen nachgehen: „Welches Leben führen Sie?“ „Sind Sie sicher, dass Sie das wollen?“ „Wie lange werden Sie das noch durchhalten?“ Danach geht es wieder um die Achtsamkeitspraxis.

Körper anfangen kann. […] Sein Selbstbewusstsein wird erhöht. Das kann aber mit Übungen, und mögen sie noch so durchdacht sein, nicht erreicht werden.“

E. Gindler, in Ludwig 2002, S. 86

Ich habe keine Zeit, Achtsamkeit zu üben.

Selbstverpflichtung (Commitment)

Wie intensiv sollte man üben? Was ist notwendig?

Commitment bedeutet Selbstverpflichtung. Für die Achtsamkeitspraxis und ihre Umsetzung in Therapie und Beratung ist sie von großer Bedeutung. Zunächst einmal lohnt es sich, kurz darauf hinzuweisen, dass eine Fremdverpflichtung bei der Achtsamkeit keinen Sinn macht. Das ist nicht selbstverständlich, denn bei Sport z. B. könnte das gelingen. Es macht aber bei Achtsamkeit keinen Sinn, weil es sich nicht um ein einfaches Verhalten, sondern um eine persönliche Haltung handelt. Und eine persönliche Haltung ist etwas, was wir zu unserer Sache gemacht haben und machen müssen, sonst existiert sie nicht.

Es fällt mir schwer, mich zu den Übungen aufzuraffen. Was kann ich tun?

Ein gewisses Commitment brauchen Klient:innen und Patient:innen ebenso wie Berater:innen und Therapeut:innen, gleich welchen Weg der Therapie und Beratung sie gehen. Dabei geht es vor allem um die Klärung der Ziele und die Aufklärung über die Vorgehensweise, und um mögliche Wirkungen und Nebenwirkungen, wenn es notwendig ist. In der Achtsamkeitspraxis geht es aber wie bei allen übenden

Verfahren um mehr. Da sich die Therapie wesentlich außerhalb der Therapiesitzungen abspielt, muss das Commitment auch im Alltag der Klient:innen funktionieren. Sie müssen sich – üblicherweise täglich – an ihre Ziele und den Weg der Achtsamkeit erinnern und immer wieder verpflichten, zu praktizieren, Übungen zu wiederholen oder sich auf andere Weise mit der Haltung zu beschäftigen. Das ist ein zentrales Problem aller Achtsamkeitsprogramme. Denn es handelt sich oft um eine Art „Trockenübungen", bei denen es nur darum geht, die Haltung zu lernen, ohne dass eine Anwendung und Nützlichkeit unmittelbar ersichtlich ist. Das ist vor allem dann ein Problem, wenn Menschen unter drängenden Problemen wie Angstzuständen leiden. Dieser Umweg über die Haltung, der die Besonderheit und die Stärke der Achtsamkeitspraxis ausmacht, ist nach meiner Erfahrung auch ihr größtes Handicap. Es dauert eine Weile, bis sie so viel Freude macht, dass sie von sich aus attraktiv ist.

„Aber der Tummelplatz für die Übung ist nicht die Stunde."

E. Gindler, in Ludwig 2002, S. 88

Es braucht also für den Achtsamkeitsweg eine besondere Motivation. Man muss die Haltung immer wieder bewusst einnehmen, z. B. mit dem Schritt: „Jetzt gehe ich in die Haltung der Achtsamkeit." In der Regel ist es nützlich, sich dabei eine bestimmte Zeit vorzugeben und die Praxis auch bewusst und entschieden wieder zu beenden.

Genauso wichtig ist es, dass man sich in kritischen Situationen, in denen die Haltung oder eine einzelne Praktik der Achtsamkeit nützlich sein kann, selbst dazu aufruft, es einmal damit zu versuchen, statt die gewohnten aktiv verändernden Bewältigungsstrategien zu wiederholen.

Experimentieren

Wenn wir uns von dem ersten Eindruck, den eine Situation auf uns macht, befreien wollen, so gibt es neben dem Anfängergeist (s. Kap. 6, Anfängergeist) und der Möglichkeit, einfach abzuwarten, was passiert, auch die Möglichkeit zu experimentieren: mit den Dingen, dem Raum, mit allen Sinnen (wie leicht wird das Tasten vergessen!), mit

„Wenn unsere Schüler arbeiten, achten wir darauf, dass sie nicht eine Übung erlernen, sondern versuchen, durch diese Übung die Intelligenz zu vermehren."

E. Gindler, in Ludwig 2002, S. 85

der eigenen Position und den eigenen Bewegungen im Raum, mit dem eigenen Tempo, Perspektiven, dem Öffnen oder Schließen der Augen, aus Nähe und Distanz. Anders als wissenschaftliche Experimenten folgen diese Verhaltensexperimente keinen Hypothesen, sondern es sind Experimente mit offenem Ausgang. Sie dienen nur dazu, die Gegenwart ohne Anstrengung in ihrer Vielfalt zu entdecken.

Das ist für die Achtsamkeitspraxis – so wie sie gelehrt wird – nicht selbstverständlich, aber spontan experimentieren wir ständig, sogar im Schlaf – mental wie körperlich. Unsere Augen wandern (und unser Kopf und Körper mit ihnen), wir tasten, wir sind neugierig und gehen auf etwas zu oder entfernen uns. Wir kommunizieren, wechseln die Perspektiven und probieren etwas aus. All das tun wir ohnehin und meist ganz von selbst. Unser ganzes alltägliches Leben funktioniert im Kleinen nach dem Versuch-Irrtum-Prinzip. Die Schritte passen sich ständig der Steigung des Weges an, die Atmung auch, ohne dass wir dafür einen Plan hätten. Es gelingt ihnen, weil sie ein Tempo ausprobieren und es dann korrigieren. Wenn jemand in einen Apfel beißt, überlegt er nicht vorher, wie fest er zubeißen muss. Er beißt einfach und passt seinen Biss an, je nachdem, wie der Apfel und sein Kiefer reagieren oder besser interagieren. Und genau genommen machen das beide ohne ihn. Wenn meine Kinder mir helfen wollen, mit einem PC-Programm zurechtzukommen, sagen sie: „Du musst es einfach probieren, ich weiß es so auch nicht, ach, lass mich mal machen!“ Selbst der Gedanke entsteht manchmal erst beim Sprechen, und der Ausdruck sowieso. Es fällt allerdings vielen Menschen schwer, diese Unvermeidlichkeit in ihrem Leben oder in dem Leben anderer zu akzeptieren.

„Vielleicht sollten wir selbst den kürzesten Gang in einer besonderen Geisteshaltung vollführen: Stellen wir uns vor, er wäre ein Abenteuer, das kein Ende kennt, bei dem wir damit rechnen müssten, dass wir nie heimkehrten und nur unsere einbalsamierten Herzen als Reliquien in unsere verlassenen Königreiche gelangten. Wer bereit ist, sich von Vater und Mutter, Bruder und Schwester, Weib, Kind und Freunden zu trennen und sie nie wiederzusehen, wer seine Schulden bezahlt, sein Testament gemacht und alle Angelegenheiten geregelt hat – der mag wandern.“

H. D. Thoreau 2013 [1851], S. 9

Experimentieren ist für die Achtsamkeitspraxis wesentlich, weil es der Absichtslosigkeit der Achtsamkeit entgegenkommt, die nicht mit Passivität verwechselt werden sollte. Experimentieren wir und spielen wir also mit unserer Mitwelt und uns selbst, und das kann auch bedeuten, dass wir manchmal ganz still und unbeweglich sind.

Geduld, Ungeduld

Mit der Geduld und der Achtsamkeit haben wir ein Henne-Ei-Problem. Wenn man so wie ich ein ungeduldiger Mensch ist, so ist Achtsamkeitspraxis eine Möglichkeit, geduldiger zu werden. Geduld bedeutet ja nichts anderes, als anderen Menschen, Lebewesen, Prozessen ihre Zeit zu lassen. Das ist sicher nicht immer eine gute Haltung, aber sofern wir Achtsamkeit leben wollen, ist es eben die Haltung, um die es geht. Es wird nichts verändert, beschleunigt, optimiert. In der Achtsamkeit wird ein Raum geschaffen, in dem sich die Dinge entwickeln und entfalten können. Und das gilt auch für uns selbst. Wenn man ungeduldig ist, ist man ja auch oft ungeduldig mit sich selbst. Wenn man gewohnt ist, effektiv zu sein, kann es schwierig werden, immer wieder innezuhalten, nur wahrzunehmen, zuzuhören und manchmal auch das Leben zu verlangsamen. Es kann schwierig sein, nicht effektiv zu sein und die Mitwelt und Umwelt nicht zu funktionalisieren.

Es gibt zwei Auswege aus diesem Henne-Ei-Problem: der erste ist Disziplin, also die Haltung, keine allzu große Rücksicht auf eigene Befindlichkeiten zu legen, also auch nicht auf Ungeduld, und einfach auf der Basis von Vernunft, Wille und langfristiger Zielstrebigkeit das zu tun, was zu tun ist. Der zweite ist Hingabe, also die Fähigkeit, sich dem, was auf einen einwirkt, zu überlassen. Wir müssen nicht langsamer werden, sondern es reicht, wenn wir uns der Langsamkeit eines Sonnenuntergangs überlassen oder einem Kleinkind die Zeit lassen, in Ruhe zu essen. Zwei Menschen in meiner Umgebung haben eine unheimliche Langsamkeit beim Essen. Sie schieben das Essen auf dem Teller hin und her, unterhalten sich und vergessen ganz und gar, weshalb sie vor einem Teller sitzen. Aber wenn alle fertig sind, kommen sie auf die Idee, dass es jetzt weitergehen kann. Welch eine Übungsmöglichkeit für mich! Ich muss nichts tun, mich nicht verlangsamen, das geschieht alles schon außerhalb von mir. Ich muss nur aufhören, mich gegen meine Wahrnehmungen und diesen anderen Rhythmus zu sperren. Ich muss mich nicht verändern, ich muss mich nur dieser Situation überlassen (s. Kap. 8, Wirklichkeit). „Loslassen“ ist ja bekanntlich keine gute Aufforderung, aber „Seinlassen“, „Wahrnehmen“ und „Mitschwingen“ – damit kann man etwas anfangen, das lässt sich „machen“, indem man nichts tut (s. Kap. 6, Gelassenheit). Jeder weiß, wie es ist, sich beeinflussen und verführen zu lassen.

Disziplin

Auch wenn ich mich in diesem Text immer wieder gegen Anstrengung im Zusammenhang mit Achtsamkeitspraxis ausspreche und ich das Wort „Disziplin“ wegen seiner unmittelbaren Wortbedeutung, die auf „Schule“ und „Schüler“ zurückgreift, nicht mag, so ist doch die praktische Bedeutung der Disziplin für Achtsamkeit nicht zu leugnen. Ohne Beharrlichkeit und stetes Sich-an-die-Praxis-Erinnern und Praktizieren wird man dem Gegenwind, den der gesellschaftliche Alltag bietet, nicht genug entgegenzusetzen haben. Disziplin ermöglicht, dass ich für die Praxis nicht darauf warten muss, ob sich eine Motivation, Energie, Lust oder dergleichen einstellt. Disziplin bedeutet, ein Ziel zu verfolgen, auch wenn die eigene Befindlichkeit dem widerspricht. Da die Achtsamkeitspraxis zunächst einmal Gewohnheiten durchbricht, was oft ein gewisses Unbehagen auslöst, und weil sie sich auch auf unangenehme Erfahrungen und Gefühle beziehen kann und sollte, brauchen wir leider Disziplin, wenn die Achtsamkeit in unserem Leben eine Rolle spielen soll. Aber man kann natürlich auch gute Gelegenheiten nutzen, sodass die Disziplin an Bedeutung verliert.

Partielle Achtsamkeit

Kann man auch mehr oder weniger, ganz oder teilweise achtsam sein?

Wir haben im Laufe der Jahre gelernt, dass Achtsamkeit auch nur teilweise realisiert werden und dennoch effektiv sein kann. Es gibt sozusagen das volle Programm und Teilprogramme. Z. B. kann jemand nur lernen und praktizieren, in der Gegenwart zu sein. Das ist für einen Menschen, der viel grübelt oder Angst vor der Zukunft hat, ein guter Schritt. Er kann in der Gegenwart zur Ruhe kommen. Das bedeutet nicht unbedingt, dass er die Absichtslosigkeit übernimmt. Vielleicht kommt er über eine anstrengende zielgerichtete Tätigkeit in die Gegenwart. Jemand anderes ist weder entspannt noch rezeptiv und auch nicht offen für die verschiedenen Aspekte der Gegenwart. Aber er spürt sich bei einer Körperübung auf neue Weise und schafft es, dabei die Gedanken kommen und gehen zu lassen. Wieder andere sind auf eine neugierige Weise an der Gegenwart interessiert, suchen dabei vor allem neue Reize und Informationen oder folgen eigenen Vorhaben, Konzepten und Zielen mit einer gewissen Anspannung: Menschen, die Vogelbeobachtungen sammeln, Museumsbesucher:innen, Sporttreibende. Sie sind aktiv, absichtsvoll, aber sie sind auch fokussiert, gegenwärtig, im Kontakt.

Jede fokussierte Achtsamkeit ist partiell. Gleichzeitig zu fokussieren und sich des Horizonts und der Weite bewusst zu sein, ist aber möglich. Probieren Sie es aus. Manchmal fehlt die kontinuierliche Wachheit, manchmal der Kontakt, manchmal die Distanz, z. B. wenn man sehr ins Spüren geht. Manchmal geht man ganz in der Außenwelt auf und hat kein Bewusstsein mehr für die Resonanz. Manchmal ist man so mit dem eigenen subjektiven Erleben oder mentalen Prozessen beschäftigt, dass man nicht mehr achtsam auf die Umgebung ist. In all dem finden wir Elemente der Achtsamkeit, obwohl die Haltung als ganze nicht realisiert wird. Aber viele Menschen lernen so die Haltung kennen oder wollen manchmal auch nicht mehr. Partielle Achtsamkeit ist ein Einstieg und leicht möglich.

Man bekommt mit diesen Erfahrungen einen Geschmack von Achtsamkeit. Es kann sein, dass Sie sich nur mit Achtsamkeit beschäftigen wollen, weil Sie ruhiger und entspannter oder lebendiger und anwesender werden wollen, weil Sie Ihren Alkoholkonsum bändigen oder Ihre irrationalen Ängste ablegen wollen. Es gibt viele solche Gründe, die zum Konzept der Achtsamkeit passen. Man braucht auch erst einmal nicht mehr. Es kann sein, dass man dann unterwegs entdeckt, dass sich mit der Haltung der Achtsamkeit noch viel mehr erreichen lässt, und möglicherweise bekommt man Lust, diese Möglichkeiten zu nutzen. Vielleicht wird später klar, welche existenzielle oder ethische Bedeutung die Achtsamkeitspraxis haben kann. Man muss das nicht vorher als Idee oder Plan im Kopf haben, wenn man mit der Achtsamkeitspraxis beginnt.

Unterbrechungen

Wer Achtsamkeit praktiziert, unterbricht sie auch. Das gehört zwangsläufig dazu, weil die äußeren Umstände schon Unterbrechungen erzwingen. Aber natürlich gibt es auch persönliche Gründe, die mehr oder weniger regelmäßige Achtsamkeitspraxis über lange Zeit zu unterbrechen. Man hat andere Prioritäten oder vergisst sie einfach oft. Es gibt viele Wege, wieder in die Praxis zurückzufinden:

- Merkzettel an verschiedenen Orten,
- Achtsamkeitstagebuch (abends eintragen, in welcher Form man sich mit Achtsamkeit beschäftigt bzw. sie praktiziert hat),
- feste Zeiten und Orte,
- feste Gelegenheiten (immer wenn ich einen Raum betrete, wenn ich aus dem Fenster schaue, wenn ich jemandem zuhöre, wenn ich den ersten Tee oder Kaffee trinke usw.),
- sofort, wenn ich dran denke (s. Kap. 5, Vertagen).

Ich unterbreche immer wieder die Übungspraxis für Tage, Wochen und sogar Monate. Wie kann ich dranbleiben? Wie kann ich mich selbst an die Achtsamkeitspraxis erinnern

Das Wichtigste ist aber Folgendes: Unterbrechungen spielen keine wesentliche Rolle. Achtsamkeit bezieht sich auf die Gegenwart. Wir können also stets neu beginnen und egal wie viel wir schon praktiziert haben, wir beginnen sowieso immer neu (s. Kap. 6, Anfängergeist). Es kann sein, dass langes Üben nicht mehr bringt als ebendieser einzige Moment der Achtsamkeit. Manchmal kommt man sehr rasch in die Haltung, obwohl die Bedingungen ungünstig erscheinen, manchmal gar nicht, obwohl oder gerade weil alles so gut vorbereitet ist. Geschichte – auch die eigene – kann auch erdrücken, die Ansprüche erhöhen, falsche Maßstäbe setzen, Erwartungen verstärken. All das können wir in der Achtsamkeitspraxis nicht gut gebrauchen. Deshalb können Unterbrechungen auch ganz nützlich sein.

5 Stolpersteine und Hindernisse

Stolpersteine für die Absichtslosigkeit

Muss Achtsamkeit immer zu etwas gut sein?

In der Einführung ins Thema (s. Kap. 2) in diesem Buch habe ich schon das zentrale Problem der Absichtslosigkeit angesprochen. Es stellt nicht nur eine gewisse Schwierigkeit des Verständnisses dar, es ist vor allem ein praktisches Problem. Denn während wir z. B. einfach nur auf einen fließenden Bach schauen oder in unseren Körper spüren wollen, melden sich immer wieder andere Ziele in der Welt unserer Gedanken. Der Vorschlag ist, diese Absichten wahrzunehmen und zum Gegenstand oder den Gegenständen unserer Aufmerksamkeit zurückzukehren. Dass solche Gedanken kommen, ist schwer zu verhindern. Sie wahrzunehmen und nicht einfach mental mit ihnen von dannen zu ziehen, ist wichtig für das Gelingen unserer fokussierten Achtsamkeitspraxis. Fokussierte Achtsamkeit wiederum ist ein guter Einstieg, weil sie leicht in die Gegenwart führt, vor allem, wenn diese einen klaren und vielleicht attraktiven Bezugspunkt bietet.

Ich verfolge doch mit dem Lernen von Achtsamkeit Absichten. Wie kann ich dann absichtslos sein?

Nun gibt es Ziele, die wir tatsächlich mit unserer Praxis verfolgen, die uns motivieren und mehr oder weniger passend sind, wie z. B. eine depressive Verfassung abzubauen, ruhiger zu werden oder anderen Menschen unvoreingenommener zu begegnen. Das sind besondere Ziele, die wir relativ leicht erkennen und wieder verlassen können, um jetzt in diesem Moment wirklich einfach nur unseren Atem zu spüren usw. Es gibt aber Ziele, die so selbstverständlich sind, dass man sie ständig mehr oder weniger im Hinterkopf hat und dass man sie verfolgt, ohne es zu merken. Solche Ziele sind ein viel größeres Problem und machen uns die Praxis schwer – wenn wir Achtsamkeit lernen, und auch wenn wir sie vermitteln wollen. In der Reihenfolge der Häufigkeit ihres Auftretens:

- sich wohlfühlen wollen,
- intensiv erleben wollen,
- sich selbst erfahren, erkennen oder verändern wollen und
- eine tiefe Einsicht über das Leben oder die Welt erlangen wollen.

Solche Ziele sind für viele Menschen selbstverständlich, und sie erwarten ihre Erfüllung von der Achtsamkeitspraxis. So selbstverständlich, dass es ihnen gar nicht seltsam vorkommt, sich um sie zu bemühen. Wenn wir nach einer Übung über die Erfahrungen sprechen, kann es sein, dass viele Teilnehmer:innen rückmelden, sie hätten sich wohlgefühlt, die Übung habe ihnen „gutgetan". Ich sollte mich natürlich freuen, dass sie froh und zufrieden sind, und in gewisser Weise bin ich das auch, wer hat nicht gerne zufriedene Teilnehmer:innen? Aber es sind Pyrrhussiege. Zum Glück gibt es auch Teilnehmer:innen, die davon erzählen, wie es ihnen mit der Achtsamkeit ging oder was sie erlebt haben. Das ist dann doch ein tieferes Erfolgserlebnis!

„Als die Nonne Chiyono unter Bukko von Engaku Zen studierte, war sie lange Zeit unfähig, die Früchte der Meditation zu ernten. Schließlich, in einer Mondnacht, holte sie Wasser in einem alten Eimer, der mit Bambus zusammengebunden war. Der Bambus riß, und der Boden fiel aus dem Eimer, und in diesem Augenblick wurde Chiyono befreit! Zur Erinnerung schrieb sie ein Gedicht:
Auf manche Weise versuchte ich, den alten Eimer zu bewahren,
weil der Bambusstrick zerschlissen war und nah am Reißen, bis zuletzt der Boden herausfiel.
Kein Wasser mehr im Eimer!
Kein Mond mehr im Wasser!"

Ohne Worte – ohne Schweigen 2003, S. 50

Das Problem ist, dass alle genannten Anliegen Voreinstellungen sind, die tief in unserer Kultur, insbesondere der Subkultur des Selbsterfahrungsmilieus, verwurzelt sind: Hedonismus, Selbstoptimierung, Veränderungswille, Erlebnishunger (s. Kap. 1). Die Achtsamkeitspraxis belebt sie, sie rascheln in ihren Wänden, als wollten sie ihr Hausrecht geltend machen, und immer wieder kommen sie zum Vorschein. Nun denn, ihr Gegenteil ist jeweils viel unsinniger: Askese, Selbstzufriedenheit, Bequemlichkeit, Desinteresse. Aber alle diese Anliegen tun so, als wenn es ohne sie nicht ginge und als könnten sie die Anwesenheit von Langeweile und Leid nicht ertragen. Das Problem liegt in ihrem routinierten Vorwitz, nicht darin, dass sie auch mal zu ihrem Recht kommen wollen. Aber diese Wünsche und Bestrebungen sind nicht wesentlich für die Achtsamkeit, und wir sollten ihnen „keine Energie geben" (Jeru Kabbal).

Ist denn die Achtsamkeitspraxis nun ein Selbstzweck? Wie weiter oben in der Einführung dargestellt, können wir mit der Achtsamkeit zahlreiche Ziele verfolgen. Das gelingt umso besser, je weniger man sich während der Achtsamkeitspraxis mit solchen Zielen beschäftigt. Achtsamkeit kann, aber muss kein Selbstzweck sein. Es ist aber eine gute Idee, sie als Selbstzweck zu betrachten. Denn Achtsamkeit ist ja ein Experimentieren mit offenem Ausgang. Man muss und kann oft nicht wissen, wozu sie gut ist. Es ist wie bei einer Reise. Wer weiß schon, was einem begegnet und ob man bereichert oder enttäuscht von ihr zurückkommt, ob man eine angenehme oder unangenehme Erfahrung machen wird, ob man dabei unglücklicher oder glücklicher wird?

Ablenkung

Bedeutet Achtsamkeit, dass ich mich von unangenehmen Erfahrungen ablenken soll?

Wenn Sie unter einem körperlichen oder seelischen Schmerz, unter Grübeln oder Ängsten leiden, kann Ihnen vielleicht folgender Vorschlag helfen: „Nehmen Sie Ihren Schmerz (Ihre Gedanken etc.) in Ruhe wahr. Dann sagen Sie sich: ‚Und ich sehe gerade den Erdboden, die Wolken usw., oder ich spüre gerade den Boden unter den Füßen, meinen Atem usw.' Dann kehrt die Aufmerksamkeit vielleicht zu dem Schmerz zurück, und Sie wiederholen den Vorgang."

„Aha, ich soll mich ablenken!", ist oft die Antwort.

„Nein, ganz und gar nicht. Der Schmerz, das Grübeln – das sind die Ablenkungen von der Vielfalt der gegenwärtigen Situation. Kehren Sie mit dem ‚Und' zurück zu dem, was gerade geschieht. Achtsamkeit ist das Gegenteil von Ablenkung."

Die Achtsamkeitspraxis kann aus einem unfreiwilligen Fokus in die Weite der Gegenwart führen, eine Art Erwachen aus einer Problemtrance.

„Ablenkung" wird in der Achtsamkeitspraxis noch in einem anderen Sinn zum Thema: Wenn jemand freiwillig einen Fokus wählt, sagen wir den leeren Raum oder den Atem, so fühlt er sich möglicherweise durch Geräusche abgelenkt. In unserem Übungsraum hört man viele Verkehrsgeräusche, die Autos starten an der Ampel, die Straßenbahn rumpelt vorbei. Ich hatte auch schon mehrfach Hunde in Workshops. Sie tapsen manchmal herum oder schnarchen. Ich will nicht sagen, dass ich davon begeistert bin, aber es schafft Alltagsnähe. Was nützt uns die Achtsamkeit, wenn wir sie nur unter sterilen Bedingungen hinbekommen? Der Hund tapst. Hören Sie ihm zu, und dann kehren Sie mit einem „Und“ zu Ihrem Fokus zurück, wenn Sie denn einen gewählt haben. Der Hund ist unruhig und drängelt sich in Ihre Aufmerksamkeit. Warum nicht? Wir verändern in der Haltung der Achtsamkeit nichts, wir optimieren nicht, sondern wir nehmen wahr, was ist: Der Hund tapst. Wir strengen uns nicht an. Wir arbeiten nicht gegen etwas. Unsere Aufmerksamkeit geht zum Hund. So wild ist seine Unruhe auch nicht, wir machen nicht mehr daraus, und dann gehen wir mit der Aufmerksamkeit sanft zu unserem Fokus zurück. Die Haltung ist akzeptierend, und die einzige Anstrengung, die Sinn macht, ist, immer wieder in die Haltung zurückzukehren. Das ist leicht, wenn man im Grunde einfach nur da sein will. Gar nicht abgelenkt werden können wir logischerweise in weiter Achtsamkeit. Das macht sie so leicht, wenn man sie gewohnt ist.

Ich werde bei der Achtsamkeitspraxis oft gestört oder vielleicht fühle ich mich auch nur leicht gestört. Wie soll ich damit umgehen?

Es gibt also in der Achtsamkeitspraxis genau genommen keine „Störungen“. Das ist ein wenig übertrieben, aber eine gute Maxime. Wenn wir nicht mehr wollen, als nur in der Gegenwart zu sein, im Kontakt mit dem, was um uns herum und in uns geschieht, wie soll es dann Störungen geben? Selbst wenn wir uns vornehmen, uns zu fokussieren – auf einen Gegenstand, Musik, unseren Atem usw. – und dann durch einen anderen Eindruck von diesem Fokus abgelenkt werden, dann können wir, wie beschrieben, elegant und in aller Ruhe zu unserem Fokus zurückkehren.

Um „Störungen“ zu vermeiden, ist es üblich, sich Freiräume zu schaffen, sich also geeignete Orte und Zeiten von dem freizuräumen, was sich dort so tummelt. Möglich, manchmal hilfreich und angenehm, aber auch ein Umweg. Man sensibilisiert sich, steigert seine Ansprüche und entfernt sich von der Realität. Spätere Entzugserscheinungen im chaotischen Alltag sind häufig. Ein Bekannter hat mir gegenüber einmal geklagt, er habe in einem tagelangen Zen-Retreat im Schwarzwald nicht richtig meditieren können, weil draußen im Dorf häufig ein Hund gebellt hätte. Verständlich, aber auch irgendwie unbefriedigend.

Die Gefahr ist groß, dass man auf spezifische Bedingungen angewiesen zu sein glaubt.

Die Alternative besteht darin, die Achtsamkeit vorwiegend dort zu praktizieren, wo sie hingehört – im Alltag. Was dort gelingt, hat Bestand, auch wenn oder gerade weil es etwas mühsamer und in kleineren Schritten erworben werden muss. So wird auch gar nicht das Missverständnis geschürt, Achtsamkeit sei auf besonders günstige Bedingungen angewiesen, die sich ja auch nicht jeder leisten kann, der z. B. für eine Familie sorgen oder eine andere wichtige Aufgabe erfüllen möchte. Im Alltag macht es wenig Sinn, von „Störungen" zu sprechen, sondern eher, die Praxis entsprechend anzupassen. Diese Überlegungen sprechen nicht gegen eine intensive Praxis unter besonders einfachen Bedingungen, aber eine solche Praxis sollte als Ausnahme, nicht als notwendig oder besonders geeignet verstanden werden.

Anstrengung

Ich finde Achsamkeit anstrengend und vermeide es deswegen, zu üben. Was kann ich tun?

Da wir in der Haltung der Achtsamkeit keine Ziele verfolgen, außer achtsam zu sein (auch wenn wir damit viel erreichen können), gibt es keinen Grund, sich anzustrengen. Man sollte deshalb keine schwierigen Techniken in die Achtsamkeitspraxis einbauen wie komplizierte Atem- oder Yogaübungen, Geschicklichkeitsübungen usw. Wenn man sie beherrscht – prima. Ein Karateschwarzgurt kann achtsam eine Kata (festgelegte Bewegungsabfolge) durchführen.

„Ist Ihnen klar, daß Sie von früh bis spät Chancen für derartige Erfahrungen hätten, wenn Sie sich etwas

Nun kann man aber auch die Haltung der Achtsamkeit schwierig finden, weil man es einfach gewöhnt ist, etwas zu erledigen, Gedanken zu wälzen, Pläne zu schmieden usw. und nun diese Gewohnheit überwinden soll. Leider ist dieser Rest an Anstrengung, der darin besteht, von Gewohnheiten abzuweichen, unvermeidlich, jedenfalls so lange, bis Achtsamkeit keine eigene Gewohnheit geworden ist. Man muss sich also an die Haltung erinnern, sie sich immer wieder vor Augen führen und praktizieren, obwohl man vielleicht Besseres zu tun hätte. Das ist Anstrengung genug. Die Praxis selbst sollte keine weiteren Herausforderungen mit sich bringen. Es gibt Menschen, die sich jahrelang in Zen-Sesshins (wochen- oder monatelange Meditationsangebote, in denen viele Stunden am Tag still meditiert wird, ein Schweigegebot gilt u. Ä.) begeben und dabei nicht weiterkommen, weil sie vor allem ihre alten Muster bedienen. Es gibt auch Menschen, denen es hilft, wenn sie sich mit großen Herausforderungen konfrontieren, weil es ihren Ehrgeiz oder Kampfgeist weckt oder was auch immer. Es kann gut gehen und motivierend sein, und es gelingt ihnen, ihren spirituellen Heroismus hinter sich zu lassen, es kann aber auch sein, dass sie sich in diese konventionellen Haltungen tiefer verstricken. Manche Berichte über den eigenen Meditationsweg sprechen für die zweite Variante.

Was tun, wenn wir uns trotz solcher gut gemeinten Erklärungen anstrengen? Ich schlage Folgendes vor:
Sie merken, dass Sie sich anstrengen, z. B. Sie kommen ins Nachdenken oder Grübeln (unproduktives Nachdenken) oder Sie merken, dass Sie körperlich angespannt sind, also Ihre Muskeln sehr aktiv sind. Dann ändern Sie bitte nichts! Nehmen Sie auch Ihre Anstrengung oder Anspannung als etwas, das gerade ist und das Sie nicht aktiv verändern. Sie ändert sich durch die Haltung der Achtsamkeit von alleine. Diese Haltung ist selbst nicht angespannt, nicht anstrengend, weder ganz passiv noch aktiv. Sie wird von selbst zu einer größeren Entspannung Ihrer Gesamtverfassung führen, auch und gerade dann, wenn Sie Ihre Anspannung wahrnehmen und es zulassen, dass sie sich von alleine verändert. Machen Sie also einfach weiter und setzen Sie auf die Haltung. Achten Sie auf die Anspannung, das Grübeln etc., ohne etwas daran zu ändern – so lange Sie wollen. Wenn Sie merken, dass die Wahrnehmung der Anstrengung nicht mehr so interessant ist, oder wenn Ihre Aufmerksamkeit von selbst zu anderen Aspekten der Gegenwart wandert (Geräusche, andere Körperempfindungen, äußere Ereignisse), so lassen Sie das auch zu. Wenn diese Erweiterung nicht von selbst geschieht, fragen Sie sich: „Was gibt es noch?“ Erweitern Sie dadurch Ihren Horizont, ohne die Anstrengung zu bekämpfen. Vielleicht hilft die Weitung oder auch einfach die Zeit.

Zeit ließen, um erfahrbereit zu werden, bevor Sie etwas anfassen? Wenn man die Dinge bereits angefasst hat, ist es zu spät. Die Erfahrbereitschaft im Moment der Berührung ist eher ein ‚geistiges‘ als ein manuelles Problem. Es ist eine Frage des Bei-Sich-Seins, des So-Still-Seins, dass man deutlicher ‚lesen‘ kann, was einem von den Dingen mitgeteilt wird.“

H. Jacoby 2004 [1945], S. 142

„Nicht müde
werden
sondern dem
Wunder
leise wie einem
Vogel
die Hand
hinhalten.“

H. Domin 2009, S. 142

Konzentration

Muss ich mich in der Achtsamkeitspraxis immer auf etwas konzentrieren? Ist Achtsamkeit ein Training der Konzentration?

Eine häufige Selbstkritik bei der Achtsamkeitspraxis ist: „Ich kann mich nicht/konnte mich nicht konzentrieren." Nun ist es so, dass wir Selbstkritik wie jeden anderen Gedanken behandeln können. Sie ist nun mal da, wir wollen sie nicht weghaben oder gegen sie vorgehen. Die Selbstkritik mag berechtigt sein oder nicht, das ist in der Achtsamkeitspraxis gerade nicht die Frage. Wir schauen sie uns an, unterschreiben sie nicht, lassen sie kommen und gehen, und wenn sie sehr hartnäckig ist, verfahren wir wie üblich: „*Und* was geschieht gerade noch?" oder „*Und* ich kehre zur Betrachtung der Herbstblätter zurück". Jede Fokussierung in der Achtsamkeit findet immer vor einem Horizont der Weite statt. Es gibt immer noch viel mehr zu erfahren.

Der Begriff „Konzentration" verleitet uns dazu, die fokussierte Praxis mit Anstrengung (s. Kap. 5, Anstrengung) zu verbinden. Es geht uns dann nicht mehr um die gelassen-entspannte Rezeptivität (Empfangsbereitschaft), also nicht mehr um die Haltung, sondern um den Fokus als Fokus. Aber darum sollte es eben nicht gehen. Die Orientierung auf den Fokus ist nur Mittel zum Zweck, der Zweck ist die Haltung der Achtsamkeit. Es geht nicht ums Fokussieren, sondern um Achtsamkeit. Die Haltung wird aber von dem Fokus verdrängt, wenn wir mit quasi sportlichem Ehrgeiz, getrieben von unserem Leistungsstreben oder irgendeiner anderen Verpflichtung, unbedingt den Fokus halten wollen.

Möglicherweise kann eine fokussierte Übungspraxis auch dazu führen, dass wir uns auf Dauer besser konzentrieren oder leichter zur Konzentration zurückfinden, aber das ist nur einer der vielen erwünschten Nebenwirkungen der Achtsamkeitspraxis (wie seelische Gesundheit oder Entspannung).

„Aushalten" und Akzeptanz

Die Achtsamkeitspraxis besteht nicht nur aus angenehmen Übungen. Nur wenn die Achtsamkeit auch mit schwierigen Erfahrungen geübt

Ich habe die Übung gerade noch ausgehalten. Länger hätte sie nicht dauern dürfen.

wird, kann sie auch in schwierigen Situationen helfen, also z. B. wenn man depressiv ist, angespannt, ängstlich, einsam. Es ist oft nicht sinnvoll, die Achtsamkeit gleich zu Beginn des Weges auf solche unangenehmen Erfahrungen zu lenken. Das ist zu schwierig und zu wenig motivierend. Angenehme Übungen sind für die meisten Menschen solche, die kürzer sind und sich mit positiven sinnlichen Erfahrungen beschäftigen. Lange Immobilität, Kontaktübungen mit unvertrauten Menschen, das Wahrnehmen aversiver Gerüche oder ungewohnter Musik, das Wahrnehmen von Schmerzen, Ängsten und negativen Stimmungen sind für die meisten Menschen kein guter Einstieg.

Manche Menschen suchen von Anfang an die Herausforderung unangenehmer Erfahrungen und fühlen sich eher angesprochen, wenn sie aufgefordert werden, regelmäßig eine halbe Stunde oder länger still zu sitzen und dabei durchaus Anstrengung und Schmerzen empfinden. Manchen wird dadurch der Ernst des Unterfangens deutlicher, als wenn die Übungen leicht und angenehm sind. Aber das lässt sich nicht verallgemeinern. Um bei dem Beispiel einer fokussierten Übung zu bleiben, so sind schon fünf Minuten für viele Menschen im Alltag eine ausreichend anspruchsvolle Aufgabe. Von fünf Minuten kommt man dann zu acht und zehn Minuten und für viele Menschen ist damit eine gute Zeitdauer erreicht. Zehn Minuten sind lange, wenn man depressiv oder unruhig ist oder wenn man sehr viel zu tun hat.

Nun muss man aber bei unangenehmen Übungen damit rechnen, dass die Teilnehmer:innen eine Haltung des „Aushaltens“ entwickeln: „War nicht leicht, aber ich hab's ausgehalten“. „Aha, Achtsamkeit bedeutet also, schwierige Situationen auszuhalten.“ „Es war kaum auszuhalten, aber ich hab's geschafft“ (regelmäßig beim Hören atonaler Musik). Diese spontanen Reaktionen sind interessant und es wert, genauer angeschaut und erspürt zu werden. „Aushalten“ beinhaltet auch eine starke Bewertung, eine Anstrengung, nicht auszuweichen, und eine Überbetonung des Inhalts der Übung. Als Übende:r kann man sich selbst, als Anleitende:r auch andere zu mehr Wahrnehmung, Beschreibung und Offenheit einladen: „Was passiert gerade in der Musik? Wie wirkt dieser neue Klang auf mich?“ Oder: „Welche Qualität hat genau der Schmerz? Wo schmerzt es? Wie verändert sich der Schmerz?“ Ist der Schmerz sehr stark, ist eher eine Erweiterung des Fokus zu empfehlen: „Wo schmerzt es nicht? Was höre ich gerade? Wie ist der Kontakt zum Boden?“ Das ist keine Ablenkung. Der Schmerz ist die Ablenkung.

Aushalten ist aus dem Blickwinkel der Achtsamkeit eine zu starke Fixierung auf die negativen Aspekte eines Phänomens oder einer Erfahrung. Diese Erfahrungen sollen nicht irgendwie ins Positive gewendet werden, sondern der Vorschlag besteht darin, distanzierter und unvoreingenommener in den nächsten Moment hineinzugehen, indem man nicht an dem „Aushalten“ festhält. Nicht: „Ich muss das weiter aushalten“, sondern: „Ich akzeptiere, was ist, mal sehen, wie es weitergeht!“

Was ist der Unterschied zwischen „Akzeptanz“ und „Resignation“?

Akzeptanz ist die bewusste Haltung: „So ist es!“ Sie ist eine entschiedene aktive Haltung, und so fühlt sie sich auch an – bewusst und selbstbewusst. „Aushalten“ fühlt sich so an, als müsse man etwas erdulden, was einem das Leben oder wer auch immer zumutet. Ein ähnlicher Unterschied besteht zwischen Akzeptanz und Resignation. In der Resignation gebe ich ein Anliegen auf, weil ich nicht anders kann, aber eigentlich halte ich an ihm fest. Es hat nur leider nicht geklappt, meine Bemühungen haben keinen Sinn mehr. In der Haltung der Akzeptanz (als Teil einer achtsamen Haltung) gestalte ich aktiv einen neuen Sinn mit. Ich mag es bedauern, dass es so gekommen ist, aber ich verabschiede mich bewusst von den bisherigen Bemühungen und übernehme dafür die Verantwortung. Wenn wir bewusster und entschlossener akzeptieren, was ist oder geschehen ist, werden wir auch bewusster an dem teilnehmen, was jetzt möglich ist. Wir können im Akzeptieren bei uns, bei anderen manchmal nicht nur den Verlust, sondern auch eine Erleichterung spüren. Deshalb kann es sein, dass jemand von Akzeptieren spricht und dabei ein Lächeln zeigt, das gerade unterstreicht wie ernst er es meint.

Müdigkeit

Ich werde bei der Achtsamkeitspraxis immer wieder rasch müde. Was kann ich dagegen tun?

Müdigkeit erschwert die Achtsamkeitspraxis sehr. Ich würde vorschlagen, gerade für das Erlernen von Achtsamkeit Zustände von Müdigkeit zu vermeiden. Man kämpft dann ständig gegen den Schlaf, und das ist anstrengend und macht die Achtsamkeitspraxis unnötig kompliziert. Man ist dann mehr damit beschäftigt, wach zu bleiben, als einfach nur achtsam zu sein.

Wachheit ist für Achtsamkeit wesentlich, denn es gehört zu ihrem Wesen, dass wir die gegenwärtige Situation (uns selbst, die Mit- und Umwelt) nicht diffus und verschwommen, sondern differenziert erfahren. Viele positive Wirkungen der Achtsamkeit beruhen auf dieser Differenzierung. Außerdem ist es über lange Zeit sinnvoll, die Achtsamkeitspraxis bewusst zu beginnen und zu beenden. Das Beenden wird bei Müdigkeit oft schwierig, der Schlaf übernimmt die Aufgabe.

Problemtrance

Man könnte sagen, dass wir uns ständig in Problemtrance befinden. Wir verbringen sehr viel Zeit damit, Probleme zu lösen, sei es gedanklich oder real. Trance entsteht durch eine Fokussierung, die unser Bewusstsein einengt und keine kritische Distanz mehr zulässt. Bei der Problemtrance mangelt es an dem kritischen Bewusstsein gegenüber der Bedeutung von Problemen und dem Preis, den wir für unsere Orientierung auf ein bestimmtes Problem zahlen oder dafür, dass wir ständig mit Problemen beschäftigt sind. Die Prioritäten werden verzerrt. Wir nehmen uns als Mittelpunkt der Welt wahr, sei es als Betroffene oder als Helfer. Wir sehen nichts anderes mehr, sehen nicht mehr, was sonst noch da ist und vielleicht problemlos funktioniert. Wir engen den Horizont ein und sehen nicht mehr den weiteren Horizont rund um das Problem oder den Hintergrund, vor dem es sich abspielt. Das Gefühl der Dringlichkeit des Problems frisst andere zeitliche Erfahrungen von Langsamkeit und Ruhe auf.

Manchmal ist es natürlich notwendig, sich ganz in ein Problem zu verbeißen, um wirklich alle Energien zu mobilisieren. Aber oft finden wir Lösungen eher, wenn wir eine Pause machen, wenn wir uns mit etwas anderem beschäftigen, „daneben denken", über Nacht. Achtsamkeit ist der Gegenpol zur Problemtrance. Sie hilft uns, aus Problemtrancen zu erwachen und andere Aspekte, Dimensionen und Möglichkeiten der Situation zu erkennen. Sie hilft uns, in schwierigen Situationen eigene Fähigkeiten, Hilfe durch Andere und Möglichkeiten der Situation selbst zu erkennen und zu mobilisieren. Sie ermöglicht es, wieder den Hintergrund wahrzunehmen, den Horizont sachlich wie zeitlich zu weiten und dadurch die Prioritäten wieder geradezurücken.

Vertagen

Ich nehme mir immer vor, Achtsamkeit zu üben, und dann komme ich doch nicht dazu.

Sie haben sich vorgenommen, regelmäßig in die Haltung der Achtsamkeit zu gehen, sagen wir – wie wir vorschlagen – zehn Minuten am Tag. Aber nun kommt Ihnen viel dazwischen. Unnötig aufzuzählen, was infrage kommt, wir kennen das alle. Aber immer wieder mal fällt Ihnen ein: „Ach ja, ich will ja Achtsamkeit üben. Was könnte ich tun? Ich könnte mal fünf Minuten die Augen schließen, meine Körperhaltung spüren, den Kontakt mit dem Stuhl, meine Atmung. Gute Idee, aber nicht jetzt, nachher. Erstmal noch …" Ich rate Ihnen von diesem Vertagen ab. Immer dann, wenn Sie an Achtsamkeit denken, schließen Sie auch gleich eine Praxis an. Wenn Ihnen fünf Minuten zu lange erscheint oder die Umstände eine so lange Zeit nicht zulassen, nehmen Sie sich nur zehn Sekunden oder eine Minute und machen Sie es sich ganz leicht, z. B. schauen Sie sich kurz mal einen vertrauten Gegenstand in Ihrer Umgebung genauer an und lassen Sie ihn auf sich wirken. Oder schauen Sie aus dem Fenster, ohne etwas zu fokussieren, oder achten Sie auf drei Atemzüge usw. Sie können in jeder Körperhaltung achtsam sein, Sie müssen sie nicht optimieren. Wichtig ist, dass Sie das Drandenken ein wenig ausbauen, sich an die Haltung wirklich erinnern und sie gleich umsetzen. Dadurch wächst die Übungspraxis nicht zu einem Berg an, sondern Sie machen sich klar, dass die Achtsamkeitspraxis leicht ist, keine besonderen Bedingungen braucht. Sie können den Alltag immer wieder mit achtsamen Momenten durchsetzen. Dann kann es leicht geschehen, dass Sie Lust bekommen, auch länger zu praktizieren. Umgekehrt scheint es mir schwieriger, es sei denn Ihre Motivation und Ihre Disziplin sind ohnehin hoch. Vertagen raubt der Achtsamkeit die Leichtigkeit und Ihnen die Motivation.

Entspannung, Anspannung, Entspannungsübungen

Entspannung ist ein Nebeneffekt von Achtsamkeit. Achtsamkeit führt regelhaft zu Entspannung, weil wir ja in dieser Haltung kein Ziel verfolgen und uns nicht anstrengen. Es gibt also in einer achtsamen Verfassung keinen Grund, die Muskulatur anzuspannen und das vegetative Nervensystem hochzufahren.

Kann ich auch Achtsamkeit üben, wenn ich sehr angespannt bin?

Das bedeutet nicht, dass wir nicht partiell achtsam sein können, wenn wir angespannt sind. Tatsächlich sagen manchmal Teilnehmer:innen in unseren Kursen: „Ich kann heute ganz schlecht mitmachen, weil ich so angespannt bin." Nun, Achtsamkeit bezieht sich immer auf das, was ist, ohne es zu verändern. Wir können also die Aufmerksamkeit auch auf die Anspannung lenken, die wir auch genauer spüren können (Wo? Wie stark? Wo nicht?) und sollten nicht versuchen, uns zu entspannen. Wenn jemand das gut kann, okay, aber ansonsten macht ein solcher Versuch die Sache kompliziert und führt zu Enttäuschungen. Wir wollen uns in der Haltung der Achtsamkeit nicht entspannen, sondern nur in die Haltung der Achtsamkeit gehen, und diese Haltung führt uns zur Entspannung. Deshalb ist Achtsamkeit auch ein guter Weg zur Entspannung für Menschen, die mit Entspannungsübungen keinen Erfolg haben, weil sie sich zu sehr bemühen, sich zu entspannen, oder weil sie das Wort „Entspannung" nicht mehr hören können. Wir begeben uns auf dem Weg der Wahrnehmung der Anspannung in die absichtslose Wahrnehmung der Gegenwart. Dadurch entspannen wir uns.

„Entspannung ist für uns ein Zustand der höchsten Reagierfähigkeit, eine Stille in uns, eine Bereitwilligkeit, auf jeden Reiz richtig zu antworten."

E. Gindler, in Ludwig 2002, S. 91

„Tanzan und Ekido wanderten einmal eine schmutzige Straße entlang. Zudem fiel auch noch heftiger Regen. Als sie an eine Wegbiegung kamen, trafen sie auf ein hübsches Mädchen in einem Seidenkimono, welches die Kreuzung überqueren wollte, aber nicht konnte. ‚Komm her, Mädchen', sagte Tanzan sogleich. Er nahm sie auf die Arme und trug sie über den Morast der Straße. Ekido sprach kein Wort, bis sie des Nachts einen Tempel erreichten, in dem sie Rast machten. Da konnte er nicht länger an sich halten. ‚Wir Mönche dürfen Frauen nicht in die Nähe kommen', sagte er zu Tanzan, ‚vor allem nicht den jungen und hübschen. Es ist gefährlich. Warum tatest du das?' ‚Ich ließ das Mädchen dort stehen', sagte Tanzan, ‚trägst du sie noch immer?'"

Ohne Worte – ohne Schweigen 2003, S. 35; Tanzan war bekannt dafür, dass er sich nicht an Regeln hielt, M. H.

Lass los!

„Lass los" oder „Du musst loslassen" will niemand hören. Den Menschen, um den man trauert, die verpasste Chance, der man nachtrauert – loslassen. Das hätte man ja schon längst getan, wenn es so einfach wäre. Zudem entspricht das, was man loslassen soll, dem rosaroten Elefanten, an den man nicht denken soll oder der Aufforderung „Entspann Dich", die nur funktioniert, wenn man jemandem genau zeigen kann, was er zu tun hat (wie im Autogenen Training: Suggeriere Dir Schwere und Wärme). Etwas aktiv loslassen zu wollen erfordert, damit in Kontakt zu bleiben und sich mit dem Etwas zu beschäftigen. Das ist ein unlösbares Dilemma. Man kann sich also allenfalls entscheiden, etwas loszulassen, und dann braucht man eine Idee, was zu tun ist.

Versuchen wir es mit Achtsamkeit, so liegt *Aufmerksamkeitslenkung* nahe. Der erste Schritt ist, sich dem, was man kognitiv und emotional loslassen will, erst einmal in Ruhe zu widmen. Man wird sehen, dass das Thema von sich aus eine gewisse Dynamik hat und dabei nicht immer weiter zunimmt, sondern eher wellenförmig abnimmt. Ob das so ist, muss man ausprobieren. Aber vor allem kann man so in die Haltung der Achtsamkeit kommen. Dann aber ist es wichtig, sich mit einem „Und" oder „Und was geschieht gerade noch?" stärker für die Gegenwart zu öffnen. Damit wird das Thema entweder in einen größeren Zusammenhang gerückt oder es verblasst durch die *Gefühle der Achtsamkeit* (s. Kap. 2, Gefühle der Achtsamkeit). Sie werden sich in die übermäßige Trauer oder in die Haftung an bestimmte Wünsche mischen, sodass sie eine andere gefühlsmäßige Färbung bekommen. Natürlich werden die Themen wiederkommen, aber dann sind wir auch wieder mit unserer Haltung da und betten die Themen in die Weite des Horizonts und das Lebensgefühl der Achtsamkeit ein. Es vertieft sich, und es wird immer leichter, etwas loszulassen, ohne dass wir uns aktiv damit beschäftigen.

All das geschieht im Rahmen der Achtsamkeit nicht nur durch Nachdenken und Gespräch. „Loslassen" geschieht auch in der Wahrnehmung, im Spüren, im Verhalten. Der Blick auf einen fließenden Bach oder die Wolken oder die Wahrnehmung der eigenen Gedanken in ihrer spontanen Folge können ebenso helfen, „loszulassen" wie die Einsicht in die Notwendigkeit und die Weitung der Aufmerksamkeit. Akzeptieren und Offenheit verstärken sich wechselseitig.

Kann man in der Achtsamkeitspraxis auch scheitern?

Ich traue mich zu sagen: Wenn man sie richtig versteht, nein. Man scheitert nur dann, wenn man sich die Sache unnötig schwer macht. Elementare Bedingungen müssen vorhanden sein: ein ausreichend gutes Verständnis von Achtsamkeit, kein zu großer Handlungsdruck, Wachheit und die prinzipielle Fähigkeit, die eigene Aufmerksamkeit zu lenken. Die Schwierigkeiten liegen vor allem im rechten Verständnis und der rechten Praxis, der Motivation, der Geduld und ansonsten in der persönlichen Lebenssituation und im weiteren Sinne den gesellschaftlichen Entwicklungen. Es gibt aber immer eine passende Praxis und einen nächsten möglichen Schritt, der nicht schiefgehen kann, weil es eben nur auf den nächsten Schritt ankommt und weil es immer einen einfachen Schritt gibt, und sei es eine Wiederholung, die ja nie nur eine Wiederholung ist. Man kann mehr oder weniger achtsam sein, aber nicht wirklich scheitern. Das ist wichtig, weil manche Menschen einfach nur keine Geduld oder zu hohe Ansprüche haben und dann glauben, sie wären gescheitert.

Nehmen wir eine wirklich schwierige Situation: Ein Mensch liegt schwer depressiv im Bett. Ihm fehlt jede Kraft aufzustehen, vielleicht sogar zu sprechen. Er kann aber einen Moment lang seine Aufmerksamkeit auf das Liegen, den Kontakt zur Bettdecke oder die Stimme der Person lenken, die gerade mit ihm spricht. Sofern er noch an Achtsamkeit denken kann und genug Energie und Motivation hat, seine Aufmerksamkeit zu lenken, wären das die passenden nächsten Schritte, und es gibt jede Menge davon (den Atem, das Licht, andere Geräusche, die eigenen Gedanken wahrnehmen usw.). Wenn er allerdings in ein psychotisches Erleben gerutscht ist und denkt, dass er todkrank und jede Aktivität und Initiative ohnehin sinnlos ist, dann wird er auch keine Achtsamkeit praktizieren. Aber ansonsten: Die Probleme der Achtsamkeitspraxis liegen nicht in ihrer Schwierigkeit, es geht nicht darum Chinesisch zu lernen. Jede Sekunde, die ich in eine achtsame Haltung gehe, zählt. Achtsamkeit ist dann leicht, wenn man sie verstanden hat und nicht ihr Gelingen davon abhängig macht, ob man eine halbe Stunde irgendetwas fokussieren kann

6 Ankommen

Zu-sich-Kommen, Bei-sich-Sein

Geht es in der Achtsamkeit darum, „zu sich zu kommen“ oder „bei sich zu bleiben“?

Die häufigsten Ziele, die zu Beginn einer Achtsamkeitsgruppe genannt werden, sind: „Ich möchte wieder mehr bei mir sein.“ Oder: „Ich möchte gerne mehr bei mir bleiben.“ Oder auch: „Die Aufmerksamkeit ist nicht bei dem, was ich fühle, nicht bei meinen persönlichen Gedanken und Träumen. Ich nehme meine Wünsche und Bedürfnisse nicht richtig wahr und nicht ernst genug, ich habe keinen deutlichen Kontakt zu mir selbst. Meine Aufmerksamkeit ist in der Außenwelt, auf die ich reagiere, in der ich funktioniere. Ich bewege mich in einem Hamsterrad. Ich habe das Gefühl, dass ich mein Leben nicht selbst führen kann, dass es fremdbestimmt ist. Meine Seele kommt bei all dem, was ich tue, nicht mit. Es ist alles zu viel und geht zu schnell, und wenn ich mal Zeit habe für mich selbst, bin ich müde.“

Dieses Grundgefühl ist so alt wie das Industriezeitalter. Gegenbewegungen hatten immer wieder große Zeiten, in der Romantik des 19. Jahrhunderts, der Lebensreform des beginnenden 20. Jahrhunderts und in der Alternativkultur seit den 60er-Jahren. Was sich aber inzwischen geändert hat, ist die Allgemeingültigkeit des Leids und der Klage und die Ausrichtung des Themas auf das eigene Selbst. Man glaubt heute eher, dass es etwas mit der eigenen Lebensführung zu tun hat, dass es durch Besinnung und eine entsprechende Praxis zu ändern sei und dass man das sich und anderen sogar schuldig sei. „Bei-sich-Sein“ hätte man bis vor wenigen Jahrzehnten noch nicht in der heutigen Verbreitung verstanden, die Formulierung sagt etwas über die Entwicklung des Themas. Dies ist ein Grund für die Popularität der Achtsamkeit (s. Kap. 1).

Oft reicht es, dass ein Mensch nur die Augen schließt und wieder spürt, wie er atmet, sitzt oder sich bewegt, wo er im Körper angespannt oder entspannt ist, und schon kommt er wieder zu sich. Die Praxis, den eigenen Atem wahrzunehmen oder die eigenen mentalen Prozesse (Gedanken, innere Bilder, Fantasien) zu beobachten, also die Praxis der inneren Achtsamkeit, ist ein Weg, sich selbst wieder zu spüren und dabei auch neue oder wenig gewürdigte Aspekte von sich bewusst und in Ruhe wahrzunehmen und ihnen den Raum zur Entfaltung zu geben. Manchmal sagen die Teilnehmer:innen: „Ich habe die Geräusche um mich herum wahrgenommen und war endlich wieder ganz bei mir." Ein merkwürdiger Satz, denn eigentlich waren sie ja mit ihrer Aufmerksamkeit bei den Geräuschen. Aber wenn wir bewusst bei unseren Sinneswahrnehmungen sind, haben wir das Gefühl, dass wir es sind, die hier wahrnehmen, also die Geräusche hören. Wir hören sie auf unsere Weise und wir spüren unsere Reaktion. Und das ist noch nicht alles, wir lenken auch selbst unsere Aufmerksamkeit, halten sie hier oder dort. Wir spüren, dass wir das tun, dass wir entscheiden, dass wir wirksam sind. Diese drei Wege führen zu dem Gefühl: „Ich bin wieder bei mir." „Ich bin zu mir gekommen." Dafür ist es wichtig, dass die Erlebnisse Zeit haben, sich zu entfalten.

„Wir sind so voller Unruhe und voller Lärm, nie wirklich einer Sache hingegeben, immer mit dem Kopf bei dem Vergangenen oder bei dem, was kommen soll, dass es fast stets dem Zufall überlassen bleibt, ob Kontakt mit Menschen oder den Dingen entsteht! Auf diese Weise können wir nie erfahren wie sich die Dinge bei uns auswirken möchten."

E. Gindler, in Ludwig 2002, S. 112

Achtsamkeit ist also tatsächlich ein guter Weg, zu sich zu kommen oder bei sich zu bleiben. Sie trägt einerseits dazu bei, eigene Wünsche und Grenzen, Überforderung und Unterforderung rasch wahrzunehmen und darauf reagieren zu können. Andererseits hilft sie aber auch, eigene Bedürfnisse und Möglichkeiten zu entdecken. Sie macht sie nicht nur bewusst, sie schafft auch den Freiraum, in dem sie sich als Bedürfnisse zunächst einmal entwickeln können. Achtsamkeit kann einen differenzierten Umgang mit Gefühlen befördern und gewinnt dadurch auch eine therapeutische Relevanz, denn viele seelische Erkrankungen beruhen auf einem gestörten Umgang mit den eigenen Gefühlen. Auch zwischenmenschliche Beziehungen werden intensiver, klarer und belastbarer, wenn Menschen wissen, was sie in ihnen fühlen und was sie wollen.

Ein Problem entsteht, wenn die Achtsamkeitspraxis darauf reduziert wird, immer nur und unmittelbar den Weg zu den eigenen Körperempfindungen, dem Atem, den eigenen mentalen Prozessen zu suchen. In der Regel und vor allem im Alltag geschieht das Sich-Spüren gar nicht so häufig auf diese direkte Weise, sondern im Kontakt mit anderen Menschen, Gegenständen, Natur, Ereignissen. Man spürt sich selbst in erster Linie im Kontakt und in Resonanz mit anderen und anderem. Je differenzierter wir die Umwelt und Mitwelt und unsere Beziehungen zu ihnen wahrnehmen, um so differenzierter werden unsere Reaktionen. Umfassende Achtsamkeit berücksichtigt innere ebenso wie äußere und relationale Achtsamkeit (Achtsamkeit auf die Interaktion selbst). Sie braucht, um alltagstauglich zu sein, ein umfassenderes Wahrnehmen und Spüren als nur eine introspektive, nach innen gerichtete Praxis.

Was spricht dagegen, wenn man Ideen entwickelt, wie es jedem Einzelnen besser gehen kann, auch wenn es viele Missstände gibt?

Diese Warnung davor, Achtsamkeit auf innere Achtsamkeit zu begrenzen oder auch nur einen zu großen Schwerpunkt auf diese Form der Achtsamkeit zu legen, hat auch einen ethischen Aspekt. Manchmal haben gerade die Menschen den Wunsch, mehr bei sich zu sein, die sich ohnehin schon viel mit sich beschäftigen. Nun kann man sagen, das liegt daran, dass es ihnen nicht gelingt. Also machen sie alle möglichen Selbsterfahrungskurse und Therapien, Yoga, Sport und schließlich auch Achtsamkeit. Ich glaube, die Erklärung greift zu kurz und sieht nicht, dass es auch an der Lebensphilosophie der Betroffenen und einiger Autor:innen und Lehrer:innen liegen kann, die Achtsamkeit vermitteln. So kann man oft lesen, dass man zunächst zu sich kommen und seine inneren Verhältnisse klären müsse, bevor man sich auf gelingende Weise in der Welt engagieren könne. Das mag manchmal stimmen, vor allem bei Menschen, die psychisch sehr gestört und deswegen nicht handlungsfähig sind. Aber als Faustregel taugt es nicht. Diese Logik kann dazu führen, dass Menschen sich endlos mit sich beschäftigen, statt sich um die Probleme der Anderen, der Gemeinschaften und der Gesellschaften, in denen sie leben, zu kümmern. Es wird sicher unter den Menschen, die sich sinnvoll und effektiv engagieren, viele geben, deren Inneres unaufgeräumt ist, die nicht mit sich im Rei-

„Man braucht nur eine Frage zu fragen: ‚Wozu?' Wozu soll ich mich auf mich selbst besinnen, wozu meinen besonderen Weg erzählen, wozu mein Wesen zur Einheit bringen? Die Antwort lautet: Nicht um meinetwillen. Darum hieß es auch das vorige Mal: bei sich selbst beginnen. Bei sich beginnen, aber nicht bei sich enden; von sich ausgehen, aber nicht auf sich abzielen; sich erfassen, aber sich nicht mit sich befassen."

M. Buber, 2001 [1947], S. 44

nen sind, die zu Depressionen und Ängsten neigen, die zu viel trinken, deren persönliche Lebensbilanz alles andere als erfreulich ist. Glauben die Vertreter der These, dass der Weg nach innen zuerst erfolgen soll, tatsächlich, dass die Resistance gegen die Nazis in Frankreich jemals erfolgreich gewesen wäre, wenn sie sich nur auf die gestützt hätte, die auf klare und gute Weise mit sich im Kontakt waren? Hier haben Wut, Stolz, Mut und Patriotismus gereicht, manchmal geboren aus psychischer Stärke und manchmal sicher auch aus persönlichen Schwächen wie einem narzisstischen oder cholerischen Temperament oder einer Neigung, Gefahren zu verleugnen.

Der Weg nach innen wird auch aus Resignation und Hilflosigkeit beschritten. In meinem Inneren bin ich Herr im Hause und habe eine Chance, den Überblick zu behalten, wenn die Welt schon zu unübersichtlich geworden ist. Das unterscheidet den aktuellen Boom der Achtsamkeit von den Reformbewegungen des 20. Jahrhunderts, in denen es stärker um eine Veränderung entfremdeter Lebens- und Arbeitsbedingungen ging. Aber erst die Achtsamkeit auf die Umwelt und Mitwelt sowie auf die Beziehungen, die wir zu ihnen unterhalten, macht die Ausrichtung der Achtsamkeit nach innen welthaltig und im wörtlichen Sinne wertvoll (s. Kap. 13, Sinn finden, Ethische Aspekte der Achtsamkeit).

Empfangsbereitschaft

„Wenn Ihnen die Antennenstruktur unserer Sinnesorgane bewusst geworden ist und Sie häufiger empfunden haben, dass man die Dinge zu sich kommen lassen kann und bei solch stiller Empfangs-

„Empfangsbereitschaft“ ist meine Lieblingsbezeichnung für Achtsamkeit. Die Bezeichnung stammt von Heinrich Jacoby, einem Pädagogen aus der Zeit der Lebensreform in der ersten Hälfte des 20. Jahrhunderts, der diese Haltung beschrieben und vor allem auf den Umgang mit dem Körper, Alltagsbewegungen und Musizieren angewandt hat (Jakoby 2004 [1945]). Manchmal sprach er auch von „Antennigsein“, wenn es um das Erspüren des Körpers geht. Damit wollte er ausdrücken, dass es darum geht, einfach nur wahrzunehmen, was ist und was uns der Körper „mitteilt“. Wir sollten nicht anstreben, mehr oder alles zu spüren und die Wahrnehmungen weder verstärken oder sonst wie beeinflussen, also uns so wenig anstrengen wie möglich. Wir müssen nicht schnuppern, wenn wir riechen, nicht starren, wenn wir etwas sehen wollen, und wir müssen nichts tun, um unseren Körper so zu spüren, wie er gerade ist. „Empfangen" bedeutet eine lebendige Hinwendung. Es ist ein schöner Ausdruck für die aktive Passivität, die die Achtsamkeit prägt.

bereitschaft die Umwelt in eindeutig anderer Qualität als üblich erlebt und erfährt, erschließt sich Ihnen dieser Gehalt immer mehr. Ich bin bei mir und ich bleibe auch bei mir, wenn es etwas zu erfahren gibt. Dann kann ich deutlich empfinden und erkennen, was alles bei mir ankommt. Wenn ich draußen bin, trifft mich von der Umwelt her genau dasselbe, aber ich bemerke es nicht."

H. Jacoby 2004 [1945], S. 142

Körpererfahrungen

Den Körper spüren

Eine der bekanntesten Achtsamkeitsübungen im gesamten 20. Jahrhundert ist die sogenannte „Körperreise" (im MBSR „Bodyscan"). Häufig wird sie so praktiziert, dass man systematisch seine Aufmerksamkeit durch den ganzen Körper von einem Körperteil zum nächsten wandern lässt, oft im Liegen. Wir bevorzugen eher ein Springen der Wahrnehmung von einem Körperteil zu einem beliebigen anderen über einen in der Regel kürzeren Zeitraum. Im Sitzen ist es leichter, dabei wach zu bleiben, und alltagsnäher. Aber wie auch immer. Es geht darum, den Körper zu spüren. Das Spüren ist eine unmittelbare und manchmal intensive Erfahrung. Es spielt sich in der Gegenwart ab. Wenn wir uns spüren, sind wir unser Körper, wir objektivieren ihn nicht und stellen ihn uns nicht als Objekt gegenüber. Er ist für uns nicht „vorhanden" (Heidegger) wie Gegenstände. Das Spüren unseres Körpers ist oft Teil der Resonanz, der eigenen Aktivität und der Gefühle. All das macht das Spüren des Körpers zu einem geeigneten Weg zu mehr Achtsamkeit.

Den Körper beobachten

Wir können unseren eigenen Körper natürlich nicht nur „von innen" spüren, sondern auch „von außen" wahrnehmen und beobachten. Bei der letzteren Perspektive ist die Wahrscheinlichkeit sehr viel größer, dass wir unseren eigenen oder einen fremden Körper vergegenständlichen, also wie ein Ding betrachten. Der eigene Körper ähnelt nun dem Körper eines anderen. Oft betrachten wir Körper, den eigenen wie andere, und bewerten und funktionalisieren sie dabei. Wir betrachten sie unter ästhetischen Gesichtspunkten, unter dem Aspekt der Gesundheit oder der Leistungs- oder Arbeitsfähigkeit. Gewohnheitsmäßig liegt uns hier die Achtsamkeit fern, das aktive Bewerten spielt eine größere Rolle. Es ist ein wichtiger erster Schritt, sich dieser Tendenz zur Funktionalisierung und Bewertung erst einmal in Ruhe bewusst zu werden und sie achtsam wahrzunehmen. Zwingend ist diese Funktionalisierung nicht, aber eben eine Gewohnheit und Teil gesellschaftlicher Entwicklungen und des Zeitgeists. Das Selbstwertgefühl ist für viele Menschen von der Einschätzung des eigenen Körpers abhängig. Es geht nun aber nicht darum, negative durch positive Bewertungen zu ersetzen, sondern das Beschreiben zu stärken oder z. B. in das Spüren – wie eben beschrieben – zu wechseln. Mit dem Spüren gewinnen wir einen Zugang, der sich weniger an Maßstäben orientiert, weil es schwerer ist, für das Spüren Maßstäbe zu entwickeln.

Der interaktive Körper

Oft vergessen und etwas schwerer zu beschreiben ist eine dritte Erfahrungsweise – die des Körpers als Subjekt und als interaktiver Körper. Vielleicht gerade weil der Körper als Subjekt ständig präsent und aktiv ist. Er strukturiert unser Verhältnis zur Welt auf der Ebene der Wahrnehmungen, des Verhaltens, der Handlungen, der Kommunikation, der Berührungen. Diese Bedeutung des Körpers als teilnehmendes, aktives, interaktives Subjekt wurde und wird in vielen Forschungsrichtungen untersucht und dargestellt. Ich möchte nur kurz einige Aspekte darstellen: Wahrnehmungen entstehen, weil unsere Sinnesorgane Kontaktorgane sind. Die Ohren vermitteln uns Geräusche. Die Haut ist ein Kontaktorgan, sie vermittelt uns Temperatur, Luftzug, Berührungen aller Art. Dabei erleben wir die Grenzen unseres Körpers nicht „objektiv“, sondern interaktiv, sie liegen oft weit außerhalb unseres Körpers – am Ende eines Werkzeugs oder in den Umrissen und Aktivitäten des Autos, mit dem wir unterwegs sind (s. z. B. Merleau-Ponty 2011 [1966]). Unsere Interessen, unser Verhalten, unsere Sinnesorgane einerseits und die Strukturen andererseits, die uns die Umwelt bietet, bilden zusammen unsere Sinneswahrnehmungen. Es gibt z. B. keine Farben oder Berührungen in der Welt, aber Farben spielen sich auch

Warum geht es in der Achtsamkeitspraxis so viel um den Körper?

nicht nur in meinen Augen oder in meinem Kopf ab, Berührungen nicht nur in der Haut. Farben und Berührungen sind Ergebnisse von Interaktionen. Sie „emergieren", d. h., sie entstehen aus diesen Interaktionen, ohne dass sie nur auf die Welt oder nur auf die Wahrnehmenden zurückgeführt werden können (s. Kap. 13, Nicht-Handeln und Handeln). Bei diesen Vorgängen macht die Innen-außen-Unterscheidung keinen Sinn. Gehören das bewegte Trommelfell, die Atemluft, das aufrechte Gehen zur Innen- oder zur Außenwelt?

Wir können unser alltägliches Leben nur führen, weil wir über eine Vielzahl von Fertigkeiten verfügen, die aus effektiven Interaktionen mit der Umgebung bestehen. Nehmen wir als Beispiel das Sitzen (Gleichgewicht halten, Sitzhaltung verändern, frei sitzen usw., Kontakt mit Stuhl, Schwerkraft). Weitere Beispiele sind Gehen, Essen, Sprechen, Schreiben usw. Auf diesem Können beruhen auch höhere kognitive Leistungen wie Denken, Sprechen, Erinnern.

Das Thema des Körpers als Subjekt und als interaktiver Partner ist ausführlich in der phänomenologischen Philosophie, den Kognitionswissenschaften und der Soziologie des 20. Jahrhunderts ausgearbeitet worden und ein spannendes Forschungsfeld. Wir müssen diese komplexen Forschungen nicht studieren, wir können ihren „Gegenstand" in der Haltung der Achtsamkeit alltäglich spüren. Der Körper trägt uns durch die Welt und jede Idee, ihn gegenüber angeblich höheren, wichtigeren, spirituelleren Dimensionen der Existenz abzugrenzen oder abzuwerten, entsprechen nicht unseren existenziellen Bedingungen. Wir sind unausweichlich unser Körper, unsere Wahrnehmungen, unsere Gefühle, unsere Gedanken, unsere Beziehungen. Aber wir sind uns dessen in der Regel nicht bewusst, weil unser Bewusstsein mit den Zielen und Mitteln unseres Handelns beschäftigt ist. Die Achtsamkeit führt unser Bewusstsein zurück zu interaktiven Prozessen, die unsere Existenz gerade jetzt sichern. Indem sie sich auf sie bezieht, kann sie aus der Gegenwart ihre Kraft und Vertrauen gewinnen.

Anfängergeist und Abschiedsgeist

„Jeden Tag neu entdecke ich die wundersame Wirklichkeit der Dinge.
Jedes Ding ist, was es ist.
Und es ist schwer, jemandem zu erklären, wie froh mich das macht.
Und wie sehr mir das genügt.
Es genügt, da zu sein, um ein Ganzes zu sein. Ich habe viele Gedichte geschrieben.
Und natürlich werde ich noch viele weitere schreiben.
Jedes meiner Gedichte spricht davon. Und alle meine Gedichte sind anders, weil jedes Ding, das es gibt, dies auf seine eigene Weise sagt."

F. Pessoa 2008, S. 108, Übers. G. Heetderks

Der „Anfängergeist" wird vor allem in der Tradition des Zenbuddhismus empfohlen (Suzuki 2016 [1970]) und er ist ein wirklich guter Freund.

Der Begriff hat eine zweifache Bedeutung:
1. Betrachte die Dinge so, als hättest Du sie noch nie zuvor gesehen. Sei offen in der Begegnung mit Menschen und Objekten, Ereignissen und hafte nicht an Deinen früheren Erfahrungen und Deinen Vorurteilen. Betrachte die Gegenwart als Gegenwart und lass die Vergangenheit Vergangenheit sein. Du wirst überrascht sein, wie interessant die Welt ist, wie neu und einzigartig.
2. Betrachte dich in der Achtsamkeitspraxis immer als Anfänger: Es zählt nur der Moment, das, was du gerade tust. Deswegen gibt es auch keine „Übungspraxis", sondern immer nur den Ernstfall. Es macht auch keinen Sinn, sich als fortgeschritten zu betrachten, denn das, was zählt, ist nur die Gegenwart, und in ihr bist du immer ein Neuling.

Beide Bedeutungen sind nur zwei Varianten des gleichen Gedankens: Es kommt darauf an, an die Gegenwart heranzutreten, als hätte man mit ihr keine Erfahrungen gemacht. Nicht mit den Dingen und nicht mit sich. Nur wenn ich meine Vorerfahrungen hinter mir lasse, inklusive meiner bisherigen Achtsamkeitspraxis, meiner Verdienste und meiner Identität als Meditierender, kann ich die Dinge so wahrnehmen, wie sie jetzt gerade sind.

Philosophisch und Psychologisch ist dieses Vorhaben unmöglich zu verwirklichen, aber es lohnt sich, es zu versuchen, es funktioniert irgendwie. Der Anfängergeist ist in der 1. Person-Perspektive eine gute Maxime. In der 3. Person-Perspektive ist er eine Illusion. Wir können unsere Wahrnehmungs- und Denkmuster nur sehr begrenzt überwinden. Sie sind zu einem großen Teil unbewusst, treten blitzschnell in Aktion und gestalten den Kontakt mit unserer Umgebung, bevor wir es merken. Wenn wir glauben, dass wir gleich eine volle Milchtüte anheben, so wird unser Arm mit der Tüte in die Höhe fliegen, wenn sie leer ist. Wenn wir Hunger haben, sollten wir nicht einkaufen gehen. Manche Ereignisse erregen unsere Aufmerksamkeit, andere nicht, manche wirken abstoßend, andere anziehend. Wenn wir ein Baby schreien hören, wissen wir schnell, dass ein Baby schreit und kein Hund bellt usw. Das geht alles so schnell, dass wir es nicht beeinflussen können. Aber wer trotz aller objektiv beschränkten Möglichkeiten den Anfängergeist bewahrt oder entwickelt, wird überrascht sein, wie farbig und intensiv, wie spannend und lebendig die Wirklichkeit wird und wie viel Freude es bedeutet, mit ihr im Kontakt sein zu dürfen.

Kann man die Dinge wirklich so sehen als hätte man sie noch nie gesehen?

Man kann den Anfängergeist durch den Abschiedsgeist ergänzen: „Schauen Sie sich Ihre Umgebung so an, als würden Sie sie zum letzten Mal sehen!" Dieser Vorschlag kann ganz verschieden interpretiert werden: Weil ich jeden Moment sterben kann, weil ich wahrscheinlich nicht mehr hierherkommen werde oder weil ich meine Umgebung in genau diesem Zustand sicher nicht mehr sehen werde (das Licht wird sich verändern, ich werde mich verändern, das Zwischen wird nicht mehr dasselbe sein). Ich lasse in der Anleitung die Interpretation offen, aber wenn ich die Assoziation des möglichen baldigen Todes vermeiden will, leite ich an: „Suchen Sie sich ein Objekt und machen Sie sich bewusst, dass Sie dieses Objekt so nicht wiedersehen werden." (Manche Teilnehmer:innen suchen sich übrigens ein Objekt, das sie nicht wiedersehen wollen, nun ja.) Anfängergeist und Abschiedsgeist sind keine Imaginationen und keine Tricks, sondern sie sind existenziell ernst gemeinte Experimente, um die Gegenwart zu erleben.

Gelassenheit

„Gelassenheit" ist ein komplizierter Begriff. Manchmal wird sie so verstanden, als ginge es darum, weniger emotional, distanzierter, entspannter zu sein und nicht so stark auf äußere Einflüsse zu reagieren. In spirituellen Auffassungen von Gelassenheit wird oft empfohlen, nicht an den Dingen und an den eigenen Wünschen zu haften, sondern stattdessen auf Gott oder ein wahres, tieferes Sein im Wandel der Geschicke zu vertrauen.

„Die Qualität des Verhaltens, auf die es ankommt, kann man mit Worten im Detail nicht präziser schildern als durch die Bezeichnung der entgegengesetzten Verhältnisse und der extremen Kontraste, wie ‚Gelassenheit' und ‚Unruhe' (‚Sichanstrengen'). Für jeden von uns verknüpft sich mit dem Begriff ‚Gelassenheit' eine andere Qualität des Empfindens des eigenen Zustands. Das sind vorläufig relative Begriffe, und die Bewertung unserer Zustandsveränderungen ist abhängig von der durchschnittlichen Qualität unseres ‚Normal'-Zustandes. Einem Menschen, der verhetzt und verstört ist und bei dem Versuch, etwas von seiner Beunruhigtheit abklingen zu lassen, etwas weniger verhetzt wird, wird dieser Zustand schon ‚gelassen'

Es gibt aber noch einen anderen Sinn von „Gelassenheit": die Dinge (Prozesse, Menschen) sein lassen, also nicht loslassen, sondern sein lassen, wie sie sind (Heidegger 1985 [1955]; Binswanger 1957). Das Loslassen betrifft dann in erster Linie den Verzicht darauf, sie kognitiv oder praktisch den eigenen Bedürfnissen anzupassen.

Wie passen diese Bedeutungen zur Achtsamkeit? Achtsamkeit als Minderung der Emotionalität ist keine allgemein gute Empfehlung. Sie macht allenfalls Sinn, wenn jemand hyperemotional ist, also mit zu heftigen oder zu rasch anflutenden Gefühlen auf Ereignisse reagiert (s. Kap. 10, Umgang mit Gefühlen). Buddhistische Autoren gehen oft davon aus, dass Gefühle – mit einigen Ausnahmen – „negativ", d. h. für ein ethisch korrektes Leben und den Weg zur Erlösung schädlich und deswegen überflüssig sind. Man kann es aber auch so sehen, dass Gefühle – und zwar alle, auch Wut, Trauer, Ärger und Angst – von elementarer Bedeutung sind, um am Leben teilzunehmen, sich lebendig zu fühlen und uns, die Umwelt und die Mitwelt zu verstehen. Sie warnen und belehren uns, zeigen uns die Welt unter verschiedenen Gesichtspunkten, geben ihr überhaupt erst eine persönliche Bedeutung.

Gelassenheit im Sinne einer maximalen Loslösung macht in der Haltung der Achtsamkeit daher keinen Sinn, weil wir dann weder Gefühle noch Wünsche oder Umstände achten können. Aber Bewusstheit schafft uns den Raum, den Abstand zu regulieren und die Aufmerksamkeit zu lenken. Die Achtsamkeit schafft tatsächlich, weil sie immer ein bewusstes Wahrnehmen ist, eine gewisse Distanz. Und wenn wir die Aufmerksamkeit lenken können, können wir auch dafür sorgen, dass wir nicht zu stark auf einen Prozess oder ein Gefühl fokussieren, sondern den Überblick behalten, den Horizont immer wieder erweitern. Dies ist eine indirekte, konstruktive Form, etwas loszulassen (s. Kap. 5, Lass los!).

Bei der zweiten Bedeutung von Gelassenheit, „Die Dinge sein lassen", liegt die Betonung auf „sein". Die Geschehnisse (Menschen, Objekte, Natur, Gefühle usw.) helfen uns zur Gelassenheit, wenn wir sie lassen, wie sie sind, und nicht einfach gewohnheitsmäßig in irgendeiner Weise reagieren und aktiv werden, um sie zu verändern. Ein Beispiel: Ein älterer Teilnehmer in einer unserer Gruppen für Menschen mit Depressionen war über lange Zeit von unserem Konzept nicht zu überzeugen. Es leuchtete ihm einfach nicht ein, wieso ihm diese Übungen helfen sollten, und er reagierte mit entmutigenden Rückmeldungen und skeptischen Fragen und Kommentaren. Er erwartete eine unmittelbare Wirkung der Achtsamkeitspraxis auf seine Depressivität. Eines Tages, wir waren schon in der zehnten unserer zwölf Sitzungen, berichtete er in dem gemeinsamen Rückblick auf die Praxis der letzten Woche Folgendes: Er sei wie oft mit dem Fahrrad unterwegs gewesen und an einer Bushaltestelle hätten etliche Wartende ihm den Fahrradweg versperrt. Zu seiner eigenen Überraschung sei er vom Rad gestiegen, habe die Gruppe umrundet und sei ohne ein Wort weitergefahren. Der übliche Ärger und die Zurechtweisungen, mit denen er in solchen Situationen zu reagieren pflege, seien unterblieben und er habe sich auch deutlich weniger ärgerlich gefühlt, ja eigentlich sogar ganz gut. Und dann sagte er zu mir: „Ich glaube, Sie wollen meine Lebenseinstellung verändern!" Das konnte ich ihm ehrlicherweise nur bestätigen, und ich freute mich mächtig über dieses Aha-Erlebnis. Er war gelassener, weil er die Situation so sein lassen konnte, wie sie ist.

vorkommen, aber nach einiger Zeit des Versuchens, stiller zu werden, wird ihm ein Zustand ähnlicher Qualität wahrscheinlich nicht genügen."

H. Jacoby 2004 [1945], S. 127

Distanz und Nicht- bzw. Nicht-auf-die-übliche-Weise-Reagieren sind schon einmal wichtige Schritte in Richtung Gelassenheit. Darüber hinaus können wir auch dadurch gelassener werden, dass wir uns aktiv auf neue Weise für Ereignisse, Menschen, Dinge, Natur interessieren, ohne sie verändern zu wollen. Möglicherweise entdecken wir so Aspekte, die wir sonst gar nicht sehen würden und die uns vielleicht sehr viel weniger aufregen, in Unruhe versetzen oder zu inneren oder äußeren Reaktionen veranlassen. Ein Beispiel: Ein Mensch provoziert uns. Ein Weg zu einer gelassenen Reaktion ist, zunächst nicht zu reagieren, sondern ihn genauer zu befragen oder sich überhaupt ein umfassenderes Bild von ihm zu verschaffen, indem wir uns mit ihm beschäftigen, uns vielleicht einfach zu Assoziationen ermuntern. Sie müssen nicht stimmen, wichtig sind sie trotzdem. In welcher Situation lebt er? Wie ist seine Bildung? Was macht ihn so aggressiv? Was hat er erlebt? Hat er vielleicht sogar recht mit dem, was er sagt? Drückt er sich nur ungeschickt aus? Aber auch: Wie bewegt er sich? Wie ist er gekleidet? An wen erinnert er mich? Was provoziert mich eigentlich genau? Welche Fantasien und Impulse habe ich gerade? Alles interessante, geeignete Fragen. Mit ihnen komme ich in eine gelassene Haltung, weil ich mich nicht festlege, nur auf einen Aspekt seines Verhaltens (das Provozierende) zu achten und weil ich auch den Impuls mindere, auf genau diesen Aspekt unbedingt und womöglich noch rasch reagieren zu müssen. Ich lenke mich also nicht ab, sondern bleibe im Kontakt, spiele aber bei der Provokation nicht mit. Meine Prioritäten ändern sich, ich lasse los, indem ich mich umfassender für das interessiere, was gerade geschieht.

„Offen- und Gelassensein ist weitgehend ein Vertrauensproblem."

H. Jacoby 2004 [1945], S. 129

Zusammengefasst bedeutet eine praktikable und lebensfreundliche Gelassenheit eine Kombination aus Bewusstheit, Distanzregulation, Aufmerksamkeitslenkung, Weitung und der Bereitschaft, die Umwelt, die Mitwelt und mich selbst zunächst einmal sein zu lassen.

Das Zeiterleben der Achtsamkeit

Gerade komme ich aus dem Garten. Ich habe dort eine Weile auf die Blätter einer Pappel geschaut. Sie funkelten in der Sonne und waren ständig in Bewegung. Nach ein paar Minuten habe ich nur noch die Bewegung wahrgenommen. Solche Erfahrungen kenne ich von Wellen, von Bächen, von Wolken, von Musik, von Berührungen. Ich denke nicht mehr an so etwas wie Dauer, Uhrzeiten, Zukunft oder ähnliche Formen der Zeit, sondern bin ganz mit dem beschäftigt, was ich gerade sehe. Die Phänomene geschehen, verändern sich, lösen sich ab. Manchmal bleiben nur die Veränderungen, und andere Formen der Zeit verschwinden im Hintergrund meines Bewusstseins.

Ein häufiges Verständnis von Gegenwärtigkeit ist: „Lebe im Hier und Jetzt“. „Bleibe in der Gegenwart, in der Gegenwart spielt sich das Leben ab“, im „Hier und Jetzt“ kann Zeitlosigkeit erlebt werden. Diese Gegenwärtigkeit wird dem entgegengesetzt, was wir gewöhnlich unter „Zeit“ verstehen, nämlich physikalische Zeit (Sekunden, Minuten, Lichtjahre usw.), soziale Zeit (Uhrzeiten, Werktage und Sonntage, Kalender usw.) und „modale Zeit“ (Vergangenheit, Gegenwart, Zukunft). Die soziale Zeitform ist wichtig für die Kooperation komplexer Gesellschaften, die ihre Erfordernisse und Ziele integrieren und aufeinander abstimmen müssen, also gemeinsam Absichten verfolgen. Funktional war es sinnvoll, dass sich eine inzwischen planetare Zeit herausbildete. In der Form einer konventionalisierten, gemeinschaftlichen und gemessenen Zeit hat sie sich erst im 19. Jahrhundert in den Industrieländern durchgesetzt. Dies ermöglichte eine gemeinsame Planbarkeit der Zukunft. Physikalische Zeit ist notwendig für eine gemeinsame Forschung und modale Zeit für das Handeln.

„Aber ohne starre Grundsätze erhaben sein, ohne die Betonung von Liebe und Pflicht Moral haben, ohne Werke und Ruhm Ordnung schaffen, ohne in die Einsamkeit zu gehen, Muße finden, ohne Atemübungen hohes Alter erreichen, alles vergessen und alles besitzen in unendlicher Gelassenheit und dabei doch alles Schöne im Gefolge haben: das ist der SINN von Himmel und Erde, das LEBEN des berufenen Heiligen. Darum heißt es: Ruhe, Schmacklosigkeit, Gelassenheit, Versinken, Leere, Nicht-Sein, Nicht-Handeln: das ist das Gleichgewicht von Himmel und Erde und das Wesen von SINN ist Einigung mit himmlischem LEBEN.“

Dschuang Dsï 2011, S. 171

Aber: Was ist dieses Jetzt? Ist ein Zeitpunkt gemeint? Gewöhnlich wird etwa eine Dauer von drei Sekunden als Gegenwart empfunden und die spontane Aufmerksamkeitsspanne beträgt ca. acht bis zehn Sekunden (Stern 2005). Setzt sich die Gegenwart etwa aus lauter solchen kleinen Momenten zusammen, wie eine Kette aus ihren Gliedern? Ist es sinnvoll, eine Tätigkeit, ein Gespräch, eine Melodie, die Bewegung der Wolken am Himmel in Momente zu zerlegen und sich von Moment zu Moment zu bewegen? Können wir so einen Vortrag verstehen oder einen Sonnenaufgang erleben?

Achtsamkeit bedeutet, den Dingen, Menschen und sich selbst ihre Zeit zu lassen, nicht nur Momente zu erleben und auch nicht einen Moment nach dem anderen. Die Zeit ist in den Dingen, in der Natur, in der Musik, in anderen Menschen, in unseren Gefühlen, in unserem Körper. All das besteht aus Abläufen, Rhythmen, Beständigkeiten, Wiederholungen und Brüchen. Ein Sonnenaufgang hat seine Zeit, ein Blick oder ein Leben, Trauer, Wut und Glück haben ihre Zeit und jeder Mensch bewegt sich und empfindet in seinem Tempo. Wir haben unsere Individualität auch durch die Zeit, die wir sind. Die Zeit ist in der Welt, in uns und in unserer Beziehung zur Welt. Wenn wir sie dort lassen, kann sie auch nicht verloren gehen. Sie ist eine Qualität, keine Quantität, sie ist weder ein Gebrauchs- noch ein Tauschwert. Sie ist eine Eigenschaft der Dinge und der Menschen wie Farbe, Klang, Gefühl, Duft (Han 2009).

Was ist Gegenwart?

Was bedeutet „Hier und Jetzt"?

Die Gegenwart ist nichts, was unabhängig von den Dingen, Menschen und Abläufen existiert. In diesem Buch mache ich häufiger darauf aufmerksam, wie selbstverständlich aus dem Selbst, der Wahrheit, dem Bewusstsein, ja der Achtsamkeit selbst schnell etwas Substanzielles gemacht wird, wie aus Eigenschaften Dinge mit Eigenschaften gemacht werden. Die Gegenwart ist eine Eigenschaft unserer Interaktion mit den Dingen. Wir unterscheiden einen Platzregen von einem dauerhaften Nieselregen. Wir nehmen den Ablauf der Dinge als gegenwärtig wahr und richten unser Verhalten danach aus. Und Gegenwärtigkeit ist eine Haltung, die zur Achtsamkeit gehört.

Die Achtsamkeit lässt die zeitlichen Gestalten zu, nimmt sie ruhig in Empfang und lässt sie zur Geltung kommen. Vergangenheit und Zukunft, andere Situationen und andere Zeitformen treten gegenüber der aktuellen Situation zurück, wir öffnen uns für das, was gerade geschieht und für immer neue Abläufe, Rhythmen und Prozesse. Gegenwärtigkeit ist nicht Gegenwart im Sinne des subjektiven und sozialen Erlebens im Kontext Vergangenheit – Gegenwart – Zukunft (die sog. „modale Zeit"). Die modale Zeit spielt in unserem alltäglichen Zeitverständnis eine zentrale Rolle, aber Gegenwärtigkeit meint eine Bezogenheit auf das Jetzt, die nicht erst aus dem Kontrast zu und im Zusammenspiel mit Vergangenheit und Zukunft, nicht durch Verplanung, Nutzung und Verrechnung Bedeutung gewinnt. Gegenwärtigkeit ist kein Punkt in der Zeit, sondern das stetige Kommen-und-gehen-Lassen der Situation. Das ist der Sinn eines qualitativ bestimmten „Hier und Jetzt". Es geht nicht darum, die Zeit zu pulverisieren, nicht um einen Abwehrkampf gegen Vergangenheit und Zukunft, nicht um ein Verweilen in einem abstrakten Moment oder Ausschnitt der Zeit, nicht um eine Flucht vor der Zeit in kurze Momente, sondern um ein Zeiterleben, um die Öffnung für das, was geschieht. Das „Hier und Jetzt" ist eine bewusste Erfahrung einer anderen, nämlich qualitativen Zeit. Sie besteht aus Prozessen. Wenn wir Zeitformen, die sich im Kontext des Handelns und der Koordination von Handlungen bewähren, in den Hintergrund treten lassen, weil sie in der Haltung der Achtsamkeit ihre Bedeutung verlieren, tritt die prozessuale Zeit, die Zeit des Geschehens in ihren Rhythmen, ihren Tempi, ihren Zeitgestalten (Anfang und Ende, Pausen, Beschleunigung, Verlangsamung etc.), in den Vordergrund. Die prozessuale Zeit bleibt und ist unverzichtbar. Sie findet sich im Gang der Gestirne und der Wolken, der Atmung, dem Altern, den Geräuschen, dem Puls, den Begegnungen aller Art, der Musik.

Ich stehe permanent unter Zeitdruck. Was kann ich dagegen tun?

Eine typische Herausforderung unserer Zeit ist die Vernachlässigung der qualitativen Zeit zugunsten der quantitativen. Viele Menschen leiden darunter, dass sie für das, was sie tun wollen und sollen, nicht genügend Zeit haben. Alles muss schnell gehen und quantitativen Zeitvorgaben folgen. Das ist die vertraute und berechtigte Klage z. B. von Mitarbeiter:innen in der Altenpflege, in Krankenhäusern, Kitas, aber sie kommt auch in vielen anderen Berufen vor. Viele Menschen fühlen sich unter Zeitdruck, was nichts anderes heißt, als dass die objektive bemessene Zeit den Forderungen der Situationen, Dinge, Prozesse und des eigenen Tempos nicht entspricht. Dabei spielen natürlich auch persönliche Ansprüche an die Arbeit, den Kontakt und das Ergebnis eine Rolle (s. dazu Kap. 11, passim). Zeitdruck führt nicht nur zu Stress, sondern auch dazu, dass die Arbeit als immer unbefriedigender und sinnleerer empfunden wird.

„So sollte man nicht jagen. Das ähnelt viel zu sehr jenen Jungens, die man damals für zwei Jahre nach Paris schickte, in denen sie sich als Maler oder Schriftsteller bewähren mußten und die danach, wenn sie nichts geleistet hatten, nach Hause kommen und in das Geschäft ihres Vaters eintreten konnten. Richtig jagen, das heißt, so lange wie man lebt, so lange wie es dieses oder jenes Tier gibt, zu jagen, wie richtig malen so lange malen heißt, wie es dich und Farben und Leinwand gibt, und schreiben so lange schreiben heißt, wie es irgendetwas gibt, über das man gerne schreiben möchte, und man kommt sich wie ein Narr vor, und man ist ein Narr, wenn man es auf andere

Was ist in einer solchen Situation zu tun? Wie kann man die qualitative Zeit stärken? Vorrang sollte der Versuch haben, die Arbeitsbedingungen zu ändern. Das ist eine Aufgabe der einzelnen Institution oder eines Betriebs wie der ganzen Gesellschaft, die ihre Prioritäten ändern muss. Sicher ist es auch sinnvoll, die eigene Arbeitseinstellung bewusst wahrzunehmen und eventuell zu verändern. Eine wesentli-

Art tut. Aber hier waren wir nun, und die Zeit, die Jahreszeit und die Ebbe in unserer Kasse hatten uns am Kragen, so daß, was uns jeden Tag das gleiche Vergnügen gemacht haben sollte, ob wir nun etwas erlegten oder nicht, in jene äußerst aufregende Entstellung des Lebens gezwängt war, die Notwendigkeit nämlich, etwas in kürzerer Zeit zu bewerkstelligen, als dafür tatsächlich zugestanden werden mußte."

E. Hemingway 1989 [1935], S. 15

Wenn es um uns herum hektisch ist, können wir dann durch Achtsamkeit verhindern, dass wir auch hektisch werden?

che Gefahr besteht nämlich darin, dass die quantifizierte Zeit nicht nur die Arbeit taktet, sondern auch die Arbeitsweise des Einzelnen übermäßig bestimmt. Es besteht die Gefahr, dass man auch dort, wo es nicht notwendig ist, in den Wahrnehmungen, Handlungen, Denkweisen unter das Diktat der Vernutzung von Zeit gerät. Man schaut mehr auf die Uhr als notwendig, ist in Gedanken schon am Gehen, wenn man gerade kommt, nimmt die Umgebung nicht mehr wahr, hört nicht mehr zu, verliert jede Art von Experimentierfreude, Humor und Leichtigkeit, den Kontakt zu sich, dem Körper, den Gefühlen, den eigenen Bedürfnissen. Die Gelassenheit, wenigstens vorübergehend Dinge zu akzeptieren, die man nicht alleine ändern kann, verschwindet ebenso wie die Freiheit, eigene Prioritäten zu setzen, wo es noch möglich ist. Wie können Pausen ermöglicht und sinnvoll genutzt, wie der Teamgeist entsprechend beeinflusst werden usw.? (Huppertz 2014)

Abgesehen von der Veränderung der Umstände und der eigenen komplementären Einstellung sehe ich noch zwei Möglichkeiten, den Zeitdruck durch Achtsamkeitspraxis zu mindern. Durch Aufmerksamkeitslenkung ist es möglich, in jeder Situation die stabilen, dauerhaften Elemente zu betonen, also den Horizont stets so weit zu öffnen, dass auch das Kontinuierliche und Verlangsamende der Wirklichkeit erlebt werden kann, z. B. der Kontakt mit dem Boden und der Schwerkraft, das gleichmäßige Ein- und Ausströmen der Atmung, der Blick aus dem Fenster usw. Auch durch weite, nicht fokussierende, Achtsamkeit wird der Zeitdruck der aktuellen Situation in einen größeren Kontext eingebettet, weite Achtsamkeit fügt der hektischen Struktur einer konkreten Situation durch die Weitung des Horizonts Elemente von Ruhe und Gelassenheit hinzu.

Eine andere und vielleicht die wichtigste Möglichkeit besteht in der Zeitlichkeit der Haltung der Achtsamkeit selbst. Die Haltung der Achtsamkeit hat eine eigene Zeitlichkeit und diese kann die aktuelle Erfahrung des Zeitdrucks beeinflussen. Sie hat die ruhige Zeitlichkeit des Nicht-Handelns, der Entspannung, des Verweilens, der Weite und der Gelassenheit. Man muss deshalb aber nicht die Achtsamkeit an ruhige, einfache, übersichtliche Situationen binden. Dann wäre sie ziemlich alltagsuntauglich. Nehmen wir einmal an, wir befinden uns in einer Situation voller schneller, unruhiger Prozesse, z. B. auf einem Bahnhof, in einem Kindergarten, einem Kaufhaus, vor einem Gebüsch voller geschwätziger Stare, auf einer Party usw., und wir wollen in die Haltung der Achtsamkeit gehen. Wir müssen dann weder selbst geschwätzig oder umtriebig werden, noch umgekehrt dafür sorgen, dass uns die Quirligkeit eines Kindergartens nicht ansteckt, dass die Stare im Gebüsch uns nicht in Unruhe oder Heiterkeit versetzen usw. Wir können ja die Stimmung einer Party oder eines Bahnhofs nur spüren, wenn wir ein wenig mitschwingen. Aber nun kann die Zeitlichkeit der Achtsamkeit hinzutreten und wir lassen die Wellen der anderen Zeiten in der ruhigen Haltung der Achtsamkeit ausschwingen. Wir wehren sie nicht ab, wir vermeiden sie nicht, wir schwingen sogar mit, aber wir spüren auch gleichzeitig die ruhige Zeitlichkeit einer offenen und rezeptiven Haltung, die auch gegen die Zeitlichkeit der Situation Bestand hat.

Wieso geht Achtsamkeit mit einem Gefühl „innerer Ruhe“ einher?

Die zeitliche Struktur der Haltung der Achtsamkeit ist der stete Neubeginn. Hier sind beide Wörter wichtig. Es gibt eine Kontinuität der Haltung, die darin besteht, sich immer wieder auf ein Neues, auf das, was gerade geschieht, einzulassen. Diese Kontinuität ist aber die Kontinuität des fortwährenden Auf-sich-zukommen- und Wieder-gehen-Lassens von Prozessen, also Veränderungen. Eine Zeitgestalt kommt, wird achtsam erlebt (mehr oder weniger stimmig und ganzheitlich) und geht, eine andere folgt. Die Gleichförmigkeit besteht in diesem fortwährenden Entstehen-und-vergehen-Lassen, in das der Achtsamkeit Praktizierende nicht eingreift. Kein Maßstab, kein Vergleich und kein Standard in einem zeitlichen Sinne wird angelegt. Deswegen verfehlt übrigens auch die Rede von der „Beschleunigung“ und „Verlangsamung“ die Zeitlichkeit der Achtsamkeit.

Kann Achtsamkeit ein anderes Zeitgefühl bewirken? Wenn ja, wie?

In der bewussten und immer wieder angestrebten Erfahrung des Kommens und Gehens selbst liegt eine große Kontinuität und Stabilität. Achtsamkeit ist sozusagen ein stetes Beginnen, ohne dass dies aus ihrer Perspektive mit einem Zeitpunkt oder einem Anfang im Sinne einer linearen Zeit verknüpft wäre. Aus sich heraus kennt Achtsamkeit auch kein Ende, denn sie verfolgt kein Ziel. Es gibt in der Haltung der Achtsamkeit eine zeitliche Kontinuität im Sinne der steten Offenheit für Veränderungen – nicht eine Kontinuität in der Zeit, die einen Zeitdruck oder eine Bedrohung hervorbringen könnte. Da kein zeitlicher Rahmen existiert, keine abstrakte Zeit, kein Vergleich und kein Vorgriff, die irgendeinen Zeitdruck ausüben könnten, kann es in der Haltung selbst keinen Zeitdruck, keine Eile, keine Unruhe geben. Die stete Kontinuität der Offenheit wird auf der körperlichen Ebene durch einen Zustand der Ruhe, Entspannung und Flexibilität für die Wahrnehmung von Veränderungen begleitet. Wie die Achtsamkeit also eine Art und Weise ist, mit Dingen, Menschen, Gefühlen, Wahrnehmungen, Gedanken usw. umzugehen, so ist sie auch eine Art und Weise, mit Zeitgestalten umzugehen. Und wie sie mit einem Lebensgefühl verbunden ist (Wachheit, Lebendigkeit, Sinnlichkeit, Freiheit, Vertrauen, Dankbarkeit, Freude, Verbundenheit mit der menschlichen oder nicht-menschlichen Umgebung), so ist sie auch mit einem Zeitgefühl verbunden: dem Gefühl der kontinuierlichen, gelassenen Bereitschaft für die Erfahrung des Beginnens, des Verlaufs und des Vergehens der natürlichen, dinglichen und menschlichen Prozesse, der eigenen Resonanz und der mehr oder weniger ausgeprägten Passungen. Die Zeitlichkeit der Achtsamkeit ist nicht nur eine Antwort auf den alltäglichen Zeitdruck, sondern auch eine intelligente menschliche Antwort auf die Herausforderung der Vergänglichkeit.

Gleichzeitigkeit, Ambivalenztoleranz

„Bei der Formulierung der Menschenrechte wurde das Recht vergessen, sich widersprechen zu dürfen."

Aus „La Maman et la Putain", Regie: Jean Eustache, 1973

Wir können im melancholischen Bewusstsein eines jederzeit möglichen und darüber hinaus sicheren Todes intensive und von dieser Melancholie sogar beflügelte Lebensfreude erleben. Wir können gleichzeitig Angst und Lust empfinden. Wir können gleichzeitig jemanden hassen und lieben. Nach allgemeiner Ansicht können wir überhaupt nur jemanden hassen, den wir lieben. Wir können Mitleid haben und schadenfroh sein. Wir können den Impuls haben wegzulaufen und den Impuls dazubleiben. Wir streben in einer Beziehung gleichzeitig nach Nähe und Distanz. Ob wir wollen oder nicht – in körperlichen Empfindungen, Gefühlen, Gedanken oder Impulsen tummeln sich Widersprüche.

Für viele Menschen sind solche Widersprüche in Gefühlen und Ansichten kontraintuitiv und inakzeptabel. Das liegt darin, dass sie sich an Handlungen und Behauptungen orientieren. In diesen beiden Fällen sind Widersprüche störend und irritierend. Wenn sich Menschen widersprüchlich verhalten, werden sie für uns unberechenbar. Jemand macht uns ein Geschenk und will es dann bezahlt haben, jemand lehnt einen Wunsch ab und erfüllt ihn, jemand weint und lacht. Widersprüche im Verhalten verwirren uns. Wenn sich Aussagen über die Wirklichkeit widersprechen, so haben wir ebenfalls oft ein echtes Problem. Wir müssen davon ausgehen, dass eine von beiden falsch ist. „Tertium non datur“ (ein Drittes gibt es nicht) gilt für alle Sätze, die eine Wahrheit beanspruchen. Wir können nicht gleichzeitig behaupten, dass wir in Italien sind und dass wir nicht in Italien sind. In vielen alltäglichen Fällen können wir allerdings mit Ähnlichkeitsbetrachtungen (s. Kap. 8, Der Einfluss der Achtsamkeit auf das Denken) die Härte dieser Alternative abmildern.

„Beobachtung der Abfolge der Phänomene, Die Weisheit nutzen, um Unterscheidungen zu treffen, Richtig und falsch beurteilen – Das alles verstößt nicht gegen das Siegel der Wahrheit. Wenn Sie dieses Stadium erreicht haben, dann ist das alles, selbst wenn Sie klug handeln und Prinzipien erklären, der große vollkommene Frieden des Nirwana, das höchste Ziel, das Reich der großen Befreiung – es gibt sonst nichts. Pan Shan's Spruch, Ein vollständiger Geist ist Buddha; ein vollständiger Buddha ist menschlich' – bedeutet genau das.

Eindeutigkeit wird auch gebraucht, wenn man Verträge abschließt, Verpflichtungen eingeht, Kooperationen plant, handelt. Auch Widersprüche zwischen Aussagen und Verhalten oder paraverbalen Botschaften irritieren. Bei psychischen Prozessen kann Eindeutigkeit aber schaden, denn sie reißt auseinander, was zusammengehört, vereinfacht und verflacht das Leben und die Kommunikation. Man könnte sie respektieren und – wenn es passt – auch mitteilen (s. Kap. 9, Achtsame Kommunikation), man könnte ihnen sogar freien Lauf lassen. Das geschieht im Brainstorming, im persönlichen Nachdenken, im freien Gespräch, in der mehr oder weniger freien Assoziation, in der Fantasie und in umstrittener Weise auch in der Kunst – es geschieht nicht im Raum der Verbindlichkeiten und der Moral.

Wenn Sie noch nicht so weit sind, lassen Sie das unterscheidende Bewusstsein Ihres Geistes nicht seinen Weg gehen, wenn Sie gehen, stehen, sitzen und liegen. Über eine sehr lange Zeit hinweg wird es vollständig gereinigt werden: Sie sollten sich natürlich nicht bemühen, es wegzuschieben."

Ta Hui, in Cleary 2006, S. 69, Übers. M. H.

Es handelt sich bei widersprüchlichen Gefühlen, Fantasien, Ideen, Sichtweisen um Ereignisse, nicht um Beschreibungen, Aussagen, Behauptungen oder Handlungen. Sie existieren wie Konflikte als Teil der Wirklichkeit und sie lassen sich widerspruchsfrei als solche beschreiben. Die beiden Ebenen gleichzusetzen (was oft geschieht) wäre ein sogenannter „Kategorienfehler": Die Verwechslung oder Vermischung von Phänomenen, die unterschiedlichen ontologischen Regionen (Formen des Seins) oder Ebenen angehören (Kommunikation oder Metakommunikation). Schmetterlinge im Bauch kann man nicht fangen, und Gefühle sind keine Versprechen.

Ambivalenztoleranz, d. h. die Fähigkeit, unterschiedliche und widersprüchliche psychische Prozesse bei sich (und bei anderen) akzeptieren zu können, muss kein Zeichen der Unreife und des Sich-nicht-festlegen-Könnens sein, sondern kann Teil einer Lebenshaltung sein, die sich die Welt und vor allem die Mitwelt nicht zurechtbiegen und vereinfachen muss. Manchmal lässt sich ein Kompromiss, ein dritter Weg zwischen den sich widersprechenden Gefühlen oder Distanzen finden, manchmal muss man die Ambivalenz aushalten. Das ist nicht einfach und kann unangenehm und quälend sein, aber auch ebenso gut, wenn man die Widersprüche wirklich akzeptiert, befreiend und erleichternd. Manchmal ist die Akzeptanz eines Widerspruchs einfach die beste aktuelle Lösung, weil das Gegenteil darin besteht, recht haben zu wollen, zu vereinfachen, unklare Interessen zu vernachlässigen, die Prozesse vorschnell abzukürzen oder zu werden.

Ambivalenztoleranz lässt sich durch Achtsamkeit erwerben. Wie alle erfreulichen Nebeneffekte muss man sie nicht direkt ansteuern, sie ergibt sich als eine praktische Konsequenz aus den Eigenschaften der Haltung selbst:

- die Haltung, die Dinge differenziert wahrzunehmen und nicht zu verändern;
- die Bemühung, an Bewertungen nicht festzuhalten, wenn sie auf Kosten der Wahrnehmung gehen;
- die Dekonstruktion von Annahmen;

- das Interesse an Prozessen und Gleichzeitigkeit, der Sinn für Perspektivität, Toleranz und Gelassenheit;
- die bewusste Bereitschaft zur Akzeptanz;
- Langmut und Großzügigkeit sich selbst und anderen gegenüber;
- Nicht-Handeln: Statt einer kurzschlüssigen Aktion, erst einmal akzeptieren, was ist und in Ruhe schauen und abwarten, welchen Weg die Situation einschlägt, bevor man vielleicht eingreift und etwas zu einer Klärung beiträgt. Viele Probleme lösen sich von selbst, und viele Ambivalenzen und Widersprüche lösen sich von selbst auf oder erscheinen zu einem späteren Zeitpunkt in einem anderen Licht.

7 Transzendenz

Spirituelle Erfahrungen

„Der Zen-Meister Ikkyu besuchte Ninakawa, gerade bevor dieser starb. ‚Soll ich dich führen?' fragte Ikkyu. Ninakawa antwortete: ‚Ich bin allein hierher gekommen und werde allein gehen. Welche Hilfe könntest du für mich sein?' Ikkyu antwortete: ‚Wenn du glaubst, daß du tatsächlich kommst und gehst, so ist das deine Täuschung. Laß mich dir den Pfad zeigen, auf dem es kein Kommen und Gehen gibt.' Mit diesen Worten hatte Ikkyu den Pfad so deutlich gewiesen, daß Ninakawa lächelte und starb."

Ohne Worte – ohne Schweigen 2003, S. 72

In diesem Kapitel geht es um das spirituelle Potenzial der Achtsamkeit. Es ist sicher sinnvoll, wenn ich zunächst einmal kurz darstelle, welchen Begriff von Spiritualität ich verwende (Huppertz 2009, 2013; Huppertz, Schatanek 2021). Dabei genügt mir eine Definition, die gut genug ist, um den Diskurs weiterzuführen. Dafür sollte sie nicht zu beliebig sein, damit sie trennscharf ist und nicht zu eng, damit wir uns auf sie einigen können. Der Fortschritt im Verständnis der Sache wird sicher zu besseren Definitionen und Unterscheidungen führen, aber die Unschärfe ist in diesem Sinne auch ein Vorteil.

„Spirituell" nenne ich eine Erfahrung, die die existenziellen Bedingungen des alltäglichen Lebens transzendiert: alltägliche Formen von Zeit, Raum und Identität, die Daseinsstruktur der Sorge und der Angst vor dem Tod. Sie eröffnet einen weiteren existenziellen Horizont, und führt zu neuen Einsichten und Gefühlen: Akzeptanz, Selbst-Dezentrierung, d. h. eine umfassendere Perspektive auf die Welt, bei der das eigene Selbst nicht im Zentrum steht, Verbundenheit und Miteinander, Vertrauen und Dankbarkeit, Gelassenheit, Heiterkeit, Zeitlosigkeit, Daseinsfreude, manchmal auch Irritation und Angst. Dabei bleibt die Differenz zu dem, was das Leben sonst ausmacht, meist im Bewusstsein erhalten. Spirituelle Erfahrungen beinhalten meist auch einen Abschied, ein „Und", eine Befreiung. Sonst ist es einfach „nur" ein Glück, aber keine Einsicht, kein bewusstes Transzendieren vertrauter existenzieller Beschränkungen. Der Begriff „Spiritualität" umfasst auch die spirituelle Suche. „Spirituelle Erfahrungen" sind mehr oder weniger umfassende Antworten auf existenzielle Fragen, die in den Antworten erhalten und greifbar bleiben.

Es gibt sicher viele andere Wege zu spirituellen Erfahrungen, aber es ist schwer vorstellbar, dass sie nicht auf einige der folgenden Eigenschaften der Achtsamkeit angewiesen sind: Offenheit, Rezeptivität, Absichtslosigkeit, Gegenwärtigkeit. Ohne ein gewisses Maß an Achtsamkeit dürften spirituelle Erfahrungen nicht möglich sein. Man wird dies vielleicht bestreiten, wenn man den Begriff „spiritueller Erfahrungen" weiter fasst. Wir kennen eine Vielzahl von ähnlichen Erfahrungen, die heute manchmal unter den Begriffen „veränderte oder ungewöhnliche Bewusstseinszustände", „Transpersonalität" etc. zusammengefasst werden. Dazu gehören vor allem Trance-Erfahrungen und hypnotische Zustände, die durch starke Suggestionen, Imaginationen, Rituale, ekstatische Bewegungsformen oder Drogen, Entzug von Nahrung, Flüssigkeit, Kontakt oder sensorische Inputs zustande kommen, außerdem Flowzustände (s. Kap. 12, Flow), Extremsport, Raves (ausgedehntes Tanzen auf Technomusik). Es ist eine Sache der Definition, ob man sie ebenfalls als spirituell bezeichnen mag. Oft werden sie auch von Menschen, die traditionellen spirituellen Erfahrungen nahestehen, als verwandt und als in ähnlicher Weise bereichernd beschrieben (s. z. B. Batchelor 2020). Mir widerstrebt eine solche weite Fassung, weil mir in Trance-Zuständen mit der Bewusstseinsklarheit und der Fähigkeit zu differenzierten Unterscheidungen auch der existenzielle Ernst verloren zu gehen scheint. Ich nicht sehe, wie eine Transformation solcher Erfahrungen in den Alltag gelingen kann, wenn man nicht immer wieder auf ähnliche Inszenierungen und/oder Drogen zurückgreifen will. Vermutlich ist es auch hier wieder gut, in Ähnlichkeiten, Übergängen und Mischungen zu denken, nicht in Polarisierungen (s. Kap. 8, Der Einfluss der Achtsamkeit auf das Denken). Spirituelle Erfahrungen sind sicher auch mit wenig Achtsamkeit und in Trancezuständen zu erreichen. Viele religiöse Rituale sind ja voller Suggestionen und tranceinduzierender Elemente.

„Schon als Kind verblüffte Naphtali von Ropschitz die Erwachsenen mit seinen schlagfertigen Antworten. Einmal wandte sich ein Gast, der mit seinem Vater befreundet war, an Naphtalie: ‚Naphtali, wenn du mir sagst, wo Gott zu finden ist, will ich dir ein Goldstück geben.' Das Kind antwortete: ‚Und ich gebe dir zwei, wenn du mir sagen kannst, wo er nicht zu finden ist.'"

E. Wiesel 1987, S. 83

Spirituelle Erfahrungen wurden früher vor allem im Rahmen religiöser Glaubenssysteme angeleitet. Unter „Spiritualität" verstand und versteht man heute die subjektive erlebte Seite der Religion, die manchmal in Konflikt mit den dogmatischen und institutionellen Aspekten der Religionen geriet und gerät. Inzwischen hat sich die Suche tatsächlich oft von den religiösen Traditionen gelöst, oder sie bedient sich bei verschiedenen Traditionen im Sinne einer individualisierten „neuen Spiritualität".

Achtsamkeit wurde traditionell vor allem in spirituellen Kontexten gelehrt und praktiziert, bevor sie zu Beginn des 20. Jahrhunderts in westlichen Gesellschaften im Rahmen der Lebensreform-Bewegung säkularisiert wurde. Auch die Lebensreform war in erheblichem Maße von fernöstlichen spirituellen Einflüssen geprägt, hat aber in der Praxis unter dem Einfluss lebensphilosophischer, humanistischer und gesellschaftskritischer Entwicklungen zu einer kreativen Vervielfältigung von Achtsamkeitspraktiken geführt. Sie wurden körperfreundlich, experimentell, individualistisch, dialogisch, extrovertiert. Ich habe das in dem Prolog zu den „Achtsamkeitsübungen" ausführlicher dargestellt (Huppertz 2015). Das vorliegende Buch ist auch von dieser Strömung beeinflusst. Ich bin überzeugt davon, dass die Vernachlässigung westlicher spiritueller und säkularer Achtsamkeitstraditionen die Weiterentwicklung der Idee bis heute behindert und für einige Schwierigkeiten, in denen sie steckt, verantwortlich ist.

Das spirituelle Potenzial der Achtsamkeit liegt in folgenden dynamischen Eigenschaften:

- Dekonstruktion: Gewohnte Wahrnehmungs-, Denk- und Verhaltensmuster werden überwunden.
- Rezeptivität (Empfangsbereitschaft): Bewusste Hingabe an Erfahrungen, ohne sie aktiv zu beeinflussen, zu kontrollieren, zu verändern.
- Offenheit: Neue Erfahrungen zulassen, experimentieren im Wahrnehmen, Denken, Verhalten, Sinn für Leere.
- Gegenwärtigkeit: Veränderung des Zeiterlebens (s. Kap. 6, Das Zeiterleben der Achtsamkeit), Erleben der Zeit als Verlauf, nicht als Vergangenheit – Gegenwart – Zukunft oder als Stunden, Monate, Jahre etc. Dieses Zeiterleben ist oft mit dem Gefühl von Zeitlosigkeit verbunden.

Ein Lied an Gott

Es schneien weiße
Rosen auf die Erde,
Warmer Schnee
schmückt milde
unsere Welt;
Die weiß es, ob
ich wieder lieben
werde,
Wenn Frühling
sonnenseiden
niederfällt.

Zwischen
Winternächten
liegen meine
Träume
Aufbewahrt im
Mond, der mich
betreut –
Und mir gut ist,
wenn ich hier
versäume
Dieses Leben, das
mich nur verstreut.

Ich suchte Gott auf
unbeschienenen
Wegen
Und kräuselte
die Lippe nie zum
Spott.
In meinem
Herzen fällt ein
Tränenregen.
Wie soll ich dich
erkennen lieber
Gott ...

Da ich dein Kind
bin, schäme ich
mich nicht
Dir ganz mein Herz
vertrauend zu
entfalten.
Schenk mir ein
Lichtchen von dem
ewigen Licht! – – –
Zwei Hände, die
mich lieben, sollen
es mir halten.

- Qualitative Unendlichkeit: Die Vielfalt selbst scheinbar einfacher Objekte und Prozesse ist unerschöpflich.
- Selbst-Dezentrierung und Erweiterung des Selbsterlebens: Selbst-Dezentrierung bedeutet, sich nicht als Zentrum, sondern als Teil von enger oder weiter gefassten Situationen zu erleben und seine soziale Identität und sein „narratives Selbst“ (s. Kap. 11, Ego, Ich, Selbst, Kap. 8, Der Einfluss der Achtsamkeit auf das Denken) zu relativieren. Sie kann zu einer Weitung des Selbst als Teil eines erweiterten Horizonts führen, die wiederum erheblichen Einfluss auf die moralischen Wahrnehmungen, Einschätzungen und das Handeln haben kann (s. Kap. 13, Ethische Aspekte der Achtsamkeit). Ich bevorzuge den Begriff der „Selbst-Dezentrierung“ gegenüber dem häufig verwendeten Begriff der „Selbsttranszendierung“, weil letzterer zu dem Missverständnis führen könnte, dass das Selbst als solches im Sinne einer Selbstlosigkeit oder eines Nicht-Selbst transzendiert würde.
- Verbundenheit
- Daseinsfreude: Gegenstandslose Freude, die sich auf die Teilhabe am Leben bezieht und keine weiteren Gegenstände oder Ereignisse braucht.

Diese Eigenschaften relativieren einige gewohnte alltägliche Erfahrungsstrukturen: Handlungsorientierung, Sorge, Bedürftigkeit, Angst, Freude über etwas, Nicht-genug-Haben, Besitzen- und Festhaltenwollen, die Geschichten, die wir uns und anderen über uns selbst erzählen, die Bedeutung der Vergangenheit oder der Zukunft. Sie können unsere Existenzform und unser Lebensgefühl in grundlegender Weise verändern. Es kann sein, dass wir uns durch spirituelle Erfahrungen auf das besinnen, was uns wirklich wichtig ist, dass wir mit weniger auskommen und sich unsere Prioritäten verschieben, vor allem wenn unsere Spiritualität oder Religion selbst mit wenig auskommt (Habenicht 2018).

Religionen versuchen auch die ethische Dimension der Spiritualität zu gewährleisten. Sie gehen weit über spirituelle Erfahrungen hinaus und haben ethische, institutionelle und dogmatische Dimensionen. Die

So dunkel ist es
fern von deinem
Reich
O Gott, wie kann
ich weiter hier
bestehen.
Ich weiß,
du formtest
Menschen, hart
und weich
Und weintetest
gotteigen, wolltest
du wie Menschen
sehen.

Mein Angesicht
barg ich so oft in
deinem Schoß
Ganz unverhüllt:
du möchtest es
erkennen.
Ich und die Erde
wurden wie zwei
Spielgefährten
groß
Und dürfen „du“
dich beide, Gott
der Welten,
nennen.

So trübe aber
scheint mir gerade
heut die Zeit
Von meines
Herzens Warte aus
gesehen;
Es trägt die
Spuren einer
Meereseinsamkeit
Und aller Stürme
sterbendes
Verwehn.

E. Lasker-Schüler
2016, S. 2

Frage ihrer Rationalität ist schwierig, und ich habe sie früher einmal ausführlich behandelt (Huppertz 2009). Es scheint mir immer noch zu stimmen, dass man mit den Begriffen „rational" und „irrational" nicht auskommt, sondern sich auch klarmachen muss, dass viele Annahmen und Glaubensaspekte einfach „arational" sind. Es stellt sich für sie gar nicht die Frage nach ihrer Begründbarkeit oder ihrem Bezug zur Wirklichkeit. Z. B. ist es nicht diskutierbar, ob Jesus nach seinem Tode auferstanden ist. Es gibt keine Argumente dafür und keine dagegen, weil sich die Aussage nur scheinbar in einem „Raum der Gründe" (Sellars) abspielt, in Wirklichkeit aber in einem Raum der Botschaften. Wer an sie glaubt, braucht keine Gründe. Hätte er sie, könnte er nicht glauben, was ja nicht einfach weniger ist als zu wissen, sondern eine eigene Erfahrung. Auch wenn eine Person mitteilt, dass sie sich mit dem Universum verbunden gefühlt hat, so spielt sich das nicht im Raum der Gründe ab, sondern im Raum subjektiver Erfahrungen. Erst wenn sie Wert darauf legt, dass „das Universum" eine sinnvolle Angabe ist und dass sie mit ihm in Verbindung steht oder gar identisch ist – oder wenn eine andere behauptet, dass sie eine göttliche Mission erfüllt und dies nicht als subjektive Erfahrung deklariert, wird es kritisch. Dann könnte es sein, dass sie eine nicht belegbare Behauptung vertritt, und wenn sie hinzufügt, dass rationale Argumente hier nichts zu bedeuten haben, dann würde ich eine solche Position „irrational" nennen. Sie bestreitet die Zuständigkeit der Rationalität auf deren Gebiet, der Begründung von Aussagen.

Bedeutungen schreiben wir Erfahrungen nicht einfach zu, sondern sie entstehen aus dem Kontext, dem die Erfahrungen selbst erwachsen und zu dem wir selbst gehören. Wenn ich also eine transzendierende Erfahrung in einem Kontext mache, der Demut und Nächstenliebe vertritt, so hat sie eine andere Bedeutung als wenn sie in einem Kontext auftritt, in dem ich Erleuchtung suche. Und wenn ich sie als Teil meiner Selbstentfaltung betrachte, hat sie eine andere Bedeutung als wenn sie Teil einer Beziehung zu Jesus ist. Für Religionswissenschaftler:innen ist das selbstverständlich, aber im aktuellen Diskurs über Spiritualität oder „veränderte Bewusstseinszustände" wird das leicht übersehen.

„Religiosität ist letztlich und wesentlich vielleicht das Erleben der eigenen Fragmentarität und Relativität des Menschen auf einem Hintergrund, den als ‚das Absolute' zu bezeichnen eigentlich und irgendwie auch schon vermessen ist – so absolut müßte dieses Absolute ja gemeint sein! Man dürfte vielmehr höchstens von einem Nicht-Fragmentarischen, von einem Nicht-Relativen sprechen. [...] Und so gibt es für das Suchen kein Gefundenes – dieses bleibt vielmehr immer in der Transzendenz –, aber für den Suchenden gibt es immerhin das Gesuchte! [...] Also ist auch für den religiösen Menschen Gott immer transzendent – aber auch immer intendiert. So ist Gott für den religiösen Menschen der immer Schweigende – aber auch der immer Gerufene.

Die gesellschaftlichen, diskursiven und persönlichen Kontexte entscheiden nicht nur, wie die Erfahrung genau beschaffen ist, sondern auch, wie sie sich in meinem Leben auswirkt. „In meinem Leben" heißt wirklich in meinen alltäglichen Meinungen, Aktivitäten, Beziehungen, meinen Engagements, meinen Werten. In spirituellen Bewegungen finden wir natürlich alles Mögliche, oft bunt gemischt und gleichzeitig. Irrationale, säkular religiöse, magische und esoterische Positionen ebenso wie rationale. Die rationale Sichtweise ist sicher nicht die einfachste und keine zuverlässig befriedigende, aber sie scheint mir die ungefährlichste Variante. Gerade spirituelle Überzeugungen sind emotional sehr bedeutsam und wirkmächtig. Sie sind deshalb alles andere als sozial und politisch harmlos. Ich denke, je mehr Achtsamkeit in spirituellen Erfahrungen mitwirkt, umso mehr Verantwortlichkeit bleibt erhalten.

Und so ist Gott für den religiösen Menschen das niemals Aussprechbare – aber auch das je schon Angesprochene!"

V. Frankl, 2007 [1946], S. 31

Transzendenz und Sinnlichkeit

Szenische Spiritualität

Es gibt seit etwa 20 Jahren einen Zweig der Religionswissenschaft mit Namen „Religionsästhetik" (Münster 2000). Darin geht es um die Frage, wie das Transzendentale innerhalb der Religionen wahrgenommen wird. In der Religionsästhetik spielen das Averbale und Sinnliche, aber auch das Symbolische und Rituelle eine zentrale Rolle. Allerdings geht es sozusagen um eine Top-down-Vermittlung. Man geht von den Religionen aus, die kulturell als solche angesehen und wissenschaftlich beschrieben werden. „Die Religionsästhetik untersucht, wie in Religionen mittels verbaler und nonverbaler Bedeutungsträger ein angenommenes Transzendentes, sich dem Zugriff Entziehendes, anschaulich gemacht wird" (Prohl 2004, S. 2).

„Da und dort in all der Schweigsamkeit und in all der Stille ließ ein Vogel aus dem liebreizenden und heiligen Verborgenen heraus seine heitere Stimme vernehmen. Ich stand so und horchte, und plötzlich befiel mich ein unsagbares Weltempfinden und ein damit verbundenes, gewaltsam aus der Seele herausbrechendes Dankbarkeitsgefühl.

Die Logik ist also eine des Vermittelns und Repräsentierens. Der religiöse Inhalt wird sinnlich transportiert, aber doch primär als ein Glaubensinhalt angesehen, der Gestalt annehmen soll. Einen Schritt weiter geht eine religionswissenschaftliche Strömung, die sich „materiale Religion" (nach dem englischen Begriff „material religion", Bräunlein

Die Tannen standen kerzengerade wie Säulen da, und nicht das geringste rührte sich im weiten Walde, den allerlei unhörbare Stimmen zu durchklingen und zu durchhallen schienen. Töne aus der Vorwelt kamen, von ich weiß nicht woher, an mein Ohr. ‚Oh, so will denn auch ich gerne, wenn es sein soll, zu Ende gehen und sterben. Eine Erinnerung wird mich dann noch im Grabe beglücken, und eine Dankbarkeit wird mich im Tode beleben; ein Danksagen für die Genüsse, für die Freude, für das Entzücken; ein Danksagen für das Leben und eine Freude über die Freude.'"

R. Walser 2018 [1917], S. 28

2012; Prohl 2012) nennt. Sie folgt nicht mehr dem Repräsentationsmodell, sondern untersucht die dinglichen Aspekte der Religion unter der Annahme, dass sie genau das ist: ein Ensemble aus Dingen, Räumen, Atmosphären, Ritualen, Symbolischem und Nicht-Symbolischem. Damit werden Texte und Glaubensinhalte relativiert und Religion eher als eine sehr konkrete, zum Teil nicht-symbolische Interaktion zwischen dinglichen und menschlichen Akteuren angesehen, was veränderte anthropologische und soziologische Konzepte verlangt. Dieser Ansatz steht meiner Sichtweise, wie ich sie in diesem Buch vertrete, nahe (s. Kap. 13). Allerdings würde ich eher vorschlagen, von einer „szenischen Religion" zu sprechen (s. Kap. 8, Der Einfluss der Achtsamkeit auf das Denken), denn der Begriff des Materialen scheint mir ein Rückgriff auf Gegensätze zu sein, die es gerade zu überwinden gilt.

Was mich grundsätzlich und auch in diesem Abschnitt interessiert, ist weniger, was „Religion" ausmacht, sondern wie aus Szenen, die Menschen, Dinge, Atmosphären, Körper, Praktiken, Vorstellungen und Texte umfassen, spirituelle Erlebnisse entstehen, ohne dass sie vorab als religiös verstanden oder inszeniert werden. Wie entsteht die Erfahrung des „sich dem Zugriff Entziehenden", wie erfolgt das Transzendieren existenzieller Grundstrukturen, wie kommt es zu spirituellen Erfahrungen außerhalb wie innerhalb religiöser Kontexte? Dafür kann es viele Gelegenheiten geben, unter anderem auch systematische wie Liturgien, Meditationen und Rituale, aber auch zahlreiche sozusagen „freie" Gelegenheiten. Was ich als Thema vorschlage, ist also eine *„bottom-up-Spiritualität"*, eine *„szenische Spiritualität"* im Rahmen einer *„Spiritualitätsästhetik"*, die bei Szenen mit spirituellem Potenzial ansetzt und untersucht, worin dieses liegt. Dabei ist es unwichtig, ob die Menschen, die von solchen Erlebnissen berichten oder auch nur darüber nachdenken, ihre Erlebnisse als „spirituell", „religiös" oder „existenziell bedeutsam" bezeichnen. Das sind nur Worte und dazu noch Worte mit einer komplexen Geschichte. In „Marie des Brebis: Der reiche Klang des einfachen Lebens. Eine Biografie" (Signol 2007) schreibt eine sogenannte „einfache", im konventionellen Sinn wenig gebildete Frau aus dem Zentralmassiv mithilfe eines Schriftstellers ihre Lebensgeschichte auf. Darin schildert sie Erfahrungen, die sie in einem christlichen Sinne interpretiert und von denen niemand bezweifeln würde, dass sie spiritueller Art sind, wie immer er oder sie es genauer definiert. Aber der Bericht bleibt erlebnisnah. Marie schildert Naturerfahrungen, erzählt von dem Zusammenleben mit Schafen, von Schicksalsschlägen und Geborgenheit, und genau das macht die Erinnerungen so bewegend. Auch Bernadette von Lourdes spricht nur von ihren Begegnungen mit einer „weißen Dame". Es hat sie leider nicht vor den Honoratioren der Kirche, des Staates und der Medizin bewahrt. Damit aber andere sinnvoll von einer „spirituellen Erfahrung" sprechen können, ist es wichtig, dass ein Mensch sie als etwas erlebt, das sein Leben zumindest für eine Weile in seinen Grundzügen bestimmt, sein Denken, sein Lebensgefühl, sein Verhalten, und dass er dies bemerkt. Andernfalls ist die Erfahrung zu flüchtig und unbedeutend, als dass man sie als existenziell bedeutsam (und das sollte bei „spirituell" impliziert sein) bezeichnen kann. Es ist wichtig, dass sie einen besonderen, nicht notwendig neuen, Blick auf Ihr Leben wirft. Ich habe im vorherigen Abschnitt versucht, die spezifischeren Merkmale zu beschreiben. Es ist wie mit der „Achtsamkeit". Sie ist nur ein Wort und eine relativ willkürliche Übersetzung eines Sanskrit-Wortes („smrti"). Es gibt andere und je nach Kontext auch bessere Bezeichnungen. Aber man konnte immer schon und kann auch heute diese Haltung erleben und leben, ohne dieses oder ein anderes Wort dafür zu verwenden. Dafür stehen viele Gedichte, Schilderungen und Überlegungen in der rechten Spalte.

Spirituelle Erfahrungen können sehr individuell sein, auch wenn sie natürlich wie alle Wahrnehmungs- und Deutungsmuster kulturell geprägt und sozial vermittelt sind. Dem Thema dieses Buches entsprechend gehe ich – im Bewusstsein, dass auch andere Zugänge möglich sind – von der Achtsamkeitspraxis als transzendierendem Weg aus und nutze einige meiner persönlichen Erfahrungen als Beispiele. Dadurch möchte ich ausdrücklich den individuellen Beitrag betonen.

Abend

Der Abend
wechselt langsam
die Gewänder, die
ihm ein Rand von
alten Bäumen hält;
du schaust: und
von dir scheiden
sich die Länder,
ein
himmelfahrendes
und eins, das fällt;
und lassen dich,
zu keinem ganz
gehörend,
nicht ganz so
dunkel wie
das Haus, das
schweigt,
nicht ganz so
sicher Ewiges
beschwörend
wie das, was Stern
wird jede Nacht
und steigt –
und lassen dir
(unsäglich zu
entwirrn)
dein Leben bang
und riesenhaft und
reifend,
so dass es, bald
begrenzt und bald
begreifend,
abwechselnd Stein
in dir wird und
Gestirn.

R. M. Rilke 2006, S. 308

Subjektivität

Für viele Menschen ist es ein guter Schritt zu einer meditativen, also spirituell orientierten Praxis, die Augen zu schließen. Nun kann man auf das Kommen und Gehen der Körperempfindungen, des Atems, der Gedanken und der Geräusche achten. Man ist nun mit sehr beweglichen, flüchtigen Phänomenen beschäftigt, die in Raum und Zeit zu verorten schwierig ist und auch gar nicht interessant. Die mentalen Ereignisse sind einfach das, was ich bin, ich lebe sie und kann sie nicht sinnvoll lokalisieren oder zeitlich fixieren, denn kaum habe ich es getan, sind sie auch schon wieder anders. Jede subjektive Erfahrung ist nicht ganz von dieser Welt der vorhandenen Dinge. Sie mag noch so sehr in dieser Welt begründet, ihr entsprungen, mit ihr verbunden sein, sie ist doch von mir untrennbar und unterliegt gleichzeitig einer anderen Zugänglichkeit und Verfügbarkeit. Niemand kann sie mir nehmen, ich kann sie auch nicht verschenken, weil ich sie nicht besitzen kann, ich kann sie allenfalls in begrenztem Umfang teilen. Sie überlebt mich nicht und niemand kann sie vollständig mit mir teilen. Diese Eigenschaften sind Einladungen, sich dem Nicht-Seienden zu nähern (s. Kap. 8, Der Einfluss der Achtsamkeit auf das Denken). Das, was ich in der ersten Person bin, bin ich nicht in gleicher Weise auch in der dritten Person. Als Subjekt transzendiere ich immer die Welt (Jullien 2018).

Licht

„Aber es ist eine unerschöpfliche, undefinierte Immanenz mit zugleich unbestimmten und unerreichbaren Grenzen. Wir sind darin – das Unermessliche trägt uns […]. Das kann jeder spüren, der nachts zu den Sternen hochsieht. Dazu

Das Licht hat ein starkes spirituelles Potenzial, weil es Orientierung ermöglicht, ohne in der Regel selbst das zu sein, worauf wir uns orientieren, sofern wir sehend sind. Am Licht hängen die Farben, die Einzelheiten, die Weite des Blicks, die Wahrnehmung von Gefahren und unsere Möglichkeiten, uns zu retten. Das Licht ermöglicht uns die Existenz, so wie wir sie kennen, aber in der Regel nehmen wir es nicht zur Kenntnis. Wir erkennen aber das besondere Licht in impressionistischen Bildern oder bei Rembrandt, an bestimmten Tagen oder in bestimmten Landschaften. Dies geschieht auch in der Dämmerung, beim Anzünden eines Feuers oder einer Kerze. Sonnenaufgänge oder -untergänge lassen bei vielen Menschen Gefühle der Dankbarkeit, des

Neubeginns, der Geborgenheit, des Abschieds, der Wehmut, der Erhabenheit, der Zugehörigkeit zu etwas Größerem, Unfasslichen und Unbeeinflussbaren anklingen.

Licht ermöglicht, überhaupt etwas zu sehen. Deswegen hat es zu dem ideengeschichtlich bekannten Zusammenhang von Licht und Einsicht geführt. Licht als Metapher spielt eine wesentliche Rolle im Sinne einer höheren Einsicht bei Platon, im orthodoxen Christentum, in der Übersetzung der durchbruchsartigen Einsicht als „Erleuchtung" in der westlichen Rezeption des Zenbuddhismus, als „Lichtung" bei Heidegger usw. Die Metapher weist über das jeweils Erkannte hinaus auf die vollkommene Erkenntnis, in der das Streben nach Wahrheit zur Ruhe kommt. Diese Sehnsucht und dieses Ankommen sind existenzieller Art, zielen nicht auf bestimmte Ereignisse oder Erkenntnisse, sondern auf eine andere Art des Daseins wie die Dankbarkeit, die wir verspüren, wenn wir einen Sonnenaufgang miterleben. Die existenzielle und spirituelle Bedeutung des Lichts entstehen vielleicht, wenn wir es bedenken, aber noch eher, wenn wir es auch sinnlich thematisieren.

Leere

Es ist möglich, die Wahrnehmung zu erweitern, indem man auf Zwischenräume und den freien Raum achtet und nicht wie üblich auf die Dinge, die den Raum füllen. Wir praktizieren dies auch in unseren Gruppen als „Lückenübung" und folgen damit einer alten meditativen Tradition (Huppertz 2015, S. 47/48). Die Übung hat für mich stets etwas Überzeugendes und Erheiterndes. Sie ist unmittelbar entlastend. Der leere Raum entgeht gewöhnlich unserer Aufmerksamkeit. Es ist so viel davon vorhanden, dass wir ihn gar nicht wahrnehmen, es gibt mehr leeren Raum als sonst etwas. Es ist die bildende Kunst, die immer wieder auf diesen leeren Raum hinweist: Maler wie Caspar David Friedrich oder Gustave Courbet und zahlreiche Landschaftsmaler haben ihn gezeigt, aber viele Bilder, die wir in der europäischen Kunstgeschichte vorfinden, füllen das Blatt bis ins Letzte aus und drängen sich dem Blick mit einer optischen Dramatik auf, ohne dass uns das wiederum besonders auffällt. Die chinesische Malerei hat dagegen dem

braucht man bloß ein wenig Aufmerksamkeit und Stille […]. Die Dunkelheit, die uns vom Nächsten trennt, öffnet uns für das Fernste. Man sieht keine hundert Meter weit, überblickt aber mit bloßem Auge Milliarden von Kilometern. Dieser weiße opalisierende Streifen – die Milchstraße, unsere Galaxie, zu der wir gehören, ein paar hundert Milliarden Sterne, dessen nächster, unsere Sonne ausgenommen, dreißigtausend Milliarden Kilometer entfernt ist … […] Nachts ändert sich der Maßstab. Wenn die Sonne scheint, leben wir in einer Art Gefängnis aus Licht, das die Welt ist, unsere Welt. […] Eine banale, vertraute Erfahrung? Ja, aber wenn man bereit ist, sich hinzugeben, sich zu verlieren, ist es die umwerfendste Erfahrung, die es gibt. Die Welt ist unser Ort; der Himmel unser

Horizont; die Ewigkeit unser Alltag. [...] Und indem wir diese Unermesslichkeit betrachten, die uns enthält, werden wir uns aufgrund der Differenz am ehesten unserer eigenen Winzigkeit bewusst. Eine narzisstische Kränkung? Mag sein. Aber die Seele wird davon größer. Weil das Ego, endlich auf seinen Platz verwiesen, nicht mehr den ganzen Raum einnimmt."

A. Comte-Sponville 2008, S. 171–73

leeren Raum viel mehr Aufmerksamkeit geschenkt (Jullien 2010). Darin steckt eine andere Kunstphilosophie und eine spirituelle Tradition, die in dem, was sichtbar und darstellbar ist, auch immer das sieht, was nicht sichtbar und darstellbar ist, aber ohne das nichts zu sein vermag. Wenn ich Zwischenräume sehe, wechsle ich meinen Aggregatzustand und werde selbst ein wenig flüssig und weit. Vögel erschließen sich Räume des Zwischen, die uns verschlossen bleiben. Sie zeigen uns, dass es möglich ist, sich im leeren Raum zu bewegen, auf und ab zu steigen, die Schwerkraft leicht wirken zu lassen, sich tragen zu lassen und federleicht auf Zweigen, Masten, Drähten und Dächern zu landen oder in Sträuchern herumzuhüpfen. Wie wäre es, eine Schwalbe oder ein Raubvogel zu sein? Ich sehe, dass es viel mehr gibt als das, was mich gewöhnlich beschäftigt. Wenn es schon Lücken zwischen Blättern gibt, dann gibt es überall etwas, was ich nicht behandeln kann, was mir keine Herausforderung ist, kein Ziel, kein Problem und keine Lösung. Wenn ich das wirklich erlebe, transzendiere ich meine Identität und die Begrenztheit meiner Probleme und Lebenssituationen.

Stille

Kann man Stille hören?

Ein Pendant zum leeren Raum ist die Stille. Auch die Stille ist eine alltägliche Erfahrung, die wir selten bewusst wahrnehmen. Dabei sind wir stets von Stille umgeben. Selbst in der geräuschvollsten Umgebung gibt es Zonen, von denen nichts Hörbares ausgeht, und wir können auf diese Quellen der Ruhe achten. Geräusche mögen in sie eindringen, aber sie werden dort abgeschwächt und müssen sich gegen die Stille durchsetzen. Insbesondere unmittelbar um unsere Körper herum herrscht meistens Stille, wenn nicht gerade der Bauch hörbar rumort oder wir unter Tinnitus leiden. Wir könnten diese Stille hören, wenn wir wollen, ebenso wie die kleinen Pausen zwischen Geräuschen und in der Rede eines Menschen. Wir können auch um solche Pausen bitten (s. Kap. 9, Achtsame Kommunikation). Aber zugegeben, anders als beim Sehen finden wir nicht so leicht akustische Lücken. Wir achten aber auch nicht darauf, und das ist der Punkt. Auch diese Überlegungen sollen nicht die Bedeutung des objektiven Lärms herunterspielen, gegen den wir uns wehren können und sollten. Aber es ist auch nicht fair, so zu tun, als würden wir nicht selbst individuell einen Teil zu der Geräuschkulisse beitragen, die uns umgibt. Wenn wir Stille erfahren und sie uns bewusst machen, so erleben wir weniger Input, eine Art Stillstand, die Ereignisse ziehen sich zurück, Gedanken und innere Bilder bekommen Raum und der Zwang zum Handeln lässt nach. Wir sehen wie bei den Zwischenräumen, dass die Welt, das Leben, wir selbst auch aus dem bestehen, was nicht ist, was nicht geschieht, was nicht seiend ist (s. Kap. 8, Der Einfluss der Achtsamkeit auf das Denken). Orte der Stille bekommen rasch eine spirituelle Anmutung, sie sind überall.

Weite

Ich liebe die Weite und wechsle gerne meinen Aufenthaltsort, nicht weil es mir irgendwo nicht gefällt, sondern weil mir das Abreisen ein Gefühl der Befreiung gibt. Im Reisen kann man die Weite und die Öffnung neuer Horizonte erleben. Deswegen sind Weg und Reise sehr beliebte Metaphern für die spirituelle Suche. Man kann sie sich unendlich denken. Entsprechend sind der Blick auf eine Landschaft, der auf das Meer oder jener in den Sternenhimmel sicher die beliebtesten spirituell anmutenden Situationen, abgesehen von den Grenzsituationen des Lebens wie Geburt, Krankheit, Tod, Liebe. Wenn wir Teil weiter und tendenziell unendlicher Situationen werden, weitet sich damit unser Selbst und die Maßstäbe, die unser alltägliches Leben bestimmen, verschieben sich grundlegend. Da diese Erfahrung so oft beschrieben wurde, möchte ich hier auf das Zitat von Comte-Sponville in der rechten Spalte (ab S. 104) verweisen, besser kann ich es nicht formulieren. Ergänzen möchte ich, dass der Sternenhimmel auf mich auch etwas Bergendes, Rundes, Begrenztes haben kann. Ich nehme ihn manchmal tatsächlich als ein Gewölbe wahr, das mir bei aller Weite auch ein Gefühl von Geborgenheit gibt.

Die Weite einer Landschaft kann unbegrenzt sein, aber auch wenn sie es nicht ist, ist der Horizont nicht erreichbar, er wandert mit. Am Beispiel der Weite lässt sich gut zeigen, dass die Erfahrungen, die eine „bottom-up-Spiritualität“ oder eine „szenische Spiritualität“ aus-

„Herrlich ist es, in einer unendlichen Einsamkeit am Meeresufer, unter trübem Himmel, auf eine unbegränzte Wasserwüste, hinauszuschauen. Dazu gehört gleichwohl, daß man dahin gegangen sei, daß man zurück muß, daß man hinüber mögte, daß man es nicht kann, daß man Alles zum Leben vermißt, und die Stimme des Lebens dennoch im Rauschen der Fluth, im Wehen der Luft, im Ziehen der Wolken, dem einsamen Geschrei der Vögel, vernimmt.

Dazu gehört ein Anspruch, den das Herz macht, und ein Abbruch, um mich so auszudrücken, den Einem die Natur thut. Dies aber ist vor dem Bilde unmöglich, und das, was ich in dem Bilde selbst finden sollte, fand ich erst zwischen mir und dem Bilde, nehmlich einen Anspruch, den mein Herz an das Bild machte, und einen Abbruch, den mir das Bild that; und so ward ich selbst der Kapuziner [...]. Nichts kann trauriger und unbehaglicher sein, als diese Stellung in der Welt: der einzige Lebensfunke im weiten Reiche des Todes, der einsame Mittelpunct im einsamen Kreis. [...] [U]nd da es [das Bild, M. H.], in seiner Einförmigkeit und Uferlosigkeit, nichts, als den Rahm, zum Vordergrund hat, so ist es, wenn man es betrachtet, als ob Einem die Augenlieder weggeschnitten wären."

H. v. Kleist 1993 [1810], S. 327/28

machen, oft mit der Erfahrung des Nicht-Seienden verbunden sind (s. Kap. 8, Der Einfluss der Achtsamkeit auf das Denken). Stets ist das Erleben mehr (und weniger) als die Erkenntnis, aber das Nicht-Seiende zu denken, kann helfen, Phänomene sichtbar zu machen. Dieses Nicht-Seiende zu denken ist etwas Anderes und für viele Menschen nicht interessant, aber es zu erleben, ist etwas Anderes. Es kann die die Erfahrung sein, dass etwas sich verändert oder verändert hat wie ein Mensch, den man viele Jahre nicht gesehen hat oder dass etwas auf etwas verweist, das vage, unbestimmt, unbegrenzt und vielleicht unbestimmbar oder unbegrenzbar ist, „etwas", das nicht im üblichen Sinne existiert, an einem Ort, einer Stelle, zu einer Zeit wie das Licht oder die Zeit. Dieses Nicht-Fassliche kann eine Abschattung sein (wie ein Rand, ein Sich-Verlieren, die Weite, der Horizont) oder es kann als Geheimnis erscheinen (wie der Tod, die eigene Subjektivität, ein Du, eine fremde Welt), es kann die vertrauten Maßstäbe sprengen und dadurch unfasslich sein (das Erhabene, alles, was uns staunen macht). Es muss keine angenehme, es kann auch eine auf bedrohliche, vereinsamende, sehnsüchtige Weise erschütternde Erfahrung sein wie sie Heinrich von Kleist angesichts des Bildes „Mönch am Meer" von Caspar David Friedrich schildert (in der rechten Spalte). Es muss auch kein starkes Bild und nicht die Natur sein, man muss nicht suchend und spirituell ratlos sein wie Kleist, Wer kennt nicht das Gefühl, sich fremd in einer Gemeinschaft oder mit einem vertrauten Menschen plötzlich einsam zu fühle. Oder auf einer Reise an einem Ort oder in einem Hotelzimmer anzukommen und zu fragen: „Was mache ich hier? Wie bin ich hierher geraten? Kann mir jemand sagen, was das hier soll?" In Einsamkeit, in lebenskritischen Situationen, in der Nacht, in fremden Welten kann das Grauen aufscheinen, das auch Kleist mit seiner Metapher der Augen ohne Lider hervorruft.

Zeitlosigkeit

Ein Leitmotiv spiritueller Erfahrungen scheint mir das Gefühl der Zeitlosigkeit zu sein. Wenn Menschen von ihren spirituellen Erfahrungen berichten, fällt immer wieder eine Formulierung: „Und plötzlich stand die Zeit still." Wenn ich das Gefühl habe, dass die Zeit – so wie ich sie kenne – keine Rolle mehr spielt, dass meine eigene kurze Verweildauer auf der Erde weder kurz noch lang ist, dass diese Gegenwart für sich steht, dann weiß ich, dass auch alle anderen Themen, die mich sonst beschäftigen, ihren Platz verlassen haben. Dieser Erlebniswandel tritt von einer Sekunde auf die andere ein und er ist eindeutig. Der Anlass kann minimal sein, aber er ist nicht beliebig. Es geschieht, wenn ich etwas sehe, was eine Dauer ausstrahlt, oder wenn ich einen neuen Platz eingenommen und plötzlich das Gefühl habe, dort „angekommen" zu sein, wenn mich ein Erlebnis ausfüllt, so ausfüllt, dass es auch dieses Lebensgefühl der Zeitlosigkeit hervorbringt, die Tür dazu aufstößt. Da Zeitlosigkeit eine typische und wesentliche Erfahrung ist, die durch die Haltung der Achtsamkeit entstehen kann, habe ich sie ausführlich in Kapitel 6 „Die Zeiterfahrung der Achtsamkeit" beschrieben. Ich erwähne sie aber hier, weil sie quasi ein Indikator für eine spirituelle Erfahrung ist, kein ausreichender, vielleicht kein notwendiger, aber ein recht zuverlässiger. Dabei ist „Zeitlosigkeit" ein zu einfaches Wort, es weist nur darauf hin, dass die gewohnten Zeiterfahrungen verblassen. Zeitlosigkeit kann auftreten als „Alles steht still", aber auch als „Alles fließt": Das Ziehen der Wolken, das Fließen des Wassers, ein Musikstück oder der Austausch von Berührungen, ein Tanz, ein Gespräch, das Wandern. Hier geschehen keine absoluten Nivellierungen der Zeit, es tritt keine einfache endlose Dauer eines zeitlich unstrukturierten Moments ein, wie es manchmal dargestellt wird. Solche Entdifferenzierungen sind nicht notwendig. Auch wenn der differenzierte Kontakt zur Wirklichkeit und zu sich selbst erhalten bleibt, kann sich das Gefühl der Zeitlosigkeit ergeben. Das Geschehen, die Empfangsbereitschaft und das Zwischen lassen die Begegnung zwischen mir und der Welt den Vordergrund ausfüllen und die sozialen, metrischen und modalen Zeiterfahrungen treten in den Hintergrund. In Zen-Gärten wird dies sehr schön symbolisiert, indem der unbewegliche Sand die Wellenbewegung des Ozeans darstellt.

Der Schritt über die alltäglichen Zeiterfahrungen der Sorge, der Angst, der Not, des Getriebenseins, des Zweifels, der Sinnlosigkeit, aber auch des Glücks, der Liebe, des Erfolgs, der Anerkennung, der Gemeinschaft usw. hinaus in einen Raum der Zeitlosigkeit scheint mir eine große Hilfe im Umgang mit dem Sterben. Er scheint oft spontan zu geschehen, wenn das Sterben sehr nah ist, er wird vorweggenommen in dem religiösen Glauben an ein ewiges Leben nach dem Tod. Aber auch mitten im Leben ist es möglich, aus dem Gefängnis irdischer Zeiterfahrungen, wie sie mit all den Sorgen und Bedrängnissen verbunden sind, auszubrechen. Wenn wir uns der existenziellen Tragweite, der Universalisierbarkeit dieser Erfahrungen bewusst sind, werden sie spirituell.

„[D]ie Musik durchdrang seine Nerven mit leisen Schauern, und ließ, so wie sie wechselte, mannigfache Bilder vor ihm aufsteigen. [...] Tausend schlafende Empfindungen in seinem Busen wurden losgerissen und bewegten sich wunderbar durcheinander. Ja bei manchen Stellen der Musik endlich schien ein besonderer Lichtstrahl in seine Seele zu fallen; es war ihm, als wenn er dabei auf einmal weit klüger würde und mit helleren Augen und einer gewissen erhabenen und ruhigen Wehmut auf die ganze wimmelnde Welt herabsähe."

W. H. Wackenroder 1797, in Fischer 1998, S. 77

Musik

Musik existiert nur als kreatives Produkt und als Kooperation zwischen Musiker:innen, Instrumenten, Räumen und Zuhörer:innen und vielem anderen. Musikalisch wird sozusagen eine eigene Welt erschaffen und in dieser Welt entstehen mit den musikalischen Strukturen Bedeutungen und Gefühle, die wir sonst in dieser Weise nicht kennen. Musik hat ihre eigene Logik, eine eigene Flüchtigkeit und ihre eigene Form der Symbolik. Sie kann etwas ausdrücken und darstellen (Gefühle, Landschaften, Spannung, Erregung), aber nur, weil sie ein Teil von dem ist, was sie symbolisiert, und ähnliche szenische, vor allem dynamische Eigenschaften hat (Langer 1992 [1942], 1957; Huppertz 2003). Das macht sie zu einem wichtigen Element von Szenen (Feste, Theater, Film), aber auch von „szenischer Spiritualität". Sie schafft eine Welt und transformiert die Menschen, die sich auf sie einlassen.

Wir legen emotionale und existenzielle Erlebnisse nicht in die Musik, sondern sie erzeugt sie gemeinsam mit uns. Musik ist flüchtig wie eine Reise, sie ist ein Geschehen. Sie kann nur als Phänomen des Zwischen verortet werden und existiert in einem vollständigen Sinne nur, wenn und sofern sie von Hörer:innen oder Musiker:innen zum Leben erweckt wird. Musik ist ein szenisches Objekt par excellence. Sie kann vertraute und ungewöhnliche, neue Gefühle erzeugen und Gefühlen, Stimmungen, Atmosphären eine besondere Wendung geben. Dadurch und durch ihre spezifische Form von Unwirklichkeit ist sie prädestiniert dazu, auch spirituelle Gefühle zu erzeugen.
Das ist oft bemerkt worden und wurde auch immer wieder mit den

geschilderten Eigenschaften in Verbindung gebracht (Fischer 1998; Lampe 2016). Musik wird oft als „nicht ganz von dieser Welt" erlebt. Nun ist es aber so, dass es Musik gibt, die auf viele Menschen spirituell wirkt, und Musik, bei der kaum jemand auf die Idee käme, sie als spirituell zu beschreiben. Wenn Musik mit einem sakralen Text oder Kontext verbunden ist, ist es naheliegend. Aber weder der Text noch ein bestimmtes Genre sind für eine spirituelle Wirkung zwingend notwendig. Interessanterweise wird aber selten gefragt und untersucht, welche Eigenschaften denn einer Musik eine spirituelle Wirkung geben und welche nicht. Diese Dimension wird immer der Musik überhaupt zugeschrieben. Aber da es Musik gibt, die nicht spirituell anmutet, kann es so einfach nicht sein.

Ich möchte also verstehen, warum ich manche nicht sakrale Musik so deutlich als spirituell erlebe. Ich bin zu wenig musikwissenschaftlich gebildet, um das genauer analysieren zu können, aber ich denke, dass dieses Erleben bei mir, aber wohl nicht nur bei mir auftritt, wenn

- die Musik einen ostinaten Charakter, also viele strukturelle Wiederholungen hat und dadurch einen Eindruck der Zeitlosigkeit erzeugt;
- sie mehr auf Klang setzt als auf Erzählung und deshalb die melodischen Elemente einfach oder von der Anlage her endlos sind und nicht den narrativen Charakter eines Liedes oder einer Arie haben;
- sie eine Breite des Klangs aufweist;
- sie große dynamische und sonstige Sprünge scheut und sich langsam verschiebt;
- der Rhythmus gleichförmig oder unbestimmt ist;
- und Dynamik etwas Vages, Andeutendes, Unabgeschlossenes, Schwebendes hat;
- etwas irritierend Unvertrautes hat;
- sie Passagen hat, die heller, weicher und vertikal gerichtet sind, entweder sich nach oben bewegend oder herabsteigend;
- sie nicht strikt einer musikalischen Form folgt (der Struktur eines symphonischen Satzes, einer Fuge etc.);

„Die Musik vermittelt uns ontologische Botschaften, denen die musiklose Kritik unmöglich widersprechen kann, wenn sie auch darüber lachen mag, daß wir so verrückt sind, sie ernst zu nehmen. Es gibt eine Grauzone des Geistes, die von diesen Dingen heimgesucht wird; und ein Geflüster von dort vermischt sich mit den Operationen unseres Verstandes, so wie die Wasser des endlosen Ozeans ihre Wellen aussenden, damit sie sich zwischen den Steinen brechen, die an unseren Stränden liegen."

W. James 1997 [1901/02], S. 417

- sie einfach und nicht virtuos ist, aber ausreichend komplex, um ein Staunen hervorzurufen, dass sie existiert;
- sie nicht einfache, vertraute und eindeutige Gefühle darstellt, sondern eine komplexe gemischte Stimmung aus Ernst, Staunen, Überraschung, Leichtigkeit, Trauer, Friede, Ruhe, Freude, aber auch Unerfülltheit und Sehnsucht erzeugt, natürlich nicht alles gleichzeitig und in gleichem Maße.

Dürfte ich nur ein Musikstück erwähnen, um einige dieser Eigenschaften zu demonstrieren, so würde ich ein Klavierstück von Robert Schumann wählen: „Warum?“ (aus den „Phantasiestücken“, Op. 12, Nr. 3) – in der Interpretation von Swjatoslaw Richter. Die Interpretation erwähne ich nicht, weil ich besonders wählerisch erscheinen will, sondern weil es tatsächlich wichtig ist, wie ein solches Stück interpretiert wird. Es gibt viele Interpretationen des kurzen Stücks und es lohnt sich, sie zu vergleichen. Fast alle anderen Pianist:innen, die ich mir angehört habe, spielen es für mich säkularer. Es ist wichtig, ob die Pianist:in das Stück spirituell interpretiert. Richter spielt eine unbeantwortbare Frage, einen steten Anlauf, der zu nichts führt, es aber dabei lässt. Er lässt das Stück ohne wesentliche Dynamik fortklingen. Es geht ihm wirklich um die Frage als solche, die in der musikalischen Gestaltung eine Antwort findet, ohne zu verschwinden.

Bewegung

Welche Bewegungen können eine meditative Wirkung haben?

Ich habe andernorts (Huppertz 2009) dargestellt, wie sehr die Praxis des Aikido meinen persönlichen spirituellen Weg geprägt hat. Das Erleben, dass es möglich ist, einen Angriff nicht durch einen Gegenangriff zu beantworten, sondern durch eine aufmerksame und zeitlich genau passende Lenkung der Bewegung ins Nichts, zeigte mir eine Handlungsweise, die überraschend, verblüffend, befreiend, erheiternd, von großer Gelassenheit, Verbundenheit und Leichtigkeit geprägt ist. Natürlich wusste ich, dass diese Kampfkunst von dem alten chinesischen Denken und in der Folge vom Zenbuddhismus geprägt war und wir starteten unser Training auch stets mit einer Atemmeditation. Der stärkste Eindruck war aber die Art und Weise der Bewegung selbst, vor allem wenn man einem oder einer guten Aikidoka begegnete oder versuchte, ihn oder sie anzugreifen. Ein kurzer Moment der Verwirrung, weil die Absicht nicht mehr funktionierte und von der Gegnerin nichts mehr zu sehen war, und man fand sich auf dem Boden wieder. Wie nichtig das Vorhaben, wie illusorisch das Gegeneinander! Natürlich war das nicht wirklich „leicht" und ich habe es nie zu einer Meisterschaft gebracht (abgesehen davon, dass meine Gruppe nichts von solchen Graduierungen hielt, was mich ebenfalls beeindruckt hat). Aber es konnte nur funktionieren, wenn es sich leicht anfühlte und leicht aussah.

Es gibt zahlreiche Beispiele, dass Bewegungsformen eine spirituelle Bedeutung haben können, wenn der Kontext dies unterstützt und ein Mensch dafür empfänglich ist: Kampfkünste, inklusive Tai Chi, Bogenschießen, Kinhin (langsames meditatives Schreiten), Prozessionen, der Einzug von Mönchen oder Nonnen in eine Vesper (Abendgebet), Formen des Pilgerns (z. B. mit ständigen Niederwerfungen oder in Form von zwei Schritten vor/ein Schritt zurück), das Umkreisen der Kabbala, Sufi-Tanz, meditativer Tanz wie z. B. das „5 Rhythmen"-Tanzen, aktive Meditationen, rituelle Niederwerfungen im Islam oder im Buddhismus, das „Schockeln" (Schaukeln) beim jüdischen Gebet, Yoga, tantrische Sexualität, rituelles Zubereiten eines Tees und andere Rituale.

Aber manchmal laden Bewegungen auch außerhalb spiritueller Kontexte zu spirituellen Erfahrungen ein: Gartenarbeit, pflegende Zuwendung, intensive und emotionale Sexualität, Paar- und Ausdruckstanz, lange Wanderungen, Extremsport, langsames Gehen, Verweilen, konzentriertes Gestalten, Miteinander-Sein, aber auch ekstatische, spontane, besonders lebendige und weite Bewegungen.

Gibt es Ähnlichkeiten in diesen Bewegungen, gibt es etwas Strukturelles, das eine spirituelle Erfahrung befördert und nicht nur darin besteht, dass sie spirituell gemeint sind? Was tragen die Bewegungen selbst zu den Szenarien der Spiritualität bei?

Wie immer ist es bei solchen Typisierungen nicht so, dass alle Merkmale erfüllt sein müssen, und manche können sich im Einzelfall widersprechen. Ich denke, die entscheidenden Elemente sind folgende:

- Eine intrinsische Absichtslosigkeit: Auch wenn die Bewegungen ein Ziel verfolgen (Verteidigung, Einsicht, Fürbitte, Zuwendung, Einlösung eines Gelübdes), so können sie doch im Vergleich zu „normalen" Bewegungen ineffektiv sein (sie müssen es nicht). Wenn man in Tibet einen Berg besteigen will, wirft man sich normalerweise nicht ständig auf den Boden und es „bringt nicht viel", sich ständig im Kreis zu drehen. Flach auf dem Bauch liegend ist man nicht handlungsfähig, wenn man kniet, kann man sich schlecht wehren, gefaltete Hände sind nicht reaktionsfähig, ein gesenkter Kopf überschaut nicht die Situation, Wiederholungen bringen nichts Neues etc..
- Sie sind ungewöhnlich und überraschend (Schockeln, Niederwerfungen, Meditationen mit Bewegung und Musik, Yoga).
- Die Bewegungen wirken stabil.
- Können: Bewegungen muten nur dann spirituell an, wenn die Aufmerksamkeit des Sich-Bewegenden offensichtlich nicht bei ihrer technischen Seite liegt, auch wenn sie anstrengend oder schwierig sind.
- Veränderte Zeitlichkeit: Am häufigsten findet sie sich in Form von Verlangsamung (Formen des Schreitens, Prozessionen, rituelle Handlungen, Tai Chi, tantrische Sexualität, Pilgern) und Wiederholungen, manchmal aber auch in einer kunstvollen (Sufi-Tanz), blitzartigen (Karate, Judo) oder dauerhaften ungewöhnlichen Schnelligkeit (schnelles Schockeln, Schütteln, Atmen in aktiven Meditationen, Formen meditativen Tanzes) oder in einer Kombination von Langsamkeit und Schnelligkeit (Bogenschießen, Kendo, Katas).
- Bewusstheit und Autonomie: Die Bewegungen werden bewusst ausgeführt und wirken so, als würde der Ausführende sie kontrollieren und jederzeit beenden können. Sie strahlen bei aller kontextuellen Einbettung Unabhängigkeit, Freiwilligkeit, Innerlichkeit und Sammlung aus. Diese Eigenschaften zeigen sich in einer Sparsamkeit der Bewegungen selbst, unterscheiden aber z. B. das meditative langsame Gehen von dem langsamen, gebeugten Gehen, das wir manchmal bei

depressiven Menschen finden, und meditative Wiederholungen von zwanghaften Wiederholungen, die der Abwehr von Angst dienen.

- Weite und Offenheit: Die meisten der spirituell anmutenden Bewegungen haben Elemente von Expansion und Offenheit (asiatische Kampfkünste, Prozessionen, Pilgern, meditativer Tanz, aktive Meditationen).

Grenzsituationen

Begegnungen mit Geburten, Krankheiten, Sterben, Beerdigungen eröffnen bei vielen Menschen eine spirituelle Dimension. Solche Situationen weisen über das alltägliche Leben hinaus und werfen Fragen nach Werden und Vergehen, dem Vorher und Nachher des Lebens, dem Wichtigen und Unwichtigen, dem Sinn des Lebens auf. Sie machen Alleinsein spürbar, die Verbundenheit mit der konkreten Gemeinschaft, die betroffen ist, aber auch mit der Gemeinschaft der Menschen überhaupt, die existenzielle Herausforderungen miteinander teilen. Sie werfen die Frage aller spirituellen Fragen an das eigene Leben auf: „Ist das alles?"

Der Umgang mit Grenzsituationen, insbesondere mit dem unheilbaren Leiden und dem Sterben, sind Gegenstände der Forschungsrichtung „Spiritual Care" (Frick, Boothe 2017; Frick, Hilpert 2020). Sie beschäftigt sich mit der Bedeutung der Spiritualität für die Gesundheit, und vor allem mit der praktischen Frage, wie Mitarbeiter:innen in psychosozialen Berufen in solchen „Grenzsituationen" präsent sein und auf die spirituellen und religiösen Anliegen der Patient:innen und Klient:innen eingehen können. Da spirituelle Themen nicht mehr selbstverständlich in Gesprächen und Ritualen behandelt werden, nur noch wenige Menschen in unserer Kultur aktiv religiös sind und die kulturelle Vielfalt in unserer Gesellschaft auch die Begegnung mit anderen Religionen ermöglicht, ist es eine Herausforderung für die Mitarbeiter:innen, sich spirituellen Fragen in Grenzsituationen zu stellen, sich auf diesem Gebiet ausreichend sicher zu fühlen und mit den verschiedensten Menschen in einen hilfreichen Kontakt und ein ausreichend glückendes Gespräch zu kommen.

Am Anfang des Lebens gibt es eine weniger naheliegende, aber für mich interessante Grenzsituation: die Begegnung mit Neugeborenen und Säuglingen. Neugeborene und Kleinkinder bis zum Erwerb des Sprechens haben etwas Erstaunliches. Sie sind fremdartig in ihrem Erleben und wundersam in ihrem Potenzial und ihrem unfreiwilligen Mut, sich auf die Welt einzulassen. Sie strahlen immer wieder eine Freude und einen Frieden aus, der nicht von dieser Welt zu sein scheint. Meine damalige Frau und ich haben Stunden damit zugebracht, unserem ersten Kind zuzuschauen wie es schläft und lächelt. Wir wurden wiederum dafür belächelt und so wurde das Lächeln herumgereicht. Es war für mich die erste wirkliche Begegnung mit einem Säugling. Ein Baby bringt etwas einzigartig Neues in die Welt, weil es nicht nur da ist, sondern auch die Welt auf eine einzigartige, nämlich seine Weise erlebt und beginnt, sie auf einer Reise zu durchqueren. Eine lange Zukunft liegt wahrscheinlich vor ihm, von der wir nur einen Teil miterleben werden. Und es beginnt diese abenteuerliche Reise mit einer erstaunlichen Gelassenheit, jedenfalls manchmal, und das „Manchmal" ist erstaunlich genug. Es wird mit Vertrauen geboren und sein Vertrauen wirkt segensreich auf mein mühsam erworbenes Misstrauen.

Ich denke, was uns darüber hinaus bei Babys ins Staunen bringen kann, ist die Beziehung, die wir zu ihnen haben. Wir kommunizieren, aber wir reden nicht miteinander. Ich kann ihm zwar alles Mögliche erzählen, aber es kommt nicht so darauf an, nichts davon wird infrage gestellt, es interessiert sich für das Wie meiner Rede. Wir sehen, wie das Baby reagiert, und spielen mit ihm mit Blicken, Geräuschen, Berührungen, Pusten, Kitzeln, Lachen, Grimassieren und wir schweigen miteinander. Dadurch bleibt vieles offen von beiden Seiten: was wir meinen, was als Nächstes kommt. Außer in der körperlichen Liebe ist es schwer, mit Erwachsenen auf die gleiche lebendige, freie, lustvolle und manchmal lustige Weise zu kommunizieren. Widersprüchliche und unklare Kommunikation ist unter Erwachsenen auf wenige Situationen beschränkt und selten angesehen (s. Kap. 9, Achtsame Kommunikation). Mit Babys ist sie Alltag. Neben der Erlaubnis, die Semantik der Kommunikation vergessen zu dürfen, ist es auch die Absichtslosigkeit in der Kommunikation, die uns befreit und ahnen lässt, dass noch andere Formen der Zwischenmenschlichkeit und eine andere Seinsweise möglich sind.

Sexualität

Wie wichtig ist die Sexualität für die meisten von uns und wie selten wird darüber im Kontext der Achtsamkeit und der Spiritualität gesprochen! Das ist schade. Wenn wir uns nicht über die Möglichkeiten der Sexualität austauschen, überlassen wir den gängigen Bildern das Feld. Darstellungen der Sexualität sind auch außerhalb der Pornografie ernüchternd. Sie sind mit wenigen Ausnahmen von Hast, Gier, Zielstrebigkeit, Aktivismus und Eitelkeit geprägt, wenn sie nicht ohnehin in einem gewaltsamen Kontext stehen. Sexuelle Annäherungen werden oft wie Überfälle dargestellt. Man hat das Gefühl, dass die Beteiligten rasch voneinander Besitz ergreifen müssen, bevor der andere es sich anders überlegt, dass ein Damm bricht und die Beteiligten mitreißt oder dass zwei Menschen die Flucht nach vorne antreten. Die Liebenden scheinen keine Zeit zu haben, wahrzunehmen, wer denn da wie mit ihnen unterwegs ist, sie scheinen etwas erledigen zu müssen. Der „genitale Ernst" verdirbt jedes Spiel. Ich bedaure diese konventionellen Darstellungen sehr, weil sie nicht zur Liebe einladen und Erwachsenen und vor allem Kindern ein trauriges, stressiges und kunstloses Bild von dem vermitteln, was man doch gerne als „Liebesspiel" bezeichnen würde. Von der Pornografie erwarten wir nicht mehr, aber die verzerrte Darstellung der Sexualität und ihrer Möglichkeiten in Film und Fernsehen ist ein Skandal, den niemand anspricht, vielleicht weil niemand als prüde belächelt werden will. Dabei wäre eine liebevolle Darstellung von Sexualität gerade nicht prüde, sie würde ihr mehr Aufmerksamkeit, Genauigkeit, Zeit und künstlerische Fertigkeiten schenken.

Natürlich sind es die Lust und die Intensität der Empfindungen, die Schönheit, die die Augen und die Hände vermitteln können, das Gefühl, geliebt und beglückt zu werden und Liebe und Glück schenken zu können, die sexuelle Begegnungen so begehrenswert machen. Sicher auch die Komponenten von Rausch und Entspannung. Aber all

Ein Liebeslied

An ihn

Komm zu mir in
der Nacht – wir
schlafen eng
verschlungen.
Müde bin ich
sehr, vom Wachen
einsam.

Ein fremder Vogel
hat in dunkler
Frühe schon
gesungen,
Als noch mein
Traum mit sich und
mir gerungen.

Es öffnen Blumen
sich vor allen
Quellen
und färben sich
mit deiner Augen
Immortellen.

Komm zu mir in der
Nacht auf Sieben-
sternenschuhen
In Liebe eingehüllt
spät in mein Zelt.
Es steigen Monde
aus verstaubten
Himmelstruhen.

Wir wollen wie
zwei seltene Tiere
liebesruhen
Im hohen Rohre
hinter dieser Welt.

E. Lasker-Schüler
2016 [1943], S. 303

das hat nicht die gleiche Bedeutung wie das Zusammenspiel, wenn es in all dem Treiben zur Ruhe kommt, gleichförmig dahinfließt, ohne Ziel, ohne Steigerung, ohne Getriebensein, ohne Ehrgeiz, Zweifel und besondere Einfälle, ja manchmal sogar in der Unbewegtheit. Viele Aspekte der Achtsamkeit lassen sich in der sexuellen Begegnung verwirklichen, darunter auch die spirituellen, vielleicht nicht beim ersten Mal, aber wenn es dazu kommt, dann trägt uns die Hingabe an das Spiel und an die oder den Geliebten über die alltägliche Raumzeit hinaus und erlaubt es uns, unsere alltäglichen Formen des Selbst hinter uns zu lassen.

Angel Flying Too Close to the Ground

If you had not've
fallen
Then I would not've
found you
Angel flying
too close to the
ground.
And I patched up
your broken wing
And hung around
a while
Trying to keep your
spirits up
And your fever
down.
I knew someday
you would fly away
For love's the
greatest healer to
be found
So leave me if you
need to
I will still
remember
Angel flying
too close to the
ground.

Songtext
Willie Nelson

Altruismus

Wir empfinden Babys gegenüber eine spontane Fürsorglichkeit, die uns verändert. Unsere Interessen scheinen für einen Moment außer Kraft gesetzt. Altruismus und Großzügigkeit in jeder Form geben mir aber generell einen Einblick in eine Welt, die nach anderen Gesetzen funktioniert oder einfach keine Gesetze nötig hat. Dabei kann es sich um materielle Großzügigkeit handeln, aber auch um eine kommunikative und moralische, ein authentisches Über-etwas-Hinwegsehen, eine hilfreiche Vergesslichkeit, ein Ohr für das, was der Andere wirklich auszudrücken versucht (s. Kap. 13, Altruismus). Großzügigkeit, Altruismus und auch Dankbarkeit sind zwischenmenschliche Phänomene, die zeigen, dass eine szenische und nicht nur eine egozentrische Perspektive möglich ist. Die szenische Betrachtung erweitert unser Selbst und kann nicht nur zu einer existenziell bedeutsamen, sondern auch zu einer spirituellen Erfahrung werden. Altruismus hilft nicht nur den anderen, sondern befreit auch unsere Gedanken und Gefühle aus einem Käfig, der ihnen als die Welt erscheint, obwohl sie letztlich nur sorgenvoll um sich selbst kreisen.

Altruismus kann nur durch Verbundenheit und Empathie gelingen. „Shape of Water" („Das Flüstern des Wassers", Guillermo del Toro, 2017) ist ein Film über die allgegenwärtige Verbundenheit, die ihren positiven Ausdruck in Mitgefühl, Solidarität und erotischer Liebe finden kann. Die Verbundenheit wird dabei auf die nicht-menschliche Welt ausgedehnt – als politischer Kampf, als Befreiung eines anderen

Wesens, das zugleich ein menschenähnlicher Liebespartner ist und für die gequälte und ausgebeutete Natur steht. Diese Befreiung ist zugleich eine Selbstbefreiung der Heldinnen. Das Wasser ist das Medium, das auf berauschende Weise durchgehend in dem Film präsent ist. Es ermöglicht – selbst gestaltlos – dem rätselhaften Fischmenschen und Elisa, die so unterschiedlichen Natur-, Kultur- und Körperwelten erwachsen sind, die Existenz und schließlich die Liebe. Das Wasser ist die Metapher der allgegenwärtigen Möglichkeit der Verbundenheit und entwickelt sich schließlich zu einem spirituellen Medium. Guillermo del Toro, der Regisseur, lässt den Film in der „Himmelfahrt" des Liebespaares enden, die natürlich nicht in der Luft, sondern im Wasser stattfindet. Am Ende des Films zitiert der Erzähler aus dem Off ein Gedicht, das sich eigentlich auf eine Gotteserfahrung bezieht. Es handelt sich um Zeilen von Hakim Sanai (1080–1131), einem afghanischen Dichter der Sufi-Tradition: „Unable to perceive the shape of you, I find you all around me. Your presence fills my eyes with your love. It humbles my heart, for you are everywhere."

So weit mein Streifzug durch das Gelände sinnlicher spiritueller Erfahrungen. Zwei wesentliche Quellen habe ich ausgelassen: Das In-der-Natur-Sein ist für mich wie für viele Menschen eine reiche Quelle spiritueller Erfahrungen. Wenn ich Menschen nach ihren spirituellen Erfahrungen befrage, so werden sie neben Grenzsituationen wie Geburt, Krankheit und Tod am häufigsten genannt. Man sollte für solche Erfahrungen in der Natur verweilen und mit ihr in Kontakt gehen. Da ich an anderer Stelle sehr ausführlich auf die Themen „spirituelle Erfahrungen in der Natur", „Erhabenheit der Natur" und ähnliche eingegangen bin, möchte ich hier nur auf diese Darstellung verweisen (Huppertz, Schatanek 2021). Das andere Thema, das ich ausgelassen habe, ist die Liebe. Es ist mir zu unklar und zu schillernd.

Ein anderer Mensch würde über Pflanzen schreiben, über das Singen im Chor, über Fliegen oder Tauchen, über Mantren oder meditativen Tanz, über Riten oder Liturgien, Expeditionen auf Berge oder in Höhlen. Die Szenen, die ich in diesem Abschnitt skizziert habe, sind teilweise von meiner Person geprägt. Es ist eine subjektive, willkürliche und ganz und gar unvollständige Auswahl, „to be continued".

Meditation

Kann man „Meditation" genauer definieren?

Ob jemand meditiert oder nicht, kann man nicht sehen. Man kann es nicht an dem erkennen, was ein Mensch gerade tut, man muss wissen, wie er es erlebt, einordnet, interpretiert. Er kann meditieren, wenn er still sitzt, an Blumen schnuppert, tanzt, arbeitet, liest oder spricht. Achtsamkeitsübungen im Alltag können kleine Meditationen sein. Ich schlage aber vor, nur dann von „Meditation" oder „meditativ" zu sprechen, wenn ein spirituelles Ziel verfolgt wird. Meditation ist also eine Übungspraxis mit dem Ziel spiritueller Erfahrungen. Damit bewege ich mich in der Tradition des Meditationsbegriffs (Baier 2009) und distanziere mich von dem inflationären Gebrauch des Begriffs für einfache Imaginationen, Körperreisen oder gar „Meditationsbecken", womit Schwimmbecken mit farbigen Lichtspielen und Unterwassermusik gemeint sind.

Warum sollte ich meditieren?

Natürlich kommt es auch bei achtsamkeitsbasierten Meditationen nicht darauf an, während der Praxis das Ziel spiritueller Erfahrungen vor Augen zu haben (s. Absichtslosigkeit, in Kap. 2). Gerade die Absichtslosigkeit in Form einer völligen Öffnung und Hingabe wird in Meditationsdarstellungen und -anleitungen, sei es im Zenbuddhismus, bei Meister Eckhart, im Quietismus, im Tanz der Sufis, in vielen Gebeten und Ritualen, vorgeschlagen und praktiziert. Spirituelle Erfahrungen zu suchen bedeutet, die Beschränkungen der Erfahrung und des Erlebens, die durch unsere existenziellen Muster im Alltag vorgegeben sind, überschreiten zu wollen (s. o.). Spirituelle Praktiken wie Meditationen zielen über die Ziele der Gesundheit, des Wohlbefindens oder des lebensklugen Verhaltens hinaus, können aber unter Umständen dazu beitragen, sie zu erreichen.

Da spirituelle Ziele etwas schwerer zu erreichen sind als Wohlbefinden oder Verbesserungen der Gesundheit, werden Meditationen eher häufiger, regelmäßiger und länger durchgeführt als andere Achtsamkeitspraktiken. Aber das ist ein unzuverlässiges Kriterium und die Übergänge sind fließend und unberechenbar. Auch informelle Achtsamkeit kann meditativ sein, und ein häufiges kurzes Eintauchen in die Haltung der Achtsamkeit kann wirkungsvoller sein als lange tägliche Übungen. Es kommt wie immer darauf an, was für wen passt, was für ein Verständnis man hat, ob man einen geradlinigen Weg geht oder Umwege usw. Es gibt Berichte von Menschen, die über Jahre sehr viel Zeit und Energie aufgewendet haben, um wesentliche spirituelle Erfahrungen zu machen, und andere haben sie ohne Anlauf bei einer passenden Gelegenheit erreicht. Das mag an biografischen Erfahrungen, guten Gelegenheiten, existenziellen Erschütterungen und auch Zufall liegen.

Müssen Meditationen lange dauern?

Das stille Sitzen steht für viele Menschen für Meditation überhaupt, der meditierende Buddha ist ikonografisch für Meditation, ihr Sinnbild. Tatsächlich hat Buddha das stille Sitzen, so wie es zu seiner Zeit üblich war und bereits in den „Upanishaden" beschrieben wurde, praktiziert – mit der Wendung der Aufmerksamkeit nach innen, Wahrnehmung des Körpers, des Atems und der mentalen Prozesse. Die Vorstellungen galt es kommen und gehen zu lassen, nicht an ihnen festzuhalten und sich von ihnen zu distanzieren. Sie sollten als Konstrukte durchschaut werden und zu einer Befreiung von allen Wünschen, Vorstellungen, Narrativen des Selbst etc. führen. So wird auch heute in der Regel das stille Sitzen praktiziert, sofern nicht weitere Aufgaben wie Koans (unlösbare Denkaufgaben) oder Imaginationen hinzukommen. Diese Meditationspraktiken führen oft zunächst zu einer Verstärkung innerer Prozesse, aber durch die Konfrontation mit diesen Phänomenen soll der Prozess als Überwindung und Befreiung vorangetrieben werden.

Stören Bewegungen bei der Meditation?

Auch wenn in den buddhistischen Strömungen im Allgemeinen die Praxis der Meditation keine große Rolle spielt, so gibt es doch einzelne Bewegungen, die sie in den Vordergrund rücken, und diese sind es, die im Westen besonderen Eindruck machen. In der buddhistischen Lehre spielt die Meditation als Schritt des achtfachen Pfades eine zen-

Was ist der Unterschied zwischen Achtsamkeitsübungen und Meditation?

trale Rolle, die über die einfache Achtsamkeit (den vorletzten Schritt) hinausgeht. Sie ist der letzte Schritt zur Erlösung von irdischen Verhaftungen. Aber als solche ist sie nur sinnvoll, wenn man sich alle anderen Schritte, die im Wesentlichen moralische sind, mitdenkt und den achtfachen Pfad nicht hierarchisch, sondern zirkulär auffasst (Gäng 1996). Ohne Ethik keine Meditation und umgekehrt. Aber auch wenn Meditation keine endgültige Abwendung von der Wirklichkeit bedeuten sollte, blieb sie doch zunächst an die damalige Praxis der Introspektion gebunden. Auch Buddha saß der Legende nach jahrelang still unter einem Baum, auch wenn er erst dadurch seinen eigenen Weg fand, dass er von einem Mädchen, das vorbeikam, etwas zu essen annahm, also dem Kontakt und dem Körper größere Bedeutung beimaß.

Meditieren verbinde ich mit stillem Sitzen und einer Wendung meiner Aufmerksamkeit nach innen.

Die Idee der Dekonstruktion findet sich auch in der anderen alten Meditationstradition, die in China entstanden ist und gewöhnlich als „taoistisch" bezeichnet wird, was ähnlich grob ist wie der Ausdruck „buddhistisch". Aber dem chinesischen Denken ist eine Trennung von Körper und Seele, eine Isolierung und Ermächtigung des Subjekts, eine Abtrennung des Denkens und Wahrnehmens vom Handeln und eine Bevorzugung des Wegs nach innen fremd. Das Handeln wird sehr viel stärker in das Nicht-Handeln, das Können (s. Kap. 13, Können) und die Eigenlogik von Situationen eingebettet, als wir es westlichen Traditionen folgend gewohnt sind. Taoistische Texte haben bei aller Dekonstruktion der bloß äußerlichen Normen, Regeln und Prinzipien einen handlungsorientierten, beratenden Charakter. Im Zenbuddhismus, der in China entstanden ist und der die Traditionen des Buddhismus und des Taoismus verbindet, finden sich denn auch eine Vielzahl aktiver und weltbezogener Praktiken, die ebenfalls einen gestaltenden Charakter haben (Arbeit, Teekunst, Gartengestaltung, Kalligrafie, Dichtkunst, Kampfkunst etc.).

Was sind „aktive Meditationen"?

In anderen Traditionen der Meditation waren aktive, extrovertierte Formen immer schon präsent: Tanz (bei den Sufis), Mantras und Mandalas in tantrischen Traditionen, Gesang und Gebet in christlichen Traditionen, Imaginationen im orthodoxen Christentum, Bewegung, vertiefte Atmung und sexuelle Praktiken im Neotantra, um nur einige zu nennen. Es gibt auch spirituell orientierte Achtsamkeitspraktiken, die einen besonderen gegenständlichen Bezug haben. Ich behandle sie unter dem Stichwort „Kontemplation“ (Kap. 3)

Erleuchtung

Was ist Erleuchtung? Kann man überhaupt erleuchtet sein? Oder ist das nur Einbildung?

Für manche Menschen ist die Achtsamkeitspraxis mit dem Ziel der Erleuchtung verbunden. Das gilt für diejenigen, die sich in bestimmten spirituellen Traditionen wie dem Zenbuddhismus bewegen, wesentlich mehr als für viele andere, die sich eher für Gesundheit oder Wohlbefinden interessieren. Mir selbst scheint das Streben nach Erleuchtung ein sinnvolles Unterfangen, weil es die Achtsamkeit konsequent zu Ende denkt. Das bedeutet nicht, dass die Erleuchtung besonders wichtig ist. Achtsamkeit kann viel wichtigere Konsequenzen im Alltag haben, und man kann sehr gut achtsam sein, ohne so etwas wie Erleuchtungserfahrungen zu machen. Zudem hat der Begriff einen narzisstischen Beiklang, weil in der aktuellen esoterischen Szene viele Sucher glauben, dass Erleuchtung eine Art Persönlichkeitseigenschaft sei. Sie denken, Menschen könnten erleuchtet sein. Dabei können sie sich durchaus auf Traditionen berufen, die daraus elitäre Denkmuster entwickelt haben. Sie finden sich vor allem in der brahmanischen Tradition und in der Tradition der buddhistischen Meister. In einer von Kastenwesen, Privilegien und Ausbeutung geprägten Kultur hat das zumindest eine gewisse Stimmigkeit, in der buddhistischen Tradition eher eine gewisse Widersprüchlichkeit, weil es einem der Kerngedanken der buddhistischen Lehren widerspricht: Das Selbst sollte nicht mit festen Eigenschaften versehen, sondern eher kontextuell verstanden werden. Ein Fortschritt – und ein Teil der Modernität buddhistischen Denkens – besteht in der Erkenntnis, dass das, was wir für unser Selbst halten, eher ein Prozess und eine starke Vielfalt ist, also in der Überwindung der Idee eines „wahren Selbst“. Zenmeister haben oft pragmatischen Gebrauch von der „Erleuchtung“ als Kriterium der Beförderung innerhalb des Klosterlebens gemacht, andererseits auch vertreten und demonstriert, dass derjenige, der sich selbst als er-

Kann die Achtsamkeitspraxis zur Erleuchtung führen? Ist das ein sinnvolles Ziel für die Übungspraxis?

leuchtet bezeichnet, es mit Sicherheit nicht ist. So manchen Schüler soll diese Einbildung einen Finger gekostet haben. Die meisten in dem Thema kundigen Autoren sind sich einig, dass Erleuchtung eine flüchtige, aber intensive Erfahrung beschreibt, die in der Regel Sekunden bis Stunden anhält, selten auch länger (Kornfield 2004).

Im Wintersemester 2012/2013 fand an der FU Berlin eine Ringvorlesung zum Thema „Erleuchtung" statt. Die Beiträge wurden 2016 in einem Sammelband veröffentlicht (Renger 2016). Der Grundgedanke der Vorlesungsreihe war ganz im Sinne der aktuellen Kultur- und Religionswissenschaft: Es gibt kein überkulturelles Phänomen „Erleuchtung", man kann es nicht aus verschiedenen spirituellen Traditionen herausfiltern oder zusammenmischen, so wenig wie es transkulturelle Körper, Liebe oder Geschlechterrollen gibt. Wir müssen untersuchen, welche Geschichten, welche kulturellen Kontexte und welche Übersetzungen die Begriffsfamilie rund um den Begriff der „Erleuchtung" gestaltet haben. Dieses religionswissenschaftliche Vorgehen ist sehr fruchtbar. Es klärt z. B. darüber auf, dass der Begriff erstmals im antiken Griechenland, genauer von Platon, für eine plötzliche wesentliche Erkenntnis eines Subjekts verwendet wurde und erst im 19. Jahrhundert dazu diente, buddhistische Begriffe wie „moksha", „bodhi" oder „kensho" und „satori", die gar nicht auf die Metapher des Lichts zurückgreifen, zu übersetzen. Es ist also mitnichten, wie man heute manchmal denken könnte, ein Begriff aus dem asiatischen Kulturkreis (Uhlmann 2016).

Ich habe allerdings in dem Band eine etwas andere Ansicht als meine meist religionswissenschaftlichen Mitautoren vertreten (Huppertz 2016): Muss es nicht etwas geben, was die Ähnlichkeit der Beschreibungen erklärt oder zumindest beschreibbar macht? Warum spricht man in verschiedenen Kulturen denn überhaupt in vergleichbarer Weise über etwas, das wir „Erleuchtung" nennen? Als jemand, der sich teilweise der phänomenologischen Tradition in Philosophie und Psychiatrie verbunden fühlt, war es für mich naheliegend, sich zunächst einmal an Erfahrungsberichten zu orientieren. Tatsächlich gibt es über

„Von Mokugen war nicht bekannt, daß er bis zu seinem letzten Tag auf Erden jemals gelächelt hätte. Als er zu sterben kam, sagte er zu seinen Getreuen: ‚Ihr habt länger als zehn Jahre bei mir studiert, nun zeigt mir Eure echte Auslegung des Zen. Wer es am klarsten auszudrücken weiß, soll mein Nachfolger sein und mein Gewand und meine Schale erhalten.' Jeder betrachtete Mokugens ernstes Gesicht, aber keiner antwortete. Encho, ein Schüler, der lange Zeit bei seinem Lehrer verbracht hatte, begab sich nahe an den Bettrand. Er schob den Medizintiegel ein paar Millimeter vorwärts. Das war seine Antwort auf die Aufforderung.

die Kulturen hinweg sehr ähnliche Schilderungen des Erlebnisses der Erleuchtung.

Wenn wir Erleuchtung als Erlebnis untersuchen, so behaupten wir, dass

- sie subjektiv bedeutsame Folgen hat, also das weitere Leben beeinflusst; tatsächlich werden Erleuchtungserlebnisse in der Regel als subjektiv folgenreich, geradezu als Erschütterungen beschrieben;
- Erleuchtungen Ereignisse sind, bei denen Situationen, Praktiken und persönliche Dispositionen zusammenspielen und die in der Regel Sekunden, Minuten, Stunden oder vielleicht Tage andauern; anschließend können sie im Hintergrund durchaus ihre Wirkung entfalten, aber sie stehen nicht mehr im Vordergrund;
- sie bei klarem Bewusstsein geschehen;
- es sich um Widerfahrnisse handelt („Es geschieht etwas mit mir");
- sie plötzlich und unerwartet geschehen;
- sie subjektiv zweifelsfrei sind;
- sie mit starken Gefühlen einhergehen (selten Angst, meist: Freude, Gefühl der Befreiung, Dankbarkeit, Liebe, Ruhe, Gelassenheit);
- sie ein verändertes Zeiterleben zeigen: Gegenwärtigkeit, Auflösung anderer Zeitmodi wie objektive Zeit (Uhrzeit) und modale Zeit (Vergangenheit – Gegenwart – Zukunft);
- sie mit einem veränderten Selbsterleben einhergehen (präsent, fließend, offen, weit) und das narrative Selbst oder die soziale Identität irrelevant werden;
- sie die Erfahrung einer starken Verbundenheit mit der Umwelt/Mitwelt beinhalten;
- sie zu einer veränderten Wirklichkeitserfahrung (prägnanter, farbiger, reichhaltiger) führen;
- sie die Eigenschaften von Aha-Erlebnissen haben, also als kognitiver Durchbruch stattfinden, häufig in der Reihenfolge: spirituelle oder existenzielle Suche – Scheitern der üblichen Lösungsstrategien – Inkubationszeit, die oft etwas mit Resignation zu tun hat – Durchbruch;
- sie als in besonderer Weise unsagbar gelten; für alle Erfahrungen gilt,

Des Lehrers Gesicht wurde noch ernster. ‚Ist das alles, was Du verstanden hast?' fragte er. Encho griff nach dem Tiegel und zog ihn wieder zurück. Ein wunderschönes Lächeln brach durch die Züge Mokugens. ‚Du Schurke', sagte er zu Encho, ‚du hast zehn Jahre bei mir gelernt und hast noch nicht meinen Körper gesehen. Nimm das Gewand und die Schale. Sie gehören Dir.'"

Ohne Worte – ohne Schweigen 2003, S. 53

dass sie nicht durch Worte ersetzt werden können, aber bei Erleuchtungserfahrungen wird dies immer wieder betont, weil sie während des Geschehens nicht gleichzeitig beschrieben werden können, ohne an Eindrücklichkeit zu verlieren;
- sie den Charakter einer Einsicht haben.

In den Berichten über Erleuchtungserfahrung kommen nicht alle Elemente gleich stark oder überhaupt gleichzeitig vor; die Zusammenstellung wirkt dadurch irgendwie willkürlich. Deshalb drängt sich die Frage auf, ob es nicht eine zugrunde liegende Struktur gibt, die die einzelnen Elemente zusammenhält und eine sinnvolle Gesamtgestalt ergibt, in der dann die einzelnen Eigenschaften mehr oder weniger Platz finden.

Die letzten beiden Punkte, die besondere Betonung der Unaussprechlichkeit der Erfahrung und dass Erleuchtungen den Charakter einer Einsicht haben, helfen uns hier weiter. Der Einsichtscharakter unterscheidet Erleuchtungen von ähnlichen Erlebnissen wie den „peak-experiences" (Maslow) oder Drogenerfahrungen. Der Eindruck einer tiefen, unbezweifelbaren Einsicht macht die Erleuchtung erst zu dem, was sie ist, macht sie anspruchsvoll und kompliziert. Denn zu welcher Einsicht soll Erleuchtung führen? Einsicht in was?

Erleuchtung vermittelt keine Einsichten, die sich in Form von Aussagen formulieren ließen. Erleuchtung als Einsicht besteht nicht in einem Zugewinn an gewöhnlichen vermeintlichen Erkenntnissen oder Glaubenssätzen. Deswegen kennt sie auch keine Skepsis. Was immer an intellektuellen Prozessen der Erleuchtung vorausgeht: Im Kern ist Erleuchtung eine plötzliche Einsicht auf der Ebene des Könnens, des sogenannten impliziten Wissens. Dabei handelt es sich aber nicht um ein Können im Sinne einer bestimmten Fertigkeit (wie Radfahren), sondern im Sinne eines Anders-sein-Könnens. Die Einsicht der Erleuchtung besteht nicht im Erwerb eines Wissens, sondern ist ein plötzliches Gelingen im Sinne einer anderen Existenzweise. In Erleuchtungserfahrungen entwickeln wir gerade keine Konzepte und Modelle über die Welt oder uns selbst. Erleuchtung besteht im Gegenteil in dem Verzicht auf die allzu menschliche Strategie, die Welt unter Kontrolle zu bringen, und in der existenziellen Erfahrung, dass dies weder möglich noch ständig notwendig ist. Erleuchtung ist die bewusst erlebte Praxis, sein zu können, ohne aktiv konzeptualisieren zu müssen.

Diese Form des Daseins ist ungewöhnlich und in einem Alltagsleben schwer zu praktizieren. Im Alltag erinnern wir uns ständig, oder wir nehmen die Zukunft vorweg. Wir bemühen uns um Modelle und Repräsentationen über unsere Umwelt, unsere Mitwelt, uns selbst.

Die Haltung der Achtsamkeit ist eine grundsätzlich andere und deswegen ist die Achtsamkeitspraxis ein praktikabler und sinnvoller Weg zu einer Erfahrung von Erleuchtung.

Der Durchbruch zu einem absichtslosen nicht repräsentierenden Dasein in der Gegenwart kann geradezu ein Feuerwerk an existenziellen Veränderungen auslösen:

Die handlungsorientierte „Berufsblindheit" der Alltagsbewältigung wird überwunden und die Objekte, die Mitmenschen, der Raum, die Zeit, das Selbst werden von Gewohnheiten und von funktionalen Gebundenheiten befreit. Dadurch eröffnen sich neue Zusammenhänge, es entsteht Öffnung, Weite, „playfulness" (Maslow), Leere. Wir erleben daher unsere Umwelt und Mitwelt als reichhaltiger, prägnanter, farbiger. Das eigene Selbst wird nicht biografisch oder sozial festgelegt, sondern wir erleben bewusst, wie wir körperlich-sinnlich Teil der Welt sind, wie wir mit unserer menschlichen und nicht-menschlichen Umwelt immer schon verbunden sind. Die Sorge um das eigene Dasein und unsere gewohnte egozentrische Perspektive weichen einem weiten Blick, wir erleben die existenzielle Wahrheit, dass wir Teil von größeren Prozessen sind, was uns erleichtert, befreit, auffängt.

In Erleuchtungserfahrungen wird die Sorgestruktur, die unseren normalen Alltag prägt, plötzlich transzendiert. Die Angst vor dem Tod, die Sorge um die eigene Existenz, die Bedürfnisse nach Sicherheit und Optimierung treten in den Hintergrund. Die Überwindung der Sorgestruktur macht das Gefühl der Befreiung, der Freude, der Heiterkeit, der Gelassenheit, der Dankbarkeit, des anlasslosen spirituellen Glücks, da zu sein, der „Daseinsfreude", aus.

Monismus, Harmonismus

„Seither habe ich jenes ‚Religiöse', das nichts als Ausnahme ist, Herausnahme, Heraustritt, Ekstasis, aufgegeben oder es hat mich aufgegeben. Ich besitze nichts mehr als den Alltag, aus dem ich nie genommen werde. Das Geheimnis tut sich nicht mehr auf, es hat sich entzogen oder es hat hier Wohnung genommen, wo sich alles begibt wie es sich begibt. Ich kenne keine Fülle mehr als die Fülle jeder sterblichen Stunde an Anspruch und Verantwortung. Weit entfernt ihr gewachsen zu sein, weiß ich doch, daß ich im Anspruch angesprochen werde und in der Verantwortung antworten darf, und weiß, wer spricht und Antwort heischt. [...]

Unterschiedliche Menschenbilder, Gefühlstheorien, ethische und spirituelle Konzepte beeinflussen die verschiedenen Auffassungen von Achtsamkeit in Theorie und Praxis. Sie zu diskutieren hilft uns, das Konzept zu vertreten, zu erklären, was wir tun und wofür wir Zeit und Energie verwenden, wenn uns jemand danach fragt, und vor allem die Idee der Achtsamkeit mit unserem sonstigen Wissen zu vernetzen und dadurch abzusichern. Diese Traditionen werden in der Regel in Form von Religionen und „-ismen" behandelt. Schauen wir genauer hin, hält diese Traditionen in der Regel nur wenig zusammen. Unter „Hinduismus" – einem von westlichen Religionswissenschaftlern geprägten Begriff – versteht man z. B. alles, was sich auf altindische Schriften beruft, irgendwie in Indien entstanden ist und nicht den anderen „Weltreligionen" zugeordnet werden kann, unter „Buddhismus" alle Strömungen, die sich – wie auch immer – auf Buddha beziehen, unter Christentum alle, die sich – wie auch immer – auf das Neue Testament und in einer wieder unterschiedlichen Weise auf das Alte Testament beziehen. Das Judentum bestimmt sich durch die Berufung auf einen Schriftkanon sowie durch Abstammung und führt dennoch bei ultraorthodoxen Juden wie liberalen Juden zu gänzlich unterschiedlichen Lebensformen und Moralvorstellungen. Islamische Bewegungen erklären sich wechselseitig für Ungläubige und Abtrünnige, und selbst Unterformen der großen Religionen wie der Zenbuddhismus werden ganz unterschiedlich ausgelegt.

Konzepte der Achtsamkeit greifen häufiger auf nicht-theistische Religionen wie den Buddhismus und den Hinduismus zurück, die „monistisch" interpretiert werden. Sie sind in der Interpretation der Achtsamkeit außerordentlich beliebt. Der Monismus bietet unserem Denken eine neue, andere, fremde und vor allem eine viel harmonischere Aussicht, als wir sie westlichen Traditionen folgend von unseren säkularen Weltanschauungen, insbesondere der Aufklärung, gewohnt sind. Unter Monismus versteht man die Überzeugung, dass alles, was existiert, auf ein einheitliches Prinzip zurückgeführt werden oder in einer großen Einheit zusammengeführt werden kann. Solche Prinzipien sind: Brahman/Atman (die „Weltseele"), der „Urgrund", das „All-Eine", das „Universum", „das Göttliche", „das Sein", das „universelle Bewusstsein", das „Größere Selbst", die „Buddhanatur", das „Leben" oder die „Lebensenergie", die „Natur", „Gaia", das „Wachstum" und andere.

Wer sich mit Achtsamkeit beschäftigt, bewegt sich zwischen „Apertismus" (Reckwitz) einerseits – wie er am konsequentesten im Zenbuddhismus vertreten wird – und der Sicherheit, die eine Weltanschauung und vor allem die spirituelle Suche als Ziel des Weges normalerweise versprechen. Apertismus ist die zeitgemäße Haltung der Offenheit für Neues, der Skepsis gegenüber Gewohnheiten, der Bereitschaft zu experimentieren und die allgegenwärtigen neuen Herausforderungen anzunehmen. All das gehört zur Achtsamkeit und macht sie zu einer modernen Haltung. Auf der anderen Seite gibt es auch in der Achtsamkeitswelt das Bedürfnis nach Grundwahrheiten, Traditionen, Schulen, Programmen, Manualen, Zugehörigkeiten, „Meister-Schüler"-Vorstellungen. Achtsamkeit wird „gelehrt", „Meister" halten Monologe, die nicht diskutiert werden, ernennen Nachfolger usw. Erst wenn wir solche Gebräuche, die wir unter Umgehung der Aufklärung aus alten Zeiten übernehmen, überwinden, wird m. E. das Konzept zukunftsfähig. Aber wer kann etwas über das „Universum" oder den „Urgrund" sagen? Was ist „die Natur"? Woher wissen wir, ob das „Wachstum" zu etwas Gutem führt? Bei diesen anspruchsvollen Begriffen wären anspruchsvolle Auskünfte notwendig. Um solche Glaubensargumente gegen kritische Verunsicherungen abzusichern, wird oft auf spezifische subjektive Erfahrungen – die als solche tatsächlich unbestreitbar sind – zurückgegriffen, die manche haben und andere eben nicht. Man müsse die All-Einheit erlebt haben, dann glaube man auch an sie.

[D]u mit diesem deinem sterblichen Stück Leben bist gemeint, dieser Augenblick ist nicht davon herausgenommen, er lehnt sich ans Gewesene an und winkt dem noch zu lebenden Rest, du wirst nicht in einer unverbindlichen Fülle verschlungen, du wirst gewollt für die Verbundenheit."

M. Buber 1999 [1929], S. 32/33

„Wenn der Buddha gefragt wurde, was er tue, sagte er, er lehre ‚die Angst und das Ende der Angst'. Stellte man ihm jedoch metaphysische Fragen – über Ursprung und Ende der Welt, über Identität und Verschiedenheit von Körper und Geist, über das Fortbestehen oder Nichtfortbestehen nach dem Tod –, so schwieg er. Er sagte, der Dharma sei überall und in allen Teilen von einem Geschmack: dem der Freiheit.

Er gab sich nicht als einzigartig oder göttlich aus und benutzte Keinen Ausdruck, der sich mit ‚Gott' übersetzen ließe. Gautama rief zu einem Leben auf, das sich in der Mitte zwischen Wohlleben und Kasteiung hält. Er nannte sich selbst einen Lehrer mit offenen Händen, der keine esoterischen Lehren für eine Gruppe Auserwählter zurückhielt. Als er starb, weigerte er sich, einen Nachfolger zu benennen, und sagte, jeder solle für seine Freiheit selber verantwortlich sein."

S. Batchelor 2001, S. 2

„Es ist tödlich, an die Stelle des alten Gottes eine löbliche und erfreulich immer vorwärtswachsende Welt zu setzen."

Gustav Landauer, in Timm 2017, S. 7

Der Monismus verführt dazu, die Achtsamkeit nach innen zu richten. Denn wenn man glaubt, dass in allem das gleiche Grundprinzip wirkt, sei es Atman oder die Leere, so kann man dieses große Ganze auch finden, indem man einfach die Augen schließt und die Komplexität der äußeren Wirklichkeit unbeachtet lässt. Sie stört dann eher mit ihrer irritierenden, aber eben scheinbaren Vielfalt.

Wenn wir achtsam sind, interessieren wir uns für die sinnlichen Aspekte der Gegenwart, wir dekonstruieren Denkmuster eher, als dass wir immer neue und noch größere konstruieren, wir setzen unsere Bewertungen in Anführungszeichen, anstatt sie festzuklopfen, und wir verzichten auf die großen Geschichten zugunsten der Erfahrung der Gegenwart. Ich bin an dieser Stelle immer wieder so engagiert, weil ich in der monistischen und in etwas geringerem Maße auch in der dualistischen Weltsicht eine Entwertung der Wirklichkeit, des Kleinen und des Unvollkommenen, des Menschen und der Natur sehe. Man mag sich in solchen Anschauungen einrichten, aber man sollte sie nicht gerade mit Achtsamkeit in Verbindung bringen. Die Folgen dieser Interpretation kann man nicht nur an der übermäßigen Verwendung von Introspektion sehen und im restriktiven Umgang mit Gefühlen, insbesondere der Abwehr und Abwertung aggressiver Gefühle und Verhaltensweisen, sondern auch in der Revision von Errungenschaften wie Erkenntniskritik, Rationalität, Bereitschaft zur geistigen Auseinandersetzung, Konfliktbereitschaft und -fähigkeit. All das sind Einstellungen und Strategien, die zu einer demokratischen Kultur beitragen. Man vergisst rasch, dass Demokratie und Pluralismus den meisten spirituellen Bewegungen und den Kulturen, in denen sie entstanden sind, zur Zeit ihrer Entstehung unbekannt waren. Nicht nur Christentum und Islam, auch asiatische religiöse Traditionen sind für viel Intoleranz, Leid, Grausamkeit, Unterdrückung und himmelschreiende soziale Ungerechtigkeiten mitverantwortlich. Natürlich gilt das auch für nicht-religiöse Bewegungen, die auf eine große Erzählung setzen, die in der Auflösung aller Widersprüche und der Erlösung des Individuums in einem großen Ganzen endet.

8 Erkundungen

Eindrücke

Ich komme gerade von einem kleinen Markt. So ein Markt funktioniert reibungslos. Ich stand in einer Schlange an einem großen Gemüse- und Obststand, guter Abstand, Masken, es ist Coronazeit. Alles funktioniert, weil wir alle von Anmutungen, Handlungsaufforderungen, Schildern und Regeln geleitet werden. Anmutungen und Handlungsaufforderungen geschehen und werden uns dabei selten bewusst. Es schneite, alle Menschen waren gut eingepackt, die Masken haben sie noch mehr verborgen, der ganze Markt war still, die Farben verschwunden. Alles wirkte verschlossen, winterlich, anonym. Man sprach nicht viel miteinander, keiner blieb wohl länger, als er musste. Der Gemüsestand befand sich unter einem Zelt, und als ich eintrat, war die Fülle von Obst und Gemüse animierend und bunt wie immer. Die Verkäuferinnen waren geschäftig, ernteten reichlichen Dank der Kunden, dass sie am gewohnten Ort waren, ein wenig Smalltalk und Lachen. Ich suchte hellrote Äpfel aus, einen Grünkohl, drei Kilo Kartoffeln in einem Netz. Eine Frau gab mir die Ware und einen Kassenzettel, eine andere rechnete ab. Man denkt, man wählt bestimmte Äpfel aus oder man hat die Menge der Kartoffeln bestimmt. Aber bestimmte Äpfel haben mich stärker angesprochen und eigentlich wollte ich zwei Kilo Kartoffeln kaufen. Aber dann empfahl mir die Verkäuferin das Netz, es seien halt drei. So brauchte sie nicht abzuwiegen und die Kartoffeln werden ordentlich zusammengehalten. Ich hätte auch zusammengebundene einzelne Grünkohlblätter haben können, aber so ein Grünkohlkranz hat etwas Wundersames und Opulentes.

Starry, starry night/Vincent

Starry, starry night
Paint your palette blue and gray
Look out on a summer's day
With eyes that know the darkness in my soul

Shadows on the hills
Sketch the trees and the daffodils
Catch the breeze and the winter chills
In colors on the snowy linen land
[...]
Starry, starry night
Flaming flowers that brightly blaze
Swirling clouds in violet haze
Reflect in Vincent's eyes of china blue

Colors changing hue
Morning fields of amber grain
Weathered faces lined in pain
Are soothed beneath the artist's loving hand
[...]

For they could not
love you
But still your love
was true
And when no hope
was left in sight
On that starry,
starry night
You took your life
as lovers often do
But I could have
told you, Vincent
This world was
never meant for
one
As beautiful as you

Starry, starry night
Portraits hung in
empty halls
Frameless heads
on nameless walls
With eyes that
watch the world
and can't forget

Like the strangers
that you've met
The ragged men in
ragged clothes
The silver thorn of
bloody rose
Lie crushed and
broken on the
virgin snow

Now I think I know
what you tried to
say to me
And how you
suffered for your
sanity
And how you tried
to set them free
They would not
listen, they're not
listening still
Perhaps they never
will

Songtext Don McLean

Wir sind nie alleine, sondern werden ständig angesprochen, eingeladen, aufgefordert, angeleitet und eingestimmt – von Menschen, Dingen, Abläufen, Atmosphären. Wir sind umgeben von Anmutungen: Menschen, Obst, Gemüse, Schnee, Kälte; Handlungsaufforderungen: Schlange und Abstand vor dem Gemüsestand, Drei-Kilo-Netz, Aufteilung der Arbeitsabläufe, Kassenzettel, Zebrastreifen; Atmosphären: auf dem Markt, im Gemüsezelt. Wir erleben das so, als würden wir das alles vorfinden, wir haben nicht das Gefühl, dass wir die Ansprachen (wie ich alle drei Arten von Phänomenen einmal nennen möchte) konstruieren. Das tun wir auch nicht, obwohl wir sie natürlich intuitiv verstehen und mitkonstruieren müssen. Dieser Anteil wird von unserem Bewusstsein quasi herausgerechnet. Dieses Herausrechnen geschieht uns ständig. Ähnliches geschieht bei Augenbewegungen, Voreinstellungen der Muskulatur bei Bewegungen, allen Wahrnehmungs- und vielen Deutungsmustern.

Anmutungen, Handlungsaufforderungen und Atmosphären sind schwer zu ignorieren. Solche Ansprachen und Eindrücke kommen in der Regel von außen auf uns zu, aber es ist auch möglich, dass mentale Ereignisse wie Fantasien, Träume oder körperliche Signale uns anmuten, auffordern, einstimmen. Der *Aufmerksamkeitslenkung* setzen sie ziemlich enge Grenzen.

Anmutungen sind allgegenwärtig. Jeder Mensch, der uns nur ein wenig interessiert, mutet uns irgendwie an, selbst wenn er uns nichts sagt. Dinge, Wetterlagen, alles mutet uns an, sofern wir eine minimale Resonanz spüren. In *Handlungsaufforderungen* zeigen uns die Dinge ihre Macht. Sie müssen nicht explizit sein wie Straßenschilder, sondern sind viel häufiger implizit wie die Straßen selbst, Wohnungen, Computerprogramme (s. Können, Handeln und Nicht-Handeln, in Kap. 13). *Atmosphären* sind besondere Anmutungen, die aus einem Ensemble von Eindrücken entstehen, sie sind ganzheitliche Eigenschaften von Situationen (Böhme 1995; Hauskeller 1995). Sie können mehr oder weniger stimmig sein. Die Empfänglichkeit für Atmosphären ist biografisch und kulturell geprägt. Z. B. passen in unserer Gesellschaft dunkle Farben und langsame Bewegungen eher zu ernsten, traurigen Gefühlen. Laute, dynamische und rhythmische Musik würden viele Menschen bei einer Trauerfeier eher als unpassend empfinden. Ein Transistorradio mit lauter Rapmusik passt für die meisten Menschen weder optisch noch akustisch in einen Wald, für manche aber schon. Ohne eine minimale Teilnahme, die auch spielerisch oder empathisch erfolgen kann, ist die Erfahrung von Atmosphären nicht möglich. Wenn Sie rasch in eine Haltung der Achtsamkeit kommen wollen, versuchen Sie es mit der Wahrnehmung von Atmosphären. Sie sind allgegenwärtig, komplex und haben eine umfassende Wirkung. Atmosphären werden oft gezielt konstruiert (in Wohnungen, Cafés, Gebäuden, Straßen, Geschäften usw.), um unsere Stimmungen und unser Verhalten zu beeinflussen, ohne dass wir das bemerken. Es kann auch sehr vernünftig sein, sich Atmosphären zu entziehen.

Die Ansprachen der Welt sind natürlich auf unsere Resonanz angewiesen, sonst kommen sie nicht. Ich plädiere dafür, auch befremdete und aversive Reaktionen als Resonanz zu bezeichnen. Abgestoßensein, empörte Zurückweisung, Resonanz kann auch schaden, subjektiv (übermäßige Trauerreaktion, übermäßige Empathie [s. Kap. 9, Empathie und Mitgefühl], Traumata, Co-Abhängigkeit etc.) wie auch objektiv (Massenhysterien, Progrome). Oft kann es klug und konstruktiv sein, eher auf Distanz zu gehen, weniger mitzuschwingen, den Fokus zu wechseln. Damit ist „Resonanz" aus meiner Sicht nicht per se etwas Positives und deshalb kann sie auch nicht als Grundlage einer kritischen Theorie der Gesellschaft dienen (anders Rosa 2016).

Achtsam auf diese Ansprachen zu sein, bedeutet, das Bewusstsein zu erweitern, den Hintergrund zum Vordergrund zu machen, etwas über uns und die Welt zu erfahren und zu spüren, wie sehr wir immer schon in unsere Umgebung eingebettet sind. Diese Einbettungen geben uns Halt und entlasten uns von Zweifel und Entscheidungen. Anmutungen und Atmosphären, aber auch unproblematische Handlungsaufforderungen führen leicht in die Gegenwart. Wir müssen die Gegenwart nicht erfinden, sondern können uns ihren Andeutungen

Jetzt reifen schon die roten Berberitzen

Jetzt reifen
schon die roten
Berberitzen,
alternde Astern
atmen schwach im
Beet.
Wer jetzt nicht
reich ist, da der
Sommer geht,
wird immer warten
und sich nie
besitzen.

Wer jetzt nicht
seine Augen
schließen kann,
gewiss, dass eine
Fülle von Gesichten
in ihm nur wartet
bis die Nacht
begann,
um sich in
seinem Dunkel
aufzurichten: –
der ist vergangen
wie ein alter Mann.
Dem kommt nichts
mehr, dem stößt
kein Tag mehr zu,
und alles lügt
ihn an, was ihm
geschieht;
auch du, mein
Gott. Und wie ein
Stein bist du,
welcher ihn täglich
in die Tiefe zieht.

R. M. Rilke 2006, S. 258

„Ein Schüler beklagte sich bei seinem Zen-Meister, dass er das Gefühl habe, dass ihm sein Meister etwas vorenthalte, was ihn zur Erleuchtung bringen könnte. ‚Ich glaube, Meister, dass du mir einen entscheidenden Hinweis auf dem Weg zur absoluten Erkenntnis vorenthältst.' Der Meister verneinte diese Anschuldigung. Am Abend gingen die beiden in den Bergen spazieren, als der Meister stehen blieb und zu seinem Schüler sprach: ‚Riechst du den Duft des Berglorbeers?' Der Schüler bejahte. Darauf erwiderte der Meister: ‚Siehst du, ich enthalte dir nichts vor.'"

Kuhn Shimu 2013, S. 104/05

und den Kreisen überlassen, die sie in uns ziehen. Im Sinne der Achtsamkeit ist das unsere Entscheidung.

Aber wir können eben auch die Dinge, Naturobjekte, Atmosphären, Menschen in Ruhe auf uns wirken lassen und nehmen wahr, was sie in uns auslösen. Da diese Wirkungen auch immer etwas mit uns selbst, unserer Geschichte und unseren bisherigen Erfahrungen zu tun haben, erfahren wir über sie manchmal auch etwas über uns selbst. Dabei spielt manchmal auch ihr metaphorischer Charakter eine Rolle.

Die Anmutungen und Atmosphären sind in der Natur besonders stark, während die Handlungsaufforderungen für die meisten Menschen heute in stärker kulturalisierten Umgebungen stattfinden. Deshalb kommen wir in der Natur leichter in eine rezeptive Haltung. Die Natur erleichtert uns Empfangsbereitschaft, Offenheit, Lebendigkeit, Teilhabe und Verbundenheit. Natur ist sinnlich, oft fremdartig, sprengt manchmal unsere Maßstäbe in Bezug auf Zeit und Raum. Wir sind metaphorisch und existenziell mit ihr verbunden, unendlich vielfältig (Huppertz, Schatanek 2021). Eine manchmal sehr berührende Übung, die wir in der Natur durchführen, beginnt mit folgender Aufforderung: „Schau Dich bitte um, ob Du irgendetwas hier in der Umgebung findest, was Dich an einen Aspekt Deiner aktuellen Lebenssituation erinnert. Das kann ein Objekt sein, etwas im Eindruck der Landschaft, eine Atmosphäre, eine Szene usw. Wenn Du etwas gefunden hast, verweile damit und schau, ob Du weitere Aspekte an dieser Erfahrung, an diesem Objekt entdecken kannst, die Dir neue Perspektiven auf Deine Situation eröffnen, Gedanken, Gefühle, Ideen bei Dir auslösen." Überraschenderweise geschieht das regelmäßig. Eine Teilnehmerin setzte sich z. B. auf einen abschüssigen Weg und schaute hinab, bis sie auf die Idee kam, sich herumzudrehen und den Weg als ansteigend zu betrachten. Ich habe mich mal auf einen Baumstamm gesetzt, der quer über dem Boden, aber freischwebend lag. Er sprach mich in seiner Instabilität, diesem freien Schweben an. Nach einer Weile stellte ich fest, wie stabil dieser Baumstamm in seiner Position war. Diese Übung kann viele Gefühle auslösen, es ist also gut, sich Zeit für sie zu nehmen und sie auch ausführlich nachzubesprechen.

Wirklichkeit

Ich habe in einem anderen Buch einmal formuliert, dass die Frage nach der Wirklichkeit die Gretchenfrage der Achtsamkeit ist (Huppertz 2015, Nachwort). Ich glaube tatsächlich, dass die Praxis, die Theorie, die Selbsteinschätzung, die Ethik der Achtsamkeit, all das und noch viel mehr, davon abhängen, welchen Raum Sie der Wirklichkeit einräumen. Wenn Sie äußere Achtsamkeit und informelle Achtsamkeit praktizieren, den realen Dialog mit realen Menschen (s. Kap. 9, Du, dialogisches Prinzip), die Anmutungen der Natur wichtig nehmen, und wenn Sie den Körper als Subjekt (s. Kap. 6, Körpererfahrungen) bedenken, so denken und leben Sie implizit mit einem starken Begriff von Wirklichkeit. Wenn Sie all das geringschätzen und Achtsamkeit vor allem als Wahrnehmung eigener Gedanken, Körperempfindungen oder als meditative Erzeugung von Mitgefühl verstehen, kommen Sie mit einem weniger starken Begriff von Wirklichkeit aus.

„Die empirische Wirklichkeit tritt in dieser Vorstellung [der vorbuddhistischen Idee der Identität von Atman und Brahman, Seele und Weltseele, M. H.] nur noch als Illusion auf. Das ist grob skizziert die Vorstellung, die in der Philosophie zu Buddhas Zeit in Indien vorherrschte. Der Buddha hatte derartiges schon vor seinem Erwachen bei verschiedenen Lehrern kennengelernt und war zu dem Schluß gekommen, daß dies nicht der von ihm gesuchte Weg sei. Einer der möglichen Kritikpunkte wurde schon angedeutet:

Dass die Wirklichkeit in den letzten Jahrzehnten aus den Theorien – auch aus den Theorien der Achtsamkeit – weggedacht wurde, hat viele Gründe, aber ein wichtiger Grund war das Aufkommen der medialen Reproduktion der Welt, insbesondere ihrer digitalen Darstellung und Manipulation. Wenn all das Virtuelle durch digitale und sonstige Repräsentationen möglich ist, warum dann nicht gleich die Welt überhaupt zu einem virtuellen Phänomen erklären?

Inzwischen gibt es eine Gegenbewegung, die wiederum mit realen gesellschaftlichen Entwicklungen zu tun hat. Der Klimawandel und Katastrophen wie die aktuelle Coronakrise zeigen, dass mit der Wirklichkeit nicht zu spaßen ist und dass wir viel abhängiger sind und bleiben von dem, was mit einer bitteren Logik oder provokativen Zufälligkeit draußen in der Welt passiert. Philosophisch entspricht dem die „Wiedergewinnung des Realismus" (Dreyfus, Taylor 2016).

Bei dieser Betrachtungsweise schrumpft die Wirklichkeit auf einen Punkt zusammen, der so recht eigentlich nicht zu fassen ist, und der im Grunde auch keine Bedeutung mehr hat. Daher mag rühren, daß sich der Buddha immer geweigert hat, zu sogenannten ‚letzten' Fragen, wie etwa der nach der Seiendheit (astiva) des Selbst Stellung zu nehmen. Schwerer wog allerdings, daß die Beurteilung der empirischen Wirklichkeit als bloße Illusion immer die Gefahr birgt, diese Wirklichkeit zu entwerten – eine Gefahr übrigens, mit der auch der Buddhismus im Laufe seiner Entwicklung zu kämpfen hatte. Diese Gefahr bestand in zweierlei Hinsicht. Zum Einen sind das Leiden, die Ursachen des Leidens, seine Auflösung und der zu dieser Auflösung

Die Wiederentdeckung der Achtsamkeit hat in den Blütezeiten des Konstruktivismus stattgefunden, die Wiederentdeckung des Realismus wäre für sie ein Schritt zurück zu ihren Wurzeln, denn Buddha war nach allem, was wir wissen, ein knochentrockener Realist, ebenso wie Dschuang Dsï und die alten Meister des Zen. Die Legende von Buddhas Leben und die buddhistische Lehre kreisen um die Zumutungen des Lebens und sie geben eine weise, konfrontative, akzeptierende Antwort. Der Taoismus kreist um die Anerkennung dynamischer Prozesse, die nicht von unserem Willen oder unserem Wissen abhängig sind, sondern denen der Weise sich anzupassen vermag. Die Zenbuddhisten lieben schroffe Steingärten und verwelkende Kamelienblüten, erkennen die Zypresse im Garten und schätzen die Bedeutung eines Regenschirms. Die Wirklichkeit hilft uns nicht nur, achtsam zu sein, manchmal zwingt sie uns geradezu dazu, wenn sie uns mit Tod, Vergänglichkeit, Krankheit, aber auch mit Sinnlichkeit und Schönheit in eine rezeptive Haltung drängt. Die Haltung der Achtsamkeit ist viel leichter, wenn wir sie mit einer elementaren Hingabe an die Wirklichkeit verbinden.

Was aber ist „Wirklichkeit"? Sie ist das, was auf uns wirkt, was uns beeinflusst, ob wir wollen oder nicht. Ihre Wirkung ist nicht von unserem Bewusstsein abhängig, sie wirkt auch auf uns, wenn wir sie nicht bewusst wahrnehmen. Sie interagiert mit unserem Körper, unseren Sinnen und unseren Bewegungen, sie gestaltet aber auch unsere Gefühle und letztlich sogar unsere Fantasien mit. Sie stellt uns Möglichkeiten zur Verfügung und schränkt sie ein. Die Möglichkeiten sind zahllos, aber sie sind nicht unendlich. Das beginnt mit einem Türrahmen und endet mit einem Grab. Die Erkenntnistheorie ist in Form der Frage nach der Erfahrbarkeit der Wirklichkeit für die Konzepte der Achtsamkeit und unser Selbstverständnis ausgesprochen wichtig. Sind wir bereit, abhängige, verletzliche Wesen zu sein und diese *conditio humana* mithilfe der Achtsamkeit zu akzeptieren und bewusst zu leben?

In unserer alltäglichen Erfahrung ist die Frage nach der Erfahrbarkeit der Wirklichkeit immer schon entschieden. Ohne sie zu bejahen, könnten wir keinen Schritt machen und kein Gespräch führen. Aber natürlich können wir die Wirklichkeit nicht eins zu eins erkennen, nicht abbilden. Schließlich sind wir ein aktiver Teil der Wirklichkeit und stehen nicht außerhalb. Unsere Sichtweise bleibt immer auch anthropozentrisch. Selbst die abstrakteste physikalische Theorie braucht Symbolsysteme und Sprachformen, Computer und Menschen. Sie fußt auf menschlichen Maßstäben, Perspektiven, Vorstellungen, Anliegen, Körpern. Deswegen nehmen wir die Wirklichkeit auch immer in einer mehr oder weniger kreativen Form wahr. Der Gegenpol zum Konstruktivismus wäre das, was man früher „Abbildtheorie" genannt hat, die Idee, die Wirklichkeit würde sich in unserem Bewusstsein abbilden, so wie sie ist. Die Abbildtheorie ist auch nicht besser, denn wieso sollten wir nichts Besseres zu tun haben als die Wirklichkeit einfach abzubilden. Und was überhaupt könnten und würden wir abbilden aus dieser ungeheuren Fülle? Und schließlich: Wieso sollten wir davon ausgehen, dass die Wirklichkeit nach unseren seltsamen und oft unscharfen Begriffen geformt ist, die wir noch dazu oft selbst nicht verstehen und ständig verändern? Wir müssen keinem trockenen Realismus verfallen, der keinen Platz für Möglichkeiten, kreatives Denken, Gestalten und Fantasie lässt. Sprechen wir lieber mit Thomas Fuchs von einem „interaktiven Realismus" (2020, S. 146).

führende Weg in dieser empirischen Wirklichkeit angesiedelt, hier sind also nicht nur die Fesseln, sondern auch die Mittel zur Befreiung zu finden. Zum andern – und das betrifft besonders den zur Leidensauflösung führenden Weg – liefert der Buddhismus eine praktische Ethik, die sich nur in der empirischen Wirklichkeit entfalten kann. Eine Geringschätzung dieser Wirklichkeit würde dieser Ethik den Boden entziehen."

P. Gäng 1996, S. 42

Fantasie

Das Verhältnis von Achtsamkeit und Fantasie ist problematisch. Wenn ich mit Kolleg:innen zusammengearbeitet habe, die sich aus verhaltenstherapeutischer Sicht dem Thema „Achtsamkeit" genähert hatten, bekam ich manchmal das Gefühl, Achtsam-Sein und Fantasieren würden sich diametral gegenüberstehen. Menschen, die zu emotional sind und deren Gefühle das Denken oder gar die Wahrnehmung auf eine Weise verfälschen, die ihnen (und anderen) das Leben schwer macht, legten wir nahe, genauer hinzuschauen oder genau mit Worten zu beschreiben, was sie sehen oder was in einer schwierigen Situation geschieht – die Dinge so zu sehen, wie sie sind, und nicht, wie wir sie uns vorstellen. In gewissem Maße kann man das üben. Wir haben emp-

„Und da die mittlere Lebenserwartung poetischer Empfindungen länger als die der Leiden unseres Herzens ist, wurde der verjährte Kummer, den ich um Gilberte gefühlt, von dem Vergnügen weit überdauert, das ich noch jedesmal habe, wenn ich auf der Sonnenuhr des Monats Mai die Minuten zwischen zwölfeinviertel und eins ablese und mich dann wieder mit Madame Swann plaudern sehe, unter ihrem Sonnenschirm wie unter dem fließenden Licht eines Glyzinienbogens."

M. Proust, 1981 [1918], S. 282

fohlen, in der Gegenwart zu bleiben und Fantasien über die Zukunft abzubauen oder zu überprüfen. Auch das ist therapeutisch vernünftig und effektiv.

Aber das ist nicht alles. Nennen wir „Fantasie" die Ausgestaltung unserer Vorstellungen, unserer mentalen Prozesse zu dem, was nicht ist, noch nicht ist, nicht mehr ist, sein kann oder auch nicht sein kann. Wir wissen, dass auch die Erfahrung der Wirklichkeit von dem geprägt ist, was wir uns vorstellen, erwarten, wünschen. Das kann uns bewusst sein oder nicht, aber ohne den Wunsch, etwas Essbares zu finden, und ohne die Erinnerung an das, was uns satt gemacht hat, oder ohne die Fantasie, wie es ist, Nahrung für ihre Kinder mitzubringen, hätten unsere Vorfahren keine ausreichende Nahrung gefunden, keine Vorräte angelegt und nicht überlebt. Ohne Ideen, wie etwas sein könnte, ohne Erfindungen, ohne Visionen hätte es keine Verbesserung der Lebensverhältnisse gegeben, ohne Erinnerung würde es kein Lernen und ohne Fantasie keine Kunst geben. Aber auch ohne Offenheit und Gegenwärtigkeit hätte sie keine Chance.

Nun wäre es leicht zu argumentieren, dass die Achtsamkeit keine universelle Haltung ist und dass die Fantasie eben ihr eigenes Reich hat. Aber die Fantasie wirkt stark in unsere Wahrnehmung der Wirklichkeit hinein. Sie sorgt dafür, dass uns dies und nicht etwas Anderes ins Auge springt, dass wir Zusammenhänge suchen und Modelle entwickeln, die unser Bild von der Wirklichkeit gestalten.

Die Fantasie kann helfen, die Wirklichkeit deutlicher und mit mehr Tiefenschärfe wahrzunehmen – im Hinblick auf Möglichkeiten, aber auch auf die vorhandenen Eigenschaften. Porträts arbeiten die Charakteristika von Menschen heraus, andere Bilder zeigen uns Licht, Farben und Zusammenhänge, indem sie sie verstärken und transformieren. Gedichte loten die Bedeutungen von Erfahrungen, Beobachtungen, Gefühlen aus, Visionen lassen uns die Probleme und die Möglichkeiten einer Situation schärfer wahrnehmen.

Nun, wenn es so ist, dann kann ja die Achtsamkeit auch mit Tagträumen und Imaginationen verbunden werden, könnte man sagen. Was bleibt dann noch von der Devise, doch bitte das wahrzunehmen, was gerade jetzt geschieht?

Ich glaube, das Problem, das sich hier auftürmt, lässt sich lösen, wenn wir uns daran erinnern, dass Achtsamkeit eine Haltung ist. Sie ist nicht an bestimmte Inhalte gebunden. Deshalb kann sich die Achtsamkeit auch auf depressives Denken, Befürchtungen, wahnhafte Ideen beziehen. Aber sie zielt insgesamt und letztendlich darauf, die Erfahrung der Gegenwart und der Wirklichkeit zu stärken. Zwar lässt sich jede Fantasie mit Achtsamkeit wahrnehmen, aber in dieser Haltung geht es darüber hinaus darum, zu schauen, was Fantasien in der Gegenwart bedeuten und ob sie mit den Wahrnehmungen zusammenspielen oder nicht. Jemand, der Achtsamkeit praktiziert, wird sich nicht seinen Vorstellungen überlassen und sie nicht aktiv verstärken, sondern immer wieder schauen, wie die Vorstellungen die Erfahrung der Gegenwart gestalten und wie sie mit dem, was gerade geschieht, vereinbar sind. Manche Vorstellungen können dies leisten, andere nicht. Die Vision einer Gesellschaft ohne Rassismus wird eher an die Wirklichkeit heranführen als der Glaube oder die Hoffnung auf die Überlegenheit der weißen Rasse. Wer ein Kind fördern möchte, tut gut daran, zu schauen wie es sich von selbst entwickelt, was es gerne tut und worin seine Talente liegen. Eine Reise wird vielfältiger, wenn wir nicht nur unsere Vorurteile bestätigen wollen, auch nicht unsere positiven, sondern genauer hinschauen oder zuhören. Viele Formen von Kunst implizieren Achtsamkeit, auch wenn Kunst als zielgerichtetes Gestalten immer mehr ist als Empfangsbereitschaft. Die Fantasie hat ein anderes Potenzial. Die Haltung der Achtsamkeit überschneidet sich nur teilweise mit der Haltung des Fantasierens, des Erfindens oder des künstlerischen Gestaltens.

Perspektiven

Wenn Sie die Möglichkeit haben, eine *Gruppe* für Achtsamkeit zu besuchen, nehmen Sie sie wahr. Ein wesentlicher Teil der Arbeit in der Gruppe ist der Austausch über die persönlichen Erfahrungen nach einer gemeinsamen Übung (Sharing) oder über die Praxis im eigenen alltäglichen Leben (Rückblick auf die Zeit zwischen den Gruppentreffen). Dieser Austausch ist eine große Bereicherung und zeigt in der Regel, wie vielfältig die gleiche Übung erlebt und wie kreativ Achtsamkeit angewendet werden kann. Er ist aber auch selbst eine Form der Praxis. Im Sharing, dem Nachspüren und Formulieren der Erfahrungen der Übung, wird im Grunde die Übung fortgesetzt. Der Rückblick eröffnet einen Raum von Möglichkeiten, wie die Praxis aussehen, angewandt und erlebt werden kann.

Bedeutet Achtsamkeit, die Dinge aus einem anderen oder einem weiteren Blickwinkel zu betrachten?

Aber was immer auch geschieht, ist, dass die Perspektivität überhaupt deutlich wird. Sie ist fundamental und unauflöslich, und es lohnt sich, sich ihrer immer wieder bewusst zu werden. Ich bin immer wieder erstaunt, wenn ich in Diskussionen verschiedenster Themen bemerke, dass die Gesprächspartner:innen einen Konsens erzeugen oder recht haben wollen. Recht haben wollen, um recht zu haben, ist eine Vereinfachung und ein Besitzenwollen von etwas, das man nicht besitzen kann, die Wahrheit, und natürlich ein narzisstisches Phänomen. Für eine Überzeugung zu streiten ist etwas anderes und führt manchmal gerade dazu, ihre Grenzen zu erkennen. Natürlich ist es sehr sinnvoll, engagiert die eigene Sichtweise und Überzeugung zu vertreten. Aber oft wirkt es so, als würde jemand dieses Engagement nur aufbringen, damit die anderen früher oder später diese Sichtweise teilen. Dabei wäre das doch ein eher unproduktives Ergebnis. Es ist doch schon viel, wenn man den eigenen Standpunkt zur Verfügung stellt, wenn man sich die Mühe macht, ihn zu artikulieren. Es ist ein Geschenk für alle. Aber man kann und sollte nicht erwarten, zumindest entspricht das nicht dem Geist der Achtsamkeit, dass andere diesen Standpunkt auch einnehmen oder auch nur gänzlich verstehen, was man da vertritt. Es ist ja sogar unwahrscheinlich, dass man es selbst wirklich versteht. Das

Gesagte löst sich schließlich von der Sprecher:in und wird zum Material für neue Gedanken.

Leider finden sich im historischen wie aktuellen Kontext der Achtsamkeit viele autoritäre Formen der Weitergabe des Wissens, für die nicht unbedingt die Achtsamkeitslehrer:innen alleine verantwortlich sind. Sie erfüllen ein Bedürfnis nach Orientierung, Bewunderung, Gefolgschaft, Hingabe, Abgabe von Verantwortung. Und natürlich befriedigen sie manchmal auf der Seite der Verehrten narzisstische Bedürfnisse, fundamentalistische Denkweisen, und es lässt sich schlicht damit auch Geld verdienen. Aber hilfreich ist es nicht, und es gibt zum Glück auch viele Gegenbeispiele. Die Einsicht in die Perspektivität jeder Praxis und jeden Wissens ist die Quelle des Flusses jeder Erkenntnis. Man sagt, was man weiß, und andere machen etwas daraus. Es ist ärgerlich, missverstanden zu werden, aber unvermeidlich, und manche Missverständnisse sind konstruktiv. Es wird aber sowieso nicht lange dauern und die eigene Erkenntnis wird durch eine umfassendere und präzisere abgelöst werden, und damit erfüllt sie ihren Sinn. Wo ist da ein Platz für „Wissende"? Es wäre schön, wenn niemand Wert darauf legen würde, recht zu behalten. Recht-haben-Wollen und Achtsamkeit passen einfach nicht zusammen. Ein Irrtum bleibt ein Irrtum, aber eine wahre Erkenntnis bleibt keine wahre Erkenntnis. Nicht-recht-haben-Wollen ist einfacher, wenn andere einen nicht auf etwas festnageln, was man gesagt hat. Man sollte jedem Menschen ernsthafte Anerkennung zollen, der in der Lage ist, sich zu widersprechen. Und wenn zwei Menschen in der Lage sind, an einer Stelle eines Gesprächs einen Punkt zu setzen, an der die unterschiedlichen Sichtweisen ausgetauscht und diskutiert sind, aber als unterschiedliche weiterleben und fruchtbar sein dürfen, so ist das ein wertvoller Moment der Achtsamkeit.

Der Einfluss der Achtsamkeit auf das Denken

In diesem Buch ist viel die Rede von dem Einfluss der Achtsamkeit auf die Wahrnehmung, die Sprache, die Gefühle, das Verhalten. Aber sollte sie nicht, wenn sie eine umfassende Haltung ist und wenn sie all das zu verändern vermag, auch Auswirkungen auf die Art und Weise des Denkens haben?

Achtsamkeit verstärkt ja die Differenzierung und die Flexibilität des Wahrnehmens. Gilt das auch für das Denken?

Wissenschaftler und Philosophen haben eine wundersame Vielfalt von Denkformen entdeckt und sie meist in Paaren angeordnet: das analytische und das analoge Denken, das rationale und das wilde, das logische und das paralogische, das implizite und das explizite, das langsame und das schnelle Denken. Es wäre eine dankbare Aufgabe, diesen verschiedenen Formen, ihren Verwandtschaften und Kreuzungen, den Mitteln oder dem Einfluss der Sprache auf diese Denkformen nachzugehen. Aber natürlich sprengt das den Raum und das Anliegen des Buches. Die Spur, der ich folgen will, ist: Was bedeutet eine Haltung der Empfangsbereitschaft, Offenheit und Absichtslosigkeit für unsere Art, zu denken?

Wir denken meistens in bestimmte Richtungen – auf die Lösung von Problemen oder die Beantwortung von Fragen hin. Wir wollen rasch wissen, woran wir sind, Pläne machen, Probleme lösen und uns verständigen können, ohne viel erklären zu müssen. Wir möchten klare Identitäten und setzen oft auf Entweder-oder-Erkenntnisse oder Polaritäten (Freiheit – Unfreiheit, richtig – falsch), die die Welt ordnen. Wir wollen Ursachen erkennen, um haltbare Veränderungen zu bewirken, Unheil zu verhindern. Wir haben ein Kausalitätsbedürfnis. Wir wollen einfach viel, vor allem aber Orientierung und Klarheit. Wenn es im Jiddischen heißt: „Der Rabbi klärt", so bedeutet das: Er denkt nach. Denken scheint immer zu bedeuten, dass man etwas klärt.

Nun können wir überlegen, was geschieht, wenn wir diese Absichten zurückstellen. Wenn wir von „Sinnieren" oder „Kontemplieren" (s. Kap. 3, Kontemplation) sprechen, könnte so etwas gemeint sein: eine Art des Spiels, mit Vorstellungen, Ideen, Assoziationen und anderen Verknüpfungen. Wenn wir versuchen, in dieser Weise zu kontemplieren (und wir machen das in unseren Gruppen oft), so stellen wir fest, dass es nicht einfach ist, keine Ergebnisse erzielen, nichts festhalten, nichts klären zu wollen. Aber tatsächlich tun wir im Leben vieles, was keinen einleuchtenden Sinn hat oder für das wir recht mühsam einen Sinn herbeirufen, wenn wir gefragt werden (Spazierengehen – Gesundheit, Singen – Stimmung, Spielen – Geselligkeit), und manchmal sinnieren wir auch vor uns hin oder tagträumen. In der Achtsamkeitspraxis wird diese Unabsichtlichkeit und Unabsehbarkeit kultiviert. Man verzichtet auf das ohnehin fragile Wissen, wozu etwas gut ist. In der Haltung der Achtsamkeit führt man ein „ergebnisoffenes" Gespräch mit der Wirklichkeit und mit sich selbst.

Was ich vor diesem Hintergrund spannend finde, ist die Beobachtung, dass Denken – gleich in welcher Form – gar nicht zu mehr Klarheit führen muss, auch wenn es so gewünscht ist. Oft werden die Verhältnisse erst unklar, wenn wir anfangen, über sie nachzudenken. In diesem Buch finden sich viele Beispiele dafür. Ist es nicht besser, die gedanklichen Finger von den Themen „Glück", „Gefühle", „Selbst" usw. zu lassen, damit es einem nicht geht wie Augustinus in seiner berühmten Feststellung über die Zeit, wir würden glauben zu wissen, was sie ist, aber nur solange wir nicht über sie nachdenken? Wir sehen das Phänomen auch an gesellschaftlichen Diskursen um „Gender", „Rasse", „Freiheit", „Lebensqualität" usw. Man könnte sagen, nun ja, solche Umwege über das Denken sind einfach notwendig: Erst wird alles komplizierter und undurchsichtiger, um dann umso leuchtender und konturierter aus dem Nebel hervorzutreten. Einstein kam erst auf die spezielle Relativitätstheorie, als durch physikalische Experimente eine große Konfusion über die Geschwindigkeit des Lichts entstanden war. Aber was wäre, wenn man aufhören könnte, in dieser Weise linear zu denken: falsche Gewissheit > Konfusion > größere Klarheit > falsche Gewissheit > neue Konfusion > größere Klarheit usw.? Anders gesagt: Was wäre, wenn Orientierung und Desorientierung, Klarheit und Unklarheit keine Gegensätze wären und nicht erst Antworten neue Fragen erzeugen, sondern all das gleichzeitig und miteinander kommt und geht? Und könnten wir nicht weiter nebenbei an Klarheit interessiert sein, aber in dem Bewusstsein, dass sie gleichzeitig nur mit mehr Unklarheit zu gewinnen ist? Was würde das an unserer Denkweise ändern?

„Es ist interessant, daß die Achtsamkeit, die Fähigkeit und Bereitschaft, sich selbst und die umgebende Welt klar bewußt als Prozeß ständigen Entstehens und Vergehens zu betrachten, ohne sich an irgendetwas festzuklammern, als erstes Glied des Erwachens genannt wird [in buddhistischen Sutren, M. H.]."

P. Gäng 1996, S. 61

„Das zweite Glied des Erwachens [in buddhistischen Sutren, M. H.], dessen Entstehung und Entfaltung in die Achtsamkeit einbezogen wird, ist das Auseinanderhalten und Unterscheiden von Gegebenheiten (dhammavicaya), eine analytische Form des Betrachtens, die aufhört, alle Gegebenheiten in ein Schema zu zwängen, ‚in einen Topf zu werfen'. Das kann heißen, beliebte und einfache Zusammenhänge aufzugeben – etwas von der Art, alle Menschen seien ohnehin böse, mehr brauche man darüber nicht nachzudenken –, das heißt aber auf jeden Fall auch, die eigenen Erfahrungen und Gedanken immer wieder neu zu überdenken, sie geradezu spielerisch neu zu ordnen."

P. Gäng 1996, S. 61

Während ich mich mit den Themen dieses Buches beschäftige und dabei finde, es ist gerade das Bestmögliche, was ich zu Wege bringe, habe ich den Eindruck, dass die Komplexität, die ich gerade reduziere, nicht nur erhalten bleibt, sondern dass sie dabei wächst, und das manchmal rasch und erheblich. Und ich merke, dass ich das nicht bedaure. Dabei bin ich fest davon überzeugt, dass es eine Wirklichkeit gibt, die uns starke Vorgaben macht, und dass es sinnvoll und möglich ist, sich ihr gedanklich zu nähern. Ich könnte mir das so erklären, dass ich einfach Irrtümer beseitige und sie vielleicht demnächst durch bessere Gedanken ersetzen kann, was ja beruhigend wäre, oder dadurch, dass die Strukturen der Wirklichkeit so komplex und vielleicht auch diffus sind, dass alle unsere Bemühungen etwa so angemessen und sensibel sind wie die Künste eines Chirurgen im 19. Jahrhundert. Keine schöne Vorstellung, aber vielleicht sogar noch zu optimistisch. Vielleicht ist jeder Fortschritt der Erkenntnis zwar echt und glaubwürdig, aber eben doch nur ein minimaler Schritt angesichts der Komplexität der Welt. Wenn schon unsere physikalischen Gesetze vermutlich nur einen kleinen Teil der bekannten und erahnten Welt erfassen, warum sollte es um unser psychologisches Wissen oder unsere Lebenskunst besser stehen?

Es ist auch nicht unangenehm, so zu denken, aber der Nachteil ist – und das bedaure ich schon –, dass mich diese Erfahrung und dieses Denkgefühl von Menschen, auch solchen, die mir nahestehen, manchmal entfernt. Gewissheit und das Festhalten an Aussagen, Begriffen und Verknüpfungen scheinen mir nicht falsch oder unwichtig, aber manchmal merkwürdig. Es wirkt auf mich so, als hätte man es eilig, als müssten die Gedanken erledigt werden und auch als würde man gewohnheitsmäßig die einfachste Variante wählen. In öffentlichen Debatten scheint das geradezu erwartet zu werden.

Der gesunde Menschenverstand ist wichtig, aber nicht zuverlässig. Er reicht oft gerade für das Nötigste und Dringlichste unter gegebenen realen und gedanklichen Bedingungen, aber es fehlt ihm das Bewusstsein der sich bei jeder Festlegung erweiternden Komplexität und die

Erfahrung der Ungewissheit. Dieses Bedürfnis nach Gewissheit führt dazu, dass unsicheres Terrain vermieden wird. Ganze Themenbereich, die schwer zu fassen sind, bleiben außer Betracht. Bedeutsame aktuelle Beispiele sind für mich die Einsamkeit in unserer Gesellschaft oder die Selbstverständlichkeit, mit der persönlich oder international eigene wirtschaftliche Interessen vertreten werden. Es gibt keinen Diskurs darüber, was es bedeutet, dass ca. 18 Millionen Menschen in Deutschland in Single-Haushalten leben, dass die Kleinfamilie immer noch das vorherrschende Modell des Privatlebens ist, oder darüber, dass es so viele große Altenheime gibt, aber nur wenige Menschen, die es dorthin zieht, und dass das Alles-oder-nichts-Denken der Monogamie zu einer Unzahl von Trennungen und Vereinsamungen führt. Internationale soziale Ungerechtigkeit oder wirtschaftliche Benachteiligungen schwacher nationaler Ökonomien werden zwar ständig angesprochen, aber diese Themen verschwinden ebenso schnell, wie sie erwähnt werden, von der öffentlichen Agenda. Internationale strukturelle Katastrophen sind Randphänomene. Es gibt „vernachlässigte Krankheiten" wie Malaria und Tuberkulose, die jedes Jahr in armen Ländern Millionen Opfer fordern, es gibt extreme Vernachlässigungen und Misshandlungen psychisch kranker Menschen in vielen Ländern der Welt, es gibt zahllose Straßenkinder usw. usf. Denkt jemand daran? Wieso nicht? Weil sie an weit entfernten Orten stattfinden? Bei solchen Themen würden die individuellen Gedanken und der gesellschaftliche Diskurs eher verweilen und auf Veränderung drängen, wenn man in Ruhe den Informationen Aufmerksamkeit schenken würde, die man zwar bekommt, aber wegsortiert, weil sie keinen erkennbaren Nutzen für das eigene Leben haben. Manche Menschen vermeiden es sogar, sich mit solchen Nachrichten zu beschäftigen, weil sie glauben, dass es zu keinen Ergebnissen führt.

Hilft die Achtsamkeitspraxis, klarer zu denken?

Achtsamkeit führt zu einer Aufmerksamkeit für Ränder, Horizonte, Hintergründe, Unklarheiten, Unbestimmtes und Unbestimmbares, Übergänge, Ähnlichkeiten, Prozesse, Kontexte, Szenen, Wahrscheinlichkeiten, Nicht-Seiendes. Sie führt ganz allgemein gesprochen zu Differenzierungen und Verknüpfungen, die die gewohnten Begriffe und Identitäten überschreiten, und dadurch nicht vorübergehend, sondern grundsätzlich die Komplexität erhöhen.

Was soll das alles mit Achtsamkeit zu tun haben? Die Haltung der Achtsamkeit unterstützt zunächst einmal *das differenzierte Denken*, so wie es auch *differenzierte Wahrnehmungen* unterstützt. Das liegt an ihren nachfolgend aufgeführten Neigungen und Eigenschaften:

„Achtsamkeit bedeutet, frische Informationen gerne aufzugreifen."

E. Langer 2015 [1989], S. 69

- Sich *Zeit* nehmen: Achtsamkeit unterliegt keinem Handlungsdruck und muss daher keine rasche Orientierung anstreben. Dadurch kann man sich mehr mit den Einzelheiten beschäftigen und gedanklich experimentieren wie in einem Brainstorming.
- *Offenheit:* In der Haltung der Achtsamkeit sind wir offen für das, was unserem Bewusstsein sonst entgeht, wir öffnen uns neuen Aspekten. Dadurch entstehen neue Zusammenhänge und Kategorisierungen (Langer 2015 [1989], S. 66 ff.).
- *Gegenwärtigkeit:* Was ist jetzt? Was ist jetzt anders als zuvor?
- *Dekonstruktion:* Ich klammere meine Denk- und Wahrnehmungsgewohnheiten ein (s. Kap. 3, Dekonstruktion).

Differenzierung fördert die alltägliche sinnliche *Sensibilität*, aber auch die künstlerische Ästhetik und die Kreativität. Sie ermöglicht uns Empathie („Der Andere ist, denkt und fühlt nicht genauso wie ich, wie denkt und fühlt er?") und einen Sinn für den Eigenwert der Dinge und Menschen, also den Wert, der nicht von ihren Funktionen bestimmt wird (s. Kap. 13, Ethische Aspekte der Achtsamkeit).

Das Entweder-oder mag ja oft zu eng sein, aber kann man denn auf andere Weise denken?

Achtsamkeit kann dazu führen, dass *Unbestimmtheiten, Übergänge und Verwandtschaften* stärker bedacht werden. Viele Phänomene sind unbestimmt, vage, haben unklare Grenzen und Bedeutungen. Eine Möglichkeit, solchen Phänomenen gerecht zu werden, ist das Denken in *Ähnlichkeiten:*

Schauen Sie sich bitte mal – wo immer es geht – verschiedene Bäume an. Wenn Sie in Botanik bewandert sind, werden Sie sie vielleicht identifizieren und benennen. Wenn nicht, werden Sie aber die Charakteristika eines Baumes erfassen und die Bäume von Sträuchern unterscheiden. Das geht ganz automatisch. Nun ist es aber auch möglich, dass Sie nicht auf die Unterschiede, sondern auf die Ähnlichkeiten achten. Die Blätter – auch die Blätter eines Baumes – sind alle verschieden und doch einander ähnlich, ebenso die Bäume der gleichen Sorte und Bäume verschiedener Sorten. Wenn Sie das weitertreiben, werden Ihnen möglicherweise Ähnlichkeiten zwischen Bäumen und Sträuchern auffallen und möglicherweise werden Sie manchmal eine Zuordnung zu „Baum" oder „Strauch" schwierig finden, wenn die Pflanzen früh Verzweigungen bilden und noch keine eindeutige Höhe haben, wie es z. B. beim Ahorn vorkommt.

Sie können Ihre Wahrnehmungs- und Denkmuster in ähnlicher Weise gegenüber Kulturen, Gefühlen, Weltanschauungen, Verhaltensweisen usw. öffnen, und manche Phänomene sind auch anders gar nicht zu erfassen, z. B. der Stil eines Malers, die Ähnlichkeit von Geschichten und Mythen, die Varianten der Anatomie, die Formen der Liebe usw. Das Wahrnehmen und Denken von Ähnlichkeiten eröffnet neue Zusammenhänge, auf zwischenmenschlicher Ebene z. B. einen Sinn für die Ähnlichkeit verschiedener Antworten auf existenzielle Herausforderungen oder die Ähnlichkeit auf den ersten Blick verschiedener Kulturen zu sehen. Die Erkenntnis der Ähnlichkeit der menschlichen Schicksale und Kulturen kann zu mehr Mitgefühl, Akzeptanz und Solidarität (Bude 2019) führen (s. Kap. 9, Miteinander). Sie widerspricht identitären Denkmustern, in denen die Unterschiede und Polaritäten herausgestellt werden und die fließenden Übergänge und Mischungen unsichtbar bleiben oder werden.

Ein Mensch ist ein Mensch, ein Pferd ein Pferd. Berlin ist Berlin und Bayern Bayern. Brauchen wir nicht klare Einheiten, Begriffe, Identitäten?

Das Denken in Ähnlichkeiten wird derzeit in den Kultur- und Sozialwissenschaften stark diskutiert. Es geht vor allem auf Ludwig Wittgenstein zurück. Er hat in seinem Spätwerk darauf aufmerksam gemacht, dass wir nicht ständig in Identitäten denken und sprechen, sondern sehr oft in Verwandtschaften oder Ähnlichkeiten, er sprach von „Familienähnlichkeit". Identitäten werden gewöhnlich durch wesentliche Gemeinsamkeiten definiert. Die Mitglieder einer Familie aber kön-

Kann man etwas Unbestimmtes denken?

nen sich ähnlich sehen, ohne dass sie irgendeine Eigenschaft, z. B. ihres Aussehens, miteinander teilen. Sie sind sich nur ähnlich. Was sich ähnelt, ist nicht weit voneinander entfernt, es braucht nur wenige Schritte, um das eine in das andere zu transformieren. Es gibt kein Entweder-oder zwischen ähnlichen Entitäten. Die Ränder des Ähnlichen sind unbestimmt, die ähnlichen Elemente sind sich mehr oder weniger nahe, nähern sich einander an oder streben auseinander. Sie können gleichzeitig nebeneinander existieren und machen sich keinen Platz streitig. Die Ränder der Objekte und Situationen verschwimmen und leiten ins Offene.

Eine weitere Denkweise, die wie das Denken in Ähnlichkeiten und Unbestimmtheiten durch die Haltung der Achtsamkeit gefördert wird, ist das *szenische Denken*. Man nimmt normalerweise eine Situation aus einer bestimmten *Perspektive* wahr, die man als die eigene erlebt. Aber was ändert sich, wenn man sich als Teil einer Situation erlebt und denkt? Welche Perspektiven haben die anderen? Was ist noch zu berücksichtigen? Welche Elemente gestalten die Situation mit (Zeitlichkeit, Grenzen, Möglichkeiten, Dynamik, Atmosphären etc.)? Mit „szenischem Denken" meine ich ein Denken, das diese Fragen berücksichtigt. Es kann sein, dass wir dabei typische Szenen entdecken, mit denen andere Szenen durch mehr oder weniger große Ähnlichkeiten verbunden sind. In Psychotherapien geschieht das häufig und es wurde in der „relationalen Psychoanalyse" (Mitchell 1988; Knoblauch 2000) eindrücklich dargestellt. Es kann hilfreich sein, Ähnlichkeiten zwischen aktuellen und vergangenen Szenen zu entdecken, um dem Wiederholungszwang zu entgehen. Bei diesen Wiederholungen kann es im Übrigen gut sein, dass man eine andere Position in der Szene übernimmt und deshalb glaubt, man habe die Vergangenheit überwunden. Die Szene ist aber die gleiche geblieben. Szenisch lassen sich externe Abwehrmechanismen wie die „projektive Identifizierung" verstehen, aber auch interne Abwehrmechanismen wie die „Identifikation mit dem Aggressor" oder die „Projektion". Auch die *Empathie* wird durch szenisches Denken leichter verständlich (s. Kap. 9, Empathie und Mitgefühl).

Szenisches Denken ist nicht das Gleiche wie systemisches Denken. Für das systemische Denken sind funktionale Zusammenhänge entscheidend. Szenen aber bestehen nicht nur aus funktionalen Zusammenhängen, sondern auch aus einem Nebeneinander und Miteinander, einem gemeinsamen Gestalten, z. B. einer Atmosphäre, einem Abfärben, Vordergrund und Hintergrund usw. Szenisches Denken ist für die Dynamik einer Situation geeignet, für die Möglichkeiten, die nicht realisiert sind, und für die Berücksichtigung der *verschiedenen Perspektiven*, die beteiligte menschliche und nicht-menschliche Wesen in ihr einnehmen. Damit berücksichtigt szenisches Denken auch die unterschiedlichen Interessen. Natürlicherweise haben die eigenen Wünsche und Gefühle eine Sonderstellung, denn starke Angst, Schmerzen und Bedürfnisse können dem szenischen Denken Grenzen setzen und werden es bei den meisten Menschen auch tun. Aber szenisches Denken kann auch umgekehrt der egozentrischen Perspektive Grenzen setzen – in Form von Selbst-Dezentrierung. Selbst-Dezentrierung lässt sich im Kontext dieses Kapitels als die Fähigkeit verstehen, szenisch zu denken und sich dabei nicht selbstverständlich in den Mittelpunkt der Szene zu stellen. Manchmal mag es sinnvoll sein, die eigene Perspektive und die Bedeutung, die eigenen Wünsche und die persönliche Verantwortung zu betonen, oft aber auch nicht (s. Kap. 13, Altruismus).

Das szenische Denken hat Konsequenzen für das Verständnis von kognitiven und sprachlichen Prozessen. Einschätzungen, Meinungen, Urteile, Begriffe, Sätze, Mimik, Gesten usw. sind regelhaft nur *kontextuell* verständlich. Lächeln kann als Freundlichkeit, aber auch als Überheblichkeit verstanden werden, Zufriedenheit und Glück sind nur dann konkretisierbar, wenn ich weiß, auf welche Menschen in welcher Lebenssituation sie sich beziehen und welche Erwartungen und Maßstäbe sie haben. Ein wissenschaftlicher Begriff braucht eine Theorie, die ihn erklärt, ein Laborwert ein Wissen um Normwerte und ihre Bedeutung. Bei einer Anrede in einer Mail sollte man eine vermutete soziale Beziehung richtig einschätzen, „Du“ und „Sie“ sind nicht leicht zu kontextualisieren und Wörter wie „wir“, „bald“, „vielleicht“, „ruhig“, „Feier“, Zukunft“, „früher“ sind ohne Kontext nicht

„Daher kann das dao, ganz im Gegensatz zur Forderung nach Klarheit und Unterschiedenheit, nur als ‚verschwommen‘, ‚vage‘, ‚ununterschieden‘ und evasiv gekennzeichnet werden, weshalb man auch eine Sprechweise erreichen sollte, die ‚kaum besagt‘, sich jeder Bestimmtheit enthält, am Rand einer Formulierung und allusiv bleibt, um dieser Ununterschiedenheit nahe zu kommen. Jetzt erklärt sich auch, weshalb das dao ‚fad‘ genannt wird. Denn das Fade [...] ist [...] ein solches, das an der Schwelle zur Bestimmtheit, also noch diesseits jeglicher Abgrenzung, in einem Zwischen Genuss bietet.“

F. Jullien 2018, S. 185/86

einmal verständlich. Der Bedeutungshof von Begriffen wie „Gesetz", „Ehe", „Pünktlichkeit", „Arbeit", „Freiheit", „Frau", Vater", „Korruption", „Alter" erschließt sich eindeutig nur, wenn man den kulturellen und historischen Kontext versteht. Auch durch den Wechsel von Kontexten entstehen kreative Möglichkeiten in Metaphern („der zweite Frühling") und Poesie („Der Abend wechselt langsam die Gewänder", Rilke, s. S. 103).

Zu einem offenen, „flexiblen" Denken (E. Langer) gehört es auch, *in Prozessen zu denken*, aber auch das geschieht vor allem im Alltag viel zu selten. Wissenschaftler sind eher daran gewöhnt, wie sich bei der Einschätzung des Klimawandels zeigt. Dabei geht es nicht nur darum, von Prozessen auf zukünftige Ergebnisse zu schließen, wie es bei Krankheitsverläufen, Klimaentwicklungen, Börsenkursen, Trends oder der Entwicklung einer Beziehung oder einer Gruppendynamik angebracht ist. Es ist auch interessant, Prozesse also solche wahrzunehmen und wertzuschätzen und genauso ernst zu nehmen wie Ergebnisse oder Zwischenstände. Prozesse bestehen aus Übergängen, oft unmerklichen, und schützen davor, Identitäten eindeutiger zu machen, als sie sind. Beispiele sind das Gerede von der „Pubertät" oder dem „Alter" (mit den damit verbundenen Klischees), die Verdinglichung von Diagnosen („Depression", „Borderlinestörung", „Krebs"), die Idee des Ankommens oder der Sehenswürdigkeiten bei Reisen, die Idee einer Verliebtheit, die auf Besitz abzielt, körperliche Liebe, die es vor allem auf Befriedigung abgesehen hat, die Erzählungen von Ehen, die „gescheitert" sind usw. Prozesse bestehen aus Ähnlichkeiten in der Zeit. Irgendwann entsteht etwas Neues, aber es ist unklar, ab wann das Neue als solches definiert werden kann. Ab wann ist ein Mensch „erwachsen"? Von heute auf morgen, wie es das Gesetz will? Es gibt gute Gründe, es so zu definieren, aber auch gute Gründe, die Definition mit Vorsicht zu genießen, wie es die Lebenserfahrung rät und im Strafrecht berücksichtigt wird.

Ellen Langer hat darauf hingewiesen, wie freudlos unser Leben sein könnte, wenn wir uns nur an Resultaten orientieren würden. Sie wählt

u. a. das Beispiel des Golfspiels. Wäre es noch ein Spiel, wenn wundersam effektive Golfschläger erfunden würden, die mit einem einzigen Schlag ins Loch finden? Sie hat auch gezeigt, dass uns die Unterschätzung von Prozessen dazu verführt, etwas zu bedauern, was wir getan oder nicht getan haben, weil wir in diesen Fällen so tun, als hätte es nur diese beiden Möglichkeiten mit absehbaren Resultaten gegeben, nicht aber all die anderen Möglichkeiten, zu denen der Prozess selbst geführt hat oder hätte führen können (Langer 2015 [1989], S. 77 ff).

Wenn man in Prozessen denkt, erkennt man rasch, dass Sicherheit selten ist, *Wahrscheinlichkeiten* aber die Regel sind. Wahrscheinlichkeiten sind wie Ähnlichkeiten und Prozesse fließend. Schon ihre Angabe in Prozentwerten entspricht nicht ihrem flüssigen Charakter. Wir können sie manchmal berechnen, aber im Alltag ist es in der Regel notwendig, ein Gefühl für sie zu entwickeln. Wie wahrscheinlich ist es, dass ich um 18 Uhr in Berlin ankomme, wenn ich an einem bestimmten Tag um 11 Uhr in Frankfurt mit dem Auto starte? Wie wahrscheinlich ist es, einen bestimmten Job zu bekommen, wie viele weitere Bewerbungen soll ich schreiben? Wie gefährlich ist es, als Frau alleine im Wald spazieren zu gehen? Lohnt es sich, in einer Schlange zu warten? … Sich zu sehr auf Wahrscheinlichkeiten zu fixieren, ist keine gute Idee, sie können sich rasch ändern, nicht einmal die Anzahl der Faktoren ist in der Regel bestimmbar, das Gefühl für Wahrscheinlichkeiten ist manchmal rascher und beweglicher und ohnehin die einzige Lösung. Aber zu wissen, dass es sich bei Plänen meist nur um Wahrscheinlichkeiten handelt, bewahrt ebenso vor Hoffnungslosigkeit wie vor allzu großem Optimismus.

Eine letzte und die grundlegendste Weitung des Denkens, die durch Achtsamkeit gefördert wird und die ich beschreiben möchte, besteht darin, das *Nicht-Seiende* zu denken. In der Theologie und der Philosophie wurde viel darüber nachgedacht, ob es nicht auch etwas geben kann, was auf ganz andere Weise existiert, also nicht in Raum und Zeit, auch nicht jenseits von Raum und Zeit in der Ewigkeit, gar nicht als Anwesendes oder Vorhandenes, auch nicht als Prozess oder als

„In den meisten Ausbildungszusammenhängen werden die ‚Fakten' dieser Welt als absolute, unbedingte Wahrheiten dargestellt, obwohl sie besser als Aussagen über Wahrscheinlichkeiten gesehen würden, die für den einen Kontext gelten für einen anderen nicht. Was geschieht, wenn wir solche Ungewissheit zulassen? Wird uns die unsichere Information später, wenn sich der Kontext geändert hat, leichter zugänglich sein? […] Oder stellen Sie sich vor, wie eine Scheidung auf ein Kind wirkt, dem man beigebracht hat: ‚Zu einer Familie gehören Mutter, Vater und Kinde', statt ‚Zu einer Familie können gehören …'"

E. Langer, 2015 [1989], S. 115/19

großes Ganzes, das alles umfasst, und auch nicht als „Geistiges", das ja auch wieder irgendwie vorhanden sein muss, mindestens als Gegensatz zum Materiellen.

Wenn wir Ziele und Absichten verfolgen, interessieren wir uns für Ergebnisse und Identitäten, für das Seiende und für das Veränderliche, aber jedenfalls für das Vorhandene. Dabei mag das Nicht-Seiende unvermeidlich mitschwingen, aber es wird nicht unsere Aufmerksamkeit auf sich ziehen, weil es nicht unabhängig von uns existiert, sondern als Phänomene des Zwischen. Ich gehe in diesem Buch immer wieder auf solche Phänomene ein: Anmutungen, Atmosphären, Handlungsaufforderungen, Beziehungen, Begegnungen, Miteinander oder Transzendenz (wenn wie in diesem Buch als immanente verstanden) sind solche Phänomene, sofern sie gegenwärtig sind und wir sie selbst aktualisieren und erleben. Die Haltung der Achtsamkeit ist in der Lage, das Nicht-Seiende, Nicht-Anwesende, Nicht-Vorhandene, das uns stets umgibt, in den Vordergrund treten zu lassen und bewusst zu machen. Etwas, das nicht als ein Etwas im Sinne von etwas Seiendem existiert, ist leicht zu erfahren, aber schwer zu denken. Nicht-Seiendes denken kann man nur, wenn man von der Beziehung her denkt. Die Achtsamkeit selbst ist ein solches Phänomen. Sie existiert im vollständigen Sinne und für mich nur als meine Praxis, d. h. als ein interaktives Geschehen, das ich in der Gegenwart gestalte, auch wenn ich sie als Fähigkeit in einem anderen (indirekten) Sinne als Vorhandenes beschreiben kann.

Aus der Perspektive derjenigen Philosophen oder Religionswissenschaftler, die versuchen, das Erleben vieler (oder des generalisierten) Menschen zu beschreiben, gibt es zahlreiche Versuche, dieses Nicht-Seiende in Worte zu fassen, ohne es dabei zu zerstören: Das „Seyn" oder die „Lichtung" bei Heidegger, die Leere und das Nichts im Zen, „das Göttliche" – versus „Gott" – bei Meister Eckhart. Man kann auch versuchen, das Nicht-Seiende von der Erfahrung, dem Denken, der Sprache oder dem Handeln her zu entfalten, wenn man nach ihren Grenzen, Rändern und Grundlagen fragt. Dann kommt man zu Begriffen wie „Ding an sich“ (Kant), „Horizont“ (Husserl), Sprechen („Parole“, de Saussure), Sprachspiel und Zeigen (Wittgenstein), „das Reale“ (Lacan), der „Nicht-Sinn“ (Merleau-Ponty), die „Kontingenz“ (Luhmann), die „chaotische Mannigfaltigkeit“ (Schmitz), die „Differenz“ (Bateson, Derrida), das „Besondere“ bei Adorno, die „Wirklichkeit“ im Pragmatismus, das Nicht-Viable in der Systemtheorie.

Ähnlich, aber im Ergebnis banalisierend, sind die Versuche, das Nicht-Seiende als dasjenige zu denken, das das Vorhandene ermöglicht und durchwirkt, ohne selbst im üblichen Sinne zu sein: das „Dao“ (in schlichten Interpretationen als Lebenskraft), das „Leben“, das „Wachstum“, die „Evolution“, die „Autopoiesis“, die „Gaia-Hypothese“ u. a. (in Varianten der Lebensphilosophie, der Humanistischen Tradition, der Systemtheorie, der Philosophie des New Age, der „Tiefenökologie“, spirituellen Systemen usw.). Diese Ansätze geben allerdings die Perspektive des Zwischen wieder auf. Sie spielen noch mit der Aura des Geheimnisvollen, das das Nicht-Seiende umgibt, ebnen aber den Unterschied zwischen Seiendem und Nicht-Seiendem wieder ein, indem sie die Prinzipien, die sie entdeckt haben, in der Welt des Vorhandenen verorten. Sie flüchten vor der Herausforderung des Nicht-Seienden in die Spekulation mit wissenschaftlichem Kapital und beruhigen sich und andere in esoterischer Gewissheit. Wenn man dies vermeiden will, ist es gut, immer wieder in die Anschauung zurückzukehren und die Phänomene des Unfasslichen, Unbestimmten und Unbestimmbaren aufzuspüren (s. Kap. 7, Transzendenz und Sinnlichkeit).

Die Auswirkungen der Achtsamkeit auf das Denken sind also zusammengefasst folgende:

- Differenzierung
- Dekonstruktion, Offenheit, Interesse an Hintergründen
- Denken in Unbestimmtheiten
- Denken in Ähnlichkeiten
- Szenisches Denken
- Perspektivität
- Kontextuelles Denken

- Denken in Prozessen
- Denken in Wahrscheinlichkeiten
- Denken des Nicht-Seienden

Alle diese Formen des Denkens kann man als „fluides Denken" bezeichnen. Fluides Denken ist ein bewegliches und kreatives Denken, das überraschende Objekte, Zusammenhänge und Wendungen entdeckt und nicht in erster Linie an Identitäten, Kausalbeziehungen, Gesetzmäßigkeiten oder Modellen orientiert ist. Natürlich kennt es Identitäten und kann etwas als „Fall von" identifizieren. Abstraktionen sind so unverzichtbar wie Einordnungen. Fluides Denken ist aber nicht identitär, das Denken in Identitäten wird ergänzt, erweitert und relativiert. „Identitäres Denken" und „identitäre Bewegungen", die vor allem an festen Identitäten interessiert sind, sind ja deswegen so gefährlich, weil sie Identitäten gegen Ähnlichkeiten, Übergänge und Kontinua behaupten und das eine nicht mit dem anderen verbinden können. Denken ist nicht per se eine Vergewaltigung der Wirklichkeit und des Besonderen. Denken ist nicht gleich „Verfügen" (Rosa 2019), nicht per se eine Entfremdung zwischen Mensch und Welt, die nur durch Resonanz oder eine Rückabwicklung der Subjekt-Objekt-Spaltung überwunden werden kann. Es sollte nur auch fluide sein. Die Vielfalt der Formen des Denkens ist wunderbar, wenn man ihr die Zeit gibt, sich zu entfalten.

9 Begegnungen

Achtsame Kommunikation

Wie kann sich die Achtsamkeitspraxis auf die Art und Weise, mit anderen Menschen zu kommunizieren, auswirken? Ich werde in diesem Abschnitt Anregungen und Vorschläge formulieren, die Ihnen sicher auch teilweise bekannt sind. Mir ist es wichtig, zu zeigen, welche Konsequenzen eine achtsame Haltung in der Verständigung mit anderen Menschen haben kann. Die Betonung liegt wirklich auf „kann". Diese Vorschläge helfen möglicherweise dann weiter, wenn das Gespräch schwierig und unbefriedigend verläuft, wenn es entfremdet, statt Nähe und Verständnis zu fördern. Die Vorschläge sind nicht im Sinne einer generellen Verbesserung oder Regulierung der Kommunikation zu verstehen. Kommunikation entsteht im Augenblick und aus dem, was Menschen einander spontan zu sagen haben, so vollständig oder unvollständig, ehrlich und unehrlich, wie sie nun mal miteinander umgehen. Wenn man versucht, sie top-down (von oben nach unten) zu verbessern, so wird sie technisch und stereotyp, sie eliminiert die Ungereimtheiten, missglückten Versuche und all die Manöver, die auch zu einer Beziehung gehören und die möglicherweise einen tieferen Einblick geben als eine geschönte, geglättete Kommunikation. Wenn die Menschen das Wetter optimieren könnten, hätte es vermutlich jedes Jahr den gleichen Ablauf, weil er für die Erholung, die Gesundheit, die Landwirtschaft optimal wäre. Würden wir alle gesund leben, würde niemand mehr reiten oder Ski fahren, Alkohol trinken oder wenig schlafen.

Gute Kommunikation ist vor allem kein Allheilmittel gegen Interessengegensätze und unterschiedliche Wertvorstellungen. Die Gefahr, dass

„Vielleicht ist keine andere kulturelle Eigenschaft des Ethos der Kommunikation so frappierend wie seine grundlegende moralische (oder soziologische) These, daß durch den Gebrauch adäquater Sprachmuster gleichzeitig den eigenen Interessen und denen der anderen gedient werden kann. Wenn es eine Botschaft gibt, die die therapeutische Weltanschauung unablässig vermittelt, dann ist es die, dass durch die Fähigkeit der Partner, ihre Bedürfnisse, Gefühle und Ziele zu verbalisieren und diese Bedürfnisse im Medium der Sprache auszuhandeln, jedwede Bindung eingegangen und aufrechterhalten werden kann. So impliziert auch die ständig wiederholte Mahnung, in der Ich-Form zu sprechen – also ‚ich brauche dich, damit wir die Hausarbeit teilen können‘ zu sagen statt ‚du solltest dir die Hausarbeit mit mir teilen‘ –, dass Konflikte für die therapeutische Weltanschauung nicht durch den Bezug auf gemeinsame Normen oder gemeinsame Werte gelöst werden, sondern durch den Einsatz adäquater sprachlicher Techniken."

E. Illouz 2008, S. 231

wir glauben, auf einer technischen Ebene Widersprüche nicht nur klären, sondern auch beseitigen zu können, ist groß und entspricht dem positiven und tendenziell totalitären Denken, dass Interessengegensätze ja eigentlich so überflüssig sind wie aggressive Gefühle, weil doch im Grunde alles in einer harmonischen Weise miteinander verbunden ist. Nach dieser Ideologie ist es nur unsere mangelnde Einsicht, die uns über Werte und Interessen ernsthaft streiten lässt. Achtsamkeit wäre dann ein Weg, diese Einsicht zu erlangen und Auseinandersetzungen wie „negative“ Gefühle zu beseitigen, ohne in Wirklichkeit irgendetwas zu verändern. Auch an dieser Stelle möchte ich daran erinnern, dass es ein Missverständnis ist, Achtsamkeit als eine Technik zu verstehen, am Ende auch noch als eine nicht-wertende Haltung. Gerade weil Achtsamkeit aus sich heraus eine Haltung ist, die sich für *Eigenwerte, Miteinander* und begründbare Visionen einer gerechten Gesellschaft einsetzt, kann sie sich nicht auf eine abstraktere Ebene einer Kommunikationsweise zurückziehen.

Warum dennoch Ratschläge? Wie immer macht es Sinn, im Notfall aktiv zu werden und einzugreifen. Vieles ist gut genug, aber manches ist es einfach nicht. Irgendwann ist der Schlaf doch zu wenig oder das Skifahren nicht angesagt. So scheint es mir auch mit der Kommunikation zu sein. Wir können nie wissen, wozu eine misslingende Kommunikation gut ist. Aber wenn wir spüren, sie führt in die Irre, sie wird desinteressiert, anstrengend oder einseitig, dann ist es gut, ein paar Ideen zu haben, wie man sie wieder in den grünen Bereich bringen könnte. Achtsamkeit bedeutet für mich in diesem wie in vielen anderen Fällen, die Dinge laufen zu lassen und nur aktiv zu werden und sie nur dann auch im Sinne einer achtsamen Lebensweise zu verändern, wenn es sein muss. Wann das der Fall ist, kann man nicht genau sagen, aber vielleicht haben wir ein Gespür dafür, wie wenn wir wissen, dass es zu kalt wird und wir einen Pullover anziehen sollten. Auch dafür gibt es keine Vorschriften, nur ein Gespür und Erfahrungen. Wenn es sein muss, macht es Sinn, bewusst die Kommunikationsweise zu verändern. Aber ich denke auch, dass sich all diese Schritte aus einer Haltung der Achtsamkeit ergeben, sodass man auch einfach schauen kann, wie sich unter ihrem Einfluss die eigene Kommunikation von selbst verändert. Nehmen Sie die folgenden Ratschläge also als Notfallset oder als Darstellung, wie eine achtsame Haltung sich in der Kommunikation zeigen könnte.

Sollten Sie mehr Achtsamkeit in der Kommunikation für sinnvoll halten, schlage ich Ihnen vor, erst einmal die Rahmenbedingungen zu berücksichtigen. Sie sollten für beide Gesprächspartner:innen stimmen. Ich kann z. B. gut ernsthafte Gespräche führen, wenn ich Auto fahre, und meine Gesprächspartner:in sitzt neben mir. Wir schauen dann beide in die gleiche Richtung. Es kann aber sein, dass meine Gesprächspartner:in möchte, dass ich sie anschaue und durch nichts abgelenkt werden kann. Dann wäre es gut, das zu akzeptieren, damit die Situation für beide stimmt. Die averbale Kommunikation ist so wichtig wie die verbale, und sie beginnt eben mit der Orientierung der Körper im Raum und zueinander. Ebenso wichtig kann es sein, darauf zu achten, genügend Zeit zu haben oder genügend Wachheit und Energie bei beiden. Das klingt jetzt nach dramatischen Gesprächen, ist aber nicht so gemeint. Ich denke, das sind Aspekte, die in jedem Gespräch wichtig sind, die wir aber gewöhnlich nicht beachten, weil wir mit den Inhalten und Themen beschäftigt sind.

Der Ort, an dem wir im Recht sind

An dem Ort, an
dem wir im Recht
sind,
blühen keine
Blumen
im Frühling.

Der Ort, an dem wir
im Recht sind,
ist festgetrampelt
wie ein
Kasernenhof.

Aber Zweifel und
Liebe
durchlöchern die
Welt
wie der Maulwurf,
wie der Pflug.
Und ein Flüstern
wird zu hören sein,
dort,
wo das Haus einst
stand, das jetzt in
Trümmern liegt.

J. Amichai 2018, S. 88

Es kann sein, dass für die Ruhe und Sensibilität, die eine achtsame Kommunikation braucht, keine Zeit ist und dass sie auch gar nicht angebracht ist. Z. B. ist sie nicht angebracht, wenn Sie sich einfach durchsetzen müssen, die Arbeit funktional organisieren oder eine gemeinsame Situation oder Beziehung beenden, die durch achtsame Kommunikation nur wieder fortgesetzt würde.

Zu den Rahmenbedingungen gehört auch, dass die Beziehung, die dem Gespräch zugrunde liegt, minimale Anforderungen an wechselseitigem Respekt, Glaubwürdigkeit, Interesse, Freiheit von Angst und Repression und möglicher emotionaler und gedanklicher Kooperation erfüllt. Es muss zumindest möglich sein, dass ein gemeinsamer Raum des wechselseitigen Verstehens, des gemeinsamen Weltbezugs und der Klärung von Erlebnissen, Sachverhalten oder Meinungsverschiedenheiten entstehen kann.

Was aber, wenn Sie gerne auf eine solche achtsame Weise kommunizieren wollen, es aber mit jemandem zu tun haben, der sich nicht an dieser Idee orientiert und auch kein Naturtalent für diese Art der Kommunikation ist? Dann existieren diese Prinzipien in Ihrem Kopf und Sie können nicht mehr tun, als sie zunächst einmal selbst zu befolgen. Wenn Sie es aber nun versuchen und der andere nicht mitspielt, wird Ihr Erfolg fraglos begrenzt sein, weil Kommunikation einfach ein zwischenmenschliches Geschehen ist. Dennoch mag es sein, dass Sie ein Modell liefern, dass Ihr Verhalten auf den anderen abfärbt oder die Atmosphäre zwischen Ihnen beiden sich verändert. Achtsame Kommunikation ist auch eine *informelle Praxis* (s. Kap. 2, Formen der Achtsamkeit), durch die Sie eine achtsame Haltung lernen, verbessern und in begrenzter Weise auch mitteilen können. Natürlich ist es einfacher, wenn sie beide mit Achtsamkeit vertraut sind und gemeinsam auch darüber sprechen können, wie sie gerade kommunizieren oder gerne kommunizieren würden.

Wenn Sie nun die Rahmenbedingungen überprüft und vielleicht ein wenig passend gemacht haben, sind folgende Vorschläge möglicherweise hilfreich:

1. Hören Sie zu. Denken Sie daran, dass Achtsamkeit *Empfangsbereitschaft* und *Anfängergeist* (s. Kap. 6) bedeutet. Das scheint mir der wichtigste Rat. Glauben Sie nicht, dass Sie den anderen kennen und wissen, was er oder sie denkt oder empfindet. Sie wünschen sich das vielleicht, aber es ist unrealistisch. Auch vertraute Menschen sind immer für Überraschungen gut, haben Geheimnisse, verändern sich oder haben etwas Unerwartetes zu sagen. Nehmen Sie Ihre Erwartungen und Interpretationen als das, was sie sind: Erwartungen und Interpretationen. Wir machen uns ein Bild von dem anderen und von uns selbst. Die Wirklichkeit des anderen wird wie unsere eigene komplexer sein. Es ist gewöhnlich so, dass wir, während wir zuhören, das Gehörte kommentieren, überlegen, wie wir antworten können und wollen. Lassen

Sie das zu wie immer, und kehren Sie mit einem „Und" zum Zuhören zurück. Natürlich ist Ihr Zuhören nie rein, es geschieht nie ohne Vorannahmen. Ohne Vorannahmen würden Sie gar nichts verstehen. Bedenken Sie, was allein die Sprache schon alles vorwegnimmt. Aber es geht hier nicht um ein Alles-oder-Nichts, sondern darum, dass wir uns der Vorannahmen bewusst sind und sie relativieren. Wenn wir wissen, was wir meinen und zu wissen glauben, sind wir auch offen dafür, etwas anderes zu hören, was vielleicht interessanter, informativer, der Wirklichkeit angemessener ist.

2. Lassen Sie dem anderen und sich Zeit. Hier haben wir wieder den Zeitgeist in Form von allgegenwärtigem Zeitdruck gegen uns. Nicht nur, weil viele Menschen keine Zeit haben, sondern weil es unüblich geworden ist, dass jemand während eines Gesprächs nachdenkt, nach den richtigen Worten sucht, eine Auszeit oder eine Vertagung in Anspruch nimmt. Gespräche laufen oft nach dem Modell von Pingpong-Spielen. Ein Beispiel sind öffentliche Interviews und Talkshows. Sieht man dort Menschen nachdenken? Die Talkshowgäste müssen rasch antworten und sofort beginnen zu reden. Entweder sagen sie dann das, was sie schon oft gesagt haben, oder drücken sich so allgemein aus, dass sie kein Risiko eingehen. Natürlich stimmt das nicht für jede einzelne Äußerung, aber es ist ein Trend, eine flache kommunikative Atmosphäre, die so entsteht. Zu einem achtsameren Kommunikationsstil trägt es auch bei, wenn Sie selbst Zeit und Zuhören in Anspruch nehmen. Legen Sie Wert darauf, dass Sie nicht unterbrochen werden, dass Sie Zeit bekommen für Pausen und Nachdenken.

Ich habe das Gefühl, ich kann mich nicht richtig verständlich machen, man hört mir nicht zu.

3. Nehmen Sie sich Zeit, nachzuspüren, was die Gesprächssituation, einzelne Mitteilungen – sei es des anderen oder Ihre eigenen – mit Ihnen machen. Wie fühlen Sie sich jetzt gerade mit dem, was Sie gehört, erlebt oder auch gesagt haben? Ergänzen Sie die äußere Achtsamkeit durch innere. Das kann parallel geschehen, aber eventuell müssen Sie auch um etwas Langsamkeit oder kleine Atempausen bitten. Gestatten Sie das Gleiche natürlich auch dem anderen oder fragen Sie sogar, wie es ihr oder ihm gerade geht; bitten Sie gegebenenfalls um einen Moment der Stille zum Innehalten und Spüren.

Ich habe das Gefühl, dass ich zu schnell reagiere, den anderen zu schnell unterbreche und das Gespräch umlenke.

Wie kann ich die Haltung der Achtsamkeit beibehalten, wenn ich mit einem anderen Menschen rede?

4. Hören Sie aktiv zu. Damit ist gemeint: Fragen Sie nach, ermuntern Sie zum Sprechen, vor allem averbal, teilen Sie mit, was Sie verstanden haben und was nicht.
5. Gestatten Sie dem anderen (und sich selbst), laut zu denken, ins Unreine zu sprechen. Unbestimmtes, Vieldeutiges, Ambivalentes kann mehr mitteilen und fruchtbarer sein, als wenn Sie wechselseitig Klarheit und Eindeutigkeit verlangen.
6. Lassen Sie dem anderen die Möglichkeit, sich zu widersprechen und sich zu korrigieren. Es ist ein Teil der Haltung der Achtsamkeit, die Gleichzeitigkeit unterschiedlicher und auch widersprüchlicher *Perspektiven* und Positionen zu akzeptieren, wann immer diese Widersprüche auftauchen.
7. Achten Sie darauf, dass beide Gesprächspartner:innen wirklich über die Themen, die zur Sprache kommen, sprechen wollen. Fragen sind in einer achtsamen Kommunikation dazu da, einen Raum zu eröffnen, nicht ihn eng zu machen und den anderen zu bedrängen. Deswegen sind auch offene Fragen – also Fragen, die viele Antworten zulassen – geeigneter als geschlossene, auf die man mit „Ja“ oder „Nein“ antworten kann. Lassen Sie dem anderen seine Geheimnisse. Er behält sie im Übrigen sowieso, auch wenn er Ihnen unter Druck ein paar Brocken hinwirft. Menschen teilen einander Geheimnisse mit, wenn sie sich einigermaßen sicher sind, dass der oder die andere mit Verständnis reagiert und sie nicht mehr verurteilt, als sie es eventuell schon selbst tun. Die Zuhörer:in sollte auf der Seite der Mitteilenden stehen, das Mitgeteilte für sich behalten und in keinem Falle gegen sie verwenden. Das sind auch aus ethischer Sicht notwendige Bedingungen für die Wahrhaftigkeit und die Forderung an jemanden, die Wahrheit zu sagen.

„Zwar ist uns seit dem Poststrukturalismus gesagt worden, Bedeutungen seien nichtintentional, unentscheidbar und polysemisch [vieldeutig, M. H.], die therapeutische Literatur jedoch erklärt die Mehrdeutigkeit zum Erzfeind der Intimität und fordert uns auf, unklare und ambivalente Aussagen aus der Alltagssprache zu verbannen.“

E. Illouz 2008, S. 230

8. Verwenden Sie Ich-Botschaften, aber nur, wenn Sie sie ernst meinen. Das ist dann der Fall, wenn Sie wirklich offenlassen, ob das, was nach der Einleitung „Ich habe das Gefühl …“, „Ich wünsche mir …“ etc. folgt, stimmt oder nicht. Oft werden aber Ich-Botschaften zur Immunisierung einer Behauptung verwendet und nicht als Mitteilung über sich selbst: „Ich habe das Gefühl, dass Du mir nicht richtig zuhörst …“ kann bedeuten: „Ich habe ein bestimmtes Gefühl …“ (warum auch immer), oder: „… Du hörst mir nicht richtig zu (aber ich sage es so,

dass Du mir nicht widersprechen kannst)." Oder nehmen wir: „Ich habe den Eindruck, dass Du mich nicht verstehst." „Wieso?" „Siehst Du!" – „Wieso?" war offensichtlich keine gute Antwort, denn es galt etwas zu behaupten. Kurzum: Ich denke, Ich-Botschaften sollten nicht dazu dienen, dem anderen die Chance zu nehmen, widersprechen zu können. Das führt zu den Problemen, die wir aktuell haben. Wenn jemand sich rassistisch oder sexistisch behandelt fühlt, so muss wohl auch Rassismus oder Sexismus vorliegen usw. Jemand, der beschuldigt wird, gilt auch schon deswegen als Täter:in, weil ein Gefühl nicht falsch sein kann. Das Gefühl ist nicht so einfach, aber sein kognitiver Gehalt schon. Ihn dann nicht als klare Behauptung in den Raum zu stellen, macht das Gespräch vielleicht vordergründig freundlicher, erschwert aber die Klärung und der andere kann sich ausgetrickst fühlen, auch wenn er nicht genau weiß, wieso.

Wenn ich mit jemand anderem rede, bin ich ganz bei ihm, und es fällt mir schwer, mich, meine Interessen und meine Grenzen wahrzunehmen.

9. Verlangen Sie keine Rechtfertigungen oder Entschuldigungen! Die Wahrscheinlichkeit ist hoch, dass Sie nur das zu hören bekommen, was Sie hören wollen, nicht das, was der andere denkt und fühlt. Sie werden mehr Unsicherheit und Fremdheit erleben als vorher (s. Kap. 13, Rechtfertigen)

10. Verlangen Sie nicht von dem anderen, dass er Ihnen mit dem, was er sagt, Gutes tut. Natürlich ist es schön, wenn das geschieht, und Sie können es sich wünschen. Es kann sein, dass es für den anderen eine wichtige Anregung ist. Aber „Verlangen" ist etwas anderes. Unter dem Gesichtspunkt der Achtsamkeit geht es um Wahrheit und Begegnung, und das kann bedeuten, dass Sie dem anderen auch dankbar sind, wenn er nicht zu viel Rücksicht nimmt, also jedenfalls nicht so viel, dass die Begegnung leidet.

11. Spüren Sie, wie die Atmosphäre des Gesprächs ist, und wenn sie auf Rechthaberei, Vorwürflichkeit (Vorwürfe um der Vorwürfe willen) usw. hinausläuft und nicht mehr halbwegs konstruktiv, lösungsorientiert, kooperativ ist, dann bleiben Sie mit Ihrer Aufmerksamkeit bei dieser Wahrnehmung, sprechen Sie die Atmosphäre an, kehren Sie nicht zu den Inhalten zurück.

12. Manchmal ist Schweigen und Distanz der bessere und vor allem achtsamere Weg. Wenn die Kommunikation sehr unachtsam wird,

Manchmal reden mir meine Gesprächspartner zu viel und mir schwirrt der Kopf.

kann es sinnvoll sein, sie einfach zu unterbrechen und gemeinsam zu schweigen. Dann können alle Beteiligten neu starten. Vielleicht nach einer Minute, vielleicht nach einer Stunde, vielleicht nach Monaten. Wir üben kurze Unterbrechungen der Kommunikation in unseren Gruppen (Huppertz 2015, 2021).

13. Machen Sie rechtzeitig einen Punkt, und lassen Sie auch vorläufige Verständigungen und Ergebnisse stehen. Ein „Alles-oder-Nichts"-Denken wird die Kommunikation zu einem Punkt führen, an dem sie kompliziert und unbefriedigend wird.

Du, dialogisches Prinzip

Auch wenn die Idee, die Leistungen des *Ich* und die Entstehung und Funktionsweise des *Selbst* seien nur zu verstehen, wenn man den oder die Anderen in Betracht zieht, nicht mit Martin Buber beginnt, sondern lange vorher mit Sokrates und Hegel, und auch wenn diese Idee später mit oder ohne Bezug auf ihn weiterentwickelt und heute zu einer Basisannahme in Philosophie, Psychologie, Soziologie und Psychotherapie wurde, so ist es doch Buber gewesen, der mit Pathos und Sprachgewalt deutlich gemacht hat, dass die Erfahrung des Du die Welt jedes einzelnen Menschen ins Unabsehbare erweitert und ein Geschehen offenbart, das sie gleichzeitig begrenzt, einbettet und hervorbringt. Das Du ist für Buber die Erfahrung eines anderen Subjekts als konkretes Subjekt. Es eröffnet uns eine eigene und andere Sicht der Welt, die prinzipiell der unseren gleichrangig ist, prinzipiell, insofern sie einen eigenen Existenzentwurf darstellt. Er ist ständig am Entstehen und kann deswegen nicht festgehalten oder ausgeschöpft werden. Das Du ist unerschöpflich und bleibt immer geheimnisvoll. Wenn wir das Du zu fassen versuchen, verwandeln wir es in ein Es. Alles, was wir geistig oder praktisch handhaben, was wir kategorisieren und verändern oder bewahren, mit dem wir als „Zuhandenem" oder „Vorhandenem" (Heidegger) umgehen, wird zu einem Es. Es wird endlich und überschaubar. Das Du aber entsteht in jedem Moment der Begegnung neu aus dem Zwischen und mit ihm gleichzeitig das Ich der Ich-Du-Beziehung (Buber 2001 [1923]).

Ob etwas zu einem Du oder einem Es für uns wird, hängt nicht nur, aber auch von unserer Einstellung ab. Einerseits muss jedes Du eine Form von Subjektivität, eine eigene Art von Weltsicht haben, die wir nachvollziehen können, andererseits müssen wir für diese Subjektivität offen und empfangsbereit sein. In der Begegnung mit dem Du ist das Ich ein Ich-Du, im Umgang mit einem Es ein Ich-Es. Für Buber gibt es hier kein Henne-und-Ei-Problem. Wir reagieren nicht auf ein vorbestehendes Du mit einem Ich-Du, oder umgekehrt: Wir kreieren nicht mit einem Ich-Du ein Du (und das Gleiche gilt für das Es), sondern Ich-Du und Du sind gleich/ursprünglich in etwas Drittem, dem Zwischen. Bubers ursprünglichste Einsicht liegt in der Erkenntnis des „Zwischen". Das ist der dritte entscheidende Schritt in Bubers Denken, das dialogische Prinzip. Das Zwischen, die „Beziehung", die „Begegnung", der „Dialog" ist das Dritte und das, aus dem alles entsteht. In diesem „Zwischen" können wir das Tao der Anfangsphase seines geistigen Weges hören, in dem „Du" das göttliche Gegenüber. Im jüdischen Denken bleibt immer ein tiefer Graben zwischen Mensch und Gott. Das göttliche Du kann zwar angesprochen werden, und es vermag sich wie auch immer mitzuteilen, aber der Graben bleibt. Es gibt eine „Urdistanz". Für Buber ist das Zwischen nur möglich, weil neben der Verbindung zwischen den Polen Ich und Du auch eine Distanz erhalten bleibt, aus der heraus das Ich sich einem auf ewig auch fremd bleibenden Du öffnen kann. Das Ich kann sich in der Beziehung und aus dem Zwischen heraus auch stets selbst verändern und überraschen. Buber wandte sich gegen seine eigene frühe Geschichte des *mystischen* Erlebens und Denkens, wie es ihm in *monistischen* Weltanschauungen und Religionen (s. Kap. 7, Monismus, Harmonismus), im Tao wie in der „unio mystica" begegnet war und ihn fasziniert hatte – auf Kosten des Interesses am Anderen als Anderem, auf Kosten der Bemühung um Verstehen.

„Machen wir Ernst mit dem Denken zwischen Ich und Du, dann ist es nicht genug, auf das gedachte andre Denksubjekt hin zu denken: man müsste, auch mit dem Denken, eben mit dem Denken, auf den andern nicht gedachten, sondern leibhaft vorhandenen Menschen hin leben, auf seine Konkretheit hin. Nicht auf einen anderen Denker hin, von dem man nichts wissen will außer seinem Denken, sondern, auch wenn der andre ein Denker ist, auf sein leibhaftes Nicht-denken hin; vielmehr auf seine Person hin, zu der ja immerhin auch die Tätigkeit des Denkens gehört."

M. Buber 1999 [1929], S. 178

Buber ist für mich einer der wichtigsten Philosophen der Achtsamkeit. Er hat das Konzept entscheidend weiterentwickelt. Die Haltung des Ich-Du ist eine achtsame Haltung. Sie beinhaltet Empfangsbereitschaft, Offenheit, Gegenwärtigkeit und Absichtslosigkeit und sie bezieht sich nicht nur auf die beiden Pole des Geschehens, sondern auch auf das zwischenmenschliche Geschehen selbst. Achtsamkeit ist selbst eine Form des In-Beziehung-Tretens und In-Beziehung-Seins mit Mitwelt und Umwelt.

Buber hat hin und wieder, aber vielleicht nicht deutlich und konsequent genug klargestellt, dass sich die Ich-Du- und die Ich-Es-Beziehung nicht im Wege stehen müssen. Er war eher mit ihrer Unterscheidung beschäftigt. Tatsächlich können sie sich auch gegenseitig fördern, wie wir leicht sehen können, wenn wir psychotherapeutisch oder pädagogisch unterwegs sind (s. Kap. 6, Gleichzeitigkeit).

Aus meiner Sicht gibt es zudem neben der Ich-Du-Beziehung auch eine weniger interessierte und damit weniger dramatische, aber dennoch achtsame Form der Beziehung. Ich behandle das Thema in diesem Kapitel unter dem Stichwort „Miteinander“ (s. auch Huppertz 2019).

Empathie und Mitgefühl

Was ist der Unterschied zwischen Empathie und Mitgefühl?

Empathie trägt wesentlich zu einem humanen und rücksichtsvollen Umgang in unserer Gesellschaft bei. Bei dem heute oft auf dem Gebiet der Lebenskunst und der Therapie verwendeten Begriff „Mitgefühl“ liegt die Betonung, stärker als bei „Empathie“, auf der emotionalen Anteilnahme. „Mitgefühl“ beinhaltet daher auch deutlicher den Impuls, den Anderen in irgendeiner Weise zu unterstützen. Es setzt Empathie in irgendeiner Form voraus. Auch Empathie geht nicht ohne emotionales Verständnis, aber sie muss nicht mit Sympathie und Hilfsbereitschaft einhergehen und kommt auch mit ein wenig emotionalem Verstehen aus.

Nach meiner Erfahrung ist ein auf Empathie gerichtetes Zuhören nicht so häufig. Viele Menschen verfolgen beim Zuhören eine weitergehende Absicht. Das auf Verstehen ausgerichtete Zuhören und Verstehen habe ich im Abschnitt „Achtsame Kommunikation“ (s. oben in diesem Kapitel) geschildert.

Empathie hat einen sehr guten Ruf. In den gegenwärtigen privaten und öffentlichen Diskursen spielen Erlebnisse, Gefühle, Meinungen, Verstehen und Beziehungsgestaltung eine große Rolle. Psychologie, Psychotherapie und Pädagogik haben sich im 20. Jahrhundert durchgesetzt und prägen die Alltagskultur. Fragen nach dem Befinden und wie es so ist, das und das zu erleben, sind alltäglich geworden. Subjektives Erleben, eigene Erfahrungen oder Erinnerungen gelten nicht nur als unterhaltsam, sondern auch als moralisch wünschenswert und als Zugänge zu besonders gesicherten Wahrheiten angesichts einer zu komplexen Realität. Es gibt inzwischen einen verbreiteten Wunsch und sogar Anspruch, als Person gesehen, anerkannt, verstanden und möglichst sogar in der eigenen Sichtweise bestätigt zu werden. In diesem Wunsch fließen tiefe Sehnsüchte, akzeptiert, verstanden, anerkannt oder geliebt zu werden, mit dem Zeitgeist der Wertschätzung der Subjektivität zusammen.

Kann Empathie spontan entstehen, ohne Bemühungen?

Empathie wird derzeit intensiv beforscht. Einigermaßen gesichert erscheint, dass sie zunächst einmal auf den früh erworbenen Fähigkeiten beruht, Aufmerksamkeit und Gefühle zu teilen, Mimik und Gestik zu verstehen. Wir teilen Wahrnehmungs- und Deutungsmuster, Gewohnheiten und Sprache, ohne uns dessen in der Regel bewusst zu sein. Dies alles geschieht intuitiv und beansprucht keine inneren Vorstellungen (Repräsentationen) des oder der Anderen, keine Hypothesenbildung über das, was in dem Anderen vorgeht. Dieses intuitive Teilen und Verstehen ist zwar eine Voraussetzung für Empathie, reicht aber zu ihrer Bestimmung nicht aus. Wir können aber rasch sehen, dass diese Art der Empathie wegen ihrer Leichtigkeit und Absichtslosigkeit sehr gut zu einer achtsamen Haltung passt. Ebenso gut passt die intuitive Erfahrung, dass der Andere uns befremdet, dass wir seine Sichtweise nicht teilen können, dass er uns entgleitet oder nie begegnet (s. Kap. 9, Du, dialogische Prinzip, Miteinander).

Wie ist Empathie möglich? Wie ist es möglich, einen anderen Menschen zu verstehen?

Erst wenn wir uns bemühen, den Anderen in seiner Andersartigkeit zu verstehen, sprechen wir von „Empathie". Empathie und Verstehen beruhen auf der Vorstellung eines Gegenübers. Wir wollen den Anderen verstehen wie einen Text, wir wollen ihn lesen, erfassen, entschlüsseln. Manchmal erleben wir uns auch selbst als Rätsel, das wir erforschen und lösen wollen. Empathie in diesem Sinne bedarf in der Regel einer stärkeren Aktivität, einer zielgerichteten Bemühung. Empathie besteht in dem Bemühen, die Situation des oder der Anderen mitzuerleben bei gleichzeitigem „Verständnis der Unterscheidung von Ich und anderen" (Breithaupt 2017, S. 17). Tendenziell geht es um die Frage, wie man ein Gefühl oder eine Handlung aus dem Kontext einer Person, „wie man ihr inneres Lebens insgesamt versteht" (Stueber 2017, S. 18). Richard Sennett beschreibt Empathie als „die Neugier darauf, was andere Menschen für sich genommen sein mögen" (Sennett 2014, S. 41).

Ist es möglich, sein Mitgefühl durch spezielle Meditationen zu verbessern?

Dieser Begriff von Empathie impliziert mehr Individualismus und mehr Distanz, die wir eventuell durch mehr Nachfragen, Interpretieren, mehr Dialog überbrücken wollen. Weniger individualistische Konzeptionen der Empathie, wie das buddhistisch inspirierte Verständnis von Mitgefühl, bedürfen dagegen nicht notwendigerweise des Dialogs und legen auch keine Unabgeschlossenheit nahe. Während Empathie – so wie ich sie in diesem Essay formuliere und wie sie auch üblicherweise verstanden wird – eine Beschäftigung mit der individuellen Subjektivität des oder der Anderen erfordert, kann durch eine monologische Meditation („Metta-Meditation") sicher auch die allgemeine Disposition zu mehr Mitgefühl verbessert werden. Allerdings scheint es mir wichtig, sie nicht auf Kosten der Mühen des Dialogs zu betreiben, sonst fördert man eher das Gefühl als die Wirklichkeit des Mitgefühls, und eher die eigene Eitelkeit als den Respekt vor dem oder der Anderen. Das Bemühen, die Erlebniswelt des Anderen zu erfassen, unterscheidet Empathie auch von Gefühlsansteckung, die darin besteht, dass wir (z. B. bei einer Party oder aus einem Film) spontan ein Gefühl übernehmen, ohne dass wir eine Differenz wahrnehmen.

Es gibt verschiedene Theorien, wie dieser elaboriertere Bestandteil der Empathie möglich ist (Stueber 2017). Theorie und Praxis der „Mentalisierung" gehen davon aus, dass wir im Alltag über Theorien und Hypothesen verfügen („theory of mind") oder sie entwickeln, die uns das Erleben oder Handeln des Anderen plausibel machen. Eine andere Erklärung geht eher davon aus, dass wir uns in die Situation des anderen Menschen hineinversetzen, sie quasi simulieren („Simulationstheorie"), und dadurch seine Erfahrung nachvollziehen. Es gibt weitere Erklärungsansätze, aber welchem man auch folgt, diese differenzierteren Vorgehensweisen sind erst notwendig, wenn das reibungslose Erfassen des Erlebens des oder der Anderen auf Grenzen und Widerstände stößt, die überwunden werden sollen. Möglicherweise spielen viele verschiedene Prozesse bei der Empathie eine Rolle, und sie werden je nach Situation in unterschiedlichem Maße eingesetzt (Stueber 2017, S. 30).

Empathie beinhaltet also eine Differenz zwischen Eigenem und Fremdem, Ich und Du. Wenn wir das Verstehen betonen, steht der Andere als Anderer im Fokus unserer Aufmerksamkeit, und wir gehen davon aus, dass er uns teilweise unverständlich ist. Fremdheit und Empathie bedingen einander. Empathie fördert Kategorien der Identität („Wer ist der Andere? Wer bin ich?") und Nicht-Identität („Was ist anders an dem oder der Anderen? Was ist anders an mir?"). Empathie dient zur Überbrückung eines mit ihr gesetzten Grabens. Gelingt der Brückenschlag, so kann man sich über Orientierung, Sicherheit, neue Verbundenheit freuen, gelingt er nicht, kann das zu Verunsicherung, Enttäuschung und Aggressivität führen. Es scheint uns selbstverständlich, dass wir den Anderen verstehen wollen. Weniger selbstverständlich ist es, Unverständlichkeit zu akzeptieren. Manchmal sind wir geradezu besessen von der Idee eines Gegenübers, das es zu verstehen gilt. Bereits Schleiermacher schrieb 1799 von der „Wut des Verstehens" (Schleiermacher 1997 [1799], S. 70; Hoerisch 1988), Bhatti und Kimmich sehen einen „Zwang zum Dialog" (2015, S. 17).

In der Regel heißen wir Empathie und Mitgefühl gut, weil sie die Grundlage von Hilfsbereitschaft, Fürsorge und gefühlvoller Kommunikation bilden. Ich kann einen anderen Menschen unterstützen, schützen, seine Wünsche erfüllen, besser mit ihm leben und gemeinsam mit ihm Ziele verwirklichen. Verstehen bedeutet Nähe und Bindung und eine Form der Anerkennung. Wenn Menschen sich einander öffnen, haben sie die Chance, eine intensive, beglückende und bereichernde Mischung aus Nähe und Distanz, Bindung und Freiheit, Übereinstimmung und Auseinandersetzung, Bemühung und Geschenk zu erleben. Es gibt auch andere Vorteile der Empathie, denen man durchaus mit Skepsis begegnen kann:

Wenn ich jemanden verstehe, kann ich mich besser auf ihn oder sie einstellen. Mit Empathie können wir das Verhalten des Anderen besser voraussehen. Wir wissen, woran wir mit ihm sind, fühlen uns sicherer und können auch Gefahren, die uns von ihm drohen, besser einschätzen. Mit dem Hinweis auf die Macht, die Empathie verleiht, kann der Verdacht aufkommen, dass Empathie nicht per se ein moralisch legitimes Bemühen ist. In jüngerer Zeit sind in der Empathieforschung die Schattenseiten der Empathie thematisiert worden (Breithaupt 2017), von denen manche auch und sogar erst recht für das Mitgefühl gelten:

Wieso soll Empathie Nachteile haben? Wieso soll Empathie nicht immer eine gute Sache sein?

Experimente zeigen, dass Empathie parteilich macht. Wir bevorteilen Menschen, die uns nahestehen und mit denen wir durch Empathie verbunden sind. Ein Beispiel für dadurch bedingtes ungerechtes Verhalten sind Ärztinnen und Ärzte, die dafür sorgen, dass ihre eigenen Patient:innen bei Transplantationen bevorzugt werden. Wir übersehen auch leicht die zweifelhafte moralische Dimension des Verhaltens von Menschen, mit denen wir empathisch sind.

Wir sind bevorzugt empathisch mit Menschen, die leiden. Da Empathie als Bindungserleben für die meisten Menschen eine positive Erfahrung ist, kann sie zu einem Ziel an sich werden und sich sozusagen verselbstständigen. Das kann dazu führen, dass Menschen eine Opferhaltung entwickeln oder in ihr verharren, um mehr Empathie oder Mitgefühl zu erfahren, oder umgekehrt empathische Menschen mental oder faktisch das Leiden anderer Menschen verstärken, um empathisch sein zu können: „empathischer Sadismus“ (Breithaupt).

Empathie kann dazu führen, dass der empathische Mensch sich selbst vergisst. Wenn die Aufmerksamkeit sehr stark bei dem oder der Anderen ist, führt das bei manchen Menschen dazu, dass sie ihre eigenen Bedürfnisse und Gefühle nicht spüren bzw. vernachlässigen. Menschen können auch unter Druck setzen oder gesetzt werden, ständig und überall empathisch oder mitfühlend sein zu müssen.

Ein Mensch kann mittels Empathie versuchen, sein Erleben zu erweitern. Das muss nicht schlecht sein, kann aber – wie Breithaupt am Beispiel der „Helikopter-Eltern" oder „Bühnen-Mütter" zeigt – zu besitzergreifendem Verhalten führen („empathischer Vampirismus", Breithaupt). Etwas Ähnliches (den Ersatz „realer" Beziehungen durch „Helfer-Beziehungen") hat schon Schmidbauer (1992) beschrieben. Die Freude an der Rolle des Helfers kann sogar das Mitgefühl mit dem Notleidenden überdecken.

Weltflucht

Ich will in das
Grenzenlose
Zu mir zurück,
Schon blüht die
Herbstzeitlose
Meiner Seele,
Vielleicht ist´s
schon zu spät
zurück.
O, ich sterbe unter
Euch
Da ihr mich erstickt
mit Euch.
Fäden möchte ich
um mich ziehen –
Wirrwarr endend!
Beirrend,
Euch verwirrend,
Zu entfliehen
Meinwärts.

E. Lasker-Schüler 2016, S. 239

Empathie kann ferner eine übermäßige Beschäftigung mit der Subjektivität des oder der Anderen und Selbstmitgefühl eine übermäßige Beschäftigung mit sich selbst nach sich ziehen. Subjekte sind Fässer ohne Boden, und sie sind Irrgärten. Die Gefahr ist groß, dass wir aus der eigenen wie fremden Subjektivität nicht mehr auftauchen. Wenn Empathie per se als hoher Wert angesehen und gesucht wird, kann es sein, dass sie die Energie, Zeit und Aufmerksamkeit in Beschlag nimmt, die z. B. für rasches und konsequentes Handeln gebraucht werden. Indem wir die fremde und eventuell die eigene Subjektivität hoch ansetzen, kann das objektiv Notwendige und moralisch Nützliche unterbleiben. Ich halte dieses Problem in unserer Gesellschaft, in der die Subjektivität flächendeckend öffentlich geworden ist und der Diskurs der Therapie und der Selbsterfahrung sich durchgesetzt haben, für erheblich. Wenn wir ständig über unsere Erlebnisse und Gefühle sprechen statt über die Wirklichkeit, die wir miteinander teilen und die unsere Subjektivität sowohl überschreitet als auch formt, kommt es zu einer allgemeinen Sinnkrise (s. Kap. 13, Sinn finden).

Schließlich wird gerne übersehen, dass Empathie nicht nur leicht scheitern kann, sondern auch irrtumsanfällig ist. Sie bezieht sich nicht nur, aber oft auf Narrationen der Betroffenen, aus denen der empathische Mensch wiederum eine weitere Narration gestaltet. Narrationen unterliegen dem Kausalitätsbedürfnis, dem Wunsch nach Konsistenz und Evidenz und Projektionen. Verstehen ist auch eine Einigung auf eine Erzählung (Breithaupt 2009). Narrationen aber sind oft freizügige Konstruktionen, weil unser Gedächtnis sehr suggestibel ist und unseren Wünschen und den Erfordernissen der Gegenwart gehorcht (Shaw 2018).

Auch das Selbstmitgefühl hat einige dieser Schattenseiten: Parteilichkeit, Opferhaltung, Irrtumsanfälligkeit, Empathie als Selbstzweck und übermäßige Beschäftigung mit sich selbst, vielleicht sogar empathischer Sadismus. Die Schattenseiten der Empathie, des Mitgefühls und des Selbstmitgefühls machen deutlich, dass sie je nach Situation kritisch beurteilt und eingesetzt werden müssen. Empathie, Mitgefühl und Selbstmitgefühl sind nicht per se „richtig“ oder „gut“.

Die Beurteilung der Zielsetzung, mit der wir uns um Empathie und Mitgefühl bemühen, und der Art und Weise, wie wir sie am Ende tatsächlich einsetzen, ist mit Achtsamkeit alleine nicht zu leisten. Dass dies in dem heutigen Achtsamkeitsdiskurs wenig reflektiert wird, hat damit zu tun, dass einfache, unmittelbare Lösungen bevorzugt werden und die Idee vorherrscht, dass die Menschen in einem im Grunde hilfreichen und guten Verhältnis zueinander stehen. Eigentlich sind sie an dem gemeinsamen Glück aller interessiert, sie kommen nur so selten dazu, so zu sein.

Man kann an dem Beispiel sehr schön sehen, wie wichtig Achtsamkeit ist, denn ohne sie ist Empathie gar nicht möglich. Man kann gleichzeitig sehen, wo ihre Grenzen liegen, denn Empathie braucht mehr als Achtsamkeit. An der Problematik der Empathie kann man erkennen, dass die praktische und moralische Bedeutung der Achtsamkeit von ihrem Kontext abhängt. Ich beschreibe in dem folgenden Abschnitt

„Miteinander“ eine Form der Zwischenmenschlichkeit, die ebenfalls auf Achtsamkeit fußt, dabei aber gerade weil sie weniger ambitioniert und wesentlich unscheinbarer ist, auch weniger problematisch ist.

Miteinander

Wir stellen uns Achtsamkeit spontan als eine Form von Aufmerksamkeit vor, die sich auf etwas richtet. Das kann ein Objekt, ein Vorgang, eine Tätigkeit oder eine Person sein. Aufgrund der Dominanz des Sehsinns in unserem Bewusstsein stellen wir uns diese Beziehung als eine Art von Sehen, Im-Auge-Behalten, Klarheit vor. Auch Menschen sehen wir in dieser Weise als Gegenüber.

Aber diese räumliche Anordnung ist nicht zwingend. Wenn wir in Situationen denken, heben wir sie auf. Wir stehen ja nicht der Situation gegenüber, sondern sind mittendrin. Wir werden von allen Seiten beeinflusst und Aufmerksamkeit mag teilweise gerichtet sein, aber in einem umfassenderen Sinne ist sie es nicht. Sie ist es gerade dann nicht, wenn wir auch bereit sind, abgeschattete Wahrnehmungen am Rande der primären Ausrichtung unseres Bewusstseins, körperliches Spüren, Interaktionen und Kontakte in unser Bewusstsein einzuschließen. Ähnlich ist die Gegenwart von Abschattungen des Vergangenen und des Kommenden erfüllt. Anders gesagt, wir können viele Phänomene bewusst wahrnehmen, ohne unsere Aufmerksamkeit auf sie zu richten, und manches bewusst wahrnehmen, was uns nicht gegenübersteht.

Im Bereich der Zwischenmenschlichkeit gehören zum Bereich der gerichteten Aufmerksamkeit das Verstehenwollen, die Empathie und das Mitgefühl. Wenn wir an diese Vorgänge denken, so stellen wir uns unwillkürlich vor, dass wir uns mit einem Menschen beschäftigen, der uns gegenübersteht oder -sitzt. Die Problematik dieses Szenarios habe ich in dem entsprechenden Abschnitt behandelt. Wir haben aber Menschen nicht nur vor uns, sondern auch neben uns und mit uns. Wir sitzen uns nicht immer gegenüber, sondern wir sitzen auch nebeneinander, wir schauen uns nicht ständig an, wir sehen uns auch aus

„Und ihm schien, dass sie niemals leichtfertig abgetan werden durfte, die Einsamkeit am Grunde eines jeden Lebens, und dass die Entscheidungen, die die Menschen trafen, um dieser klaffenden Wunde zu entgehen, Entscheidungen waren, denen Respekt gebührte."

E. Strout, Die langen Abende, 2020, S. 236

den Augenwinkeln, wir begegnen uns nicht nur, sondern wir gehen auch Hand in Hand. Wir befinden uns miteinander in einer gemeinsamen Situation. Es gibt ein Miteinander diesseits von Empathie und Mitgefühl. Das Bewusstsein dieses Miteinanders kann für die eigene Lebensgestaltung, die politische Einstellung und die spirituelle Dimension des Lebens bedeutsam sein.

Das Miteinander verlangt nicht nach explizitem und bemühtem Verstehen oder Integration. Es braucht nur ein minimales Vermuten oder Ermöglichen von Ähnlichkeit, die immer auch Differenz beinhaltet. „Erfassen" ist nicht notwendig für das Miteinander, auch wenn es nicht ausgeschlossen werden muss. Diese Differenz wird nicht überbrückt, sondern einfach nur akzeptiert und gelebt. Miteinander und Verstehen unterscheiden sich nicht durch die psychologischen Mechanismen selbst, sondern durch ihren Gebrauch. Auch für das Miteinander ist ein Minimum an intuitivem Verstehen und elaborierteren Strategien notwendig. Anders könnten wir weder Ähnlichkeit noch Differenz erfassen. Miteinander und Empathie sind unterschiedliche Haltungen oder Einstellungen gegenüber dem oder den Anderen. Das paradigmatische Spiel für das Miteinander ist nicht Schach, sondern ein Mannschaftsspiel, bei dem wir blinde Pässe spielen, im Vertrauen darauf, dass der Andere schon da ist, wo er sein soll. Ich werde hier zwar eine Lanze für dieses Miteinander brechen, mein Engagement ist aber keine Parteinahme gegen das Verstehen. Es geht mir nicht um ein Entweder-oder, sondern nur darum, eine Form achtsamer Zwischenmenschlichkeit hervorzuheben, die unserem Bewusstsein leicht entgleitet, aber unserem Zusammenleben möglicherweise zu mehr Gelassenheit und Weite verhilft.

Wir sprechen in achtsamkeitsorientierten Gruppen zu Beginn über die Übungspraxis in der Zeit seit dem letzten Treffen. Das ist ein zentraler Teil unserer Arbeit, weil es uns auf die Achtsamkeitspraxis im Alltag ankommt. Wir schlagen den Teilnehmern in unseren Gruppen eine tägliche Achtsamkeitspraxis von zehn Minuten vor. Obwohl diese Zehn-Minuten-Praxis nicht am Stück erfolgen muss, hören wir ab und zu: „Dafür habe ich keine Zeit." Einmal schilderte eine Teilnehmerin, dass sie keine Zeit hätte für die Achtsamkeitspraxis, weil die Kinder sie davon abhalten würden. Diese Teilnehmerin schilderte, dass die Kinder sehr lebhaft wären und sie ständig nach ihnen schauen und sich um sie kümmern müsse. Insbesondere kämen sie oft mit irgendwelchen Wünschen auf sie zu. Dann müsse sie reagieren. Sie schilderte das so dramatisch, dass ich zuerst dachte, sie arbeite im Kindergarten. Als ich sie danach fragte, meinte sie „Nein, nein, ich habe drei kleine Kinder zu Hause." Wie es bei uns üblich ist, fing die Gruppe an, ihr Vorschläge zu machen, die sich aus der Haltung der Achtsamkeit ergeben. Ergebnis: Sie möge einfach weniger tun, nicht alle Wünsche sofort erfüllen, sondern sie erst einmal in Ruhe zur Kenntnis nehmen, mehr zuschauen, zuhören, das Geschehen auf sich wirken lassen und vielleicht mitspielen, ohne damit irgendwelche weitergehenden Ziele zu verbinden. Schließlich könne man von den Kindern immerhin das Gegenwärtigsein und die Verspieltheit lernen. Die Teilnehmerin berichtete schon in der nächsten Sitzung, wie gut ihr die Achtsamkeitspraxis im Zusammensein mit den Kindern gelungen sei und um wie viel entspannter sie sich im Zusammensein mit den Kindern fühlen würde. Ich interpretiere es so: Es war ihr gelungen, aus der Situation des Gegenübers und des Darübers, die von Sorge, Mitgefühl und von pädagogischen Anliegen geprägt war, in eine Situation des Miteinanders zu wechseln, in der das Absichtsvolle auf ein Minimum geschrumpft war. Sie entdeckte, was sie mit den Kindern teilen konnte. Sie verbrachte einfach Zeit mit ihnen. Wie wichtig kann es sein, dass Eltern die wenige Zeit, die sie oft mit ihren Kindern verbringen, einfach mit ihnen zusammen sind, spielerisch, offen, dankbar, statt sich z. B. als verlängerter Arm der Schule zu betätigen!

Miteinander nenne ich die Form von Zwischenmenschlichkeit, die *Ähnlichkeiten* und *Differenzen* wahrnimmt und nicht zu verändern versucht. Die Ähnlichkeiten werden mit sozialer und historischer Entfernung immer geringer, verschwinden aber nie völlig. Es gibt Bedürfnisse, die alle Menschen nicht in gleicher, aber in ähnlicher Weise artikulieren wie das Recht auf körperliche Unversehrtheit,

„An den meisten Tagen, an denen Sie aufmerksam genug sind und die Wahl haben, können Sie sich aber entscheiden, die fette, bräsige aufgebrezelte Frau, die in der Supermarktschlange gerade ihr Kind angeschnauzt hat, mit anderen Augen zu sehen – vielleicht ist sie sonst nicht so; vielleicht hat sie gerade drei Nächte nicht geschlafen, weil sie ihrem an Knochenkrebs sterbenden Mann die Hand gehalten hat; vielleicht hat genau diese Frau auch den unterbezahlten Job im Straßenverkehrsamt und hat gestern Ihrem Mann geholfen, durch einen kleinen Akt bürokratischer Güte einen albtraumhaften Papierkrieg zu beenden."

D. F. Wallace 2012, S. 28

„Wir werten doch gewisse Menschen als begabt für den Umgang mit Kindern, und von anderen sagen wir, sie könnten mit Kindern nicht umgehen. Solange man meint, man müsse etwas ‚machen', um Kinder und Schüler, überhaupt andere Menschen zu interessieren und zu gewinnen, tut man unbewusst etwas, das echten Kontakt verhindert."

H. Jacoby 2004 [1945], S. 140

Nahrung, Bewegung, Lernen, Bindung, Entscheidungsfreiheiten. Sie sind die Grundlagen einer minimalen universellen Vorstellung eines guten Lebens und universeller Menschenrechte. Das Miteinander ist in manchen Kulturen ausgeprägter als in anderen, aber es ist für das menschliche Zusammenleben unentbehrlich. Es ist eine sehr praktische und leibliche Angelegenheit und gerade deswegen taugt es als ein universelles ethisches Fundament. „Nächstenliebe": Der Nächste steht uns nahe, nicht notwendigerweise gegenüber.

Miteinander kann sich in wohlwollender Vernachlässigung und gemäßigtem Interesse zeigen – im Umgang mit Fremden, Kindern, Freunden. Es ist lateral, nicht vertikal oder diametral. Sicher braucht es oft mehr, aber Miteinander bringt Gelassenheit, Entspannung, Absichtslosigkeit, Großzügigkeit, Offenheit und Kreativität in unsere zwischenmenschlichen Beziehungen. Das Bewusstsein des lateralen Miteinanders schafft einen Freiraum im Alltag, von dem wir nicht immer, aber oft Gebrauch machen können. Es ermöglicht eine Stille in der Flut der Kommunikation, der viele von uns ausgesetzt sind. Wir verzichten im Miteinander auf das Ergründen und Optimieren des Anderen, unserer selbst oder der Beziehung. Wir verzichten auf Orientierung und Kontrolle. Wir messen dem Nicht-Verstehen die gleiche Bedeutung zu wie dem Verstehen. Das Neben- und Miteinander ist keine Aufgabe, sondern – wenn alles gut geht – ein gemeinsames Dasein in einer spielerischen Annäherung oder Entfernung, in einer akzeptierenden Leichtigkeit, einer schwachen Kommunikation. Im Miteinander beziehen wir uns nicht vorrangig aufeinander, sondern auf die gemeinsame und gleichzeitig unterschiedliche Erfahrung einer Situation. Es ist welthaltig. Deshalb bieten Kooperationen, gemeinsame Reisen, Kunsterlebnisse, politische Engagements usw. reichhaltige Gelegenheiten für Erlebnisse des Miteinanders.

„Wenn alles gut geht" setzt voraus: Es gibt keine elementaren Interessenskonflikte oder Bedrohungen, die diese absichtslose Haltung unmöglich machen. Wenn wir gezielt handeln müssen, muss die Absichtslosigkeit der Achtsamkeit und des Miteinanders in den Hintergrund treten. Wir können nicht einfach an dem, was gerade in einer gemeinsamen Situation geschieht, teilnehmen, wenn es in unseren Augen grobes Unrecht ist oder wenn wir bedroht werden.

Der spielerische, akzeptierende, anstrengungslos interessierte Umgang ist auch der Spirit, der „Liebe" ermöglicht. Wir spüren im Alltag, wenn die Liebe geht, wenn das Spiel und das Miteinander enden, wenn das Aushandeln von Interessen und die wechselseitige Kontrolle das Zusammensein bestimmen und wenn wir uns nicht mehr so leicht in ein unbefangenes Miteinander fallen lassen können. Eine zweite Anregung, die aus meinen Ausführungen folgt, betrifft daher Paare: Bevor sie sich mit ihren Problemen, ihrer gemeinsamen Geschichte, ihren Vorwürfen und Erwartungen beschäftigen, sollten sie erleben – und hoffentlich wieder erleben –, wie es ist, miteinander zu sein, also miteinander ins Kino zu gehen, in die Natur, zu den Kindern oder sich gemeinsam zu engagieren – und zwar ohne sich selbst, den Anderen oder die Beziehung zu thematisieren und ohne Bedingungen zu stellen. Viele Paare verschlimmern ihre Probleme, indem sie versuchen, sie auf direktem Wege zu lösen.

Miteinander bedeutet nicht Übereinstimmung und Harmonie. Unstimmigkeiten in Perspektive und Zeitlichkeit, auch Widersprüche gehören dazu. Ähnlichkeit beinhaltet Differenz. Wenn wir im Miteinander bleiben, brauchen wir aber nur ein minimales, kein maximales Verstehen, ein Verstehen in einer ausreichenden Form – „good enough", nicht invasiv, nicht verfügend, aber ausreichend interessiert. Mehr als diese gemäßigte Anonymität ist angesichts der unendlichen Vielfalt von Lebensentwürfen und kulturellen Unterschieden auch gar nicht möglich, wenn wir uns ihr denn aussetzen. Die Idee eines solchen leichten Miteinanders enttäuscht möglicherweise diejenigen, die die Dramatik der Begegnung mit dem Höchsten oder dem Tiefsten in dem Anderen oder in sich, die große Liebe, eine absolute Gewissheit oder ein endgültiges Ankommen suchen. Nebeneinander und Miteinander sind weniger dramatisch als das Gegenüber, sie können daher „Strategien der Entdramatisierung" (Bhatti, Kimmich 2015, S. 15) sein.

Die schwersten Wege

Die schwersten
Wege werden
alleine
gegangen,
die Enttäuschung,
der Verlust, das
Opfer,
sind einsam.
Selbst der Tote
der jedem Rufe
antwortet und sich
keiner Bitte versagt
steht uns nicht bei
und sieht zu
ob wir es
vermögen.
Die Hände der
Lebenden, die sich
ausstrecken
ohne uns zu
erreichen
sind wie die Äste
der Bäume im
Winter.
Alle Vögel
schweigen.
Man hört nur den
eigenen Schritt
und den Schritt,
den der Fuß noch
nicht gegangen ist
aber gehen wird.
Stehenbleiben und
sich Umdrehn
hilft nicht. Es muss
gegangen sein.
Nimm eine Kerze
in die Hand wie in
den Katakomben,
das kleine Licht
atmet kaum. Und
doch, wenn Du
lange
gegangen bist,

bleibt das Wunder
nicht aus, weil das
Wunder immer
geschieht,
und weil wir ohne
die Gnade nicht
leben können:
die Kerze wird hell
vom freien Atem
des Tags,
du bläst sie
lächelnd aus
wenn du in die
Sonne trittst
und unter den
blühenden Gärten
die Stadt vor dir
liegt,
und in deinem
Hause
dir der Tisch weiß
gedeckt ist. Und
die verlierbaren
Lebenden und die
unverlierbaren
Toten dir das Brot
brechen und den
Wein reichen –
und du ihre
Stimmen wieder
hörst
ganz nahe
bei deinem Herzen.

H. Domin, 2009, S. 51

Diese Strategien oder besser diese „Haltung" enttäuscht wahrscheinlich auch dann, wenn man an dem expliziten „Wir" einer bewussten Zugehörigkeit interessiert ist. Dieses „Wir" beginnt bei Paaren und Familien und geht über Gemeinschaften jeder Art bis zu Nationen. Oft ist dieses „Wir" nur eine Vision, aber sie kann sehr wirksam sein, und sei es nur, indem man sich über Zugehörigkeiten streitet. Paarbeziehungen werden dramatisch begonnen und beendet, sie sind Gegenstand von Definitionen, definieren sich z. B. in der Regel durch den mehr oder weniger ausgeprägten Ausschluss Dritter. Kulturen werden aus gewachsenen Verflechtungen, Mehrdeutigkeiten und Unbestimmtheiten nach Sprachen, Abstammungen und Religionen definiert und separiert (Feichtinger 2015). Sie werden in identitärem Denken überschätzt, das ethische oder religiöse Differenzen mit Sprengkraft versieht. Das explizite „Wir" bringt daher die Fragen nach Integration und Toleranz mit sich. Toleranz braucht man nur, wenn man zuvor die Andersartigkeit betont. Die Idee des Miteinanders plädiert daher dafür, den Diskurs der kulturellen Identitäten und damit auch der Integration und der Toleranz auf das notwendige Minimum zu beschränken.

Situationsbeschreibung

Die „Situationsbeschreibung" ist eine ausgesprochen hilfreiche Technik, um in einem schwer lösbaren Konflikt, der vielleicht noch dazu zu eskalieren droht, einen Raum der Achtsamkeit zu eröffnen. Ich erwähne sie hier, weil sie zeigt, wie sehr das Handeln vom Wahrnehmen abhängt und wie bedeutsam das Nicht-Handeln für das Handeln sein kann. Die Vorgehensweise wird auch als „Reportertechnik" bezeichnet. Sie geht folgendermaßen: Eine Beteiligte eines Konflikts begibt sich in die Rolle der möglichst neutralen Berichterstatterin einer Situation. Sie kann sich auch gerne vorstellen, sie käme als Reporterin in das Konfliktfeld: „Ich bin jetzt im Wohnzimmer von …" Sie skizziert die Umstände und würdigt alle beteiligten Standpunkte, Perspektiven, Wünsche gleichermaßen, fair und in aller Ruhe. Dann macht sie einen Punkt! Sie bietet keine Lösung, keine Bewertung, sie bietet gar nichts an. Die Beschreibung der Situation ist oft leichter, als man denkt. Aber den Punkt zu machen, ist schwierig. Die Berichterstatterin lässt Schweigen und Stille eintreten, bleibt oder wird empfangsbereit, aufmerksam, passiv, bleibt anwesend, ohne nach einer Lösung oder Veränderung zu suchen. Mag sein, dass dann der Konfliktpartner eine Lösung vorschlägt. Die Effektivität des Vorgehens besteht im Verzicht auf eine Veränderung der Situation. Die achtsame Partnerin kann sichtbar damit leben, dass eine Lösung nicht möglich ist. Sie schafft Raum für Fairness, Empathie, eine vollständigere Sicht und all das, was mit Achtsamkeit zusammenhängt. Möglicherweise fühlt sich der Andere viel besser verstanden, wundert sich über ihre Fairness usw. Vielleicht hat der Andere etwas zu ergänzen und übernimmt mehr Verantwortung für die Situation und bietet eventuell eine Lösung an. Es ist wichtig, dem Anderen und sich Zeit zu geben, die vielleicht weitgehend gemeinsame Sicht auszukosten, die Bindung, die wahrscheinlich jetzt wieder sichtbar wird und alleine schon darin besteht, dass man bezüglich des Problems in einem Boot sitzt.

Als Therapeut:in oder Berater:in kann man übrigens das Rollenspiel durch Fragen in der „Er/Sie"-Form unterstützen. „Was meint XY zu …?", „Wie geht es ihm oder ihr mit …?" usw.

10 Gefühle

Der Umgang mit Gefühlen

Achtsamkeit wäre wertlos, wenn sie nicht unsere Gefühle verändern würde. Gefühle sind die Dreh- und Angelpunkte unseres Lebens. Wenn jemand behauptet, dass Achtsamkeit eine Schulung des Geistes sei, so liegt er weit daneben. Würde sie nur das sein, wie sollte sie dazu beitragen, unser Handeln, unser Verhalten, unsere Beziehungen, unsere Persönlichkeit zu entwickeln? Wie sollte sie uns überhaupt im Alltag helfen? Der Motor unseres Denkens und Verhaltens sind die Gefühle.

Es ist schwer, Gefühle in künstlichen Settings in die Achtsamkeitsarbeit einzubeziehen. Man muss sie dann quasi genauso künstlich erzeugen. Nach meiner Erfahrung geht das noch am ehesten mit Musik, aber auch mit Geschichten, Bildern und Bewegungen, manchmal auch mit verstärkter Atmung und Bewegung. So gehen wir in unseren Gruppen vor. Aber all das ersetzt nie die Situationen, die das Leben spontan bietet. Dies ist einer der Gründe, weshalb Achtsamkeit nur im Alltag richtig verstanden und gelebt werden kann.

Nun gibt es sehr verschiedene Konzepte von Gefühlen und je nachdem, welches wir vertreten oder wie wir sie mischen, werden sich auch die Ideen unterscheiden, wie ein achtsamer Umgang mit ihnen ausschauen sollte. Ich habe in einer anderen Veröffentlichung ausführlicher (und mit den jeweiligen historischen Verweisen, Huppertz 2017) Auffassungen des Grundcharakters von Gefühlen vorgestellt. Ich möchte sie hier kurz wiederholen, um dann zu überlegen, wie ein achtsamer Umgang mit Gefühlen aussehen kann.

1. Das wilde Gefühl

Nach dieser Vorstellung sind Gefühle wild, ungezähmt, unreguliert, kreativ, spontan. Sie entstammen einer eigenen Welt, in der sie sich in engem Zusammenspiel mit der „inneren Natur", den Trieben, Bedürfnissen, Fantasien auf eher chaotische Weise formieren. Aus sich heraus sind sie irrational, stehen konträr zum Realitätsprinzip, dafür aber der Natur nahe. Das Konzept des wilden Gefühls scheint ausgedient zu haben. Dies ist nicht nur eine Folge wissenschaftlicher Entwicklungen. Der emotional repressiven ersten Hälfte des 20. Jahrhunderts ist eine Hälfte gefolgt, in der der Zeitgeist den Gefühlen zunehmend freundlicher gegenübersteht, ja sie sogar geradezu begeistert begrüßt. Aktuell leben wir geradezu in einer Zeit der Gefühlsseligkeit, des Subjektivismus und des Relativismus.

Ich fühle mich so sehr meinen Gefühlen ausgeliefert. Wie kann ich das ändern?

2. Das authentische Gefühl

Die Kritik der Lebensreformbewegung an der katastrophal fortgeschrittenen Industrialisierung lenkte die Aufmerksamkeit auf den Prozess der Gefühlsverarmung im Prozess der Zivilisation. Ihr entsprang nicht nur die Psychoanalyse als die ambivalent skeptische Variante, sondern auch das Streben nach einem neuen Humanismus, in dem die Natürlichkeit und damit die Gefühlshaftigkeit des Menschen gegen die destruktiven Kräfte des Maschinenzeitalters gestärkt wurden. Gefühlsarmut drohte, die Gefühle mussten gehegt, gepflegt, entfaltet werden. Sie wurden weniger als wild denn als schwach angesehen. Ziele dieser Bestrebungen waren und sind Ganzheitlichkeit und Selbstverwirklichung, das Mittel dazu ist die Emotionsaktivierung. Sie macht aus einem schwachen ein starkes Gefühl, aus einem undeutlichen ein deutliches. Eine Gefühlsaktivierung oder -kultivierung im Sinne eines persönlichen Wachstums findet sich in den humanistischen Therapien. Maßstab und Ziel ist die Entfaltung der Individualität, notfalls auch gegen gesellschaftliche Anforderungen und Normen oder Erwägungen eines unmittelbaren Nutzens. Bisweilen wird dabei ein wahres Selbst postuliert, das es zu entdecken und zu befreien gilt.

Manchmal finde ich mich so gefühlsarm. Kann ich durch die Achtsamkeitspraxis mehr fühlen?

Kann ich meinen Gefühlen trauen?

3. Das nützliche Gefühl

Gefühle können aber auch als Voraussetzungen für eine gelungene Anpassungsleistung der Psyche angesehen werden. Aus dieser Sicht geben Gefühle zwar ebenfalls Auskunft über die innere Verfassung eines Menschen, insbesondere über seine Bedürfnisse, aber sie scannen darüber hinaus auch die Umgebung auf ihre Funktionalität für die Bedürfnisse eines Individuums hin ab.

Sind Gefühle nicht etwas Inneres? Sind sie nicht etwas, was ich vor allem spüre, etwas ganz Subjektives?

4. Das welterschließende Gefühl

Nach dieser Auffassung gehören Gefühle zum In-der-Welt-Sein. Wir suchen sie uns nicht aus, sondern sie sind ein ebenso selbstverständlicher Teil der menschlichen Existenz wie der Körper, das Denken oder die Beziehungen, in denen wir uns befinden. Wir sind in Situationen „geworfen" (Heidegger), die wir uns nur begrenzt aussuchen, die uns emotional betreffen und die wir bewusst oder unbewusst mitgestalten. Der Mensch ist immer schon in emotional bedeutsamen Beziehungen, ob er will oder nicht. Gefühle entstehen als Teil des In-der-Welt-Seins und sie orientieren uns über die Bedeutung der Mitwelt und Umwelt für unser Dasein. Gefühle sind Teil von Szenarien, sie entstehen – *emergieren* aus Interaktionen (s. Kap. 13, Handeln und Nicht-Handeln). Solche Situationen haben natürliche, existenzielle, kulturelle, zwischenmenschliche und andere Dimensionen. Über Gefühle erschließen wir unsere Beteiligung an Situationen.

Kann die Haltung der Achtsamkeit den Umgang mit Gefühlen verändern?

Alle vier Modelle wurden in unterschiedlichen gesellschaftlichen Verhältnissen entwickelt und sind stark vom Zeitgeist beeinflusst. Das mindert ihre Erkenntniskraft nicht, weist aber darauf hin, dass wir sie nicht gegeneinander ausspielen, sondern als unterschiedliche Perspektiven nutzen sollten.

Welche Schlussfolgerungen können wir heute aus diesen Konzepten für einen achtsamen Umgang mit Gefühlen ziehen? Wie können wir achtsam mit Gefühlen umgehen, ohne ihre Eigenschaften zu vereinfachen oder zurechtzubiegen?

1. Emotionen differenziert wahrnehmen, gleich ob sie willkommen oder unwillkommen sind und gleich ob sie zu moralisch akzeptablen Handlungen führen können oder nicht. Das schließt situative Elemente, Ereignisse, Atmosphären usw. ebenso ein wie Interpretationen, Körperempfindungen, Handlungsimpulse, Fantasien, Assoziationen, Erinnerungen. Gefühle zu bekämpfen ist ebenfalls eine Form des Festhaltens. Ein achtsamer Umgang mit Gefühlen bedeutet auch die Akzeptanz und Konfrontation mit unangenehmen Gefühlen und Situationen. Diese Konfrontation ermöglicht es, neue Situationen als solche zu erkennen und dadurch neu zu erleben, z. B. wenn irrationale Ängste überwunden werden sollen (Bohus, Huppertz 2006).

Widerspreche ich mir, wenn ich achtsam sein will, aber meine Gefühle nicht akzeptiere?

2. Gefühle geschehen lassen, ohne einzugreifen. Gefühle haben ihre eigene Entwicklung und ihre eigenen Bedeutungen. Sie generieren Wissen und Erinnerungen. Vor allem aber haben sie ihre eigene Zeitlichkeit (s. Kap. 6, Das Zeiterleben der Achtsamkeit).

3. Die Fähigkeit kultivieren, in der Gegenwart zu sein bzw. immer wieder in die Gegenwart zurückzukehren. Viele Gefühle beziehen sich auf die Zukunft (Angst, Hoffnung, Sehnsucht usw.) oder auf die Vergangenheit (Trauer, Wut, Kränkung usw.). Es ist achtsam, sie wahrzunehmen, während man in der Gegenwart verankert ist.

Ist es richtig, wenn man „Du bist nicht Dein Gefühl“ sagt?

4. Sich bewusst auf Emotionen mehr oder weniger stark einlassen. Die Gefühlsaktivierung geschieht durch Aufmerksamkeitslenkung. Sich stark auf Emotionen einzulassen, bedeutet, ihnen körperlich nachzuspüren, Assoziationen und Erinnerungen nachzufolgen, den relevanten situativen Elementen Aufmerksamkeit zu schenken. Im Sinne der Achtsamkeit ist aber immer auch ein gewisser Abstand nötig, um die Aufmerksamkeit überhaupt in Intensität und Ausrichtung lenken zu können. Mehr Abstand zu einem Gefühl („Ich bin nicht nur dieses Gefühl“) kann unter Umständen sinnvoll sein, aber wenn er zu groß wird, ist es nicht mehr sinnvoll, von einem achtsamen Umgang mit einem Gefühl zu sprechen, weil es kaum noch erlebt, also „beachtet“ wird. Gefühllosigkeit ist kein Ziel der Achtsamkeitspraxis.

Bedeutet „achtsamer werden“ nicht immer, mehr Abstand zu seinen Gefühlen zu entwickeln?

5. Die Aufmerksamkeit fokussieren und erweitern. Es ist nicht achtsam, in eine Gefühlstrance zu verfallen und dabei alle anderen Aspekte der Lebenssituation und der Wirklichkeit, in der wir uns befinden, zu übersehen. Achtsamkeit bedeutet, sich bewusst zu bleiben, dass die Gegenwart sehr viel weiter und umfassender verstanden und erlebt werden kann und dass wir nicht der Nabel der Welt sind.

6. Wahrnehmungs- und Denkmuster relativieren. Sie können quasi in Anführungszeichen gesetzt und als vorläufige Annäherungen an das Gemeinte und an die subjektive und objektive Wirklichkeit verstanden werden (s. Kap. 3, Dekonstruktion).

7. Bewertungen erkennen und überschreiten, wenn sie auf Kosten des Wahrnehmens und Beschreibens gehen. Bewertungen sind für Gefühle zwingend notwendig, sind aber auch häufig für Fehlinterpretationen und Fixierungen verantwortlich. Es ist im Sinne der Achtsamkeit, sie nicht zu verstärken oder festzuhalten.

8. Mit Benennungen von Gefühlen vorsichtig und kritisch umgehen. Emotionen sind immer viel mehr, als eine (meist psychologisch entwickelte) Sprache erfassen kann. Manchmal sind auch Farben oder Metaphern sowie Wetterberichte aussagekräftiger als psychologische Fachbegriffe. Gefühle sind oft diffus und gemischt, sie sollten sich entfalten und verändern dürfen, ohne dass sie durch Begriffe vereinfacht und fixiert werden. Das Benennen von Gefühlen stellt in der Regel mehr Distanz zu den Gefühlen her.

9. Mit der Achtsamkeitspraxis das Lebensgefühl ändern (s. Kap. 2, Gefühle der Achtsamkeit).

10. Emotionen als Formen der Welterschließung verstehen. Sie sagen uns etwas über die äußere Wirklichkeit (andere Menschen, Natur, Dinge, Kunst, Situationen aller Art).

11. Emotionen als Selbsterschließung verstehen, erfassen, was sie uns über die eigene aktuelle innere Verfassung (Bedürfnisse, Wünsche, Konflikte, Möglichkeiten usw.) mitteilen. Diese Selbsterschließung sollte prozessorientiert erfolgen und nicht zur Konstruktion eines starren Selbst, erst recht nicht eines „wahren Selbst" beitragen.

12. Emotionen als Informationen über die Beziehungen lesen, in denen man sich zu anderen Menschen, Dingen, Natur usw. befindet.

Die letzten drei Punkte, die alle die Fähigkeit der Gefühle zur Welterschließung ansprechen, legen nahe, dass alle Gefühle gleichermaßen wertvoll sein können. Nur wenn wir Gefühle aus ihrem Kontext lösen und ihrer situativen Bedeutung berauben, können wir sie vergleichen und als mehr oder weniger wertvoll beurteilen. Es kann aber sehr viel wertvoller sein, in einer Situation der Benachteiligung, der Kränkung oder der Misshandlung mit Wut und Empörung zu reagieren als mit Nachsicht, Freundlichkeit oder gar vorschneller, ideologisch motivierter Versöhnung. Das macht das häufig empfohlene absichtliche Lächeln zu einer fragwürdigen Angelegenheit. Es verwirrt nicht nur den Lächelnden bezüglich seiner aktuellen Gefühle, was besonders problematisch ist, wenn Menschen ohnehin Schwierigkeiten haben, ihre Gefühle bewusst zu spüren, zu dechiffrieren oder zu zeigen. Es verleugnet auch die Auslöser, den Kontext des Gefühls und die eigene Position (Forbes 2019). Die Bevorzugung „positiver" Gefühle finden wir nicht nur in der Positiven Psychologie, in der sie hedonistisch, oder im Buddhismus, in dem sie ethisch motiviert ist, sondern auch in dogmatischen Systemen wie dem Faschismus („Kraft durch Freude"). Das individuelle Leid oder die Melancholie sind Sünden wider den Geist jeder Heilslehre, der folgen zu dürfen man sich glücklich preisen sollte. Der Vorschein des Paradieses sollte bei dem Gläubigen die Melancholie vertreiben, ihn zu beglückenden Opfern bewegen. Dabei lässt sich gerade in der Nachfolge Jesu oder der Zenmeister trefflich zornig sein.

Diese Darstellung wirft aber die Frage auf, ob Gefühle, wenn sie denn nicht per se „negativ" oder „schlecht" sein können, nicht doch unan-

„Der Soldat rechnet mit einem gewissen Aufschub von unendlich langer Dauer, bis er fallen wird, der Dieb desgleichen, bevor man ihn erwischt, die Menschen im allgemeinen, bis sie sterben müssen. Das ist das wahre Amulett, das die Individuen – manchmal sogar die Völker – beschützt, wenn auch nicht vor der Gefahr, so doch vor der Angst davor, in Wirklichkeit vor dem Glauben daran, und das führt in gewissen Fällen dazu, daß man ihr trotzt, ohne tapfer zu sein. Ein ebenso wenig fundiertes Vertrauen der gleichen Art hält den Liebenden aufrecht, der auf Versöhnung hofft, auf einen Brief. Um einen solchen nicht zu erwarten, hätte ich nur nicht hoffen müssen."

M. Proust, 1981 [1918], S. 240

gemessen und damit in vielerlei Hinsicht schädlich sein können. Wie verschiedentlich in diesem Buch dargestellt, macht es keinen Sinn, Gefühle selbst einer moralischen Beurteilung zu unterwerfen. Sie sind nicht willentlich verursacht und sie sind Überträger von Botschaften, die man nicht umbringen sollte, wenn einem die Botschaft nicht gefällt. Zwischen einem Gefühl (einem Impuls, einer Fantasie usw.) und einer Handlung liegt eine Entscheidung, und erst Entscheidung und Handlung haben eine moralische Bedeutung. Deswegen macht es auch keinen Sinn, einen Menschen – so wie er mit seinen Neigungen, Gefühlen usw. ist – moralisch zu beurteilen, sondern nur seine Handlungen. Wenn man diesen Fehler nicht begeht, bleibt auch immer eine Tür zur Reue, zur Vergebung, zur Umkehr, zur Versöhnung offen. Die Würde eines Menschen ist nicht von seinen Taten abhängig – so wenig wie von seinen Fähigkeiten und Eigenschaften –, sondern von seiner Zugehörigkeit zum Kollektiv der Menschheit. Die Würde des Menschen lässt sich auch anders bestimmen, aber diese Bestimmung ist krisenfest und bezieht die historischen Erfahrungen mit ein.

Aber in zwei anderen Hinsichten können Gefühle m. E. unangemessen sein. Zum einen können sie den Situationen und in dem oben beschriebenen Sinne der Wirklichkeit nicht gerecht werden, zum anderen können sie in ihrem Ausdruck sozial unangemessen sein. Letzteres fällt im weitesten Sinne unter Handlungen, aber man muss genau schauen, wie steuerbar der Ausdruck von Gefühlen ist. Aber in aggressiven Ausbrüchen, eifersüchtiger Kontrolle, übertriebener Sorge usw. erkennen wir auch dann Fälle, in denen der Ausdruck von Gefühlen schädlich sein kann, zumal wenn er zu heftig ist, auch wenn keine Handlungen über den Ausdruck hinaus erfolgen. Der erste Fall ist schwieriger und interessanter: Gefühle können auf Irrtümern beruhen und Irrtümer generieren und in diesem Sinne unangemessen sein. Nicht der Aspekt des Gefühls, „wie es sich anfühlt", dieses Gefühl zu haben, ist unangemessen, sondern der Anteil, der Annahmen über die Welt und sich selbst beinhaltet: Minderwertigkeitsgefühle, unberechtigtes Misstrauen, irrationale Ängste, die nicht als irrational durchschaut werden, Projektionen, Idealisierungen, Entwertungen usw. Diese Unterscheidungen sind nach meiner Erfahrung wichtig in alltäglichen Auseinandersetzungen. Menschen haben sehr schnell das Gefühl, dass ihr Gefühl im Sinne ihrer Empfindung nicht respektiert und ernst genommen wird, wenn man den semantischen Gehalt des Gefühls hinterfragt. Gerade in der aktuellen Gefühlskultur neigen Menschen dazu, sich in Berufung auf ihre Gefühle und ihre subjektiven Eindrücke gegen Gespräche und kritische Einwände zu immunisieren und damit die weitere Begegnung und die weitere Welterschließung unmöglich zu machen.

„Der Buddhismus", die Gefühle und das Werden

Muss man sich für den Buddhismus interessieren, wenn man sich mit Achtsamkeit beschäftigt?

Da für das Nachdenken und das Gespräch über Achtsamkeit buddhistische Strömungen aktuell eine große Rolle spielen und Gefühle aus meiner Sicht ein zentraler und problematischer Punkt des ganzen Themas sind, möchte ich an dieser Stelle auch auf die Einstellung buddhistischer Strömungen zu Gefühlen eingehen.

Es ist schwierig, über „den Buddhismus" zu schreiben, weil sich die Auffassungen und spirituellen Praktiken zu verschiedenen Zeiten und in verschiedenen kulturellen Kontexten erheblich unterscheiden. Ganz pragmatisch werden mit dem Begriff „Buddhismus" heute alle spirituellen Bewegungen bezeichnet, die sich selbst auf Buddha beziehen. In den Tausenden von Lehrreden, die Buddha zugeschrieben werden, aber erst lange, teilweise erst Jahrhunderte, nach Buddhas Tod verschriftlicht wurden, gibt es einen kleinen Kanon sich stets wiederholender Mitteilungen, von denen man vermuten kann, dass sie dem, was Buddha gelehrt hat, nahestehen.

Buddha lebte in einer Zeit und Kultur, die selbstverständlich von der Wiedergeburt ausgegangen ist und in der als höchstes Ziel angesehen wurde, das ewige Werden und Vergehen zu überwinden. Im Zusammenhang mit diesem Anliegen hat er sich auch mit Gefühlen beschäftigt. Er war nicht an einer Untersuchung der Gefühle im Allgemeinen interessiert, nicht an einer Philosophie oder Wissenschaft der Gefühle,

„Achtsamkeit" klingt zu buddhistisch, das passt nicht gut in unser christliches Haus – können wir es nicht anders nennen?

„Thich Nhat Hanh (1992, S. 6 ff.) schlägt vor, dass wir lächeln, wenn wir aufwachen und unseren Tag angehen, um unser Bewusstsein und unsere Entschlossenheit, in Frieden zu leben, zu bekräftigen. […] Obwohl ein absichtliches Lächeln kein ‚wahres Lächeln' ist, ist es doch ein Signal der Absicht und des Wunsches, in Frieden zu leben. Das Problem ist, dass trotz unserer Absichten ein Lächeln nicht immer einfach ist, da wir in einer relativen Welt leben. ‚Ach, komm', sagst Du, ‚bist Du so ein New Yorker Meckerfritze, dass Du eine Bitte um ein einfaches Lächeln dekonstruierst und auf diesem netten Kerl Thich Nhat Hanh herumhackst?'

sondern an einer Lehre, die zeigen sollte, wie das Leid überwunden werden kann (Batchelor 1998; Bronkhorst 2000; Zimmermann 2012). Die wesentliche leidverursachende Bedingung aber ist der Umgang mit dem Werden. Das Werden wird von Buddha aus der Sicht des leidenden Menschen heraus verstanden. Es ist Ursache allen Leids, wenn der Mensch sich ihm entgegengestellt und versucht festzuhalten, was nicht festzuhalten ist. Der Erlösungsweg besteht darin, das Anhaften aufzugeben. Anhaften aber spielt sich tausendfach ab. Formen des Anhaftens sind Sinnesfreuden, Bindungen, Bedürfnisse, die Idee eines stabilen Selbst, Konzepte, Kontakt jeder Art und auch Gefühle.

Gefühle sind in den frühen buddhistischen Sutren grundsätzlich Hindernisse auf dem Erlösungsweg. Wenn daher heute Achtsamkeit als allgemeine Akzeptanz aller Gefühle verstanden wird, so ist dies eine starke Verkürzung des ursprünglichen buddhistischen Begriffs. Aus der Sicht der buddhistischen Sutren ist die unvoreingenommene Betrachtung maximal der erste Schritt im Umgang mit den Gefühlen. In den weiteren Schritten geht es um die Überwindung der Gefühle. Sie sind eine Form der Verblendung (Dukkha). Die Formen der Verblendung muss man sich wie Stockwerke in einem Gebäude vorstellen, wobei jeweils das untere Stockwerk das obere unmittelbar bedingt. Wenn die Verblendung überwunden werden soll, muss das Gebäude von oben nach unten etagenweise abgebaut werden: „Also, ihr Bikkhus, bedingt durch Unwissenheit sind Gestaltungen; bedingt durch Gestaltungen ist Bewußtsein, bedingt durch Bewußtsein ist Name-und-Form; bedingt durch Name-und-Form ist die sechsfache Sinnesgrundlage; bedingt durch die sechsfache Sinnesgrundlage ist Kontakt; bedingt durch Kontakt ist Gefühl; bedingt durch Gefühl ist Begehren; bedingt durch Begehren ist Anhaften, bedingt durch Anhaften ist Werden; bedingt durch Werden ist Geburt; bedingt durch Geburt sind Altern und Tod, Sorge, Klagen, Schmerz, Trauer und Verzweiflung. So ist der Ursprung dieser ganzen Masse von Dukkha" (Mahatanhasankhaya-Sutta, Zumwinkel 2014, S. 416). „Freunde, wenn ein edler Schüler Gefühl versteht, den Ursprung von Gefühl, das Aufhören von Gefühl und den Weg, der zum Aufhören von Gefühl führt, dann ist er auf jene Weise einer mit richtiger Ansicht, dessen Ansicht geradlinig ist, der vollkommene Zuversicht in Bezug auf das Dhamma hat und bei diesem wahren Dhamma angelangt ist" (Sammadhitti Sutta, Zumwinkel 2014, S. 149). „Der Weg, der zum Aufhören von Gefühl führt, ist eben dieser Achtfache Pfad" (ebd).

Die Achtsamkeit ist ein Element auf dem achtfachen Pfad, der einerseits ein Weg zur Erlösung ist, andererseits aber auch ein Leitfaden für ein moralisch gutes Leben. Während die Erlösung in einer schrittweisen Loslösung aus allen Bindungen besteht und Buddha daher zu Rückzug, Einsamkeit und Askese aufruft, so war es ihm doch wichtig zu betonen, dass diese Elemente des Verzichts kein Selbstzweck sind (denn dann wären sie nur eine Form des Anhaftens), sondern dass sie so gemäßigt ausfallen müssen, dass sie den Erlösungsweg und ein Zusammenleben, soweit wie notwendig, ermöglichen. Die Achtsamkeit hat die Aufgabe, die Hindernisse auf dem Erlösungsweg ausfindig zu machen und sie durch Distanzierung und den Blick auf das Erlösungsziel zu überwinden. Buddha verlangte, dass das alltägliche Leben entsprechend geführt wird. Die meisten moralischen Forderungen bestehen in Verzichtsforderungen (nicht lügen, nicht besitzen wollen usw.). Was die Gefühle betrifft, so ist es die Aufgabe der Achtsamkeit, alle ethisch wertlosen und den Erlösungsweg behindernden Gefühle zu erkennen und zu überwinden und die ethisch wertvollen und für die Erlösung hilfreichen Gefühle zu fördern. Damit folgen die buddhistischen Sutren dem Konzept des nützlichen bzw. schädlichen Gefühls unter dem Gesichtspunkt ihrer Ethik. Da der achtfache Pfad nicht als Chronologie verstanden werden sollte (Gäng 1996), sind solche ethisch wertvollen Gefühle stets von Bedeutung, auch wenn in dem Zustand des Nirvana Gefühle wie jede Art von Selbstwahrnehmung oder Bewusstheit keine Rolle mehr spielen.

Als im Mahayana-Buddhismus die endgültige Erlösung eines Menschen von der Erlösung aller Menschen abhängig gemacht und diese Möglichkeit metaphysisch untermauert wurde, gewannen altruistische Gefühle eine noch größere Bedeutung und wurden stärker durch

Absichtliches Lächeln, wenn Du lächeln willst, um ‚Ja' zu sagen zu Deiner Selbstverpflichtung, in Frieden zu leben, ist in Ordnung. Aber bedenke: In der relativen Welt ist ein Lächeln kein abstraktes Gebilde, sondern eine Handlung, die je nach Kontext interpretiert wird: den Bedeutungen, Perspektiven und Weltanschauungen der Personen, die lächeln, und derer, die es sehen. [...] Kultur und Macht: Das Lächeln kann ein Hinweis auf Ehrerbietung und niedrigeren Status sein. Manche Menschen mit weniger Macht müssen mehr lächeln als andere – manche Menschen mit niedrigerem Klassenstatus, manche Mädchen und Frauen. [...] Junge Menschen in Amerika in sollten in der Lage sein, ihren Ärger auszudrücken und die von Befürwortern der Achtsamkeit geteilte Ideologie in Frage zu stellen, die besagt, dass das eigene Leid nicht etwa etwas mit der Gesellschaft, sondern damit zu tun hat, dass mit einem selbst etwas nicht in Ordnung sein muss. Lächle, wenn Dir danach ist und/ oder wenn Deine Absichten gut sind, aber sei Dir der heimtückischen kulturellen Dominanz der Positivität bewusst und fühle Dich nicht dazu gezwungen."

D. Forbes 2019, S. 62 ff., Übers. M. H.

entsprechende Meditationsformen gefördert (Meditationen des Mitgefühls). Eine gezielte Aktivierung des Mitgefühls und des Selbstmitgefühls ist nun als Schritt auf dem Weg zu einer allgemeinen Befreiung von Leid erwünscht. Diese Gefühle tragen dazu bei, dass sich alle Menschen von ihren Verhaftungen befreien können. Es wird nun - sehr reduktiv - zwischen erwünschten und unerwünschten („positiven" und „negativen" sowie „neutralen") Gefühlen unterschieden. Mitgefühl, Gelassenheit, Freude sind z. B. erwünschte Gefühle, Wut, Gier, Stolz unerwünschte Gefühlszustände. Aus buddhistischer Sicht ist die nicht-bewertende Betrachtung allenfalls ein Aspekt oder eine Vorstufe der eigentlichen Achtsamkeit. Ihre Verselbstständigung als nicht-bewertende Haltung gegenüber allen Gefühlen wird von buddhistischer Seite daher auch sehr kritisch gesehen (Wallace 2012; Bikkhu Analayo 2012). In der Praxis führt dies dazu, dass aktiv verändernde, suggestive Techniken in die Achtsamkeitspraxis einbezogen oder sehr eng mit ihr assoziiert werden (Huppertz 2013, 2015, S. 242 ff.). Das gilt insbesondere für Meditationen des Mitgefühls („Metta-Meditationen", s. Kap. 9, Empathie und Mitgefühl).

Buddha hat in den vier edlen Wahrheiten eine existenzielle Wahrheit entdeckt, die für die Achtsamkeitspraxis und die Emotionsregulation zentral ist: Vergänglichkeit verursacht häufig Leid, vor allem dann, wenn der Mensch der Illusion unterliegt, er könne der Vergänglichkeit durch eine Haltung des Habenwollens und Festhaltens begegnen, also durch Gier und Besitzstreben, aber auch Hoffnung und Verleugnung. Existenzieller Realismus und Gelassenheit führen aus diesen Illusionen und können selbst Verlustängste und Todesangst zumindest abmildern.

Das Grundproblem des Buddhismus ist die Festlegung auf eine einseitige Sicht des Werdens, philosophisch würde man sagen auf die ontologische Vorgabe, dass Werden in erster Linie Vergehen bedeutet. Ausgenommen davon ist die Entwicklung des menschlichen Bewusstseins. Alles andere ist insofern im Einklang mit der altindischen Denkweise – oder sollte man lieber sagen: dem Lebensgefühl? –, als das Leben eine Kette unglücklicher Zustände und Wiedergeburten ist, die zu beenden das Ziel eines jeden vernunftbegabten Wesens sein sollte. Dabei muss man beachten, dass Buddha keine Philosophie und keine Anthropologie entwerfen wollte, sondern einen Weg zur Erlösung von Leid. Daher war es sinnvoll, sich auf die leidvollen Aspekte des Lebens zu fokussieren. Außerdem war Buddha – auf legendäre oder alltägliche Weise – mit viel Elend in seiner Gesellschaft konfrontiert, in der eine extreme soziale Ungerechtigkeit durch ein starres Kastensystem gewährleistet und religiös gerechtfertigt wurde. An eine Veränderung der Verhältnisse durch Einzelne oder Gruppen war nicht zu denken. Buddhas Ignorieren des Kastensystems war schon erstaunlich genug und möglich, weil Teile der indischen Gesellschaft nicht diesem System unterworfen und gerade dadurch benachteiligt wurden.

Aus heutiger Sicht kann man aber gegenüber dem Werden auch eine neutralere oder sogar positive Einstellung entwickeln. Werden steht in westlichen Gesellschaften auch für Wachstum, Natur, Leben, Abwechslung, Entwicklung, Fortschritt, Tatkraft, zusammengefasst für eine offene Zukunft, die gestaltet werden kann. Hier liegt auch eine der Konfliktlinien zwischen buddhistischen und humanistischen Traditionen der Achtsamkeit, die sich in der Übungspraxis auswirkt (Huppertz 2015, Prolog). Hat man eine positivere Sicht des Werdens, ändert sich auch der Blick auf den Körper, und er kann sozusagen in der Achtsamkeitspraxis ebenfalls erwachen. Es gibt aber auch buddhistische Strömungen, in denen die Gefühle, die Sinne und der Körper positiv gesehen werden, sowie reformatorisch eingestellte Buddhisten, die sich explizit auch an der Fülle des Lebens und nicht nur an seinen leidvollen Aspekten orientieren (Batchelor 2001).

Eine positivere Einstellung gegenüber Veränderungen kann viele Hintergründe haben: religiöse (Eschatologie, die Schöpfung als Gottes Werk und der Mensch als ihr Vollender), wissenschaftliche (Evolutionstheorie, Ökonomie), philosophische (Aufklärung, Vitalismus, Humanismus), ästhetische (Romantik) und moralisch-politische (Ethiken des guten Lebens, Gesellschaftsutopien). Die humanistische

Tradition der Achtsamkeit, von Martin Buber, Elsa Gindler und Heinrich Jacoby über Charlotte Selver zu Carl Rogers, Eugen Gendlin, Fritz Perls, Hilarion Petzold und vielen anderen vor, mit und nach ihnen, hat die absichtslose Präsenz im Kontakt mit sich und in der Beziehung zu Mitwelt und Umwelt als Begegnung mit der Fülle des Lebens und der Gefühle interpretiert und praktiziert. Sie folgt eher den Konzepten des authentischen, des nützlichen und des welterschließenden Gefühls. Im Unterschied zur buddhistischen Tradition – und eher in der Nachfolge taoistischer Lehren – hat sie daher die Experimentierfreude, die Individualität, das Vertrauen in Natur, den Körper und achtsame Begegnungen betont. Das Verhältnis zu den Gefühlen ist in dieser Tradition ausgesprochen positiv. Gefühle haben ihre eigene Logik, ihre eigene Sprache, ihre eigene Zeit und ihren eigenen Wert.

Wünschen und Wollen

Soll ich allen meinen Wünschen freundlich begegnen?

Wünsche, Gefühle, Impulse, Fantasien – in der Haltung der Achtsamkeit kann man sie wahrnehmen und sie sein lassen, wie sie sind: harmlose, manchmal ärgerliche, manchmal beglückende Begleiter. Sie kommen wie Regen und Sonnenschein und gehen wie der Tau. Ich denke nicht, dass man sich verpflichten sollte, sie alle freundlich aufzunehmen. Es wird in Achtsamkeitskonzepten regelhaft empfohlen, sich und damit auch den eigenen inneren Prozessen freundlich und wohlwollend zu begegnen. Warum? Wenn Sie Wünsche freundlich stimmen wie der Wunsch, Musik zu hören – sofern er zu erfüllen ist –, dann werden Sie freundlich reagieren. Wenn die Wünsche Ihnen aber auf die Nerven gehen, z. B. weil Sie sich vorgenommen haben, abstinent zu bleiben und nun den Wunsch verspüren, Alkohol zu trinken, warum sollten Sie ihn freundlich annehmen? Oder wenn Sie unglücklich verliebt sind und sich die Nähe eines Menschen so sehr wünschen, dass Sie an nichts anderes mehr denken können? Und will man wirklich einem pädophilen Menschen empfehlen, seine sexuellen Fantasien, Wünsche und Impulse freundlich wahrzunehmen, die ihm das Leben schwer machen und möglichen und moralisch guten Liebesbeziehungen im Weg stehen?

Bin ich verantwortlich für meine Wünsche?

Warum lassen wir nicht die spontanen Reaktionen auf die Wünsche so wie sie sind, anstatt uns oder anderen Freundlichkeit ihnen gegenüber zu verordnen? Gefühle akzeptieren ist eine gute Empfehlung. Aber das heißt im Sinne der Achtsamkeit nicht mehr als „Sie sind da" oder „So sind sie". Dann kann ich überlegen, wie ich dafür sorgen kann, dass Gefühle nicht zu Taten werden, dass ich mit ihnen leben kann, so gut es geht, und für pädophile Menschen, suchtkranke oder depressive Menschen ist das wirklich schwer. In der Empfehlung allgegenwärtiger Freundlichkeit, auch meinen inneren Ereignissen gegenüber, findet sich wieder der Harmonismus, der in der Achtsamkeitswelt so übermäßig vertreten ist.

Etwas anderes ist es, sich selbst als Person auch dann akzeptierend und wohlwollend zu betrachten und zu behandeln, wenn die spontane Reaktion auf einzelne eigene Tendenzen, Impulse und Wünsche eher negativ ausfällt.

Wünsche bewegen sich als Wünsche außerhalb einer moralischen Diskussion. Sie sind einfach nur da oder nicht, wir müssen sie nicht mögen. Entscheidend ist, dass wir zwischen Wünschen und Handlungen strikt zu unterscheiden vermögen. Das ist eine Fähigkeit, die wir mit Achtsamkeit schulen können. Wir eröffnen einen Raum zwischen Wunsch (Impuls, Fantasie) und Handlung. Wenn wir uns für eine Realisierung des Wunsches entschieden haben, wird aus dem Wunsch ein Wille, aus dem Wünschen ein Wollen. Wünsche sind mögliche Voraussetzungen des Wollens und Handelns und dazwischen entscheiden wir und übernehmen Verantwortung. Wünsche sind wie Gebote oder Zwänge in der Regel keine guten Rechtfertigungen für Handlungen, sie legen Handlungen nur nahe. Sicher gibt es Situationen, in denen der Preis zu hoch wäre, einem äußeren Zwang nicht zu folgen. Aber es ist eine gute Maxime, sich immer wieder zu überlegen, ob ich meine Wünsche oder die Wünsche eines Anderen, Aufforderungen oder äußere Zwänge wirklich zu meinem eigenen Wollen mache. Wenn ich das Wünschen oder Sollen zu einem Wollen transformiere, mache ich es zu einem Teil der Person, die ich sein will. Und das fühlt sich anders an (s. Kap. 11, Getriebensein, Der innere Kritiker).

Sensibilität

Seit ich Achtsamkeit übe, werde ich immer empfindlicher. Ich fühle mich rascher gestört, viele Eindrücke gleichzeitig machen mir zu schaffen, ich fühle mich dünnhäutiger. Ist das der Sinn der Sache?

Als eine Teilnehmerin in einem Kurs klagte, dass sie durch die Achtsamkeitspraxis immer sensibler geworden ist, obwohl sie eigentlich erwartete, sie könne gelassener und ruhiger werden, und als sie mich fragte, ob das denn der Sinn des Achtsamkeitstrainings sei, wusste ich keine Antwort. Das kommt manchmal vor, und ich antworte dann, darüber müsse ich in Ruhe nachdenken, und gebe die Frage an die Gruppe weiter. Manchmal fällt mir später eine Antwort ein oder die Gruppe ist einfach klüger. Bei dieser Frage gab es natürlich auch Antworten, aber keine hat mich befriedigt, und das ist bis heute so. Ich gebe gleich ein paar Antworten wieder, aber ich möchte das Problem noch etwas genauer darstellen: Es gibt ja durchaus Nebenwirkungen der Achtsamkeitspraxis, über die man so wenig spricht wie über die häufigen Nebenwirkungen von Psychotherapie. Ich behandle die Nebenwirkungen der Achtsamkeit in diesem Buch in einem gesonderten Abschnitt (s. Kap. 12).

Fast alle diese Nebenwirkungen (Vermeidung, Passivität, Narzissmus, Egozentrik, Konfusion, Selbstverleugnung, Perfektionismus) haben etwas mit Missverständnissen des Konzepts oder einer ungeeigneten Praxis zu tun. Die Patientin, die sich über gestiegene Sensibilität beklagte, hatte aber das Konzept nicht falsch verstanden und auch keine für sie ungeeigneten Übungen gemacht – und trotzdem behinderte sie die Achtsamkeit im Alltag!

Nun gibt es einige pragmatische Vorschläge, die sicher alle fürs Erste gut und richtig sind:

- vor allem fokussiert üben,
- den Fokus stark auf Atmung und informelle Achtsamkeit legen,
- nicht so sehr die Körperempfindungen und emotionalen Vorgänge fokussieren,

- eher neutralisierende, beobachtende Achtsamkeit (vom Bewerten zum Beschreiben),
- eher stille als bewegte Übungen.

Aber alle diese Übungen haben einen vermeidenden Aspekt, so als wolle man die Teilnehmerin vor einer umfassenderen Achtsamkeit schützen. Lieber würde man der Teilnehmerin raten, das vollständige Spektrum einzubeziehen und auf Gewöhnung und Desensibilisierung zu setzen. Dafür könnte es gut sein, auch die gesteigerte Empfindsamkeit wahrzunehmen und die Bewertungen kommen und gehen zu lassen. Damit hätten Ruhe und Gelassenheit als Gefühle der Haltung der Achtsamkeit eine Chance, sich hinzuzumischen und vielleicht die Oberhand zu gewinnen. Das wäre konsequenter und befriedigender, wirkt aber ein wenig spekulativ. Was, wenn dennoch genau das Gegenteil passiert?

Vielleicht müssen wir die Antwort nicht innerhalb des Konzepts suchen, sondern in der Frage nach der Lebenssituation der Patientin. Nehmen wir an, sie ist einfach ein besonders sensibler Mensch und hat das bisher nicht wahrgenommen. Nun entdeckt sie durch die Achtsamkeitspraxis diese ihre Eigenschaft. Für diese Teilnehmerin könnte das bedeuten, dass sie etwas an ihrem Leben verändern sollte, wenn sie weiter Achtsamkeit praktizieren will. Vielleicht braucht sie weniger Input, weniger Anforderungen, weniger Hektik. Ob sie zu viel von all dem hat oder ein durchschnittliches Maß, was aber eben für sie zu viel ist, spielt in dieser Situation keine große Rolle. Etwas passt nicht. Ihre Entwicklung sprengt das Korsett ihres Lebens. In diesem Falle wären also kleine oder auch größere Veränderungen in ihrem Leben angebracht. Wo ihre Prioritäten liegen sollen, kann sie nur selbst entscheiden.

Es scheint mit eine Gefahr der Achtsamkeitsarbeit zu sein, dass wir so tun, als könnten wir sie von der gesellschaftlichen wie individuellen Realität abkoppeln, also könne sich ein Mensch damit gegen die Umstände immunisieren. Tatsächlich kann jemand durch die Achtsamkeitspraxis stressresistenter und gelassener werden. Aber das geht nur begrenzt. Ab einem bestimmten Punkt sind Veränderungen der Lebenspraxis angesagt. Sie treten an die Praktizierende heran, weil sie ihre Grenzen besser erkennt oder weil sie einfach Geschmack an der Achtsamkeit gefunden hat. Vielleicht ist es die Enttäuschung über die begrenzte Reichweite jeder Achtsamkeitspraxis, die eine gewisse Enttäuschung bei allen anderen Antworten mitschwingen lässt.

Glück

Macht Achtsamkeit glücklich? Soll sie das?

Glück hat in unserer Gesellschaft einen hohen Stellenwert. Daher trifft es sich gut, dass der Weg der Achtsamkeit oft als Weg zum Glück oder zumindest zur Zufriedenheit gepriesen wird. Ich möchte in diesem Abschnitt darüber nachdenken, ob dieses Versprechen einen Sinn macht. Es gibt eine verwirrende Anzahl von Theorien über das Glück, die natürlich alle auch zu verschiedenen Beschreibungen und Begriffen führen. Ich will sie nur soweit ansprechen, wie es notwendig ist, um den Zusammenhang zwischen Glück und Achtsamkeit sowie Glückssuche und Achtsamkeitspraxis zu klären.

Kann man mit der Achtsamkeit Unglück vermeiden?

Aber beginnen wir doch bei unserem Erleben: Wenn Sie Achtsamkeit praktizieren, werden Sie vermutlich ruhiger und entspannter. Sie machen sich weniger Sorgen, weil Sie in der Gegenwart verweilen. Sie geraten weniger ins Zweifeln und Grübeln, weil Sie die Absichten, die mit dem Denken verbunden sind, wie alle anderen Absichten und Anstrengungen abbauen. Sie nehmen Ihre sinnlichen Wahrnehmungen ernster. Sie spüren Ihren Körper mehr und sind mehr in Beziehung zur Umwelt und Mitwelt und fühlen sich dadurch lebendiger. Sie erleben mehr Verbundenheit, Vertrauen, Dankbarkeit und genießen es vielleicht, einfach nur da zu sein. Das ist wirklich viel.

Kann man mit der Achtsamkeit unangenehme und schwierige Situationen besser ertragen?

Leider hat diese Darstellung einen entscheidenden Haken: Wenn wir uns absichtslos auf die Gegenwart einlassen, so ist nicht garantiert, dass wir dort auf eine angenehme Situation treffen. Es kann sein, dass wir mit unseren Schmerzen, unserer Trauer, Sehnsucht, Einsamkeit,

Angst konfrontiert sind. Ja, wenn wir unseren Horizont genügend erweitern und der Empfehlung folgen, unsere Achtsamkeit auch nach außen zu wenden, ist uns dieses Erleben geradezu sicher, denn die Welt ist voller Armut und Ungerechtigkeit, Hässlichkeiten, Abwertungen, Hass, Gewalt usw. Und wenn wir schließlich noch Empathie und achtsame Kommunikation in unsere Praxis einschließen, so kann sie zu Mitgefühl führen mit all dem Leid, das andere Menschen erfahren. Es kommt noch schlimmer, wenn wir auch den ethischen Aspekt von Achtsamkeit einbeziehen, denn dann werden uns nicht nur die Missstände offenkundig, sondern wir nehmen sie auch als Aufforderung, uns zu engagieren und dafür einige Mühe, Enttäuschungen, Risiken und Widerstände auf uns zu nehmen.

Nun gibt es Strategien, dieses persönliche Unglück, das uns durch die Achtsamkeitspraxis ereilen kann, zu vermeiden und zu vermindern. Dazu gehören die Strategien der Ausrichtung der Achtsamkeit nach innen, des Nicht-Denkens, der möglichst maximalen Distanzierung von Gefühlen, des tatsächlichen Rückzugs, kurzum: der Sterilisierung der Achtsamkeitspraxis, sodass alle unheilvollen Einflüsse wenigstens für eine Weile beseitigt sind. All diese Strategien lassen für mich den Sinn der Achtsamkeit verkümmern.

In der Geschichte der Achtsamkeit hat die Auseinandersetzung zwischen Rückzug und persönlicher Erlösung einerseits und Weltzugewandtheit und Teilhabe andererseits die Konfliktlinien zwischen Buddhismus und altindischer Philosophie und innerhalb der buddhistischen Strömungen geprägt. Auch für die Beziehungen zwischen buddhistischen und christlichen Bewegungen oder innerhalb der gesellschaftskritischen Bewegungen des 20. Jahrhunderts war dieser Grundkonflikt von Bedeutung und er ist es bis heute (s. Kap. 1).

Glück und Unglück scheinen in der Achtsamkeit dicht beieinander zu liegen. Die Lösung des Dilemmas scheint mir aber möglich. Einen wesentlichen Beitrag zur Lösung finden wir wieder auf der Erfahrungsebene, einen anderen auf der Ebene der Einsicht und ein dritter Bei-

Vergnügungen

Der erste Blick aus dem Fenster am Morgen
Das wiedergefundene alte Buch
Begeisterte Gesichter
Schnee, der Wechsel der Jahreszeiten
Die Zeitung
Der Hund
Die Dialektik
Duschen, Schwimmen
Alte Musik
Bequeme Schuhe
Begreifen
Neue Musik
Schreiben, Pflanzen
Reisen
Singen
Freundlich sein.

B. Brecht 1967, S. 1022

trag ergibt sich, wenn wir noch einmal darüber nachdenken, was denn Glück überhaupt ist.

Ist die Achtsamkeitspraxis Teil der „Positiven Psychologie"?

Auf der Erfahrungsebene: Sie nehmen die Haltung der Achtsamkeit ein und fokussieren etwas, was dazu geeignet erscheint, Ihnen unangenehme Gefühle zu bescheren. Nehmen wir ein unangenehmes zwischenmenschliches Erlebnis wie eine Kränkung oder Zurückweisung. Nun besteht ja der achtsame Weg nicht in Ablenkung oder Umwertung oder positivem Denken, sondern in der Konfrontation mit dieser Erfahrung und den damit verbundenen Gefühlen. Dazu kommen eine sanfte Distanzierung, eine Überwindung starrer Konzepte und die Erweiterung der Aufmerksamkeit, sodass auch neue Aspekte der Situation sichtbar werden, die zu dieser Kränkung geführt haben. Vor allem können Sie damit rechnen, dass die Haltung der Achtsamkeit sich zunehmend durchsetzt und zu den entsprechenden Gefühlen von Ruhe, Entspannung etc. führt. Was wir schließlich erleben, ist, dass wir gleichzeitig auf zwei Ebenen unterwegs sind, die sich nicht ausschließen: Wir bleiben im Kontakt mit dem, was ist, und entwickeln die Haltung der Achtsamkeit, gerade während und dadurch, dass wir im Kontakt sind, und nicht dadurch, dass wir uns zurückziehen. In dieser Haltung spielen Absichtslosigkeit, Akzeptanz und Offenheit die entscheidenden Rollen. Wir sind also in keinem reinen Zustand, wie er oft angestrebt wird, sondern – grob gesprochen – gleichzeitig unglücklich und glücklich, sofern diese Unterscheidung überhaupt oder dann noch trägt.

Was meinen spirituelle Lehrer:innen mit „Glück"?

Gehen wir auf die Ebene der Einsicht, so ist m. E. der entscheidende Punkt, dass es in der Achtsamkeitspraxis nicht primär um Glück geht. Zen-Meister hätten gar nicht verstanden, wie man darauf kommen kann. Es geht doch um Wahrheit oder sagen wir Einsicht! Das oben beschriebene Dilemma spielt nur deswegen so eine große Rolle, weil viele Menschen glauben, dass Glück oder Zufriedenheit wesentliche Ziele von Achtsamkeit sind. Das ist eine Folge des Zeitgeistes und ein Missverständnis. Der Dalai Lama und Thich Nhat Hanh, um nur zwei populäre spirituelle Lehrer aus der buddhistischen Tradition zu nennen, verkünden immer wieder, dass es ein wesentliches Ziel der Achtsamkeit sei, glücklich zu werden. Leider stellen sie selten klar, was sie damit meinen, und unterhalten dadurch das Missverständnis, es ginge ihnen vor allem um Glück oder Zufriedenheit im üblichen Sinne. Tatsächlich meinen sie vorrangig die spirituelle Form von Glück, die aus der Haltung der Achtsamkeit entsteht. Als ich einmal in einem Workshop in einem katholischen Kontext über das Glück des Rückzugs in ein klösterliches Leben sinniert habe, habe ich viel Erheiterung ausgelöst und die Belehrung bekommen, ich habe ja keine Ahnung, wie konfliktreich und weltlich das Leben im Kloster sei. Nun denn, auch Thich Nhat Hanh und der Dalai Lama haben kein leichtes Leben gehabt, aber es kam ihnen nicht darauf an, weil sie Glück nicht als eine säkulare Freude über etwas verstehen, sondern als ein weitgehend situationsunabhängiges Glück, das aus einer meditativen Einstellung kommt.

Es ist ein bedeutsamer Abstieg des Konzepts der Achtsamkeit, dass es heute in erster Linie dazu dienen soll, dem Einzelnen Wohlbefinden, Zufriedenheit oder Glück zu beschaffen. Es geht in Achtsamkeit tatsächlich um Weisheit im Sinne des Verstehens des menschlichen Lebens und einer moralischen Lebensführung. Und es geht um spirituelle Erfahrungen. Ich schreibe in diesem Buch viel von erwünschten Wirkungen wie Entspannung, besseren sozialen Beziehungen, Naturliebe, Gesundheit und eben auch Zufriedenheit und Glück. Es ist aber ein gewaltiges Missverständnis, wenn man die Prioritäten umkehrt und Glück zu einem zentralen Ziel erklärt, statt Einsicht und existenzielle Veränderung, die mit einer gewissen Wahrscheinlichkeit solche erfreulichen Nebenwirkungen haben.

Für Buddhisten und auch in anderen spirituellen und religiösen Kontexten ist dies selbstverständlich, weil die Achtsamkeit nur ein Teil eines umfassenden Systems aus Werten, Glauben, Ritualen usw. ist. In dem aktuellen Einsatz von Achtsamkeit geht diese wesentliche Einsicht oft verloren, und wenn sie verloren geht, kann man das oben skizzierte Dilemma nicht lösen und muss eine der aufgezählten Abkürzungen

„Wenn sich die Phantasie verrennt, wenn der Geist hin- und hergezogen wird, soll uns das nicht in Verwirrung versetzen. Wir haben nichts anderes zu tun, als die freien Gedanken gut zu gebrauchen, indem wir sie auf die Gegenwart des Vielgeliebten hinlenken, ohne uns um die anderen [Gedanken] zu kümmern. Es liegt an Gott, das leichte Verspüren seiner Gegenwart stärker zu machen, wenn es ihm gefällt. Aber oft nimmt er uns dieses Empfinden, um uns voranzubringen, denn dieses Wohlgefühl hält uns durch zu viele Reflexionen auf – und diese sind wirkliche Zerstreuungen, die den einfachen und direkten Blick auf Gott unterbrechen und die uns daher von den Finsternissen des reinen Glaubens zurückhalten."

F. Fénelon 2008 [ca. 1588], S. 205/06

nehmen: Weg nach innen, Nicht-Bewerten, faktischer Rückzug, positives Denken usw. Das hat dazu geführt, dass Eva Illouz und Edgar Cabanas Achtsamkeit in ihre Kritik der sogenannten „Positiven Psychologie" einbezogen haben (Cabanas, Illouz 2019). Sie sind der Verballhornung der Achtsamkeit aufgesessen. Ernsthaft beschäftigt haben sie sich in ihrem Buch mit dem Thema (wie mit manchen anderen, über die sie schreiben) nicht. Aber sie haben überzeugend dargestellt, dass die Priorisierung des persönlichen Glücks in unserer Gesellschaft gegenüber anderen Werten eine fatale Entwicklung ist. Diese Priorisierung des individuellen Glücks verhindert es gerade, sich für bessere, gerechtere und zukunftsfähigere Lebensbedingungen und damit auch für das Glück vieler Menschen einzusetzen.

Recht verstanden, schwächt Achtsamkeit daher auch den Konsumismus. Es geht ja nicht darum, äußere Anlässe für mehr Glück zu sammeln oder zu kultivieren, sondern sich auf Anlässe, die vorhanden sind, einzulassen und sie zur Geltung kommen zu lassen. Unter hinreichend guten Umständen macht Achtsamkeit aus wenig viel. Es wäre schon wunderbar, wenn wir dafür sorgen könnten, dass alle Menschen auf diesem Planeten *hinreichend gute* Lebensbedingungen, Erlebnis- und Entfaltungsmöglichkeiten haben.

Wenn wir achtsam sind und nicht vermeidend, müssen wir damit rechnen, dass die Glücksbilanz im gewöhnlichen Sinne eher mager ausfällt. Wir haben das nicht in der Hand, auch das Gegenteil ist möglich. Ich freue mich über jeden und mit jedem Menschen, der in und mit der Achtsamkeitspraxis in ganz konventionellem Sinne glücklicher wird. Verherrlichung des Leids und der Entbehrung sind genauso unpassend wie Glückssuche. Aber das alles ist überflüssiges Gepäck. Sollte der Weg der Achtsamkeit uns glücklich machen, dann sicher deshalb, weil wir das Glück nicht suchen, sondern finden.

Ich möchte diesen Essay mit Überlegungen abschließen, die das Verständnis von Glück betreffen, das wir bislang einfach im Sinne eines Alltagsverständnisses vorausgesetzt haben. Tatsächlich wird das Phänomen des Glücks, das ja zunächst ein Gefühl ist, rasch sehr kompliziert, wenn wir darüber nachdenken. Die Literatur ist unüberschaubar und die Interpretationen sind so unterschiedlich, dass man zunächst nur verwirrt sein kann. Aber bei genauerer Betrachtung stellt sich heraus, dass es sich um eine Vielzahl von Varianten eines Grundmusters handelt. Glück ist eine Form von Passung. Denkt man von diesem Zwischen-Phänomen aus, so hängt Glück nicht so sehr von den Wünschen oder den Begebenheiten ab. Sie müssen zueinander passen. Es ist das Erleben eines Menschen, das darauf beruht, dass zwischen ihm und seiner Umgebung eine intensiv gefühlte Passung entstanden ist. Sie kann im einfachsten Fall darin bestehen, dass Wünsche in Erfüllung gegangen sind, wobei es nicht zwingend ist, dass diese Wünsche vorher bewusst oder überhaupt vorhanden waren. Offensichtlich gibt es für diese Entsprechungen einen großen Spielraum, was die objektiven Bedingungen betrifft. Bescheidene Wünsche können bei Erfüllung genauso glücklich machen wie luxuriöse. Unterhalb eines bestimmten Niveaus wird es allerdings schwierig. Kaum jemand ist glücklich, wenn er hungert oder ständig alleine ist. Oberhalb eines bestimmten Niveaus werden die Umstände aber auch relativ gleichgültig. Glück lässt sich nicht beliebig steigern.

Es ist interessant, Glück mit Zufriedenheit zu vergleichen. Der alltagssprachliche Unterschied liegt in der Dynamik und der Kontingenz, also der Unberechenbarkeit: Glück ist voraussetzungsreicher als Zufriedenheit und deswegen nicht so vorhersehbar, nicht so berechenbar und herstellbar. Wir wissen alle, dass das Glück ein besonderes Geschenk ist, bei dem einiges zusammenkommen muss, damit es passt. Dadurch ist es labil und flüchtig. Aber wenn man glücklich ist, fühlt man – und vielleicht denkt man es sogar: „Na, wenn das möglich ist, dann ist auch noch vieles andere möglich!" Dadurch entsteht ein Gefühl der Freiheit, ein Durchbruch in ein Reich der Möglichkeiten. Bei der Zufriedenheit ist das nicht der Fall. Für sie reicht es, wenn die Passung gut genug ist, breit aufgestellt, sicher. Zufriedenheit ist nicht so überraschend, sie entsteht eher langsam und bleibt eine Weile. Zwischen Glück und Zufriedenheit gibt es viele Übergänge, Zwischentöne. Glück wie Zufriedenheit können auch eine Weile im Hintergrund weiterwirken, wenn im Vordergrund schon ein anderes Stück aufgeführt wird.

Die Passung des Glücks muss nicht in Wunscherfüllung bestehen, es gibt viele Varianten: eine Tätigkeit, die angenehm und leicht von der Hand geht, eine Interaktion, die gelingt, ein Flow, ein Aha-Erlebnis, eine sinnhafte Tätigkeit. Bei all dem spielt nicht nur das, was geschieht, sondern auch die Empfänglichkeit des Subjekts eine Rolle. Ein Mensch muss dem, was er erlebt, eine Bedeutung zumessen. Er muss insbesondere seine Erwartungen und Maßstäbe anpassen können. Verschiedene Theorien des Glücks setzen sehr stark auf die subjektive Seite der Haltung. Bescheidenheit, Akzeptanz, Dankbarkeit, Altruismus, verschiedene Tugenden und Fähigkeiten können aus dieser Sicht glücklich machen. Die subjektive Seite verschafft eine gewisse Glücksautonomie. Man macht sich möglichst wenig abhängig von den Umständen. Dazu gehören auch Selbstakzeptanz, Selbstliebe und Selbstwirksamkeit. Auf der anderen Seite steht das „Glück gehabt". Die Umstände verursachen das Glück, schaffen die Passung.

Ist es nicht schwierig, glücklich zu sein und zu zeigen, dass man es ist?

Aber das gegenstandsbezogene Glück, die Freude über etwas, und das Glück, das von guten Bedingungen abhängig ist, sind weder sozial noch individuell so unproblematisch, wie es scheint. Für viele Menschen sind Glück und Freude schwierige Gefühle. Sie lösen sekundäre Gefühle aus wie Angst, Schuld, Scham und Neid. Angst, weil die Fallhöhe steigt und umso größeres Leid droht, wenn man das Glück erst einmal kennengelernt und in Erinnerung hat. Mit der früheren Erfahrung von Unglück und Leid steigt die Angst vor dem nächsten oder gar einem unbekannten Glück. Schuld liegt nahe, weil Glück immer als unverdient angesehen werden kann. Scham kann eine Folge des Glücks sein, weil es in manchen Kulturen und Subkulturen nicht angesehen oder zumindest unsympathisch ist, Glück zu zeigen. Wenn man aber unter bestimmten Umständen das persönliche Glück nicht zeigen und nicht ausdrücken soll, so kann das auch auf das innere Erleben des Glücks abfärben. Die gegenwärtige deutsche Kultur ist hier sehr ambivalent. Obwohl sie das individuelle Glück zunehmend wichtig findet, möchte sie nicht, dass es auch gebührend ausgedrückt und gefeiert wird. Als individuelles Glück ist es peinlich, als kollektives erlaubt. Aber auch das stimmt nicht durchgängig. Es hängt möglicherweise wieder davon ab, ob das Glück materieller oder nicht-materieller Art ist. Ein weites Forschungsfeld.

Zwei weitere Vorgänge, die das Glück zu einem schwierigen Gefühl machen können: das Festhalten und die Überwältigung. Glück festzuhalten ist schwer möglich, bedeutet aber, dass man das Erleben durch eine Bemühung abschwächt, und vor allem, dass man das Glück mit der Angst infiziert, es zu verlieren. Angst und Glück vertragen sich aber schwer miteinander. Die Überwältigung gehört zum Glück. Alle starken Gefühle können Angst und Konfusion erzeugen, weil sie die Hingabe an den Moment verlangen. So ist der „Betroffene" hin- und hergerissen zwischen einerseits der Hingabe, die mit einer gewissen Abgabe von Kontrolle verbunden ist, und andererseits dem Bedürfnis, die geordneten Bahnen, Orientierungen und Sicherheiten nicht zu verlassen. Bei dem Glück ist der Spagat so schwierig, weil es ja so besonders gewünscht und herbeigesehnt wird. Das gilt übrigens auch für die meist so sanft auftretende Daseinsfreude, auf die ich gleich noch einmal gesondert zu sprechen komme. Natürlich kommen hier Persönlichkeitseigenschaften zum Tragen, die dem Glück Raum geben und es in Schranken verweisen.

Aus szenischer Sichtweise (s. Kap. 8, Der Einfluss der Achtsamkeit auf das Denken) wird leicht verständlich, dass der Neid einen erheblichen Einfluss auf das Glückserleben haben kann. Neid scheint mir eins der am meisten in seiner Bedeutung unterschätzten Gefühle zu sein. Er ist nicht sympathisch, kaum jemand möchte ihn bei anderen feststellen oder gar bei sich selbst. Aber er ist allgegenwärtig. Der Glückliche antizipiert manchmal den Neid, er ist dann sozusagen im Szenario des Glücks eingepreist. Dadurch wird das Glück getrübt, je nachdem wie empathisch man ist oder wie stark man sich umgekehrt abgrenzt. Im komplizierteren Falle ist es sogar so, dass man selbst die Rolle des

Neidvollen im Szenario des eigenen Glücks einnehmen kann. Man gönnt sich selbst das eigene Glück nicht, weil man weiß, dass es auch im eigenen Leben oft fehlt und weil man einen Ärger auf sich selbst als glücklichen Menschen empfindet.

Wenn das alles so in etwa und in aller Kürze stimmt, ergibt sich, dass Glück, das auf Passung beruht, eine komplizierte Angelegenheit ist: einmal wegen der Labilität der Passung und zum andern wegen der sekundären Prozesse, die es auslöst. Wenn wir achtsam sind, erwarten wir keine Passungen. Aber es kann gut sein, dass uns die Haltung der Achtsamkeit die Passungen und die daraus folgende Resonanz erleichtert. Das kann von Vorteil sein, weil es die primären Gefühle in den Vordergrund rückt und die Verwirrung durch die sekundären Gefühle mindert oder beseitigt: „So sind meine Gefühle gerade, ich muss mich für meine Gefühle nicht schämen." Diese Situation ist ein gutes Beispiel dafür, dass die Skepsis der Achtsamkeit gegenüber einer spontanen Bewertung hilfreich sein kann. Ich kann mir klarmachen, dass Gefühl kein geeignetes Objekt für Bewertungen sind und dass es in der Regel sinnvoll ist, sie zuzulassen und zu spüren. Gefühle kommen von selbst und gehen wieder, wir bemühen uns auch nicht um sie und wir wehren sie nicht ab. In bestimmten Kontexten stimmt das so nicht. Es kann sinnvoll sein, bei geringer Impulskontrolle starke Wut abzuschwächen oder zu viel Empathie bei überprotektivem Verhalten (s. Kap. 9, Empathie und Mitgefühl). Aber in der Regel ist die Akzeptanz von Gefühlen eine gute Maxime, die auch helfen kann, unbeschwerter glücklich zu sein.

Daseinsfreude

„Wenn der Abend nahte und mich zwang, die Höhen der Insel zu verlassen, saß ich gern an irgendeinem lauschigen Plätzchen im Sand des Seeufers.

Daseinsfreude ist die Freude zu existieren und teilzuhaben – im Bewusstsein, dass es auch anders sein könnte. Sie ist nicht an positive Erfahrungen gebunden, auch nicht an das Gefühl einer besonderen Lebendigkeit. Das unterscheidet sie wesentlich von der Lebensfreude. Unter „Lebensfreude" verstehen wir eine Freude über die Lebendigkeit, die Vielfalt und Sinnlichkeit des Lebens, unseren Körper, seine Beweglichkeit und seine Ausdrucksmöglichkeiten. Sie beruht in der

Regel auf Umständen, die diese Lebendigkeit ermöglichen, verstärken, spürbar machen. Daseinsfreude hat eher etwas mit dem Gefühl zu tun, überhaupt zu existieren, und kann auch und gerade unter besonders lebensfeindlichen Umständen auftreten, bei Erfahrungen von Katastrophen, Trauer, Ratlosigkeit, Einschränkungen der Gesundheit, der Beweglichkeit, der Teilnahme am Leben. Daseinsfreude beinhaltet daher immer ein Stück Achtsamkeit und Achtsamkeit führt bei einer bestimmten Intensität und Vollständigkeit auch zu einem Stück Daseinsfreude. Das geschieht nicht, weil wir vergleichen und relativieren, sondern weil wir eine existenzielle Wahrheit erfahren.

Das Wissen und Spüren, dass man existiert, ist nicht zwingend, aber regelhaft mit einer Freude verbunden, die sehr intensiv und evident sein kann. Ich weiß nicht, warum es nicht immer so ist. Ich vermute, es hat persönliche Gründe, dass zwar manchmal ein Gefühl der Existenz ausgelöst wird, aber keine gegenstandslose Freude. Möglicherweise wird in dem Existenzbewusstsein in der Regel eine kreatürliche Freude am Leben aktiviert, die aus dem Existenzgefühl eine Daseinsfreude macht. Vielleicht unterbleibt manchmal diese Freude, weil das Spüren der körperlichen Seite der Existenz weniger ausgeprägt ist oder weil es sekundäre Prozesse gibt, die keine ausgeprägte Daseinsfreude zulassen oder weil im Existenzbewusstsein zugleich das Bewusstsein um den Tod allzu präsent ist. Aber nicht die Kontemplation über das Glück, sondern die Kontemplation über den Tod ist die Urszene der Achtsamkeit. Der Tod bleibt immer ein Skandal, eine Beleidigung unserer kreatürlichen Ansprüche, eine Zumutung für Moral und Mitgefühl. Aber die Kontemplation über den Tod ist nur möglich, wenn wir da sind und mehr sind als sterbliche Wesen. Die Daseinsfreude hat kein Ziel, keine Funktion. Sie kann sich nicht legitimieren. Jeder Versuch der Rechtfertigung wäre ein Missverstehen. Sie erstreckt sich aber auf das Mitsein, das wir auch sind.

Langeweile

Inzwischen kann man manchmal ein Loblied der Langeweile hören. Gerade für Kinder sei sie hilfreich. Zu viel Unterhaltung und zu viele

Das Rauschen der Wellen und die Bewegung des Wassers waren Vorgänge, die meine Sinne bannten; sie verdrängten aus mir jede andere Bewegung und versenkten meine Seele in eine wonnige Träumerei. Oft bemerkte ich gar nicht, wie darüber die Nacht hereinbrach. An die Stelle der inneren Regungen, die meine Träumerei vertrieben hatten, trat, was ich hier wahrnahm: das Kommen und Gehen der Fluten, ihr Rauschen, das nie abbrach, freilich bald stärker, bald schwächer wurde: nur ein Wasserspiel, aber es genügte, um mir wieder Freude am Dasein zu geben, und ich musste dabei nicht einmal denken. Dann und wann war ich versucht, in der Oberfläche des Wassers ein Sinnbild für die Unbeständigkeit der Dinge dieser Welt zu sehen, doch schwanden jene kurzen, flüchtigen Eindrücke bald in der Gleichmäßigkeit der Bewegung, die mich fortdauernd wiegte und festzuhalten schien […].“

J. J. Rousseau, 2003 [1782], S. 90

Inputs würden die Kreativität zerstören, die Langeweile sie wiederbeleben. Ich denke, das stimmt für gemäßigte Langeweile, wie sie auch in der Achtsamkeitspraxis häufig auftritt. Achtsamkeitspraxis ist „eigentlich“ eine sehr spannende und attraktive Sache, auch wenn man immer auf gleiche Weise übt. Man entdeckt in ihr zwar gerade das Vertraute neu und Ruhe, Sicherheit, Vertrauen, Sinnlichkeit entwickeln sich auch in Wiederholungen.

Aber kein seltener Fall: Jemand glaubt, er könne die Haltung der Achtsamkeit nur erwerben, wenn er sich dabei aller Freiheit des Experimentierens und des Kontakts beraubt. Er muss sich über Langeweile nicht wundern, wenn er immer auf eine weiße Wand schaut und dann vielleicht und wahrscheinlich auch noch bewegungslos bleibt. Dann bleiben nur der Atem, die Gedanken, die Stille. Das ist eine Weile interessant, aber dann hat man genug geatmet, die Gedanken nehmen ab und die Stille bleibt.

Ich langweile mich bei Achtsamkeitsübungen sehr, muss das sein?

Macht nichts, wird gesagt, es gehe ja gerade darum, unangenehme Gefühle wie Schmerzen beim unbewegten Sitzen und eben Langeweile auszuhalten und nicht wichtig zu nehmen. Tatsächlich: Wir können uns bei der Achtsamkeitspraxis nicht vorrangig an unserer Befindlichkeit orientieren, sondern brauchen auch etwas Disziplin. Schließlich wollen wir auch etwas lernen, unsere Gewohnheiten durchbrechen, was alles manchmal unangenehm ist. Es gehört ja auch zu unseren gewohnten Erwartungen, dass wir unterhalten werden wollen und dass wir besondere Erlebnisse suchen. Unterhaltung, Klatsch und Sensationen scheinen ein allgemeines menschliches Bedürfnis zu sein. Und da es hier durchaus eine Tendenz zur Steigerung und zur Abhängigkeit gibt, könnte man Langeweile als Entzugssymptom interpretieren, also als Zeichen, dass jemand gerade eine Abhängigkeit überwindet und sich neu orientiert. Langeweile wäre dann also kein Problem, sondern ein gutes Zeichen.

Ich finde das überzeugend, aber: Zu viel und dauerhafte Langeweile ist unnötig und abschreckend. Langeweile ist nicht notwendig, um Achtsamkeit zu lernen. Im Gegenteil, dauerhafte oder ständig wiederkehrende Langeweile spricht aus meiner Sicht dafür, dass man auf dem Holzweg ist. Man interessiert sich dann in seiner Achtsamkeitspraxis offensichtlich nicht für sein alltägliches Leben in seiner oft verrückten Komplexität, nicht für die Welt, nicht für andere Menschen, nicht für sich selbst, kurzum nicht für die Fülle des Lebens. Man versteht nicht, dass die Haltung gerade darin besteht, auf diese Fülle und Diversität zu achten. Man beraubt die Haltung sozusagen aller Inhalte, macht sie zu einem Abstraktum, einer Methode, die sich nicht mehr für das interessiert, wofür sie entwickelt wurde. Die Haltung verselbstständigt sich und frisst das Leben auf, auf das sie doch angewiesen ist. „Reine Achtsamkeit“ wäre so etwas wie „reines Bewusstsein“ (s. Kap. 11, Bewusstsein und Distanz) – sinnlos und tödlich langweilig.

„Ich möchte aber bekennen, daß ich Natur und Menschenleben als eine ebenso schöne wie reizende Flucht von Wiederholungen anschaue, und ich möchte außerdem bekennen, daß ich ebendiese Erscheinung als Schönheit und als Segen betrachte. Es gibt freilich mancherorts durch Überreizung verdorbene, sensationslüsterne Neuigkeitenschnapper und -lecker, Menschen, die fast jede Minute nach irgend noch nie dagewesenen Genüssen lüsten. Für solcherlei Leute dichtet der Dichter keinesfalls, wie der Musiker nicht für sie Musik macht und der Maler nicht für sie malt. Im großen und ganzen dünkt mich das stetige Bedürfnis nach Genuß und Kost von immer wieder gänzlich neuen Dingen ein Zug von Kleinheit, Mangel an innerem Leben, Naturentfremdung und mittelmäßiger oder mangelnder Auffassungsgabe zu sein.“

R. Walser 2018 [1917], S. 68/69

11 Einkehr

„Von den verschiedenen Personen, die unser Ich ausmachen, sind nicht jene die wesentlichsten, die man zunächst gewahrt. Wenn einst die Krankheit sie in mir eine nach der anderen zu Boden geworfen haben wird, werden zwei oder drei übrigbleiben. [...] Doch der letzte von allen wird wohl, wie ich mir manchmal gedacht habe, jenes kleine Männchen sein, das einem anderen sehr ähnlich sieht, das der Optiker von Combray in seinem Schaufenster platziert hatte, um das jeweilige Wetter anzuzeigen, und das seine Kapuze abzog, sobald die Sonne schien, sie aber wieder aufsetzte,

Ego, Ich, Selbst

Oft ist heute von einem „Ego“ die Rede und es wird leicht mit dem Ich oder dem Selbst verwechselt. Wenn jemand „ein starkes Ego hat“, „egoistisch ist“, die „Egos dominieren“ so versteht man darunter, dass jemand primär seine eigenen Interessen verfolgt und/oder sein Selbstwertgefühl stärken will und Anerkennung sucht. Er zentriert die Situation auf sich und nutzt sie materiell oder psychisch für sich aus.

Achtsamkeit unterwandert durch Empathie und systemisches Denken dieses Ego. Das geschieht auf allen Ebenen, von der Wahrnehmung über das Denken und die Emotionen bis zum Handeln.

Das *Ich* ist etwas anderes. Es macht aber weder für die Achtsamkeit noch überhaupt in irgendeiner Konzeption Sinn, das Ich auflösen oder überwinden zu wollen. Achtsamkeit ist nicht möglich ohne ein funktionierendes Ich. Nicht einmal eine vorübergehende Aufhebung und Abschwächung wie in Trance- oder Rauschzuständen macht für die Achtsamkeit keinen Sinn.

Das Ich wird oft missverstanden, vor allem wird es mit dem Ego und dem Selbst verwechselt. Die m. E. sinnvollste und präziseste Definition des Ich ist nach wie vor die psychoanalytische. Das Ich ist demnach eine Funktion. Es reguliert die Beziehungen zwischen Trieben (Es), Gewissen (Über-Ich) und Realität. Es vertritt das Realitätsprinzip und versucht die Funktionstüchtigkeit der Gesamtpersönlichkeit in einem bestimmten Lebenskontext zu erhalten. Dazu muss es die Wünsche regulieren, notfalls auch mit Abwehrmechanismen. Es soll die Einflüsse des Über-Ichs zur Geltung bringen, sie aber auch mäßigen und den Notwendigkeiten anpassen. Es ist pragmatisch, denkt, urteilt, lernt, handelt. Dabei agiert es oft unbewusst. Das Ich hat also keinen Inhalt, es ist eine Funktion. Das unterscheidet das Ich grundsätzlich von dem Selbst, das inhaltlich bestimmt ist: Wie ein Mensch sich erlebt und bestimmt, macht sein Selbst aus. Das kann ein gespürtes Selbst sein (minimales Selbst, Kernselbst), ein soziales oder narratives Selbst.

Manchmal wird über das „Ich" meditiert. Man kommt dann zu einer Leerstelle, denn wir können unendlich weiterfragen: „Wer bin ich?" Und schon ist das Ich uns wieder voraus – als dasjenige, das fragt. Das Ich entgleitet uns notwendigerweise. Nun denn, es handelt sich dabei um eine Eulenspiegelei, eine Spielerei mit einer Eigenart der Grammatik indogermanischer Sprachen. Andere Sprachen wie das Japanische verwenden kein explizites „Ich", weil es sich aus der Situation, in der das Verb im Zentrum steht, ergibt, wem eine Handlung oder Mitteilung zugeschrieben wird. Wenn es unklar ist, hängen sie eine zuordnende Silbe an das unveränderte Verb an. Aber auch in unserer Sprache gilt: Nur weil wir die Funktion des Ichs sprachlich verwenden, muss dem kein Objekt entsprechen. Wenn ich jemanden mit „Hallo" begrüße, welches Objekt entspricht dem „Hallo"? (Wittgenstein 2003 [1953]) Wenn ich „Ich meine …" oder „Ich denke" oder „Ich werde das und das tun" sage, so kläre ich Verantwortlichkeiten, Meinungen und Absichten und schreibe sie mir zu. Diese Zuordnung ist möglich, weil ich eine Person bin, die eine Existenz in Raum und Zeit hat und Verantwortung übernehmen kann, also eine kontextuelle Identität hat. Die westliche Philosophie hat lange gebraucht, um sich von der Idee eines „transzendentalen Subjekts", eines Ichs, das von außerhalb der Welt, aus einem Off auf die Welt schaut, zu verabschieden und zu verstehen, dass es mitten in der Welt existiert, dass es an den teilnehmenden, wahrnehmenden, aktiven Körper, an die Sprache und die Kultur gebunden ist.

Aus seiner eigenen Perspektive gesprochen hat eine Person ein Selbst. Das *„Selbst"* ist ebenfalls von Situationen und Beziehungen, von Rol-

wenn es Regen gab. Ich weiß nur zu gut, wie egoistisch dieses Männchen ist; ich kann an einem Erstickungsanfall leiden, den nur das Einsetzen von Regen beruhigen würde, ihm ist das völlig gleich: Bei den ersten ungeduldig erwarteten Tropfen verliert er seine Heiterkeit und zieht übellaunig die Kapuze über den Kopf. Andererseits glaube ich, daß das Barometermännchen in meiner Todesstunde, wenn alle anderen ‚Ichs' nicht mehr am Leben sind, beim ersten Sonnenstrahl, während ich meine Seufzer aushauche, sich äußerst munter fühlen, die Kapuze ablegen und ausrufen wird: Ah! Endlich wird es schön!"

M. Proust 2004 [1923], S. 11

len und Formen der Anerkennung abhängig, es ist kontextuell. Es ist selbst dann in einem gewissen Maße kontextuell, wenn wir eine situationsunabhängige Identität, eine lange Zeiten übergreifende Narration entwickeln, denn auch unsere Narrationen und unser Gedächtnis sind von den Umständen abhängig, in denen wir sie bilden. Dazu gehören unsere Interessen, unsere Gesprächspartner, die Anlässe usw.

Eine für die Achtsamkeitspraxis besonders wichtige Form der Selbsterfahrung bzw. des Selbst, das sich dadurch entwickelt, ist das Kernselbst (D. Stern), oft auch „minimal self" genannt. Das Kernselbst ist das Selbst, das durch unser Spüren, durch unsere Empfindungen als fühlendes und aktives Wesen entsteht. Dieses gespürte Selbst begleitet uns bei allem, was wir tun und erleben. Es ist schwer, diese Empfindungen „Wie es ist, etwas zu tun oder zu erleben" in Aussagesätzen zu formulieren. Die Achtsamkeitspraxis stärkt dieses Kernselbst oder „minimal self", das Gefühl körperlicher Kohärenz, Kontinuität, Aktivität, das Spüren von Körperempfindungen und Bedürfnissen. Sie ist mit neuen Erfahrungen verbunden, mit differenzierteren Gefühlen und Resonanzen auf Mitwelt und Umwelt.

Daneben gibt es andere Formen des Selbst, die eher auf unseren von uns und anderen identifizierbaren, z. B. sozialen oder biografischen Eigenschaften („soziale Identität", „narratives Selbst"), beruhen. Solche Erzählungen, Identifikationen mit Rollen, die Identität und die Eigenschaften, die uns andere zuschreiben, werden in der Haltung der Achtsamkeit eher dekonstruiert und in der Gegenwart kontextualisiert als einfach als dauerhafte Identitäten übernommen oder fortgeführt. Wie sollte es anders sein, wenn wir in dieser Haltung in der Gegenwart bleiben und offen für das sind, was sich gerade verändert.

Bringt mich die Achtsamkeitspraxis meinem wahren Selbst näher?

Auch die Idee eines wahren oder eigentlichen Selbst, das wir verwirklichen sollten oder könnten, findet daher meines Erachtens in der Achtsamkeitspraxis keine Unterstützung. Wie sollte sie so ein starkes Konzept realisieren? In einer Situation können wir jeweils neu und flexibel spüren, was wir wollen, wie unsere Gefühle und Gedanken mit unseren anderen Gedanken, Gefühlen, Erinnerungen usw. vernetzt sind. Wir können überrascht werden und uns selbst überraschen. Darin liegt ein wesentliches therapeutisches Potenzial der Achtsamkeit, z. B. für Menschen, die an Depressionen leiden. Dabei spielt es durchaus eine Rolle, ob neue Erfahrungen wirklich zu uns passen, ob sie assimilierbar sind. Sind sie für uns intern vernetzbar und bedeutsam oder reagieren wir vielleicht nur auf eine Anforderung, aus Angst oder aus dem unmittelbaren Wunsch nach Anerkennung heraus? Aber „Selbsterkenntnis" in einem Sinne, der groß genug wäre, so etwas wie ein „wahres" oder auch nur stabiles Selbst zu fassen, ist eine zu schwere Aufgabe für Achtsamkeit. Wie sollen wir etwas über uns herausfinden und diese Erkenntnis nach Möglichkeit auch kritisch überprüfen, wenn wir während der Praxis über die Achtsamkeit hinaus kein Ziel verfolgen und uns nicht anstrengen wollen? Dies gilt insbesondere für Warum-Fragen. Wie nach Mark Twain Prognosen bekanntlich eine schwierige Sache sind, vor allem wenn sie die Zukunft betreffen, so sind Warum-Fragen schwer zu beantworten, vor allem wenn sie sich auf die Vergangenheit beziehen. Sie erfordern eine analytische, skeptische Haltung und einen beträchtlichen Aufwand, will man nicht allzu naheliegenden und allzu willkommenen Erklärungen folgen. Es kann natürlich sein, dass man durch die Achtsamkeitspraxis zu neuen Erkenntnissen über sich selbst kommt. Sich Zeit zu nehmen, im eigenen Kopf oder Körper spazieren zu gehen, kann neue Erfahrungen zutage fördern, die dann alleine, im Rahmen einer Selbsterfahrung oder Therapie bearbeitet werden können.

Kann ich durch die Achtsamkeitspraxis mich selbst besser kennenlernen?

Was uns aber in der Achtsamkeitspraxis auch begegnet, ist die Vielfältigkeit und Inkonsistenz unserer Gefühle, Wünsche, Gedanken. Wir sind nicht nur dieses Gefühl und dieser Gedanke, die sich gerade einstellen. Wir haben viele Aspekte, die einander folgen oder auch (und durchaus widersprüchlich) gleichzeitig nebeneinander bestehen, und die es wert sind, ernst genommen und akzeptiert zu werden. Kohärenz des Selbst ist kein Ziel der Achtsamkeit. Auch das unterscheidet sie von Konzepten, die der Positiven Psychologie zugeordnet werden können wie z. B. der „Salutogenese" von Aaron Antonovsky.

Trägt die Achtsamkeitspraxis dazu bei, dass ich mich konsistenter, ganzheitlicher fühlen kann?

Ist mein Selbst nur eine Illusion? Kann und sollte ich mein Selbst überwinden?

Die häufig zu findende Idee, wir könnten das Selbst zugunsten eines größeren Bewusstseins aufgeben, ist nicht nur selbstwidersprüchlich, sondern auch gefährlich und inhuman. Im schlimmsten, aber leider historisch realisierten, Fall wird das Individuum, das sich selbst nicht schützt und wertschätzt, zum Opfer totalitärer und spiritueller Systeme (Victoria 1997; Meesmann 2010). Spirituelle Bewegungen bringen eine Erweiterung des Selbst mit sich, denn sie erweitern die existenziellen Möglichkeiten (s. Kap. 7, Spiritualität). Problematisch werden spirituelle Erweiterungen des Selbst aber, wenn sie gegen die nicht-spirituellen alltäglichen Formen und Erfahrungen, also gegen das Kernselbst, das narrative oder das soziale Selbst ausgespielt werden. Das ist im Übrigen sowohl für die Achtsamkeit als auch für spirituelle Erfahrungen völlig unnötig. Es ist viel konstruktiver, additiv in Formen des „Und", des „Gleichzeitigen", des „Mehr oder Weniger", des „Überlappens", des Vagen, der „Kontinuität" und der „Ähnlichkeiten" zu denken (s. Kap. 8).

Optimierung, Selbstoptimierung

Brauchen wir nicht viele Optimierungen? Was soll daran schlecht sein?

Unser Alltag ist ein ständiges Training darin, Dinge nach ihrem Nutzen zu beurteilen. Vom Buch über die Bahn bis zur Zahnpasta. Dieses Funktionalisieren für einen Zweck ist keine kapitalistische Erfindung, schon Paris, der Sohn des trojanischen Königs Priamos und der Hekabe, bewertete unnötigerweise die Schönheit dreier Frauen, mit den entsprechenden Folgen. Aber der Kapitalismus, die Werbung und die neuen Medien haben dafür gesorgt, dass es nahezu selbstverständlich erscheint, dass die Dinge funktionalisiert werden. Die Dinge sollen konkurrenzfähiger werden und darüber nützlicher, besser, effektiver. Das werden sie auch oft, und wir alle profitieren davon. Wenn alles gut läuft, werden sie auch z. B. umweltschonender oder gesünder.

Der Trend zur Optimierung macht auch vor Menschen nicht Halt, ganz im Gegenteil. Menschen laden durch ihre immense Plastizität und ihre Bedürftigkeit nach Anerkennung geradezu dazu ein. Die Selbstoptimierung in den Industrieländern ist ohne Beispiel. Sie kann sich auf so ziemlich alles beziehen: Wissen, politische und sonstige Anschauungen, Sprache, Ausstrahlung, Charakter, soziale Kompetenzen, die Erinnerung, den Körper in Bezug auf Fitness, Gesundheit und Aussehen, die Attraktivität überhaupt. Nicht wenige Menschen sind ständig mit sich unzufrieden und optimieren sich endlos, auch wenn die Möglichkeiten begrenzt sind. Die Schüler:innen lernen, ihre Performance zu optimieren, die Narben des Lebens werden geglättet. Optimiert werden der Schein und das Sein.

Die Optimierungseinstellung führt zwangsläufig dazu, dass man sich zunächst einmal für die tatsächlichen oder vermeintlichen Defizite interessiert, an denen es zu arbeiten gilt. Der Siegeszug des Selbst im 20. Jahrhundert war auch der Triumph der Pathologisierung und des Therapeutischen. Eva Illouz hat diese Geschichte überzeugend rekonstruiert (Illouz 2008). Gerät das Selbst erst einmal in den Fokus der Aufmerksamkeit und versucht man es zu analysieren, wird die Analyse rasch „unendlich", zumal wenn sich jeder zu solchen Überlegungen berechtigt fühlt, weil psychologische Überlegungen ein Allgemeingut geworden sind. Dieser Prozess wird umso unabschließbarer, je abstrakter und technischer er verstanden wird. Will ich eine konkrete Frage beantworten oder ein konkretes Ziel erreichen, so ist ein Ende absehbar, auch wenn es unbefriedigend sein sollte. Es gibt aber keine sinnvolle Begrenzung für einen flüssigen Gegenstand wie das Selbst. Jede Beschreibung und jede Erinnerung ist von der aktuellen Lebenssituation geprägt. Die Narrative, die wir konstruieren, erfüllen bestimmte Zwecke und auch wenn sie sicher nicht willkürlich sind, so sind sie doch prinzipiell unvollständig und anfällig für Suggestionen und Irrtümer. Geht es um ein Vorgehen wie „Sich selbst verstehen wollen" oder „authentisch werden", so ist der Prozess absehbar unendlich. Erinnerungen und Selbsterfahrungen können immer weitere Kreise ziehen. Ist das Ziel formaler, wie z. B. die Idee, eine reife Persönlichkeit sein zu wollen oder gar ein wahres Selbst zu entdecken und sich authentisch zu fühlen, so kann der Prozess noch anspruchsvoller und aussichtsloser werden.

„Als Banzan über einen Markt ging, hörte er ein Gespräch zwischen einem Metzger und seinem Käufer. ‚Gib mir das beste Stück Fleisch, das du hast', sagte der Käufer. ‚Alles in meinem Laden ist das beste', sagte der Metzger. ‚Du kannst hier kein einziges Stück Fleisch finden, das nicht das beste ist.' Bei diesen Worten wurde Banzan erleuchtet."

Ohne Worte – ohne Schweigen 2003, S. 51

Setze ich mich mit der Achtsamkeitspraxis nicht noch mehr unter Druck?

Leider steht die Vermittlung von Achtsamkeit in derselben Gefahr, wenn sie als eine Methode, eine Art des Vorgehens, eine Sammlung von Techniken verstanden wird. Die Achtsamkeit erscheint dann wie ein ultimativer Joker. Wenn nichts mehr geht, geht immer noch Achtsamkeit. Wenn ein Problem oder ein Konflikt nicht lösbar ist, bleibt noch das gute Gespräch und die achtsame Haltung.

Es kann nicht darum gehen, diese Verbesserungen der psychologischen Analyse oder der Kommunikation für überflüssig zu erklären. Ich gebe selbst Empfehlungen dazu (s. Kap. 9, Achtsame Kommunikation). Dadurch lassen sich substanzielle Konflikte zwischen Wertvorstellungen vielleicht klären. Aber sie lassen sich so nicht unbedingt lösen. Beides zu verwechseln ist problematisch, weil die Verwechslung zu endlosen Bemühungen um Lösungen führen kann. Viele Konflikte lassen sich leider mit Mitteln der Kommunikation nicht lösen.

Wenn Achtsamkeit nur als eine Methode, eine Art des Vorgehens verstanden wird, so besteht die Gefahr, dass die Selbstoptimierung nur perfektioniert wird. Wir können nie genug achtsam sein. Manche Menschen quälen sich tatsächlich mit der Beobachtung, nicht achtsam genug zu sein. Dabei ist nichts schwieriger, als die Selbsteinschätzung in Bezug auf Achtsamkeit. Untersuchungen haben gezeigt, dass Menschen, die viel Erfahrung mit Achtsamkeitsmeditationen haben, sich selbst als unachtsamer einstufen als Anfänger. Das macht Evaluationen von achtsamkeitsbasierten Therapien mittels Selbstbeurteilungsbögen auch so schwierig. Man braucht andere Möglichkeiten, um festzustellen, ob sich die Achtsamkeit verbessert hat und welche Rolle denn die Achtsamkeit in den Verläufen der Therapien überhaupt spielt.

Mit einem entsprechenden rigiden Über-Ich können selbst die Fähigkeiten, präsent, gelassen, akzeptierend und offen zu sein, zu verweilen, ohne ständig aktiv einzugreifen, die Idee, das Selbst als flüssig und situativ zu verstehen, noch als Selbstoptimierung verstanden und praktiziert werden. Deswegen schlage ich vor, das Lernen von Achtsamkeit eher wie das Lernen einer Sprache zu verstehen. Es wird kein „Selbst" in den Fokus genommen und verbessert, sondern etwas Neues dem Alten hinzugefügt. Es geht in der Achtsamkeit nicht darum, eine neue Erzählung über sich zu kreieren, sondern die situativen Aspekte der eigenen Existenz, so wie sie sich gerade zusammenfinden oder auseinanderdriften, wahrzunehmen. Erkenntnisse und Erzählungen mögen daraus folgen oder auch nicht. Sie sind jedenfalls nicht das Ziel der Praxis, und deswegen ist Selbstoptimierung auch kein Ziel von Achtsamkeit.

Wenn ich in Gruppen oder Workshops die Ankündigung „Lassen Sie uns gerade ein wenig Achtsamkeit praktizieren!“ ausspreche, kann ich sicher sein, dass sich ein größerer Teil der Gruppe – vorzugsweise die Teilnehmer:innen mit Achtsamkeitserfahrung – auf dem Stuhl „zurechtrücken“, dass sie eine aufrechtere Haltung einnehmen. Dagegen spricht nichts, aber ich habe den Eindruck, dass sofort ein gewisser Leistungsdruck einsetzt. Die Teilnehmer:innen wollen es gut und richtig machen und sorgen gleich einmal für gute Startbedingungen. Dabei wäre es von der Sache her viel besser, sie würden erst einmal spüren, wie sie sich spontan hingesetzt haben, wie sie so gewohnheitsmäßig sitzen. Ist das nicht interessant genug? Wenn ich besondere Bedingungen und Vorkehrungen brauche, ist zudem die Gefahr, dass ich die Praxis vertage, viel größer, als wenn ich einfach loslege. Ich weise also auf das Phänomen hin und bitte, den Wunsch „es gut zu machen“ wahrzunehmen. Die Alternative für mich besteht darin, die Sequenz mit „Tun Sie bitte einmal nichts!“ zu beginnen. Aber selbst das führt Teilnehmer:innen dazu, Stifte und Papier auf den Boden zu legen oder die Position zu verändern.

„Das Bessere ist der Feind des Guten.“

Italienisches Sprichwort

Die Achtsamkeit bietet folgendes Gegenprogramm zur Optimierung und Selbstoptimierung: Lasst uns die Dinge und die Menschen betrachten, so wie sie sind, d. h. nicht nur unter dem Gesichtspunkt ihrer Nützlichkeit für dies und jenes, diese und jenen. Legen wir die Maßstäbe beiseite. Lasst uns nicht alles und jedes funktionalisieren und verbessern, nicht die Natur, nicht die Häuser, nicht unsere Kinder. Und auch nicht uns selbst. Es ist besser, keine umfassende Geschichte über uns selbst zu erzählen und nur sparsam darüber, dass und wie wir uns verbessern sollten.

Bewusstsein und Distanz

Vieles, was wir erleben und tun, geschieht außerhalb unseres Bewusstseins. Wenn etwas bewusst wird, bekommt es eine zusätzliche Qualität. Es wird klarer, prägnanter, erinnerbar, kommunizierbar, auch uns selbst gegenüber. Man kann sein bewusstes Erleben, eben weil es bewusst ist, auch anzweifeln, interpretieren, in verschiedenen Kontexten betrachten.

Was ist Bewusstsein?

Wir brauchen, um das Phänomen des Bewusstseins zu beschreiben, keinen inneren Beobachter oder Zeugen zu konstruieren, der oft als „rein" oder „neutral" bezeichnet wird, denn diese Konstruktion bringt uns in zusätzliche Erklärungsnot. Der rein interne Beobachter ist eine illusionäre Position. Ein Beobachter, der keinerlei Bedingungen (Interessen, Vorgaben, Kontexte usw.) unterliegt, wüsste gar nicht, was er beobachten sollte. Zudem könnte er nur völlig willkürlich agieren. Sollte er selbst auch noch achtsam sein, müsste man einen Beobachter des Beobachters postulieren, dann wieder einen Beobachter des Beobachters des Beobachters usw.

Diese Iteration lässt sich vermeiden, wenn man Selbstwahrnehmung als einen selbstreferenziellen Prozess versteht, der Teil des psychischen oder des Mensch-Umwelt-Systems und bei Menschen so weit ausgestaltet ist, dass die Qualität des Bewusstseins entstehen konnte. Bewusst und selbstwahrnehmend etwas zu tun heißt dann nicht, etwas zu tun und noch ein getrenntes Bewusstsein davon zu haben, sondern etwas auf bewusste Art und Weise zu tun – so wie man etwas sorgfältig, mit Liebe oder gelangweilt tut, ohne dass sich diese Qualitäten von dem Vorgang lösen und in einem neuen Etwas einfangen ließen, das man dann „Bewusstsein" nennt (Ryle 1985 [1949]). Wollte man die Eigenschaft betonen, wäre es besser, von „Bewusstheit" zu sprechen, aber leider hat sich nun mal „Bewusstsein" etabliert. Geben wir dem Begriff also die Bedeutung einer Qualität.

Wenn wir über die Selbstwahrnehmung hinaus auch noch mit uns selbst in einen Dialog treten können, so deshalb, weil wir gelernt haben, mit anderen Menschen zu interagieren, von Geburt an und bevor wir mit uns selbst interagieren. Wir kommunizieren aber auch mit uns wie mit anderen Menschen, interessiert und beteiligt, nicht rein und neutral.

All diesen Möglichkeiten ist aber gemeinsam, dass sie eine Distanz beinhalten. Bewusstheit schafft einen Spielraum, eine gewisse Distanz und die Möglichkeit, die Aufmerksamkeit zu regulieren. Distanz bedeutet aber nicht zwangsläufig Minderung. Bilder können wir nur aus der richtigen Distanz intensiv wahrnehmen und auf uns wirken lassen. Beziehungen brauchen die richtige Distanz, um sich entfalten zu können. Wenn man etwas bewusst erlebt, hat man die Chance, diese Distanz zu regulieren. Bewusstheit ist eine Eigenschaft unseres Erlebens und Verhaltens, die es ermöglicht, etwas als Teil des eigenen Selbst zu erleben, und gleichzeitig, einen Abstand zu diesen Vorgängen herzustellen und darauf Bezug zu nehmen. Die allgemeine Vorstellung ist, dass diese Distanz auf einem vertikalen Weg geschieht, so als würde ein Teil von uns von oben auf uns herabschauen, ein Teil, der einen größeren Überblick hat. Tatsächlich kann eine horizontale Verbildlichung genauso gut funktionieren. Die Distanzierung wird verstärkt, wenn ich mich meiner Lebenssituation in einem umfassenderen Sinne zuwende und deswegen weniger mit einem bestimmten Aspekt meiner selbst identifiziert bin.

Ich finde die Idee eines reinen Beobachters faszinierend. Ich würde gerne manchmal die Ereignisse so ganz von außen betrachten und über allem stehen. Ist das nicht auch die eigentliche Position der Achtsamkeit?

Wie viel Distanz wir herstellen, hängt von unseren Interessen und Wünschen, aber auch von der Intensität unserer Erlebnisse ab. Wollen wir tiefer in unsere Gefühle und Gedanken einsteigen oder eher die Distanz vergrößern? Achtsamkeit beinhaltet die Fähigkeit, die Aufmerksamkeit entsprechend zu steuern. Manche Erlebnisse sind so stark, dass sie uns auf jeden Fall bewusst werden und gleichzeitig eine Distanzierung schwer machen. Manche sind aber auch so schwach, dass sie uns nur mit Mühe bewusst werden und wir uns schon für sie interessieren müssen. Das klingt alles abstrakter, als es ist. Diese

Unterscheidung hat unmittelbare praktische Konsequenzen. Es lassen sich damit Übungen charakterisieren und therapeutische Vorgehensweisen entwickeln. Es gibt Menschen, die von ihren Gefühlen überrannt werden oder sich ihnen einfach ergeben. Andere spüren ihre Gefühle und ihren Körper kaum. Beides kann zu Schwierigkeiten im Leben führen. Achtsamkeit ermöglicht, die Gefühle bewusst und aus der richtigen Distanz heraus zu spüren, zu interpretieren, einzuordnen, zu regulieren und auszuleben.

Manchmal wird in Achtsamkeitskonzepten mitgeteilt: „Du bist nicht dein Gefühl." Oder: „Du bist nicht dein Gedanke." Das ist wörtlich genommen falsch. Wir sind immer auch unsere Gedanken, unsere Gefühle, unsere Körper, was sonst? Und es ist gut, all das, was wir sind, wahrzunehmen und zu spüren und von den Gedanken und Gefühlen anderer Menschen zu unterscheiden. Wir sind sicher nicht nur unser Körper, aber ohne unseren Körper sind wir nicht die, die wir sind. Wir sind auch kreatürlich, bedürftig, verletzlich. Körperfeindlichkeit und Achtsamkeit passen nicht zusammen (Huppertz 2013).

Könnte man nicht sagen, dass Bewusstsein und Achtsamkeit etwa dasselbe sind? Wäre „Bewusstheit" nicht eine bessere Übersetzung von „Mindfulness"?

Auf der anderen Seite beinhaltet die Haltung der Achtsamkeit auch die Aufforderung, nicht in den Gefühlen, Gedanken etc. aufzugehen, sich nicht völlig mit ihnen zu identifizieren. Auch wenn sie stark sind oder auch wenn wir sie fokussieren, sollte uns immer bewusst bleiben, dass sie auch anders sein könnten, dass sie sich verändern, dass der Kontext für ihre Beschaffenheit eine Rolle spielt und dass wir die Kontexte mitgestalten können. Zum Bewusstsein gehört eine Ahnung, ein Gefühl, ein Eindruck, dass die eigene Aktivität, die Aufmerksamkeit und das Handeln auch anders sein könnten. Das ist kein Wissen, sondern eine diffuse Qualität der Selbstwahrnehmung. Achtsamkeit steigert diese Qualität, macht sie präziser und klarer. Anders als die Bewusstheit bezieht sie sich aber nicht nur auf die eigene Beteiligung an Situationen, sondern auf die Situation als ganze und sie ist nicht nur eine psychische Funktion (wie Bewusstheit und Aufmerksamkeit), sondern eine komplexere Haltung.

Getriebensein, Der innere Kritiker

Viele Teilnehmer:innen kommen in unsere Gruppen, weil sie sich innerlich getrieben fühlen. Sie haben das Gefühl, dass das, was sie tun, nicht genug ist, nie genug ist. Es gibt immer noch mehr zu tun. Ihr Leben ist gepflastert mit unerledigten Aufgaben.

Ich fühle mich ständig getrieben, habe immer das Gefühl, nicht genug getan zu haben. Was kann ich dagegen tun?

Nun gibt es gute praktische Empfehlungen, dieses Problem in den Griff zu bekommen. Die wichtigste scheint mir: Wenn Sie sich getrieben fühlen, verteilen Sie alle Aufgaben sorgfältig in der Zeit, unterscheiden Sie klar zwischen dringlichen und weniger dringlichen Anliegen, ordnen Sie ihnen präzise Zeitpunkte und Zeiträume in der Zukunft zu, so luftig wie irgend möglich, und konzentrieren Sie sich dann auf das, was als Nächstes zu tun ist. Machen Sie das schriftlich und halten Sie sich daran. Sie können die Pläne auch jederzeit ändern, wichtig ist, dass Sie einen gültigen Zeitplan haben und das, was darauf steht, nicht im Kopf haben müssen.

Wenn Sie so vorgehen, so verändern Sie ihre Situation direkt und aktiv und gehen nicht über die Haltung der Achtsamkeit. Was aber wäre eine achtsame Lösung und welche Vorteile hätte dieser Umweg? Ich möchte im Folgenden zeigen, dass eine erhebliche Beimischung von Achtsamkeit in dieser Situation zwar die Lösung verzögern würde, aber gründlicher wäre.

Man muss natürlich sorgfältig beurteilen, welche Vorteile oder Nachteile für mich oder andere damit verbunden sind, wenn ich etwas tue oder unterlasse. Das ist keine Sache der Achtsamkeit, sondern des sorgfältigen Erfassens der Situation und des kritischen Nachdenkens. Welchen Spielraum haben Sie und welchen Preis zahlen Sie, wenn Sie ihn nutzen, Aber wie viel Sie erledigen wollen, was Sie sich als Aufgabe wirklich zu eigen machen, das können Sie nicht alleine an den objektiven Notwendigkeiten festmachen. Es gibt tatsächlich endlos viel zu tun, spätestens wenn Sie Ihren Verstand und Ihr Herz für die zahllosen Missstände in der Welt öffnen. Was also ist Ihre Sache, was geht Sie an, was ruft Sie auf den Plan, was ist Ihnen wichtig? Was liegt im Rahmen Ihrer Möglichkeiten?

Wie immer würden wir uns in der Haltung der Achtsamkeit die Situation also erst einmal in Ruhe anschauen. Dabei ist es wahrscheinlich, dass Sie feststellen, dass mit jeder objektiven Vorgabe auch eine subjektive Resonanz verbunden ist. Und es kann sein, dass die Anforderungen, die Sie spüren, nicht nur objektiver Natur sind, sondern auch etwas mit Ihrer Einstellung und Reaktion zu tun haben. Es werden also auch Fragen auftauchen wie: „Muss ich das wirklich tun?" „Will ich das wirklich tun?" „Ist das wirklich so wichtig?" „Ist das wirklich so dringlich?" „Schaffe ich das noch?" „Sollte ich das auch noch tun?" „Bin ich zufrieden mit mir?"

Ich funktioniere ständig und – wie ich finde – auch gut und bin doch nie mit mir zufrieden.

Wir können etwas einfach so denken, und wir können fühlen, was wir denken. Wir können einen einzelnen Gedanken haben, und wir können den Gedanken mit vielen anderen Gedanken, Erfahrungen, Gefühlen vernetzen. Das geschieht unbewusst ohnehin und manche dieser trial-and-error-Vernetzungen erleben wir in unseren Träumen. Wir können sie aber auch bewusst erleben, uns für sie Zeit nehmen, sie fokussieren und schützen, erwägen. Dann werden aus Einfällen und äußeren Anforderungen unter Umständen persönliche Anliegen.

Vieles, was uns antreibt und umtreibt, haben wir uns aber in gar keiner Weise zu eigen gemacht, sondern wir folgen mehr oder weniger blind einer Aufforderung oder gar einem ständigen Antreiber, häufig „der innere Kritiker" genannt. Der innere Kritiker ist nicht nur eine biografische Instanz, sondern auch eine soziale, die sich an sozialen Deutungsmustern orientiert. Interessanterweise beschuldigt der innere Kritiker viele Menschen heute seltener als früher, etwas falsch gemacht zu haben, eine Schuld auf sich geladen zu haben. Die Sünde hat keine Konjunktur, weil wir zu viele Möglichkeiten haben, unser Leben nach persönlichen und subkulturellen Normen zu gestalten. Unsere Wünsche und Bedürfnisse prallen in den westlichen Gesellschaften nicht mehr so hart auf rigide, unmenschliche Normen wie noch vor

50 Jahren, was natürlich nicht auf alle Kulturen und Subkulturen zutrifft. Dennoch ist der innere Kritiker in unserer Kultur springlebendig. Aber er kämpft mit anderen Waffen: Statt moralischer Kritik bevorzugt er heute Kritik an unseren Leistungen in einem qualitativen und ich denke vor allem immer mehr in einem quantitativen Sinne. Es war eine wichtige Erkenntnis der anthropologischen Psychiatrie, dass es ein Schuldgefühl in einem existenziellen, unvermeidlichen Sinne gibt. Wenn wir etwas tun, müssen wir etwas anderes lassen. Wir machen nichts falsch, aber wir zerstören Möglichkeiten, wenn wir eine von ihnen ergreifen. Und je mehr Möglichkeiten wir – zumindest subjektiv – haben, umso näher rückt uns dieses Schuldgefühl. In einem grundsätzlichen Sinne ist dieses Schuldgefühl unauflöslich. Auch der innere Kritiker hat oft recht, weil wir alle und immer wieder Fehler machen, moralische, leistungsbezogene, oder zu wenig gegen das Elend in der Welt unternehmen. Wir kommen also nicht umhin, ihm erst einmal zuzuhören und zu reflektieren, ob er nicht recht hat.

Viele Menschen wissen aber, dass sie ihre Sache gut machen, und haben dennoch oft oder gar ständig das Gefühl, dass sie nicht genug tun. Dass betrifft ihre Arbeitszeit und am Ende genauso ihre Freizeit. Sie haben das Gefühl, sie müssten eigentlich noch mehr arbeiten, noch mehr soziale Aktivitäten verfolgen, sich bei einem Freund oder einer Freundin wieder melden, sich um jemanden kümmern, politisch oder sozial aktiv sein, auch Sport machen, diverse Bücher lesen, sich einen bestimmten Film anschauen usw. Sie kennen das vermutlich.

Ich habe eben kurz die anthropologische Psychiatrie erwähnt, was ich eigentlich viel öfter tun müsste (!). Ihr Problem war, dass sie sehr kluge Analysen, aber wenig praktisches Handwerkszeug geliefert hat. Sie konnte die Bedeutung des existenziellen Schuldgefühls u. a. für die Entstehung von Depressionen zeigen, aber nicht, wie man ihm begegnen kann. Die Achtsamkeitspraxis ist m. E. hier eine passende Antwort, weil sie auf dieser existenziellen Ebene ansetzt, die die anthropologische Psychiatrie oder existenzielle Psychotherapie zuerst betreten haben. Praktisch schlage ich Ihnen Folgendes vor: Machen

Der innere Kritiker hat immer das letzte Wort. Wenn ich ihn abweise, macht er mir Vorwürfe, dass ich nicht bereit bin, mich infrage zu stellen. Wie kann ich ihn zum Schweigen bringen?

Sie sich alles bewusst, was Sie tun sollten, also geben Sie Ihrem inneren Kritiker das Wort und schreiben Sie mit. Wirklich, notieren Sie auf einem Blatt in Stichworten, was Sie tun sollten (wir führen diese Übung in unseren Gruppen als Partnerübung durch, s. Huppertz 2015, S. 147). Wenn Ihnen nichts mehr einfällt, hören Sie damit auf, wenn Ihnen sehr viel einfällt, machen Sie bei zehn Punkten Schluss. Damit haben Sie schon einmal Abstand zu dem inneren Kritiker hergestellt, Sie haben ihn zwar nicht zur Strecke, aber zu Papier gebracht. Dann experimentieren Sie: Formulieren Sie mental zwei Varianten: „Ich entscheide mich dafür, x zu tun." oder „Ich entscheide mich dagegen, x zu tun.". Spüren Sie nach, was für Sie in dem Moment, in dem Sie sprechen, stimmt. Was fühlt sich überzeugend an? Nehmen Sie sich für diesen Schritt Zeit! Wenn zehn Punkte zu viele sind, suchen Sie sich nur drei heraus. Es geht vor allem um die Vorgehensweise, nicht um die einzelnen Punkte. Durch diese Besinnung vergrößern Sie den Abstand zu dem inneren Antreiber. Dann entscheiden Sie. Die Entscheidung mag sich als Irrweg erweisen, aber in jedem Falle haben Sie sich entschieden und die Verantwortung übernommen. Das alleine ist schon viel wert, spüren Sie dem nach. Sie haben den inneren Kritiker seines Amtes enthoben und die Ziele und Aufgaben selbst infrage gestellt, mit Kopf und Bauch. Wahrscheinlich werden Sie dabei keine großen Verluste erleiden, denn manches von dem, wogegen Sie sich entscheiden, hätten Sie ohnehin nicht getan. Statt mit Schwung etwas anderes anzupacken, hätten Sie sich nur mit dem inneren Kritiker herumgeplagt. Was immer Sie entscheiden, Sie entscheiden es nicht für alle Ewigkeit. Sie entscheiden für einen absehbaren Zeitraum, den Sie selbst definieren können.

Ihre Entscheidung gilt, also setzen Sie sie um. Analyse und Intuition widersprechen sich nicht, sie können sich gut ergänzen. Das Problem ist, dass wir der Intuition nicht genügend Zeit einräumen. Dem kritischen Denken möglicherweise auch nicht. Aber die Achtsamkeit sorgt hier eher für einen Ausgleich im Sinne der Intuition. Sie können natürlich auch ganz anders vorgehen, ich wollte Ihnen nur demonstrieren, wie eine achtsame Lösung des Getriebenseins aussehen würde, die über ein rein strategisches Reduzieren und Verteilen der Aufgaben hinausgeht.

Dieses Vorgehen zeigt nebenbei auch, wie wichtig der Klang der Worte ist. Der Klang der Worte steht in Wechselwirkung mit ihrer Bedeutung, aber er geht über die feinen semantischen Unterschiede hinaus, die wir finden können. Wir wirkt es auf Sie, wenn jemand zu Ihnen sagt:
„Ich wünsche mir …"
„Ich wünsche mir von Dir …"
„Ich erwarte …"
„Ich erwarte von Dir …"
„Ich will …"
„Ich will von Dir …"

Die beiden ersten Sätze können für mich etwas Freundliches, eine Annäherung bedeuten. Sie sagen mir, dass ich für jemanden wichtig sein kann, ich ihm oder ihr vielleicht etwas geben kann, was ich wiederum gerne tue, dass es aber auch keine Katastrophe ist, wenn es nicht klappt. Der dritte Satz versetzt mich in Spannung, weckt Widerstand, engt mich ein. Der vierte macht es noch schlimmer. Die letzten beiden Sätze wiederum geben mich etwas frei, weil der oder die Sprechende etwas riskiert, sich als stark präsentiert und ich die Freiheit habe, ebenfalls zu sagen, was ich will oder nicht will, ohne allzu fürsorglich sein zu müssen. Für den oder die Sprechende ist es ebenfalls eine Bewegung von Satz eins (weich, zugewandt) zu aggressiv und etwas abhängig, zu selbstbewusst, abgegrenzt, konfliktbereit. Der Klang der Sätze kommt schneller an als ihr kognitiver Gehalt oder gar die Reflexion der Bedeutung und seine Wirkung ist häufig emotionaler. In der verinnerlichten Verständigung eines Menschen mit sich selbst ist es nicht anders.

Lebenskrisen, Posttraumatisches Wachstum

Achtsamkeit ist eine Haltung, die sich nicht nur in guten, sondern auch in schlechten Zeiten bewähren kann, ja geradezu bewähren muss. Was

Wie können die Achtsamkeitspraxis und die Haltung der Achtsamkeit in schwierigen Lebenssituationen helfen?

ist eine Lebenskrise, und wie kann es gelingen, sie mithilfe der Praxis der Achtsamkeit konstruktiv zu lösen? Aber kann man Lebenskrisen überhaupt bewältigen? Und wenn ja, was ist falsch daran? „Die Krise als Chance" hat spätestens angesichts von Lebenskrisen etwas Unernstes. Lebenskrisen beruhen auf unwiederbringlichen Verlusten und nicht wiedergutzumachenden seelischen Schmerzen und verweisen ungefragt auf die grundsätzliche Kontingenz und Krisenhaftigkeit der menschlichen Existenz.

Was meinen Sie mit „Lebenskrise"?

Wer in einer Lebenskrise steckt, spürt es. Die betreffende Person hat das Gefühl, dass ihr der Boden unter den Füßen weggezogen wird, dass es um sie herum dunkel wird, dass sie ins Leere greift. Es gibt kein Vorwärts und kein Zurück und kein Verweilen, sondern nur die ziellose Bewegung zwischen der verlorenen Gegenwart und Zukunft und manchmal auch der verlorenen Vergangenheit. Eine Lebenskrise erscheint zunächst meist unlösbar. Lebenskrisen beginnen in der Regel mit einem bestimmten Ereignis, meist einer Enttäuschung, einem Verlust, einer äußeren Gewalt oder dergleichen. Wie Erdbeben breiten sie sich aus und erfassen immer mehr von dem, was man bisher für sein Leben gehalten hat. Je größer, je zentraler, je vernetzter das Epizentrum, aber auch je fragiler das Netz, umso größer die Lebenskrise. Wenn eine ältere Frau nach Hause kommt und ihren Ehemann erhängt vorfindet, so schwinden ihr Gegenwart, Zukunft und sogar die Vergangenheit. Wenn ein junger Mann von seiner Freundin verlassen wird, so hat das nicht die gleiche umfassende Bedeutung, aber es kann ebenfalls zu einer Lebenskrise führen, weil er nicht weiß, was er als Mann ist, sein kann oder sein sollte. Lebenskrisen bedeuten immer auch einen Verlust an Orientierung.

So wie auch schwerwiegende belastende Lebensereignisse nicht zu Lebenskrisen führen müssen, können für andere harmlose Ereignisse Menschen in Lebenskrisen stürzen, weil sie z. B. der sprichwörtliche Tropfen sind, der das Fass zum Überlaufen bringt (z. B. eine latente Überforderung), oder weil das Ereignis die krisenhafte Struktur des Lebens zutage fördert (ein überraschender Hinweis auf das eigene Al-

tern). Auch scheinbar positive Ereignisse wie eine Beförderung oder die Geburt eines Kindes kommen als Auslöser von Lebenskrisen infrage. Lebenskrisen sind subjektiv erlebte Veränderungen der Lebenssituation, die mit einer Erschütterung zentraler Lebensformen, Denkmuster und Gefühle einhergehen.
Sie führen zu

- Desorientierung, Unsicherheit, Selbstzweifel
- Vertrauensverlust
- Trauer
- Angst
- Grübeln
- Rückzug

Auch wenn Lebenskrisen immer ein persönlich erlebter Einbruch sind, sind sie nicht immer ein individuelles Problem. Es gibt zum einen *kollektive Lebenskrisen*, auch wenn jeder Einzelne, der von ihnen betroffen ist, sich in sich zurückzieht und glaubt, er müsse sie alleine meistern (Beck 1986). Viele Menschen in Deutschland sind nach dem Zusammenbruch der Nazidiktatur in eine Lebenskrise geraten und mussten sich moralisch und politisch neu orientieren. Diejenigen, die heute als Flüchtlinge zu uns kommen, haben aufgrund von Krieg und Vertreibung Haus und Heimat verloren und müssen sich in einer neuen Sprache und Kultur zurechtfinden. Aber auch *individuelle Lebenskrisen* wie Verarmung, die Notwendigkeiten beruflicher Neuorientierung, Trennungen in Liebesbeziehungen oder Vereinsamung sind ein gesellschaftliches Phänomen, und es hat etwas Entlastendes und Realistisches, dies in Betracht zu ziehen. Nicht zuletzt ist diese Sichtweise auch eine Voraussetzung dafür, sich gegen gesellschaftliche Missstände zu engagieren.

Zwei amerikanische Autoren, Lawrence Calhoun und Richard Tedeschi, haben 1995 das Konzept des *Posttraumatic Growth* (*Posttraumatisches Wachstum, PTG*, Calhoun, Tedeschi 2013) entwickelt. Sie fanden heraus, dass mindestens 30 %, in manchen Untersuchungen bis zu 90 % der Betroffenen nach schweren traumatischen Erlebnissen das

Können traumatische Erfahrungen auch zu etwas gut sein?

Gefühl hatten, durch diese Ereignisse einen persönlichen Entwicklungssprung gemacht zu haben. Am häufigsten wurden folgende Veränderungen genannt:

- neue Perspektiven für das eigene Leben, v. a. neue Prioritäten;
- mehr Wertschätzung des Lebens, v. a. des scheinbar Selbstverständlichen;
- Klärung und Intensivierung zwischenmenschlicher Beziehungen („Du findest heraus, wer deine wirklichen Freunde sind"), mehr Empathie, insbesondere in Hinsicht auf die Schwächen und das Leid Anderer;
- eine größere Mitteilsamkeit bezüglich eigener Gefühle und Erlebnisse („Ich fühle mich jetzt viel freier, meine Gefühle auszudrücken, weil ich eine Zeit hinter mir habe, in der ich sie ohnehin nicht zurückhalten konnte");
- mehr Selbstvertrauen („Ich bin stärker, als ich es mir je vorgestellt habe");
- mehr Interesse an existenziellen und spirituellen Themen. Die Autoren verstehen darunter die vermehrte Hinwendung zu „fundamentalen existenziellen Fragen", d. h. für die Autoren die Auseinandersetzung mit bereits bestehenden religiösen Überzeugungen, Fragen nach dem Sinn des Lebens und spirituelle oder existenzielle Erfahrungen und Einsichten.

Was ist „Posttraumatisches Wachstum"?

Diese Untersuchungen zeigen die Fähigkeiten der Betroffenen, sich selbst zu helfen, aber auch das Potenzial von Lebenssituationen, Hilfe und Entwicklungsmöglichkeiten bereitzustellen. Darüber wird – zumindest in Deutschland – wenig gesprochen. Das Konzept des PTG hat hierzulande keine besondere Aufmerksamkeit gefunden. Auch wenn Calhoun und Tedeschi zeigen, wie dieses posttraumatische Wachstum einfühlsam professionell unterstützt werden kann, enthält das Konzept dennoch auch eine Warnung vor unnötiger professioneller Aktivität seitens der Therapeut:innen und Berater:innen und ihren unerwünschten Risiken und Nebenwirkungen (Linden, Strauß 2012). Wir leben in einer Gesellschaft, in der Leid schnell als lösbares Problem und professioneller Auftrag definiert wird. Damit werden Fragen

„Eine Krise ist eine Chance" – ist das nicht oft zynisch?

nach den Ursachen aufgeworfen, biografische Themen angestoßen, weitere Defizite entdeckt oder nach Lösungen für Probleme gesucht, die eigentlich keine sind, sondern kontingente belastende Ereignisse und Herausforderungen, die zum Leben und zum Heranwachsen gehören. Die Aufmerksamkeit des Betroffenen wird eventuell an bestimmte Ereignisse und ihre Ursachen und Folgen gebunden, auch wenn sie vielleicht schon zu neuen Ufern aufbrechen möchte.

Aber für Menschen, die gerade (oder überhaupt) keine allzu positiven Erwartungen an die Zukunft haben oder mitten in einer solchen Krise stecken, wirken allzu beherzte Mitteilungen über die Folgen von belastenden Ereignissen und daraus resultierenden Lebenskrisen zynisch. Wir würden einen Menschen, der gerade erblindet, nicht darauf hinweisen, dass ihn dies in anderer Hinsicht sensibilisiert, auch wenn es stimmt. Größer ist schon die Gefahr, einem Menschen, der gerade von einer Lebenspartner:in verlassen wurde, mitzuteilen, dass er doch noch andere Freunde hat oder dass die Beziehung doch sowieso zum Scheitern verurteilt war und er etwas Besseres verdient hat. Wenn früher Frauen nach dem Verlust ihres Ehemannes ihr Leben lang schwarz getragen und sich nie wieder gebunden haben, so mag das viele persönliche und soziale Gründe haben, und es mag auch eine wenig glückliche Anpassung an die Sitten sein, aber es hat neben der Romantik auch den Respekt vor dem Ernst eines Verlusts auf seiner Seite. Jede Lebenskrise geht mit einem Verlust an Sicherheit, Orientierung, Glaube, Vertrauen, also Bindungen einher und jede allzu positive Sicht einer Lebenskrise steht in Gefahr, über die Unwiederbringlichkeit dieser Bindungen hinwegzugehen. In gewissem Maße sind Lebenskrisen aber unauflösbar, und jeder positive Verlauf einer Lebenskrise ist in Kollaboration mit der gnädigen Schwäche unseres Gedächtnisses auch ein Verrat – ein Vorgang, den wir im Jargon der Moderne „Trauerarbeit“ nennen.

Hat Achtsamkeit etwas mit positivem Denken zu tun? Sollen positive Gefühle gestärkt werden?

Besonders deutlich wird die letztliche Unauflöslichkeit von Lebenskrisen dann, wenn es auch tatsächlich keine Zukunft mehr gibt, in die hinein man sie auflösen könnte. Dies ist z. B. dann der Fall, wenn jemand

Ist das Leben nicht eine Folge von Krisen? Geht es nicht um Akzeptanz?

plötzlich eine Querschnittslähmung erleidet oder wenn sie mit der Prognose konfrontiert wird, dass sie nur noch ein halbes Jahr zu leben hat. Hier bleibt zwar noch eine Zukunft, aber der Verlust wesentlicher Lebensmöglichkeiten oder gegebenenfalls der Perspektive, die Kinder aufwachsen zu sehen, ist endgültig. Die ultimative Lebenskrise ist der Tod. Das Leben ist tatsächlich auch „die Krankheit zum Tode“ (Kierkegaard), es hat eine grundsätzlich krisenhafte Struktur. Wir können jederzeit unerwartet sterben und in jedem Falle geht das Leben in seinem eigenen Sinne nicht gut aus. Deshalb verweisen alle Lebenskrisen, auch die leichten und begrenzten, auf die Vergänglichkeit, die Endlichkeit der Zeit und die Begrenztheit der Lebensmöglichkeiten.

Das Achtsamkeitskonzept entstammt Weisheitslehren und Religionen, die sich als Antwort auf die Verletzlichkeit des Lebens verstehen lassen. Diese Lehren fühlen sich weniger für den guten Verlauf einzelner Lebenskrisen zuständig als für das Thema der grundsätzlichen Krisenhaftigkeit des menschlichen Lebens. Lebenskrisen werden in Religionen oft als „Prüfungen“ für die Festigkeit des Glaubens oder einer Lebensanschauung angesehen. Auch für die Achtsamkeit gilt, dass sich die Haltung in Lebenskrisen bewähren kann und sollte. Und es gilt auch umgekehrt: Lebenskrisen können dazu führen, dass Achtsamkeit gefördert, belebt und vertieft wird.

Achtsamkeit ist nicht dazu da, Trauer, Angst oder Ratlosigkeit zu vertreiben oder zu ersetzen. Alle Gefühle, Erinnerungen, Ängste, Fantasien dürfen in der Haltung der Achtsamkeit kommen und gehen. Wir greifen nicht ein, vermeiden und verstärken sie nicht. Und wir lassen sie nicht gehen, um sie loszuwerden. Achtsamkeit steht einfach in keinem Widerspruch zu einem Gefühl oder irgendeinem anderen Prozess, weil sie nicht auf der gleichen Ebene existiert (s. Kap. 6, Gleichzeitigkeit). Sie verändert und bekämpft nichts, sie tritt einfach hinzu, weil sie gar nicht beansprucht, in die subjektiven Prozesse oder die gemeinsame Wirklichkeit einzugreifen. In der Haltung der Achtsamkeit wollen wir uns nicht ablenken, entspannen, Erkenntnisse gewinnen oder positive Aspekte der Gegenwart finden. All dies mag geschehen und ist erfreulich, aber es geschieht von selbst oder eben nicht. Daher nimmt Achtsamkeit auch Lebenskrisen nicht ihren Ernst und Verlusten nicht ihre Endgültigkeit. Sie ist eine kreative Erweiterung des Lebens auf einer anderen Ebene, eine lernbare, sehr erwachsene Lebenseinstellung.

Ein achtsamer Umgang mit Lebenskrisen kann daher nicht darin bestehen, sie zu überwinden, sondern darin, nicht von ihnen verschlungen zu werden. Die Achtsamkeit ermöglicht uns, die Bedeutung und die Fülle des Lebens auch in Lebenskrisen zu erfahren, denn um eine Lebenskrise zu haben, muss man erst einmal leben, und das geschieht in der Gegenwart.

12 Umwege, Kreuzungen und Abzweigungen

Imaginationen, Fantasiereisen, Trance

Sind Imaginationen und Fantasiereisen Teil der Achtsamkeitspraxis?

Imaginationen sind gezielte Anleitungen zu Vorstellungen und Fantasien. Also z. B.: „Erinnern Sie sich bitte an einen Ort (oder stellen Sie sich einen Ort vor), an dem Sie sich sicher und geborgen gefühlt haben (fühlen könnten).“ Eine Fantasiereise ist eine längere Anleitung, die über verschiedene Schritte zu einem Ort führt, an dem in der Regel der Klient Fantasien aufsteigen lässt. Damit Imaginationen und Fantasiereisen gelingen, wird der Kontakt zur Umgebung reduziert. Der Klient schließt die Augen und bewegt sich meist nicht. Entspannung, Vertrauen zum Anleitenden und eine Einschränkung des kritischen Denkens sind wesentlich. Dies alles führt zu einer mindestens leichten Trübung des Bewusstseins. Von Trance spricht man, wenn diese Bewusstseinstrübung ausgeprägter ist und auch die Selbstwahrnehmung und die Differenzierung zwischen Selbst und Umwelt wie Mitwelt reduziert ist. In der Trance ist wie bei einem Rausch die Selbstverantwortlichkeit reduziert, auch wenn die Trance in der Regel jederzeit von den Klient:innen beendet werden kann. Alle diese Erfahrungen kann man alleine bei sich entstehen lassen, aber für viele Menschen ist es leichter, wenn sie dabei angeleitet werden.

Kann ich nicht auch achtsam imaginieren oder mich erinnern?

Es ist leicht zu sehen, dass diese Vorgehensweisen und Zustände nicht zu mehr Achtsamkeit führen. Die Erfahrungen der Gegenwart werden reduziert. Die Klient:innen werden aus der Gegenwart in eine andere Zeit oder Welt entführt, um dort Kraft, gute Vorstellungen, Ideen zu finden. Die Erfahrungen der gegenwärtigen Umwelt, das differenzierte leibliche Spüren, die sinnlichen Wahrnehmungen werden aktiv reduziert, die mentalen Prozesse gefördert. Die mentalen Prozesse wiederum beziehen sich nicht auf das, was gerade geschieht, sondern verlassen die Gegenwart zugunsten der Vergangenheit oder einer Welt der Fantasie.

Immer wieder taucht die Frage auf, ob man nicht auch achtsam in Erinnerungen eintauchen, Pläne schmieden oder auch neue Situationen imaginieren kann. Aus rein technischer und logischer Sicht könnte man zustimmen. Achtsamkeit kann sich auf so ziemlich alles beziehen, warum nicht auch auf Imaginationen? Aber wenn Achtsamkeit mehr ist als eine Technik, nämlich eine Haltung, die sich ihrer selbst, ihres Sinns und ihrer eigenen Grenzen bewusst ist, dann macht es m. E. ebenso wenig Sinn, sich achtsam aus der Gegenwart zu beamen, wie es Sinn macht, achtsam einem Ertrinkenden zuzuschauen. Achtsamkeit ohne Gegenwärtigkeit, Klarheit und Offenheit ist zahnlos.

Die Gemeinsamkeit von Achtsamkeit und Imaginationen, Fantasiereisen und Trance besteht in der relativen Passivität und der regelmäßigen Entspannung der Klient:innen. Zwischen fokussierter Achtsamkeit und Imagination findet man neben der Entspannung auch die Gemeinsamkeit der Fokussierung, die zur Entwicklung von Achtsamkeit wie zur Tranceinduktion verwendet wird (Schwere der Arme, Pendel, Fixierung eines Punktes usw.)

Erstaunlicherweise trifft man in Achtsamkeitsprogrammen häufig auf Imaginationen. Im MBSR (Mindfulness-Based Stress Reduction) und verwandten Konzepten findet sich z. B. die Imagination eines Berges, mit dessen Ruhe, Beständigkeit und Nicht-Reagieren man sich identifizieren soll. Eigentlich vertraut man diesen Vorschlägen folgend nicht mehr der Achtsamkeit und reichert sie durch geradezu entgegengesetzte Methoden an. Man könnte auch positiver formulieren, man ergänzt sie. Und so gesehen, warum nicht? Es geht schließlich in jeder therapeutischen oder beratenden Arbeit nicht um die reine Lehre, sondern darum, Menschen zu helfen. So sind beruhigende und stabilisierende Imaginationen gerade bei labilen und z. B. traumatisierten Patient:innen hilfreich. Das wesentliche Problem hier wie bei allen

„Wir lernen in dieser Arbeit nach und nach, Wahrnehmung besser zu unterscheiden von anderen Elementen des Bewußtseins, wie z. B. Gedanken, Phantasien, Vorstellungen und Emotionen, von denen wohl ein jedes sich vordrängen mag, um die Szene zu beherrschen. Diese normalen menschlichen Funktionen haben sich in vielen von uns von dem Erleben, zu dem sie gehören, losgelöst und treiben sich in uns herum, bereit sich an alles, was auch immer geschehen mag, zu hängen, so daß der Geisteszustand vieler Menschen heutzutage einem Orchester gleicht, in dem jedes Mitglied nach einer anderen Partitur spielt. In den gängigen Therapieformen der humanistischen Bewegung wird viel Mühe verwandt, diese verschiedenen Funktionen aus der Verstrickung, in der sie sich befinden, zu lösen. Man arbeitet an der Lösung von blockierten Gefühlen, an der Befreiung und Bejahung der Phantasie, am Selbstbild und so weiter. Unsere Arbeit, die nicht beabsichtigt therapeutisch zu sein, hat keines dieser Ziele. Trotzdem geschieht, je mehr wir zu innerer Ruhe und Klarheit kommen, ganz von allein vieles, das man therapeutisch nennen könnte."

C. Brooks, C. Selver 1979, S. 23/24

Bin ich im Flow, wenn ich achtsam bin? Bin ich achtsam, wenn ich im Flow bin?

Beimischungen und Kombinationen, die in den meisten Therapiekonzepten die Regel sind, ist, dass die Klient:innen oder Patient:innen in ihrem Verständnis von Achtsamkeit verwirrt werden. Das betrifft nicht nur die Praxis, sondern auch die umfassenderen Aspekte, die über Entspannung und die konstruktiven Inhalte hinausgehen. Die existenziellen und ethischen Bedeutungen der Achtsamkeit, die darin bestehen, in eine wirkliche und auch verantwortungsvolle Interaktion mit der Umwelt zu treten und uns wirklich für sie zu interessieren, werden oft nicht mehr gesehen.

Wenn Sie also nicht in einer Notsituation sind und die Achtsamkeit erst einmal verstehen und erleben wollen, verzichten Sie auf solche Beimischungen! Aber natürlich, wenn solche Erweiterungen notwendig sind und wenn Ihnen klar ist, wann Sie auf dem Weg der Achtsamkeit sind und wann Sie die Abzweigung der Imagination und der Trance nehmen, werden Sie auch damit kein großes Problem haben.

Flow

Ursprünglich verstand der Schöpfer des Begriffs (Csíkszentmihályi 1992) unter Flow einen Zustand hochgradig zielgerichteter Aktivität und Konzentration, eine Art Trancezustand, der mit einer maximalen kognitiven und/oder physischen Leistungsfähigkeit verbunden ist. Ein Mensch im Flow ist maximal auf seine Tätigkeit konzentriert, er hat einen Tunnelblick, vergisst alles um sich herum und ist selbstvergessen. Csíkszentmihályis Beispiele waren daher Bergsteigen, Operieren oder Schachspielen. Zwischen dem Flow in diesem ursprünglichen Sinne und der Achtsamkeit gibt es eine kleine, aber interessante Überschneidung und große Unterschiede.

Wenn wir sehr fokussiert achtsam sind, auf eine äußere Wahrnehmung, mentale Ereignisse, Körperwahrnehmungen oder Tätigkeiten, so sind wir ebenso in der Gegenwart wie eine Bergsteiger:in, die sich auf den nächsten Schritt konzentriert und sicher Probleme bekommen würde, wenn sie sich stattdessen ausmalt, wie es sein wird, auf dem

Gipfel zu stehen oder herunterzufallen. Der Mensch in einem Flow löst aber gleichzeitig schwierige Probleme, anders gesagt, er ist damit beschäftigt, gezielt die Gegenwart zu beeinflussen, zu verändern, Hindernisse zu überwinden und manchmal schwierige Entscheidungen zu treffen, wie eben ein Schachspieler oder ein Chirurg. Sein Flow, sein Aufgehen in der Gegenwart und seine Selbstvergessenheit helfen ihm dabei.

Für die Achtsamkeit ist das zum einen unpassend, zum andern zu wenig. In der Haltung der Achtsamkeit wollen wir nichts verändern oder erreichen (außer achtsam zu sein, s. Kap. 5, Stolpersteine für die Absichtslosigkeit), sondern bleiben rezeptiv, *empfangsbereit*. Deswegen macht es auch keinen Sinn, sich in der Haltung der Achtsamkeit anzustrengen oder anzuspannen. Wir bleiben entspannt, abwartend, gelassen, weil wir die Dinge lassen, wie sie sind. Achtsamkeit ist aber auch mehr. Bei aller Fokussierung behält sie eine gewisse Distanz und Flexibilität, d. h., sie geht nicht in ihrem Gegenstand auf, sondern ist sich immer bewusst, dass da noch mehr ist und die Aufmerksamkeit auch auf etwas anderes gelenkt werden könnte. Auch wenn sie vordergründig fokussiert ist, bleibt sie im Hintergrund offen. Es handelt sich um einen Zustand von Wachheit, differenziertem, bewussten Erleben, Offenheit und Freiheit, also um das Gegenteil von Trance oder Flow. Sie umfasst die äußere Wirklichkeit genauso wie das Innenleben und das Beziehungsgeschehen und ist daher mit Selbstvergessenheit nicht gut zu vereinbaren.

Heute wird aber „Flow“ anders und alltäglicher verstanden – als Zustand, in dem alles „fließt“, leicht von der Hand geht, in dem wir uns im Einklang mit der Umgebung befinden, ohne uns anstrengen zu müssen („ich bin im Fluss“). Dieser Zustand kann eintreten, wenn einem die Arbeit leicht von der Hand geht, wenn wir unkompliziert Sport treiben, tanzen, in der Natur sind, in einer fließenden Kommunikation oder einem Liebesspiel. Das kann sich leicht, harmonisch, eben fließend anfühlen. In solchen Situationen müssen wir nicht in einem „Flow“ sein, schon gar nicht, um sie wirklich erleben und genießen zu können, sie sind für einen Flow im ursprünglichen Sinne sogar ziemlich ungeeignet. Für die Achtsamkeitspraxis sind sie dagegen sehr einladend und förderlich. Wenn wir achtsam sind, sind wir oft „im Fluss“, fließen wir oft mit der Umgebung.

Wachsamkeit

Sie sind wachsam, wenn Sie eine besondere Aufmerksamkeit auf diffus erwartete neue Ereignisse haben. Oft werden „Wachsamkeit“ und „Achtsamkeit“ verwechselt, man sagt „Achtsamkeit“, meint aber „Wachsamkeit“. Wachsamkeit ist eher eine Fokussierung auf erwartetes Unerwartetes, z. B. wenn ich mich in einem dunklen Wald befinde oder ein unbekanntes Gelände betrete oder in einer Gesellschaft bin, in der ich nicht genau weiß, wie ich mich verhalten soll. Sie hat ein eher hohes Maß von Gespanntheit und Gerichtetheit. Im Straßenverkehr bin ich wachsam. Achtsamkeit ist hier auch möglich, aber einfach weniger gefragt. Achtsamkeit ist entspannt, empfangsbereit, offen, verspielt. In gefährlichen Situationen ist sie eher nicht ratsam. Wachsamkeit ist absichtsvoll. Achtsamkeit ist fokussiert oder weit, nicht neugierig, nicht absichtsvoll. Man will in der Haltung der Wachsamkeit nicht einfach nur da sein, sondern für sich oder andere sorgen, im Extremfall überleben und im harmlosen Fall nur bestimmte Erfahrungen machen (wie z. B. bei der Vogelbeobachtung) oder Gefahren vermeiden (wenn ich durch eine dunkle Gasse in einer unbekannten Gegend gehe).

Genießen, Sinnlichkeit

Genuss ist ein erfreulicher Nebeneffekt der Achtsamkeitspraxis. Warum? Da wir ganz in der Gegenwart sind und die sinnlichen oder ästhetischen Aspekte der Situationen und ebenso unsere körperliche und sonstige emotionale Resonanz bewusst wahrnehmen, wird unsere Erfahrung intensiver. Wenn man sich langsamer, differenzierter und fokussierter mit angenehmen Objekten, Reizen und Situationen beschäftigt, ist die Wahrscheinlichkeit groß, dass sie mehr Raum einnehmen. Da wir uns in der Haltung der Achtsamkeit nicht anstrengen, kommt durch die Übungspraxis zudem das Quantum Leichtigkeit hinzu, dass wir für einen wahren Genuss gut gebrauchen können. Und da wir immer etwas Distanz zu unserem Erleben behalten, fühlen wir uns nicht gefangen, überwältigt, abhängig oder dergleichen, sondern können freier und bewusster genießen. Schließlich machen wir in der Haltung der Achtsamkeit aus wenig viel, sodass es unwahrscheinlicher ist als gewohnt, dass wir unbefriedigt zurückbleiben und mehr wollen, als die Situation hergibt.

Was ist der Unterschied zwischen Genuss- und Achtsamkeitstraining?

Das alles sind erwünschte Nebenwirkungen der Achtsamkeit. Genuss, oder genießen zu können, ist allerdings kein wesentliches oder primäres Ziel der Achtsamkeit. In der Praxis wäre es geradezu kontraproduktiv, Genuss zu einem Ziel zu erklären, weil wir dadurch die Offenheit der Erfahrung – des achtsamen Experiments oder des Experiments der Achtsamkeit – zerstören und sogar Widerstand hervorrufen. Es gibt schon seit Langem – insbesondere in psychiatrischen Einrichtungen – sogenannte „Genussgruppen", in denen versucht wird, Patient:innen wieder für positive sinnliche Erfahrungen empfänglich zu machen. Bei manchen Krankheitsbildern wie Depressionen oder Schizophrenien ist die sogenannte „Anhedonie" – die Unfähigkeit, genießen und sich freuen zu können – ein ernstes Problem, unter dem die Patient:innen selbst – aber nicht nur sie – sehr leiden. Die Genussgruppen verfolgen also ein wichtiges Ziel und haben auch Erfolg. Aber es ist ein großer Unterschied, ob wir zusätzlich zur Achtsamkeit das Ziel des Genießens verfolgen, was die Achtsamkeit unnötig kompliziert macht, oder ob wir achtsam sein wollen und uns freuen, wenn wir die Haltung oder das, was wir erleben, genießen; es ist ein Geschenk, nichts, was wir uns erarbeiten müssen. Auf den ideologischen Aspekt der Verpflichtung zum Genuss oder gar zum Glück gehe ich unter dem Stichwort „Glück" in Kapitel 10 ein.

MBSR (Mindfulness-Based Stress Reduction)

Ich gehe in diesem Buch nicht auf spezielle Achtsamkeitsverfahren und -traditionen ein. Es würde zu viel Platz einnehmen und mir

Wie unterscheidet sich Ihre Arbeit von dem MBSR?

kommt es darauf an, die Traditionen übergreifende Überlegungen anzustellen und Vorschläge zu machen. Aber bei MBSR möchte ich eine kleine Ausnahme machen, weil ich auch dem FAQ-Aspekt dieses Buches gerecht werden will, und ich werde wirklich oft gefragt, wie sich das Konzept, das ich vertrete, und die Arbeit unserer Arbeitsgruppe zum MBSR verhält. Das MBSR ist einfach in Deutschland und den USA, sicher auch in anderen Ländern im Bereich der achtsamkeitsbasierten Lebenskunst und Prävention von Erkrankungen stark vertreten. Das hat seinen Grund in einem unbestreitbaren historischen Verdienst. Jon Kabat-Zinn, der Begründer des Verfahrens, hatte Ende der 70er-Jahre die Idee, fernöstliche Praktiken der Meditation für die Menschen im Westen in einer sehr griffigen und überschaubaren Weise zugänglich zu machen. Dadurch wurde das Verfahren kontrollierbar und konnte mit bestimmten Methoden erforscht werden. Es ist standardisiert und damit auch marktgerecht. Man kann es bewerben, verkaufen, lehren. Kabat-Zinn kreierte ein Manual, sodass jede MBSR-Lehrer:in zunächst einmal einen festen Ablauf und festes Lehrmaterial an die Hand bekommt. Das beseitigt Unsicherheiten bei den Leiter:innen und bei den Kund:innen. Die Vorteile liegen also auf der Hand, und das Verfahren hat entscheidend zu dem Revival der Achtsamkeit in den letzten Jahren in den Industrieländern beigetragen. Für diesen Boom gibt es natürlich auch ganz andere, persönliche wie gesellschaftliche Gründe. Die Achtsamkeit war aber in buddhistischen Praktiken wie Zen-Meditation und Vipassana und in zahlreichen humanistischen Verfahren (Konzentrative Bewegungstherapie, Tanztherapie, Gestalttherapie, Feldenkrais, Focusing, Psychoanalyse usw.) auch vorher lebendig. Aber sie war auch diffus und existierte vor allem nur als Bestandteil komplizierter Verfahren und Überzeugungen.

Das MBSR löste die Achtsamkeit scheinbar aus diesen Zusammenhängen und Traditionen und schrieb der Achtsamkeit eine unmittelbare Wirkung zu. Dies ist und bleibt eine entscheidende Botschaft aller Achtsamkeitsarbeit und alle achtsamkeitsbasierten Arbeitsformen wie die Dialektisch-Behaviorale Therapie (DBT), die Mindfulness-Based

Cognitive Therapy (MBCT) oder die Acceptance and Commitment Therapy (ACT) und auch wir mit unserer freien, nicht standardisierten oder manualisierten Arbeit (Huppertz 2021) würden dieses Prinzip unterschreiben. Aber auch wenn die verschiedenen Verfahren andere Strategien hinzunehmen, wird doch die Idee der unmittelbaren Wirksamkeit der Achtsamkeit nicht verletzt. Sie ist kein Mittel zum Zweck, kein untergeordnetes Vorgehen wie z. B. in der Gestalttherapie, der Feldenkrais-Methode oder der Psychoanalyse. Das MBSR hat sich hier verdient gemacht.

Haben Sie Kritik an dem Konzept oder dem Programm des MBSR?

Das MBSR besteht aus acht zweieinhalbstündigen Sitzungen und einem Achtsamkeitstag. Es kennt nur wenige Übungen, die oft wiederholt werden: Atemwahrnehmung, Wahrnehmung mentaler Prozesse, systematische Körperreise („Bodyscan"), einige Yogaübungen, Sinnlichkeitsübungen („Rosinenübung", oft auch Wahrnehmung von Geräuschen). Keine dieser Übungen stammt aus dem MBSR, auch wenn Kabat-Zinn bei dem Bodyscan und der Rosinenübung diesen Anschein erzeugt hat. Informelle Achtsamkeit spielt eine wichtige Rolle. Es gibt zunehmend Ergänzungen und Erweiterungen, auch in Publikationen. Die Übungen dauern oft lange, also z. B. 30 Minuten. Als tägliche Übungszeit wurden ursprünglich 45 Minuten am Stück vorgeschlagen, sie wird aber zunehmend reduziert, weil sich das nicht als praktikabel erwiesen hat. Die Ausbildung ist lange, teuer und redundant. Dennoch machen viele Menschen diese Ausbildung, und es gibt einen zunehmenden Konkurrenzdruck der Ausbildungen und Gruppenangebote. Nach meinen Erfahrungen sehen viele Absolvent:innen das MBSR eher als eine Art Grundausbildung, zu der auch gehört, dass sie einmal das Verfahren lege artis durchführen. Danach machen sie sich in ihrer Arbeitsweise selbstständig und bereichern ihre Arbeit durch andere Übungen. Ich finde diese Entwicklung sehr erfreulich und denke, das MBSR kann wirklich ein Einstieg sein, ist allerdings auch ein Umweg und die Gefahr besteht, dass man sich von bestimmten Beschränkungen und Irrtümern des Verfahrens nicht mehr lösen kann. Ich möchte das kurz begründen:

Das Verfahren tritt säkular auf, bleibt aber doch einer bestimmten Interpretation des Buddhismus stark verbunden. Kabat-Zinn hat das in einigen Texten auch klar ausgesprochen. Ich habe diese Bezugnahme an anderer Stelle ausführlicher und kritisch behandelt (Huppertz 2015, Nachwort). In dem vorliegenden Buch gilt die Kritik am *Monismus* (s. Kap. 7, Monismus, Harmonismus) auch dem MBSR. Die Idee, dass letztlich ein Gewahrsein in Form eines Blicks nach innen eine besondere und letztlich höchste Erkenntnis bringt, führt zu einer Überbetonung introspektiver Techniken. Auch Übungen, die eigentlich der Wahrnehmung der Umwelt oder der Beziehung zur Umwelt dienen, werden introspektiv umgedeutet, als würde Achtsamkeit der bewussten Wahrnehmung eigener Wahrnehmungen gelten, nicht aber der bewussten Wahrnehmung von etwas. Diese Idee, wir könnten sozusagen die Welt durch unsere Wahrnehmung nach innen holen, ist anthropologisch verquer und verkennt die jeweils schon gelebte Teilhabe an der Welt mit all den Kontingenzen und Abhängigkeiten, die sich daraus ergeben.

Praktisch aber bedeutet das vor allem einen Verzicht auf alltagsbezogene, kontaktbezogene (relationale) und lebendige Übungen. Der Mensch und insbesondere sein Körper werden nicht als interaktiv und kreativ verstanden. Der Körper ist eher etwas, das von dem Geist beobachtet und kontrolliert wird. Bindung entsteht nicht durch realen, riskanten Dialog (s. Kap. 9, Du, dialogisches Prinzip), sondern durch Versenkung. Aus der übermäßigen Vergeistigung der Achtsamkeit bis hin zu ihrem Verständnis als Metakognition folgt auch die nicht nur unrealistische, sondern auch ethisch unbefriedigende und potenziell schädliche Konzeption des Nicht-Bewertens.

Schließlich hat die starke Bezugnahme auf fernöstliche Traditionen auch den Nachteil, dass die Übungspraxis wenig Raum für individuelle Experimente lässt. Die Übungen sind top-down konzipiert, unflexibel. Manchen Menschen mag das liegen, weil sie gerne klare Vorgaben haben, aber angesichts des geringen Spektrums an Übungen und der hohen Anforderungen fühlen sich andere überfordert und abgeschreckt.

Vor allem ist der Transfer in den Alltag für viele sehr schwer. Ich kenne viele Menschen, die einen MBSR-Kurs mitgemacht haben und während dieser Monate in geringerem Maße als empfohlen, aber eben doch hin und wieder auch die Übungen durchgeführt, danach aber rasch damit aufgehört haben. Es waren einfach nicht „ihre" Übungen, und sie waren nicht in den Alltag integriert. Ich will nicht behaupten, dass andere Achtsamkeitsverfahren diese Hürde locker nehmen, aber sie ist bei unserer Arbeit, der DBT oder dem ACT deutlich niedriger und vor allem bekommt die Einzelne mehr Hilfestellungen, sie auf ihre Weise zu nehmen. Für manche Menschen sind z. B., vor allem anfangs, introspektive Übungen gerade nicht geeignet. Die geringe Bandbreite und Flexibilität der Übungspraxis sowie die Überbetonung der Introspektion macht das MBSR auch für Menschen, die an schwereren psychischen Erkrankungen leiden, ungeeignet. Sie waren auch nicht die Zielgruppe des MBSR, aber es entsteht durch die Popularität des Konzepts leicht der Eindruck, diese Einschränkung würde für Achtsamkeit allgemein gelten. DBT, ACT und die freie Achtsamkeitsarbeit, zu der ich unsere Angebote zähle (und die den größten Teil der Achtsamkeitsangebote in psychiatrischen Kliniken ausmacht), zeigen allerdings, dass auch Menschen mit akuten Depressionen, Angststörungen, schweren Persönlichkeitsstörungen und Psychosen von Achtsamkeit profitieren können.

Ursprünglich hatte der Pragmatismus des MBSR wie auch der DBT für mich etwas Faszinierendes. Ich sehe immer noch dieses historische Verdienst, aber inzwischen kommen mir doch zunehmend Zweifel. Die Idee, man könne Achtsamkeit in zwei Monaten lernen, hat auch etwas Irreführendes. Sicher denken auch MBSR-Lehrer nicht so, aber die Kursangebote suggerieren etwas in dieser Richtung. Das gilt auch für unsere. Es galt aber z. B. nicht für die Achtsamkeitsarbeit im Rahmen der humanistischen Therapietradition oder für das Zazen (die Meditationspraxis des Zen). Achtsamkeit wirkt sicher nur so lange, wie man sie praktiziert. Man kann sie unterbrechen und wieder aufnehmen, und dann wird sie leichter fallen, als wenn man sich nie mit ihr beschäftigt hat. Aber man kann sie leider nicht speichern. Sie existiert nur, wenn man sie lebt. Sie ist wie Musik, bevor Edison 1877 eine Möglichkeit erfand, sie zu reproduzieren. Also muss unser ganzes Augenmerk der Fortführung der Praxis gelten, sei es als integrierter Bestandteil des Alltags oder in Form von fortgesetzten Angeboten. Wir versuchen in unserer Arbeitsgruppe beides, durch die Arbeitsweise – die Alltagsnähe der Übungen und unser Coaching – und Open-end-Angebote in der Natur und in monatlichen Fortsetzungsgruppen. Letztere sind natürlich auch für das MBSR möglich, und sie existieren auch. Ich glaube, wieder einen längeren Atem zu entwickeln ist eine wichtige Aufgabe achtsamkeitsbasierter Angebote.

Esoterik

Was ist mit „Esoterik" gemeint?

Wenn man heute in rational, kritisch, eventuell auch wissenschaftlich orientierten Kreisen eine Auffassung als „esoterisch" bezeichnet, ist das meist kritisch gemeint. Wenn ich das Wort im Zusammenhang mit Interpretationen der Achtsamkeit verwende, so meine ich es ebenfalls kritisch. Ich denke, esoterische Auslegungen sind für ein Verständnis von Achtsamkeit nicht notwendig und sogar hinderlich. Sie behindern die Möglichkeit, sie alltagsnah für jedermann zugänglich und verwendbar zu machen. Außerdem machen sie es schwer, die Achtsamkeit an die allgemeine Diskussion im Bereich von Lebenskunst und Therapie anzuschließen und darüber auch mit Menschen zu diskutieren, die auf Vernunft, allgemein nachvollziehbare Erfahrungen und wissenschaftliche Forschung Wert legen.

Im ursprünglichen Sinne bezeichnet Esoterik die Welt der Geheimlehren und der sogenannten „höheren" oder „tieferen Einsichten". In den Religionswissenschaften ist es einfach nur ein beschreibender Begriff, und in bestimmten Kreisen hat er auch einen positiven Klang. So gibt es „Esoterikmessen", „Esoterikexpert:innen" und „Esoterikshops". „Geheimlehre" bedeutet ursprünglich, dass ein Wissen, das sich in der Regel auf spirituelle Themen bezieht, nur an bestimmte, ausgewählte Personen weitergegeben wird, meist von einem Lehrer oder Eingeweihten an einen Schüler. Anderen Menschen ist dieses Wissen nicht zugänglich. Heute kann solches Wissen zwar sehr offen verbreitet und auch vermarktet werden, aber es bleibt die Botschaft, dass man doch über einen speziellen – in der Regel tradierten – Zugang verfügen muss, um das Wissen als Wahrheit zu erleben. Diese spezielle Erfahrung wird – anders als bei der Weitergabe eines Handwerks oder wissenschaftlichen Vorgehens und Wissens – gegen externe kritische Einwände und gegenläufige Erfahrungen von Uneingeweihten geschützt, weil es sich dabei sozusagen um niedere Formen des Wissens handelt und der Skeptiker sich sogar schon durch seine Skepsis als jemand erweist, der nicht zu dem Kreise der Eingeweihten gehört. Oft bezieht sich dieses Wissen auf wissenschaftliche oder philosophische Themen, und es werden willkürlich wissenschaftliche Erkenntnisse für esoterische Interpretationen herangezogen und verballhornt. Das betrifft z. B. vermeintliche Erkenntnisse der Hirnforschung (z. B. über positive oder negative Gefühle, rechte und linke Gehirnhälften usw.), der Physik (Quantenmechanik, Unbestimmtheit), der psychoanalytischen Bewegung (Archetypen, wahres Selbst) oder der Philosophie (Konstruktivismus, allgemeine Systemtheorie) und natürlich der Parapsychologie. Solche Erkenntnisse werden auf einem bestimmten Stand eingefroren und immer wieder recycelt, ohne Rücksicht auf die Weiterentwicklung und die komplexe Diskussion in den jeweiligen Wissenschaften. Es geht um die Konstruktion einer Art Parallelwissen, die sich seltsamerweise nicht zwischen Wissenschaftsgläubigkeit und Wissenschaftsfeindlichkeit entscheiden kann bzw. je nach Belieben von einem zum anderen pendelt.

Was soll gegen Esoterik sprechen?

Ist das Konzept der Achtsamkeit esoterisch?

Der Geist der Achtsamkeit ist völlig unesoterisch. Achtsamkeit ist eine für jedermann zugängliche, erlernbare Haltung, die in puncto Offenheit, Transparenz und Skepsis dem wissenschaftlichen Vorgehen ähnelt (Huppertz 2009; Metzinger 2014). Alles an der Achtsamkeit kann diskutiert und hinterfragt werden, und es ist möglich und zu hoffen, dass sie immer mehr Anschluss an die wissenschaftliche Diskussion in Psychologie, Philosophie, Psychotherapie, Ethik, Soziologie, Pädagogik, Naturpädagogik, Religionswissenschaft findet. Das hat nichts damit zu tun, dass die Praxis und die Erfahrung einen unersetzlichen

Wert haben und durch Begriffe und Diskussion nicht ersetzt werden können. Aber das Erlebnis von Musik kann auch nicht durch die Musikwissenschaft, der Geschmack eines Essens nicht durch die Ernährungswissenschaft oder ein Rezept ersetzt werden. Man kann auch über den Ersten Weltkrieg forschen und nachdenken, wenn man ihn nicht miterlebt hat, auch wenn Zeitzeugen fraglos eine wichtige Quelle der Forschung sind.

Eskapismus (Realitätsflucht)

Von Eskapismus spricht man, wenn man einer Lebensanschauung vorhalten will, dass sie vor schwerwiegenden Problemen, die das Leben stellt, die Augen verschließt, vor ihnen davonläuft. Man richtet sich gut in der Nische des privaten Lebens oder einem imaginären Paradies ein und merkt nicht, dass man existenziellen Herausforderungen ausgesetzt und Teil problematischer gesellschaftlicher und globaler Verhältnisse ist.

Es liegt nahe, diesen Vorwurf an die Achtsamkeitspraxis zu richten. Sie besteht ja schließlich darin, es sich tatsächlich in der Gegenwart mit Gelassenheit, Ruhe, Daseinsfreude und anderen Gefühlen so einzurichten, dass die Sorgen um die Zukunft und die Schatten der Vergangenheit in den Hintergrund treten. Der Vorwurf ist umso berechtigter, wenn die Haltung der Achtsamkeit positive Gefühle fokussiert und/oder auf die Gegenwärtigkeit und das Wahrnehmen und Verbessern des eigenen Befindens beschränkt wird.

Nun kann man, wenn man die Logik des Vorwurfs akzeptiert, ihm rasch zwei Argumente entgegenhalten:

1. Zunächst ein praktisch-therapeutisches: Es gibt Menschen, die so in ihren Sorgen, Ängsten und Traumatisierungen gefangen sind, dass sie gar nicht in der Lage sind, sich weiteren Herausforderungen, die die Gesellschaft und das Leiden anderer nahelegen, zu stellen. Achtsamkeit ist in der Lage, die einseitige und oft pathologische Fixierung auf bestimmte persönliche Probleme abzuschwächen und damit den

Horizont für andere, weniger private Probleme zu öffnen. Das setzt voraus, dass wir Achtsamkeit nicht dauerhaft auf das Bei-sich-Sein (s. Kap. 6, Zu-sich-Kommen, Bei-sich-Sein) oder die Praxis der inneren Achtsamkeit (s. Kap. 2, Formen der Achtsamkeit) beschränken.
2. Und nun ein systematisches: Die Haltung der Achtsamkeit bringt zwar intrinsisch (aus sich heraus) begleitende, in der Regel beglückende, Gefühle mit sich, aber sie löscht damit nicht die schweren und schwierigen Gefühle, die aus dem Inhalt entstehen, auf den die Haltung sich bezieht. Sie kann zwar auch hier Distanz und Nähe regulieren, aber eine zu starke Distanz und ein Rückzug auf eine Beobachterposition oder auf Neutralität (s. Kap. 11, Bewusstsein und Distanz) machen Achtsamkeit unmöglich (auch wenn oft etwas anderes vertreten wird). Wie sollen wir unsere spontanen Resonanzen löschen, und warum sollte das achtsam sein? Und warum sollten wir auf etwas achten, was uns nichts bedeutet (im Guten wie im Schlechten)? Man bleibt also in der Achtsamkeit auch an belastenden, herausfordernden Erfahrungen beteiligt, von ihnen betroffen. Man ist aber den Erlebnissen nicht ausgeliefert und dramatisiert sie nicht.

Mein wichtigster Einwand aber ist ein anderer. Der Vorwurf des Eskapismus beinhaltet, dass es die primäre Aufgabe des einzelnen Menschen ist, sich den Sorgen zu stellen, die sich aus der menschlichen Existenz und der Unvollkommenheit der Welt ergeben. Heidegger hat auf eindringliche und bis heute überzeugende Weise gezeigt, dass das menschliche Dasein dadurch, dass es sich – anders als animalische oder pflanzliche Daseinsformen – auf sich selbst in seiner Ganzheit beziehen kann, grundsätzlich eine Struktur der Sorge und der Angst hat. Der Mensch kann und muss sich um seine Existenz sorgen, um seine Sicherheit, seine Zukunft, die immer auch eine von ihm gestaltete ist, den eigenen Tod vor Augen. Er gestaltet seine Gegenwart, indem er aus der Zukunft (was ist notwendig und möglich?) auf die Vergangenheit schaut (auf welche Erfahrungen kann ich zurückgreifen), um dann in die Gegenwart zurückzukehren und zu handeln. Das ist die Zeitlichkeit der Sorge. Nun ist Heidegger schon frühzeitig dafür kritisiert worden, dass er den Einzelnen aus seinen sozialen Bezügen (die er eher als entfremdend darstellt) entfernt und nicht in einer Kategorie des „Wir" (Binswanger 1993 [1942]) denken kann, die das Licht von Liebe und Glück in die etwas klaustrophobische Welt des „Ich" fallen lassen könnte. Bollnow hat Heidegger ebenfalls dafür kritisiert, dass er in seinem Frühwerk positive Stimmungen wie Glück ignoriert und seine Betrachtungen der Stimmungen auf die gegenstandslose Angst oder die Langeweile beschränkt (Bollnow 1995 [1941]). Viktor Frankl hat mit seinem Hinweis auf die sinnhaften und werthaften Anmutungen der Mit- und Umwelt ebenfalls einen Weg aus dem Käfig der ausschließlich individuellen Konfrontation mit der Wahrheit des Daseins und des Seins gezeigt (Frankl 2007 [1946]). Die „Positive Psychologie" hat diese Korrektur fortgesetzt.

Wenn man so will, ist der Mensch immer schon eskapistisch. „Kleine Fluchten" gehören ebenso zu seiner Grundausstattung wie die Sorge. Menschen gehen in Beziehungen auf, in Gewohnheiten, Ritualen, Rausch, Sex, Liebe, Ekstasen, Konsum, Unterhaltung, Fantasien, Träumen, Fürsorge, Schlaf und banalen Problemen. Niemand kann sich engagieren und entschlossen handeln, ja vermutlich nicht einmal überleben, wenn er von all dem nicht genug erlebt. All das kann unbestreitbar dazu dienen, das Bewusstsein vom Ernst des Lebens und die Wahrnehmung von schwierigen Problemen zu trüben, aber auch zu stärken. Warum sollten wir uns für eine bessere Welt engagieren, wenn wir so oder so nichts zu gewinnen haben, wenn kein Ende des Jammertals absehbar ist?

Man kann getrost der Sorge den Status der Eigentlichkeit nehmen. Dann muss man die beglückenden Daseinsformen nicht mehr als Fluchten beschreiben, sondern kann sie als ebenfalls wichtige Facetten der Existenz akzeptieren. Man muss keiner Existenzweise eine Priorität einräumen, indem man die übrigen als Kompensation oder Flucht bezeichnet, auch wenn unbestreitbar die Sorge in der Welt des Handelns eine große Rolle spielt. Man kann die Existenzweisen sogar als Gleichzeitigkeiten (s. Kap. 6) denken, denn viele dieser Daseinsformen existieren neben der Sorge und der Angst. Achtsamkeit ist eine Haltung, die neben der Orientierung auf die Sorge existieren kann. Sie wird die Sorge ebenso akzeptieren wie alle existenziellen Verfassungen, sie nicht beseitigen oder entwerten, sondern schlicht erweitern. Achtsamkeit ist Bewusstseinserweiterung, nicht Verdrängung und nicht Flucht.

Spirituelle Bewegungen stehen leicht in dem Verdacht, das irdische Jammertal über den Notausgang zu verlassen und die Abkürzung zum Himmel zu suchen. Tatsächlich sind manche spirituellen Bewegungen hochgradig eskapistisch: von hinduistischen Asketen über katholische Orden, die mit einem radikalen Rückzug aus der Welt verbunden sind, bis zu islamischen Selbstmordattentätern, die schnell ins Paradies kommen wollen. Die Betroffenen verbinden mit ihrem Lebensentwurf eine „Umwertung aller Werte" (Nietzsche) zuungunsten des normalen Lebens und zur Aufwertung des Jenseits. Der Welt zu entsagen, wird ihrer eigentlichen Bedeutung gerecht. Andere spirituelle Bewegungen wie das gewöhnliche Christentum, der bekanntlich auch karitativ eingestellte Islam oder manche Zenbuddhisten sind alles andere als eskapistisch. Spirituelle Lebensformen haben schon immer Gesellschaft bereichert, indem sie durch ihre Werte, Ästhetiken, Praktiken mehr oder weniger demonstrativ kompensieren, was die Geschäftigkeit unsichtbar macht und beiseiteschiebt. Sie demonstrieren Alternativprogramme und bieten oft Orte der Besinnung für jeden Mann und jede Frau, als Zufluchtsorte und Retreats. In Zen-Klöstern ist es üblich, dass Menschen für begrenzte Zeit an ihren Praktiken und Lebensrhythmen teilnehmen und dann wieder in die Gesellschaft zurückkehren.

Werten spirituelle und religiöse Traditionen nicht immer das Diesseits gegenüber einem besseren Jenseits oder einer Erlösung ab?

Muss man nicht erst einmal gut für sich sorgen, damit man anderen helfen kann?

Achtsamkeit selbst ist alles andere als eskapistisch. Sie spielt sich im Leben ab oder gar nicht. In der berühmtesten Zen-Geschichte überhaupt geht der Hirte mit seinem Ochsen, nachdem er die Erleuchtung erlangt hat, auf den Marktplatz. Selbst wenn jemand sich in den Dschungel oder in ein Zen-Kloster zurückzieht, wenn er bewegungslos im Krankenhaus oder eingesperrt in einer Gefängniszelle lebt, so ist er doch Teil einer größeren Gemeinschaft. Nicht weil er es fantasiert, sondern weil er es realisiert. Auch diese Lebensform ist eine menschliche, selbst dann, wenn sie niemand als solche erkennt.

Unerwünschte Wirkungen

Wenn Sie Achtsamkeit in dem Sinne praktizieren, wie er in diesem Buch dargestellt wird, und psychisch nicht ernsthaft erkrankt sind, brauchen Sie sich um Nebenwirkungen fast nicht zu sorgen.

Können Achtsamkeitsübungen schaden?

Angesichts einer unter Umständen auf die Lebensweise und das Lebensgefühl stark einwirkenden Praxis ist das eine gute Nachricht. Es gibt zwar aus meiner Sicht zahlreiche Nebenwirkungen, aber sie beruhen fast alle auf einem falschen Verständnis von Achtsamkeit oder ihrem Missbrauch zu anderen Zwecken als gedacht. Die neuerdings berichteten Nebenwirkungen (Howard 2016; Britton et al. 2021) beziehen sich auf Konzepte, die lange tägliche introspektive Meditationen vorsehen. Die Übertragung solcher Konzepte auf psychisch kranke Menschen ist sicher zu einfach. Spezifischere achtsamkeitsbasierte Vorgehensweisen haben sich auch bei schweren psychischen Erkrankungen wie Psychosen und Borderline-Persönlichkeitsstörungen bewährt. Es ist notwendig, das Konzept therapeutisch weiterzuentwickeln und an die Notwendigkeiten anzupassen, die sich aus den konkreten Krankheitsbildern und Persönlichkeiten, aber auch aus anderen sozialen und existenziellen Herausforderungen ergeben (Huppertz 2021). Man muss aber bei dieser Thematik bedenken, dass jede Zuordnung erwünschter oder unerwünschter Wirkungen zu der Achtsamkeitspraxis methodisch sehr schwierig ist, z. B. weil eine Vielzahl objektiver und subjektiver Faktoren ebenfalls für den Verlauf eine Rolle spielen.

Wenn Sie an Symptomen einer psychischen Erkrankung leiden wie z. B. an einer Psychose, einer schweren Depression, Angststörungen oder Folgen eines oder vieler schwerer Traumata, sollten Sie Achtsamkeit nur bei jemandem erlernen, der sich mit diesen Erkrankungen auskennt. Das gilt auch, wenn Sie aktuell gesund sind, aber zu solchen Erkrankungen neigen. Das bedeutet nicht, dass die Achtsamkeitsarbeit und auch achtsamkeitsbasierte Therapien nicht für Sie infrage kommen. Ganz im Gegenteil. Aber es kann sein, dass bestimmte

Übungsformen für Sie ungeeignet sind und dass Sie die Sache behutsamer angehen sollten. Befürchtungen, dass durch die Achtsamkeitspraxis, wie sie heute in den eng begrenzten, alltagsnahen Übungsformen mit wöchentlichen Treffen etc. angeboten werden, psychische Erkrankungen verursacht oder diese auch nur ausgelöst werden, sind unbegründet. Entsprechende Untersuchungen und auch unsere Erfahrungen sprechen dagegen, dass auf diese Weise z. B. Psychosen ausgelöst werden können, was manchmal befürchtet wird (Shonin et al. 2014). Diese Befürchtungen beruhen einerseits auf einem Missverständnis von Achtsamkeit als Entspannungsübung, Tranceinduktion, Weg nach innen usw. Ich habe das andernorts dargestellt (Huppertz 2013, 2021). Sie beruhen aber auch auf einzelnen Berichten über und von Menschen, die an langdauernden Meditationsgruppen teilgenommen haben, in denen sie tage- bis monatelang täglich viele Stunden in einer fremden Umgebung meditiert haben. Diese Angebote gehen oft mit Schlafmangel, Schweigen und reduzierter Ernährung einher. Es kann also hilfreich sein, aber man sollte es sich gut überlegen, ob man solche Retreats besucht – wie sie in den Traditionen des Zen, des Vipassana oder der sogenannten „Vision Quests" üblich sind –, wenn man psychisch labil ist. Für therapeutische Angebote gilt das nicht.

Sieht man von solchen recht extremen und für das Erlernen der Achtsamkeit nicht notwendigen Experimenten ab, so gibt es Nebenwirkungen, die häufiger sind und eher versteckt auftreten, weil sie von den Leiter:innen der Kurse und von den Betroffenen nicht erkannt oder sogar begrüßt werden. Ich würde sie in drei Gruppen einteilen:

- Nebenwirkungen aufgrund von Missverständnissen der Idee,
- Nebenwirkungen aufgrund des Missbrauchs der Idee sowie
- Nebenwirkungen trotz guten Verständnisses und sinnvoller Zielsetzung.

Auf die Missverständnisse komme ich in diesem Text immer wieder zu sprechen. Ich möchte sie hier einfach noch einmal auflisten und auf die entsprechenden Textstellen verweisen:

- Perfektionismus (Gefahren: übermäßiger Stress, Selbstentwertung, Realitätsverlust, Depressivität);
- Nicht-Bewerten wird als eine verallgemeinerbare Haltung angesehen (Gefahren: moralische Gleichgültigkeit, Gefühlsfeindlichkeit und -armut);
- Achtsamkeit wird vorwiegend als Weg nach innen gesehen (Gefahren: Abkehr von der Wirklichkeit, von Engagement, Kommunikation, Empathie, Auseinandersetzung);
- die Idee des Nicht-Selbst (Gefahren: mangelnde Selbstfürsorge, mangelnde Bereitschaft, Verantwortung zu übernehmen, sich durchzusetzen, mangelndes Verständnis für individuelle Freiheit und Individualismus);
- Irrationalismus und Esoterik (man glaubt, im Besitz von Wahrheiten zu sein, die nicht vermittelbar sind und über die – wenn überhaupt – nur mit Gleichgesinnten bzw. Menschen diskutiert werden kann, die den gleichen Weg gehen);
- die Idee, Achtsamkeit führe zu „veränderten Bewusstseinszuständen", d. h. Entdifferenzierung, Trance, mystischen Erfahrungen, Drogenerfahrungen usw. (Gefahr der Flucht vor der Wirklichkeit mit all ihren Differenzen und Konflikten);
- die Unterscheidung von positiven und negativen Gefühlen (Gefahren: Missachtung „negativer" Gefühle, Begrenzung der Selbst- und Welterfahrung, Minderung der Selbstakzeptanz sowie der Toleranz gegenüber den Gefühlen anderer Menschen, unnötige Schuld- und Schamgefühle).

Manche Nebenwirkungen treten aber nicht aufgrund von Missverständnissen auf, sondern *weil Achtsamkeit zu Zwecken verwendet wird, für die sie nicht gedacht ist und die nicht zu ihr passen*. In gewisser Weise handelt es sich hier auch um Missverständnisse, aber genauer betrachtet ist es so, dass jemand durchaus verstanden haben kann, worum es bei Achtsamkeit geht, aber andere Bedürfnisse und Ziele so stark und dominant für ihn sind, dass die Ziele der Achtsamkeit zweitrangig werden. Anders als bei den Missverständnissen oben geschieht das oft unbewusst. Diese Nebenwirkungen sind die häufigsten:

- Übermäßige Beschäftigung mit sich selbst.
- Vermeidung: Achtsamkeit wird dazu verwendet, Handeln, Konfrontationen mit der Realität, Konflikte und Entscheidungen auch aufzuschieben, wenn es schädlich ist.
- „Sensation seeking“: Achtsamkeit wird dazu verwendet, besonders viel und intensiv erleben zu wollen, was den üblichen Stress vermehrt und zu neuen Enttäuschungen führen kann (s. Kap. 1).
- Narzissmus in verschiedensten Formen:
  - ständige Selbstoptimierung mit unrealistischen Vorstellungen: „Big Mind“ (D. G. M. Roshi), Teilhabe an einem universellen Bewusstsein, Atman-Brahman-Idee, die Vorstellung, erleuchtet zu sein oder werden zu können u. a.;
  - die Idee, einer Elite von Menschen anzugehören, die eine höhere oder absolute Wahrheit erfahren haben;
  - Heroismus (nur wer Leiden erduldet, hart mit sich selbst ist, asketisch usw. kann Achtsamkeit umfassend praktizieren und verstehen);
  - die Idealisierung von Lehrern, die man „erlebt“ hat, von deren Aura man irgendwie profitiert oder als deren Schüler man sich identifiziert, Abhängigkeit von Lehrern und Gruppen;
  - negativer Narzissmus (übermäßige Selbstkritik, weil man keine Fortschritte macht, „Rückfälle“ erlebt usw.).

Es bleiben zwei mögliche *Nebenwirkungen, mit denen man auch bei gutem Verständnis und bei Vorsicht gegenüber missbräuchlicher Verwendung rechnen muss:*

- *Vermehrte Sensibilität.* Darüber habe ich unter dem entsprechenden Stichwort geschrieben. Ich habe dort auch versucht, Ideen zu einem guten Umgang mit diesem Phänomen zu entwickeln. In einer leichten Form scheint es mir normal und unproblematisch. Wir werden empfänglicher gegenüber Eindrücken und eigenen Resonanzen und beginnen mehr oder weniger bewusst, zu starke Einflüsse zu vermeiden. Aber ab einem bestimmten Ausmaß halte ich diese gesteigerte Empfindlichkeit tatsächlich für eine unerwünschte Nebenwirkung, weil sie im Alltag und insbesondere in sozialen Beziehungen hinderlich sein kann. Sie kann es erschweren, sinnvolle Funktionen zu erfüllen (s. Kap. 10, Sensibilität).

- Es gibt so etwas wie einen *Achtsamkeitssog*. Ich habe ja immer wieder betont, dass es sich bei Achtsamkeit nicht nur um eine andere Wahrnehmungs- und Denkweise handelt, sondern auch um ein verändertes Lebensgefühl (s. Kap. 2). In der Regel sind die mit Achtsamkeit verbundenen Gefühle ausgesprochen angenehm. Wer mag sich nicht einfach so, ohne besondere Bedingungen, nur weil nichts Schlimmes geschieht, weil man keine Schmerzen hat, keine bedrückenden Nachrichten, nicht im Regen steht oder nicht in unangenehmer Gesellschaft ist, ruhig, entspannt, lebendig, sinnlich und der Sorgen um gestern oder morgen enthoben fühlen? Und dieses Wohlfühlen ist nur die schwache Variante, Achtsamkeit kann regelrecht beglücken, wenn intensive Gefühle von Dankbarkeit, Verbundenheit, Zeitlosigkeit und Daseinsfreude hinzukommen. Unter ausreichend angenehmen Lebensbedingungen ist das eine nicht so schwer herstellbare Gefühlsmischung. Nun kann man sich aber auch daran gewöhnen und es herstellen, wann immer es möglich ist. Es genügt dann nicht, dass das Lebensgefühl der Achtsamkeit im Hintergrund mitschwingt und schwierigere Lebenssituationen auf freundliche Weise einfärbt. Möglicherweise verbleibt man gerne in dieser Verfassung, die aber eben auch intensiver und purer ist, wenn sie mit Enthaltsamkeit gegenüber Anstrengungen und Problemlösungen verbunden ist. Ob wir es spüren oder nicht, wir verlängern vielleicht diese Zeiten oder sehnen uns dahin zurück. Wir fangen an, sie zu vermissen. Es gibt zahlreiche Berichte von Menschen, die nach langen Meditationszeiten nur schwer wieder in den Alltag zurückgefunden oder dann mit Depressivität reagiert haben.

In einem sicher vertretbaren Sinne und Ausmaß ändern Menschen, deren Weg ich verfolge, undramatisch und manchmal für sie sogar unmerklich, ihre Lebensweise, ihre Vorlieben, ihre Erzählungen. Sie werden anspruchsvoller, was eine achtsamkeitsaffine Lebensweise betrifft, mit weniger Input, weniger Tempo und weniger Handeln. Ab einem bestimmten Ausmaß sehe ich darin, auch bei mir, eine Gefahr, weniger tauglich zu werden für ein mühevolleres, engagierteres Leben mit mehr Verwicklungen in engere und weitere soziale Gemeinschaften. Noch problematischer: Es ist nicht immer leicht, weiter die Prioritäten, Werte, Ziele und Gewohnheiten mit anderen Menschen ernsthaft zu teilen. Andere spüren diese Entfremdung und reagieren mit den Vorwürfen der Arroganz und der Gleichgültigkeit, eine ungewollte traurige Erfahrung.

Perfektionismus

Perfektionismus ist Gift für die Achtsamkeit. Perfektionismus besteht dann, wenn jemand eigene oder fremde Leistungsnormen erfüllen will und er dabei die vollständige Erfüllung der Norm oder der Aufgabe mehr im Blick hat als das, was in einer Situation möglich und sinnvoll ist. Wenn man etwas perfekt machen will, muss man sich gewaltig anstrengen. Bekanntlich geht der Erwerb der ersten 80 % vieler Fertigkeiten recht leicht vonstatten, der Erwerb der weiteren 20 % ist dagegen mühsam. Ein gutes Beispiel ist das Erlernen einer Sprache. Das spricht nicht gegen den Versuch, mehr zu lernen als 80 %, aber es erfordert Geduld, Anstrengung, Fokussierung. Fred Astaire galt als Perfektionist, und für mich ist er tatsächlich ein seltenes Beispiel von Perfektion. Es geht wohl. Einzelne Kunstwerke sind perfekt. Es mag sie geben, die Perfektion, und sie kann wunderbar sein. Sie passt nur nicht zur Achtsamkeit. Um perfekt zu werden oder Perfektes zu finden, müssen wir einen Maßstab mit uns führen, den wir an Tätigkeiten, Menschen oder Objekte anlegen können, um zu bewerten, wie weit sie denn in irgendeiner Weise gelungen sind. Man kann perfektionistisch in seinen Ansprüchen an Partner:innen, Kinder, Freund:innen, Reisen, Wohnungen usw. sein, aber die Enttäuschungen sind vorprogrammiert.

Ich gebe mir sehr viel Mühe, Achtsamkeit zu lernen, aber ich habe das Gefühl, ich komme nicht wirklich vorwärts.

In der Natur schlagen wir oft den Teilnehmer:innen vor, Naturobjekte mit verschiedenen Eigenschaften zu suchen. Eine Aufgabe lautet: „Suche etwas völlig Gerades." Das ist nahezu unmöglich. Die Natur bevorzugt eindeutig Unvollkommenes. Jeder Baum zeigt das. Auch Menschen sind nie perfekt. Die Perfektion eines Menschen kann allenfalls vorübergehend in unseren liebevollen Augen liegen.

Nun ist die Achtsamkeitspraxis selbst leider ein Terrain, auf das sich der Perfektionismus gerne ausbreitet. Wir sollten von Beginn an versuchen, die Achtsamkeit auch auf unsere Achtsamkeitspraxis selbst anzuwenden, also keine Perfektion in der Achtsamkeit anstreben. Dieses Bestreben passt einfach nicht: Erstens ist die Haltung der Achtsamkeit viel zu einfach dafür, zweitens sollte man sich in der Haltung nicht anstrengen, drittens sollte man in ihr Bewertungen relativieren und viertens in der Gegenwart bleiben und nicht nach vorne schielen. Also: Keine unnötige Anstrengung! Achtsamkeit wächst von alleine, wenn man sie übt und Geduld hat. Es gibt überall die Möglichkeit zu nächsten kleinen Schritten, und das ist alles, was zählt.

„Nicht-Denken"

Heißt Achtsamkeit „Nicht-Denken"?

„Nicht-Denken" ist in etwa so eine glückliche Empfehlung wie „entspann Dich" oder „lass los". Wenn man sich vornimmt, nicht zu denken, muss man alleine schon, um den Vorsatz zu verfolgen, denken. Der Vorsatz führt zu *Anstrengung* und noch dazu zu einer Erfahrung des Scheiterns. Aber wozu das Ziel, achtsam zu sein, wieder mal durch ein weiteres Ziel wie „Nicht-denken" verkomplizieren? Das Nicht-Denken kommt von selbst oder auch nicht. Die Chancen dafür stehen ganz allgemein gut, denn es kommt ziemlich oft vor, dass man nicht denkt. Das kann geschehen, wenn man in einer sinnlichen oder ästhetischen Erfahrung aufgeht, aber auch, wenn man dumpf in sein Bierglas starrt. In einer Anekdote erzählt eine Frau: „Ich habe meinen Mann so oft gefragt, was er denkt, und er hat immer geantwortet: ‚Nichts.' Ich dachte immer, er will mir etwas verschweigen. Nach vielen Jahren hab ich verstanden: Er sagt die Wahrheit!"

Aber warum kommen überhaupt so viele Menschen auf die Idee, „Nicht-Denken" sei für die Achtsamkeit von Bedeutung, sozusagen ein gutes Zeichen oder gar ein Ziel? Der Einsatz symbolischer Mittel wie Gedanken birgt immer die Gefahr, dass wir aus der Gegenwart aussteigen oder gar nicht erst hineinfinden. Nur mit symbolischen Mitteln können wir in die Vergangenheit und die Zukunft reisen, denn wir müssen sie ja irgendwie repräsentieren. Aber warum sollte das ständig geschehen?

Manche Achtsamkeitstraditionen, vor allem solche der Mystik, streben Zustände an, in denen das Denken tatsächlich stört, weil es einen großen und viele kleine Unterschiede setzt. Zuerst zu dem großen Unterschied: Wenn wir bewusst denken, wissen wir, dass unser Denken ein Versuch ist, einen Sachverhalt zu fassen, nicht aber der Sachverhalt selbst. Wir wissen, dass wir unser Denken verändern können, dass dies aber nicht bedeutet, dass sich dadurch auch die Objektwelt verändert. Wir unterscheiden also implizit zwischen uns als Subjekt und der Welt als Objekt. Verschiedene spirituelle Traditionen haben Techniken entwickelt, die das Denken gezielt überwinden oder schwächen sollen, insbesondere Trancetechniken (Mantren, Gebete, Liturgien, Drogen). Dadurch kommt es zu Verschmelzungserfahrungen, einer Aufhebung des Erlebens des Subjekt-Objekt-Unterschieds („unio mystica"). Oft werden sie als eine Erfahrung höherer Wahrheit interpretiert, etwa im Sinne von: Eigentlich gibt es keine Subjekt-Objekt-Unterscheidung, sie ist nur illusionär, oberflächlich, hat eine beschränkte Funktion gegenüber der dauerhaft, zeitlos gültigen, allem Flüchtigen zugrunde liegenden Einheit von Mensch und Welt, Subjekt und Objekt, ja eigentlich von allem, was existiert.

Führt die Praxis der Achtsamkeit dazu, dass wir die Trennung von Ich und Welt überwinden können? Kann oder soll sie zu mystischen Erfahrungen führen? Können wir mit ihr die All-Einheit erfahren?

Für diese Denkweise sehe ich kein gutes Argument, denn warum sollte das differenzierte Wahrnehmen und Denken, die Unterscheidung von Selbst und Welt, von Gedanken und Wirklichkeit – und damit die Möglichkeiten der Reflexion, der Skepsis, der Korrektur, des Lernens – dem undifferenzierten Erleben unterlegen sein? Man wünscht sich eine derartige Überlegenheit, weil man sich eine unmittelbare, traumwandlerische Gewissheit wünscht. Die mystische Erfahrung ist einfach etwas anderes als die differenzierende Haltung der Achtsamkeit, die die Voraussetzungen für Welt- und Selbsterkenntnis und ein situationsadäquates Verhalten verbessert und deshalb dem rationalen Denken so nahesteht. Die Aspekte der Offenheit, der Dekonstruktion, der Experimentierfreude und des Interesses an dem, was ist, ma-

„In der Stille erfahren Sie unermessliche Glückseligkeit; inmitten des Lärms erleben Sie unermessliches Leid. Wenn Sie Glückseligkeit und Leiden ausbalancieren wollen, motivieren Sie sich nicht, ‚den Geist still zu halten', und benutzen Sie Ihren Geist nicht dazu, ‚die Sorgen zu vergessen' – lassen Sie vierundzwanzig Stunden am Tag los und machen Sie sich weit. Wenn alte Gewohnheiten plötzlich auftauchen, benutzen Sie den Verstand nicht, um sie zu verdrängen; gehen Sie einfach direkt zu diesem plötzlichen Auftauchen, bedenken Sie den Ausspruch: ‚Hat ein Hund die Buddha-Natur oder nicht? Nein.' Genau in diesem Moment ist es wie wenn eine Schneeflocke auf einen glühenden Herd gerät. Für diejenigen, die ein scharfes Auge haben und erfahren sind, ein Sprung und der Sprung ist klar. Nur dann verstehen sie Lazy Jungs Spruch: Gerade wenn man den Verstand einsetzt, gibt es keine geistige Aktivität. Krummes Gerede verunreinigt mit Namen und Formen, klares Gespräch ohne Komplikationen. Ohne Verstand, aber funktionierend, immer funktionierend, aber nicht existent. – Die Gedankenlosigkeit, von der ich jetzt spreche, ist nicht getrennt vom Verstand. Das sind

chen die Achtsamkeit zu einer Schwester von Philosophie und Wissenschaft.

Oftmals hilft gerade das Denken, in die Gegenwart zu kommen, z. B. wenn wir uns einen Fokus in der Gegenwart vornehmen und immer wieder zu ihm zurückkehren. Oder wenn wir uns die Haltung der Achtsamkeit während der Übungspraxis immer wieder ins Gedächtnis rufen. Aber nicht nur das. Das Denken kann uns auch helfen, die Gegenwart differenzierter wahrzunehmen und zu erleben. Denken wir nur daran, wie sehr uns im Museum die Erläuterungen der Stimme im Kopfhörer helfen, Bilder und Skulpturen besser zu verstehen, und damit mehr zu sehen (s. Kap. 3, Beschreiben). Ähnlich ist es auch bei Musik. Wie viel mehr hören wir, wenn wir etwas mehr über die Musik wissen! Man kann auch einen Menschen besser verstehen, wenn man seine Geschichte und seine Lebenssituation besser kennt. Das Nicht-Denken ist nicht per se günstiger für die Achtsamkeit als das Denken.

Nichts als Konstruktionen?

Ich habe oben geschildert, wie wichtig, wie befreiend, wie erheiternd die Dekonstruktion sein kann. Gleichzeitig habe ich auf die Bodenlosigkeit hingewiesen, zu der sie bisweilen führt. Die Dekonstruktion wird problematisch, wenn man sie überzeichnet. Im Zusammenhang mit Achtsamkeit geschieht das manchmal, insbesondere im Zusammenhang mit der Idee des freischwebenden „reinen Beobachters", des „Zeugen", kurzum des „Blicks von Nirgendwo" (Nagel). Man kann die Dekonstruktion zum Äußersten treiben, wenn man alles als Konstruktion ansieht: unsere Gedanken, unsere Wahrnehmungen, unsere Gefühle, unser Tun, sogar die Fundamente, auf denen die Kritik selbst beruht, die Ideen von Wahrheit und Wirklichkeit. In seiner radikalsten Form behauptet der Konstruktivismus, dass alle diese Konstruktionen keine Entsprechung in der Wirklichkeit haben. Konstrukte sind durch z. B. ausschließlich unsere biologischen Eigenschaften (Autopoiese, Selbstorganisation), insbesondere durch unser Gehirn bedingt. Diese

Theorie ist vielfach widerlegt worden. Hier nur eine kurze Aufzählung der Gegenargumente:

Konstruktionen sind dem Sinn nach Repräsentationen. Repräsentationen müssen immer Repräsentationen von etwas sein, sonst verliert der Begriff seinen Sinn (Benoist 2014a).

Es muss etwas geben, das repräsentiert, also z. B. unser Gehirn, von dem wir also behaupten müssen, dass es existiert.

Auch die Einnahme einer konstruktivistischen Position impliziert Wirklichkeit, denn sonst könnte niemand sie gegenüber jemand anderem vertreten, formulieren, aufschreiben. Das bedeutet es jedenfalls, eine Behauptung aufzustellen. Jemand muss sprechen oder schreiben und jemand muss zuhören und sich auf Äußerungen beziehen können, die ebenfalls über die Äußerung hinaus existieren müssen.

Es ist völlig unwahrscheinlich, dass die Evolution eine Spezies hervorbringt, deren Überlebenserfolg wesentlich auf seinen Erkenntnisfunktionen beruht, sich aber gleichzeitig den Scherz erlaubt, diese Erkenntnisfunktionen an der Welt vorbei zu konstruieren, der sie gelten sollen.

Dass unseren Konstruktionen nichts in der Wirklichkeit entsprechen soll, widerspricht elementar unserer Alltagserfahrung. ist aber eine wesentliche Erkenntnisform, die nicht so leicht durch wissenschaftliche Erkenntnisse aufgehoben oder ersetzt werden kann. Zumindest brauchen wir dafür sehr starke Gegenargumente, die durch den radikalen Konstruktivismus nicht geliefert werden können.

Unser Weltbezug geschieht gar nicht so sehr über Wissen in Form von Aussagesätzen, sondern über Interaktionen, die auf einem Können basieren. Genau genommen ist die Unterscheidung zwischen der Wirklichkeit und ihrer Darstellung zu oberflächlich, sie wird ständig von unserer Lebenspraxis unterlaufen, die auch die Basis jedes artikulierten Wissens ist.

keine Worte, um Menschen zu täuschen."

Ta Hui, in Cleary 2006, S. 85/86, Übers. M. H.

„Ein agnostischer Buddhist sieht den Dharma nicht als Quelle für ‚Antworten' auf metaphysische Fragen wie etwa, woher wir kommen, wohin wir gehen und was nach dem Tod geschieht. Er würde solche Erkenntnisse auf den zuständigen Gebieten suchen, Astrophysik, Evolutionsbiologie, Neurowissenschaft und so weiter. Ein agnostischer Buddhist ist kein ‚Glaubender', der Kenntnis von übernatürlichen und paranormalen Phänomenen zu haben behauptet, und in diesem Sinne ist er nicht ‚religiös'. [...] Ein agnostischer Buddhist meidet den Atheismus ebenso wie den Theismus und hütet sich, dem Universum einen Sinn zu- oder abzusprechen. Das eine ist lediglich das Gegenteil vom anderen und beide sind Mutmaßungen. Aber hinter der agnostischen Haltung steht kein Desinteresse, sondern das Wissen, daß ich nicht weiß, und die leidenschaftliche Bejahung dieses Nichtwissens. Man läßt die Ungeheuerlichkeit des eigenen Geborenseins einfach so stehen und greift nicht nach tröstlichen Glaubenssätzen. Man legt Schicht um Schicht all die Meinungen ab, die das Mysterium unseres Hierseins nur verschleiern, ob sie es nun bejahen oder verneinen. Ein solch tiefer Agnostizismus ist eine durch fortgesetztes achtsames Gewahrsein gewonnene Haltung gegenüber dem Leben. Er kann zu der Einsicht führen, daß im Kern unserer selbst letztlich weder etwas noch nichts ist, worauf sich der Finger legen ließe.

Die letzten beiden Argumente sind im Kontext der Achtsamkeit von besonderer Bedeutung. Das Argument des gesunden Menschenverstandes, weil sich die Achtsamkeit im Bereich des alltäglichen Erlebens abspielt, und das Argument des Wirklichkeitsbezugs auf der Ebene des vorbewussten Interagierens, weil die Achtsamkeitspraxis diese primäre Verbundenheit mit der Umwelt und Mitwelt bewusst macht (s. Können, Kap. 13).

Das Sein und das Nichts

Manchmal wird die Achtsamkeit, vor allem wenn sie als Meditation begriffen und praktiziert wird, als Beschäftigung oder Konfrontation mit der Leere oder dem Nichts verstanden, vor allem im Zenbuddhismus. Manchmal auch als Begegnung mit dem Sein. Beide scheinbar so entgegengesetzten Ideen berühren sich stark, sind, je nach Interpretation, sogar identisch. Denn das „Sein" ist nicht als bestimmtes Sein gedacht, sondern unbestimmt und teilt diese Eigenschaft mit dem Nichts. Da es sich bei dieser Unbestimmtheit um eine allumfassende Eigenschaft handelt, lassen sich Sein und Nichts nicht unterscheiden. An welchem Kriterium sollte das geschehen?

Wir können das Nichts, die Leere oder das Sein denken, aber wir können es nicht als solches erleben. Die Achtsamkeitspraxis ist aber am Erleben interessiert, nicht an Maximalabstraktionen. In der Gegenwart erleben wir viele Formen, in denen etwas nicht ist, aber eben nicht die Gesamtabstraktion des Nichts. Z. B. sehen wir die Bäume im Winter und wir sehen, dass sie kein Laub tragen, oder wir sehen die Knospen im Frühling und assoziieren ihre Entfaltung, die noch nicht geschehen ist. Solche Gestaltwahrnehmungen machen Knospen erst zu Knospen und Bäume im Winter zu einem Teil des Winters und nicht des Sommers. Ähnlich ist es mit unseren persönlichen Prozessen. Wir spüren einen Wunsch, ein Begehren, eine Sehnsucht, eine Trauer und können das nur, weil wir dabei auch spüren und denken, dass etwas nicht ist. Das Nicht-Sein begegnet uns als Noch-nicht oder Nicht-mehr. Es handelt sich aber immer um ein Noch-nicht oder Nicht-mehr von etwas, also um ein bestimmtes Nicht-Sein von etwas. Dafür verfügen wir in unserer Sprache über bestimmte Verneinungen. Wenn wir die Gegenwart erleben, so wäre es künstlich zu sagen, wir erleben nur das, was da ist. Wir erleben auch immer die Möglichkeiten einer Situation oder der Gegenwart, also das, was sein könnte oder einmal war. Wie sollten wir sonst einen Wegweiser verstehen oder ein Grab, wie könnten wir sonst hungrig sein oder verliebt und wie könnten wir überhaupt einen Vorgang verstehen, in dem ja immer etwas vergeht und zu Ende geht. Die zukünftigen Möglichkeiten und die Geschichte einer Situation gehören als Horizonte zu unserem Erleben der Gegenwart.

Oder er bündelt sich zu einer tiefen, staunenden Verblüffung, die den Körper beben läßt und dem Gewißheit suchenden Geist keinerlei Rastplatz mehr bietet."

S. Batchelor 2001, S. 32/33

Die Sprache erlaubt uns formal, aus allem möglichen Sprachmaterial Substantive zu bilden: das Lebendige, die Röte, das Ich, das Hier und Jetzt, das Böse, die Wahrheit und eben auch das Nichts (Tugendhat 2010 [1976]). Das bedeutet nicht, dass alle diese Bildungen sinnvoll sind. Manche führen auch in die Irre oder werfen zumindest Probleme auf, z. B. das Böse, der Geist, das Fremde. Das Sein und das Nichts sind Substantivierungen und Generalisierungen von „X ist" und „Y ist nicht". Vielleicht können wir mit ihnen einen philosophischen Sinn verbinden, wenn wir im Rahmen der philosophischen Sprachspiele denken. In der Achtsamkeitspraxis benutzt man sie als Sprungbrett, um das Denken zu verwirren und ad absurdum zu führen, z. B. in den Denkaufgaben, die in der Zen-Meditation beliebt sind, den sogenannten Koans. Ein bekanntes Beispiel ist: „Wie hört sich das Klatschen einer Hand an?" Das berühmteste Zen-Koan ist nun ausgerechnet „Mu" = Nichts. Da man sich ein Nichts nur als ein Etwas vorstellen kann und weil es dann eben kein Nichts mehr ist, kommt man schnell an die Grenzen des Verstandes oder besser der Sprache und des sprachabhängigen Verstandes. Das ist auch der Sinn der Übung. Die radikale Dekonstruktion soll in die Verfassung des einfachen Daseins in der Gegenwart führen und aus der Sprache herauskatapultieren. Viele Koans werden deshalb durch Handlungen und Gesten gelöst. Aber wenn wir in der Gegenwart angekommen sind, so sind wir nicht mit dem Nicht-Sein oder dem Sein konfrontiert, sondern mit der Fülle dessen, was gerade geschieht und geschehen kann, und mit der Vielfalt

„Subhuti war Schüler des Buddha. Er war fähig, die Macht der Leere zu verstehen, jene Einstellung, daß nichts existiere außerhalb seiner Beziehung von Subjektivität und Objektivität. Eines Tages saß Subhuti in einem Zustand tiefster Leere unter einem Baum. Blüten begannen auf ihn herabzufallen. ‚Wir preisen dich für deine Abhandlungen über die Leere', flüsterten die Götter ihm zu. ‚Aber ich habe nicht über die Leere gesprochen', sagte Subhuti. ‚Du hast nicht über die Leere gesprochen, wir haben die Leere nicht gehört', erwiderten die Götter. ,Dies ist die wahre Leere.' Und Blütendolden rieselten um Subhuti nieder wie Regen."

Ohne Worte – ohne Schweigen 2003, S. 54

der Prozesse und der Ereignisse, die uns in die Haltung der Offenheit und des Anfängergeistes gegenüber der Vielfalt der Phänomene bringen können.

Die Idee der Achtsamkeit kann meines Erachtens nicht metaphysisch verstanden werden, also auch nicht monistisch oder dualistisch (s. Kap. 7, Monismus, Harmonismus). Der Monismus oder auch der Dualismus beruhen auf einer metaphysischen Denkweise. „Metaphysik" hat verschiedene Bedeutungen, aber ich verstehe sie hier als Konstruktion einer Welt jenseits der Wirklichkeit, wie wir sie erleben und denken. Eine solche Welt mag in einem Jenseits oder in einer Tiefe liegen oder eine allen Phänomenen zugrunde liegende Struktur haben. Das Metaphysische existiert in vielen religiösen und esoterischen Diskursen als ein Etwas, ein Seiendes, nur eben in einer sozusagen zweiten Wirklichkeit. So entstehen das Reich der Ideen, mehr oder weniger realistische Gottes- oder Göttervorstellungen oder die holistischen Maximalvorstellungen eines Kosmos oder eines All-Einen. Aber auch die Vorstellungen eines Seins, einer Leere oder eines Nichts können in dieser Weise verstanden werden. Das ist nicht zwingend, und in den Kapiteln über den „Einfluss der Achtsamkeit auf das Denken" (s. Kap. 8) und „Transzendenz und Sinnlichkeit" (s. Kap. 7) schreibe ich über die Möglichkeiten, das Nicht-Seiende zu denken und zu erleben (s. Kap. 8).

13 Mitwirken

Können

Eine der wichtigsten Übungsformen der Achtsamkeit – und für viele Teilnehmer:innen unserer Kurse die wichtigste – ist die informelle Achtsamkeit. Sie besteht darin, sich achtsam auf eine Routinetätigkeit zu fokussieren: Gehen, Aufstehen aus dem Bett, Sitzen, Zähneputzen, das Öffnen einer Tür, Kochen, Fahrradfahren, Zuhören usw. Die Beispiele sind endlos und es macht immer Freude, sie zu sammeln, weil oft originelle Ideen dabei sind. Es handelt sich um Fertigkeiten, die wir in der Regel vollbringen, ohne sie zu beachten. Handlungen achtsam zu begleiten, die schwierig sind, ist selbst schwierig, weil wir dann zu viel mit dem Erreichen des Ziels und der Lösung der Probleme auf dem Weg dorthin beschäftigt sind und nicht einfach nur wahrnehmen können, was wir gerade im Moment tun. Aber es gibt genügend zielgerichtete Tätigkeiten, die im Hintergrund unseres Bewusstseins den Betrieb unseres Lebens am Laufen halten.

„Konfuzius bestaunte die Wasserfälle von Lüliang. Das Wasser stürzte aus dreihundert Fuß Höhe herab und brauste dann schäumend über vierzig Meilen dahin. Weder Schildkröten noch Krokodile konnten sich dort aufhalten und doch sah Konfuzius einen Mann, der da schwamm. Er dachte, es handle sich um einen Unglücklichen, der den Tod suchte, und rief seinen Schülern zu, dem Fluss entlangzulaufen, um ihm Beistand zu leisten. Einige hundert Schritte weiter jedoch entstieg der Mann dem Wasser und spazierte mit zerzaustem Haar singend am Ufer entlang.

Die Tatsache, dass die Menschen sich in der Welt immer schon, ohne zu denken und ohne definierte Absichten zu verfolgen, zurechtfinden, hat die Philosophen seit jeher beschäftigt. Eine der Wurzeln der Achtsamkeit ist der Taoismus, der Taoismus ist wiederum eine der Wurzeln des Zenbuddhismus, der Zenbuddhismus eine der Wurzeln der Achtsamkeit. Eine der Lesarten des rätselhaften Tao ist: „Können" – der möglichst reibungslose, gelingende Umgang mit der Welt, den Dingen und herausfordernden Situationen. Für Dschuang Dsï sind die Könnerschaft und das Nicht-Handeln dem bewusst absichtsvollen Handeln, der Moral, den Normen und Appellen überlegen. Es ist die „himmlische" Form des Sich-Verhaltens in der Welt.

Konfuzius holte ihn ein und fragte: Ich hielt sie für ein Gespenst, aber aus der Nähe scheinen Sie mir ganz lebendig. Sagen Sie mir: Haben Sie eine Methode, um sich so über Wasser zu halten? – Nein, antwortete der Mann, das habe ich nicht. Ich bin vom Gegebenen ausgegangen, habe ein Naturell entwickelt und die Notwendigkeit erreicht. [...] – Was wollen Sie damit sagen [...]? fragte Konfuzius. Der Mann antwortete: Ich bin im Wasser aufgewachsen und habe mich zunehmend darin wohl befunden: Das ist das Naturell. Ich weiß nicht, weshalb ich tue, was ich tue: Das ist die Notwendigkeit."

Dschuang Dsï 2011, S. 132/33

Weil es nicht gedacht werden kann, muss es und kann es nicht ausgesprochen werden: „Oh, würde ich nur einen Menschen kennen, der die Sprache vergisst, damit ich mit ihm reden kann" (Dschuang Dsï 2011, S. 172).

Ein Philosoph, der sich im 20. Jahrhundert dem Thema besonders ausführlich und wirkmächtig gewidmet hat, Michel Polanyi, erfand für das Können die schönen Ausdrücke „tacit knowing" (heute oft als „tacit knowledge" überliefert) und „tacit dimension". Das Können ist für die Achtsamkeitspraxis so spannend, weil es im Wesentlichen absichtslos verläuft, wir können die Fertigkeiten absolvieren und Ziele erreichen, ohne uns viel mit dem Ziel beschäftigen zu müssen. Wir müssen auch nicht den Ablauf analysieren. Noch wichtiger ist aber m. E. Folgendes: Jedes Wissen setzt die Vorleistungen des Könnens voraus. Wissen ist „situiert" („situated") und „verkörpert" („embodied"), besser „körperlich", denn es ist von Anfang an im Körper. Jedes Laborexperiment, jede Anwendung eines Begriffs, jede Aussage, jedes Sprechen und jedes Spiel ist auf Können („prozedurales Wissen") angewiesen. Dieses Können kann zu einem großen Teil nicht durch Wissen im Sinne von Aussagen („propositionales Wissen", „epistemisches Wissen") formuliert werden. Das zeigt sich auch daran, dass der Anwender eines Begriffs oder einer Regel (ein Schiedsrichter z. B.) ein Ereignis als „einen Fall von etwas" erkennen muss. Dieses Erkennen, ob etwas ein Fall für eine Regel ist, lässt sich nicht wieder durch explizites Wissen oder neue Regeln festlegen. Neue Regeln müssten dann wieder durch Regeln zur Anwendung kommen, ein sogenannter „maligner Regress", man kommt nie zu einem guten Ende. In der Praxis lösen wir dieses Problem nicht durch vermehrtes Wissen oder neue Regeln, sondern durch Training an Beispielen, durch Zeigen und Nachahmen, Versuch und Irrtum. Psychotherapie und Supervision sind gute Beispiele für diese Verzahnung von prozeduralem und propositionalem Wissen, weil hier das prozedurale Wissen – die Erfahrung – eine besonders große Rolle spielt (Huppertz 2006). Das gilt auch für die Vermittlung von Achtsamkeit.

Wir können aber routiniert und unbewusst auch immer die gleichen Fehler begehen und dabei dennoch das Gefühl haben, auf dem richtigen Weg zu sein. Wir spüren, „dass es läuft“, „dass es glattgeht“, einfach, flüssig, rasch. Ein zuverlässiges Kriterium des Gelingens ist das nicht. Das Gefühl gibt eine gewisse Sicherheit, aber zu einer Optimierung des Könnens brauchen wir häufig darüber hinaus externe Kriterien. Beispielsweise können wir flüssig eine Sprache sprechen und dabei immer dieselben Fehler machen. Schwimmer:innen oder Tennisspieler:innen kann es ähnlich ergehen. Oder wir verhalten und im Umgang mit unserer Partner:in verhaltensungeschickt, denken aber, dass sie ein großes Glück mit uns hat. Im Alltag ist optimales Können aber weder sinnvoll, noch gewünscht, weil Alltag in der Regel bedeutet, dass wir verschiedenste Aufgaben in begrenzter Zeit zu erfüllen haben und „gut genug“ ausreicht.

Das Können macht den Hintergrund unseres In-der-Welt-Seins aus. Das beginnt mit dem Wahrnehmen, das ebenfalls auf Fertigkeiten beruht, sonst könnten wir keinen „Regen“ oder „Schnee“ wahrnehmen. Es setzt sich fort im Fühlen (auch Gefühle werden gelernt, biografisch, kulturell), Denken, Kommunizieren. Kommunizieren bedeutet sprechen und averbale Botschaften entziffern und aussenden können, was nicht so leicht ist, wie man bei Menschen mit Autismus sehen kann. Die Beachtung des Könnens u. a. in Form der formellen Achtsamkeit ermöglicht es, bewusst zu erleben, welche Verbundenheit zwischen uns, der Umwelt und der Mitwelt besteht und wie sie uns das Leben ermöglicht. Vieles davon geschieht unbemerkt, aber wenn wir unser Bewusstsein darauf lenken und uns die Zeit nehmen, diese Abläufe und Interaktionen wahrzunehmen, dann erweitert das unser Bewusstsein und unser Lebensgefühl in Richtung Verbundenheit und Vertrauen. Das Vertrauen in das Nicht-Handeln verändert zusammen mit dem szenischen Wahrnehmen und Denken (Kap. 8) unsere Vorstellungen vom „Handeln“ und kann ganz konkret zu einer umsichtigeren, einfühlsameren Art des Handelns führen.

„Als Wesentliches muss man festhalten: Alles Korrigieren von außen hat wenig Wert. Es muss eines mit dem anderen so durchdacht, durchfühlt, mit den tausendfachen Vorkommnissen im Leben untrennbar verbunden werden, dass es zum Wesen des Menschen wird, dass es jeden Augenblick instinktiv ausgeführt wird. Nicht das ist erworbener Besitz, was wir auf Kommando ausführen können, sondern dasjenige, was bei plötzlicher Überlegung sofort geschieht.“

E. Gindler, in Ludwig 2002, S. 92

Handeln und Nicht-Handeln

Viele Eigenschaften der Achtsamkeit kommen dem Handeln zugute, weil es das Nicht-Handeln stärkt: Das Handeln wird umsichtiger. Man könnte das als eine Art äußerlicher Bereicherung verstehen, die dem Handeln einfach guttut, es aber nicht in seiner eigentlichen Struktur und Logik tangiert. Das ist aber nicht alles. Um die Bedeutung der Achtsamkeit für das Handeln gründlicher zu verstehen, kommen wir nicht um die Frage herum, was denn eigentlich Handeln ist und wie es sich zum Nicht-Handeln verhält.

„Zwei Talmudstudenten fahren auf der Landstraße. Ein großer Baum liegt quer über der Straße, sie steigen aus dem Wagen und diskutieren, was man tun könnte. Da kommen zwei kräftige Bauern und tragen den Baum an die Seite. Der eine Student verächtlich zum andern: ‚Nu! Mit Gewalt!'"

J. Richter 1995, S. 41/42

Eine enge Definition, auf die wir uns wohl rasch einigen könnten, ist: Handeln ist das bewusste und gezielte Verändern einer Situation. Jeder Handlung geht eine Entscheidung für ein Ziel voraus, die zumindest irgendwann einmal erfolgt sein muss, auch wenn sie bei Wiederholungen nicht immer präsent ist. Damit liegt eine Abgrenzung gegenüber dem bloßen Verhalten vor, das kein Ziel verfolgen muss. Verhalten kann auch reflektorisch, expressiv oder gewohnheitsmäßig sein, ohne jemals eine bewusste Handlung gewesen zu sein. Jemand kann in Tränen ausbrechen oder sich zögerlich verhalten oder verlangsamt, schüchtern oder extrovertiert sein, ohne dass er dies beabsichtigt oder auch nur bemerkt.

Diese vertraute Auffassung des Handelns als bewusst zielgerichtet betont die Rolle eines Subjekts, dem die Handlung zugeschrieben wird. Dies entspricht einer subjektzentrierten Denkweise, die aber heute von vielen Seiten infrage gestellt wird. Auch wenn das Subjekt eine große Bedeutung für das Handeln hat, so muss man sich den Vorgang doch nicht so vorstellen, als würde eine Handlung quasi von dem Subjekt geschaffen. Zu viel spricht dagegen. Das Handeln ist von Zielen und Mitteln geprägt und diese wiederum in der Regel von Objekten und Bedingungen. Objekte verleiten und bestimmen unsere Handlungen wesentlich mit. Heidegger hat dies schon vor fast 100 Jahren formuliert, als er von der „Zuhandenheit" der Dinge (im Unterschied zu ihrer „Vorhandenheit") sprach. Wenn wir handeln, so sind wir nur mit einem mehr oder minder großen Beitrag an Prozessen beteiligt. Das war eigentlich schon immer so, denn auch der Bauer, der sät und erntet, wird nur Erfolg haben, wenn er die Jahreszeiten, die Beschaffenheit des Bodens etc. einbezieht. Die Erde, der Pflug und die Ochsen bestimmen, wie seine Arbeit abläuft. Aber ein Pflug war ein recht einfaches, passives Element, das zwar ein Pferd oder einen Ochsen erforderte, um zu funktionieren, nicht aber die Planung der Handlungen des Bauern übernahm und ihn beraten konnte.

Was ist Handeln?

Inzwischen besteht Handeln oft nur noch in der „Regulierung" (F. Jullien) komplexer intelligenter Prozesse. Die Dinge sind nicht mehr nur zuhanden, sondern sie übernehmen auch komplexe mentale Aufgaben, sodass es nicht mehr so einfach ist, zwischen menschlichen und dinglichen Akteuren zu unterscheiden (Roßler 2016). Dinge warnen und empfehlen, erzwingen Handlungen, rechnen für uns, helfen beim Schreiben, geben Ratschläge und rücken Geld heraus, sie steuern unsere Interessen, unser Wissen, unsere Kommunikation, also kurzum unser Handeln auch dort, wo wir eigentlich ein Subjekt am Werk sehen möchten. Auch unser Wissen war immer schon stark von den Instrumenten beeinflusst, die uns zur Verfügung standen, aber heute übernehmen Computerprogramme große Teile der Forschung und ihrer Darstellung.

Was soll am Nicht-Handeln gut sein?

Verändert sich durch die Haltung der Achtsamkeit die Handlungsweise?

Genau genommen ist auch die Redeweise von einem „Können" oder die Rede von „Fertigkeiten" noch sehr von einer subjektzentrierten Sprache geprägt. Manche befürchten, dass uns eines Tages all die Kompetenzen über den Kopf wachsen, die wir inzwischen an die Dingwelt (im weitesten Sinne, inklusive der virtuellen Systeme) abgeben, zumal sie mit autonomen Lernprozessen verbunden sind. Dann würde von den Dingen und Netzwerken weitgehend bestimmt, in welcher Welt wir leben und vielleicht sogar leben wollen (Harari 2018).

Was die Philosophie betrifft, so wurde im 20. Jahrhundert von vielen Seiten die Idee einer souveränen Position des Subjekts infrage gestellt. Das Handeln, aber auch das Denken und die Gefühle wurden viel stärker als früher in den Kontext der Sprache, der Gesellschaft und des Körpers gerückt und als Teil von Netzwerken verstanden. Solche Netzwerke bestehen aus Interaktionen zwischen Menschen und Objekten, Objekten und Sprachen aller Art (natürliche Sprachen, Fach- und Computersprachen, Sprachen und Bildern usw.). Dennoch haben wir den Eindruck, dass der entscheidende Beitrag zur Handlung von einer Person geleistet werden muss, sonst müssten wir z. B. von einem „Ablauf" sprechen. Wir gehen weiter davon aus, dass nur eine Person die übergeordneten Ziele festlegen und darüber Rechenschaft ablegen kann.

Die Achtsamkeit kann nur dann alltagspraktisch konstruktiv sein, wenn sie die Bedeutung des Handelns akzeptiert. Aber sie schaut aus der Perspektive des Nicht-Handelns auf das Geschehen und lässt uns die Zeit, die Zusammenhänge und unentdeckte Elemente der Situation zu erfassen, in die das Handeln eingebettet ist. Das Nicht-Handeln trägt dazu bei, dass ein Raum der Achtsamkeit innerhalb einer Situation entsteht, der den äußeren und inneren Prozessen erlaubt sich zu entfalten, wodurch sie deutlicher, prägnanter, nützlicher oder reifer für eine Veränderung werden. Er ermöglicht eine Klärung der eigenen Resonanz, der Wünsche und Ziele, der Frage, ob überhaupt gehandelt werden muss und welche Möglichkeiten es gibt zu reagieren. In diesem Raum kann sich auch die Gewichtung der eigenen Bedeutung ändern. Das Nicht-Handeln ist ein In-Verbindung-Stehen, und wenn man seine Aufmerksamkeit darauf lenkt, ist es leichter, sich als Teil einer Situation zu verstehen. Das entlastet und führt dazu, dass man die eigene Verantwortung realistisch einschätzt. Dazu gehört auch achtsame Kommunikation. Sie tritt an die Stelle von Verhandeln, Überreden oder Rechthabenwollen. Sie ist eine Form der Kommunikation, die Veränderungen ermöglichen, aber nicht herbeiführen will.

„Statt sofort durch seine Handlung ein Ergebnis erzielen zu wollen, ist es besser, diskret einen Prozess in die Wege zuleiten, der von sich aus dorthin gelangt – genau das ist die Kunst des ‚Nichthandelns' (wu wei). Statt ‚bis zum Schluss an der Hand zu halten' ist es besser, so bald wie möglich mit dem Eingreifen aufzuhören. Um ein Feld für das spontane Aufkommen der Wirkung vorzubereiten, welche, da sie sich eigener Reifung, verdankt und von verschiedenen Bedingungen herbeigeführt wird, umso besser einwurzelt und

Mit dem Blick des Handelnden schlägt man eine Schneise in die Situation, betrachtet sie unter dem beschränkten Gesichtspunkt des möglichen eigenen Beitrags zu einer Veränderung. Geben wir dem Nicht-Handeln Raum, werden wir offener für das, was Handeln als „Regulierung" ist, als Mitwirken an einem Geflecht von Zusammenhängen, Prozessen und Verbindungen. Man kann diese Erfahrung durch spezielle Übungen verstärken, z. B. folgende Übung, die auf Thich Nhat Hanh zurückgeht:

Jede Teilnehmer:in wird gebeten, sich an ein Ereignis in ihrem Leben zu erinnern, das sie als großen Erfolg gewertet hat, auf das sie so richtig stolz war. Nach zwei bis drei Minuten kommt der nächste Vorschlag: „Überlegen Sie bitte, welche Vorgeschichte, welche Personen, Umstände, Zufälle ebenfalls zu diesem Erfolg beigetragen haben." Nach ein paar Minuten: „Nun erinnern Sie sich bitte an ein Ereignis, bei dem Sie das Gefühl hatten: „Das habe ich gründlich in den Sand gesetzt, ich habe versagt." Nach ein paar Minuten: „Und nun wiederholen Sie bitte die Überlegungen von eben: Welche Vorgeschichte, welche Personen, Umstände, Zufälle haben mit zu diesem Misserfolg beigetragen?" (Huppertz 2015, S. 97) Danach sind ein Sharing und ein Gespräch zu diesem Thema sinnvoll.

Ist aber nicht schon das Begriffspaar „Handeln – Nicht-Handeln" unbefriedigend, weil es ganz am Handeln orientiert ist und eine positive Bestimmung des Nicht-Handelns unterbleibt? Aber das Nicht-Handeln ist selbst eine eigene Form von Interaktion. „Interaktion" meint das Zusammenspiel wirkungsvoller Elemente. „Interaktion" meint aber lediglich, dass Prozesse stattfinden, die die Partner wechselseitig beeinflussen. Die Annahme, dass hier etwas oder jemand etwas tut, will, handelt etc. ist nicht notwendig. Damit ist auch die Unterscheidung einer aktiven und einer passiven Beteiligung hinfällig. Eine Wahrnehmung besteht z. B: aus Aufmerksamkeit, Rezeptivität, Wahrnehmungsmustern und Einwirkungen der Realität, nichts davon lässt sich in das Schema Aktiv-Passiv einordnen. Interaktionen führen häufig zu sogenannten „Emergenzen". Man meint damit das Auftreten eines Dritten, das entsteht, wenn Elemente zusammenwirken oder zusammenspielen und dieses Dritte Eigenschaften aufweist, die sich in den einzelnen Elementen nicht finden lassen. Ein Ökosystem emergiert ebenso aus den Interaktionen seiner Bestandteile wie eine zwischenmenschliche Beziehung, der Sinn eines Gedichts oder

folglich auch lange anhalten wird. Im Verlauf der sich entwickelnden Situation wird sie immer mehr von dieser eingebunden und ist nicht aufgezwungen. Was man gewöhnlich (subjektiv) der Geduld als Verdienst zuschreibt, ist letztlich nur der Vorteil, den man erzielt, wenn man Aufgeschobenes arbeiten lässt und als ‚Ressource' verwertet. So wie das Nichtverschieben das ist, was ganz entschieden die Ressource des Präsenten in seinem Aufschwung zutage fördert, genauso ist das Aufgeschobene eine Ressource, aber eine umgekehrte, die es der stillen Verwandlung überlässt, das sich darbietende Präsente fruchtbar zu machen. Eine Ressource befindet sich auf beiden Seiten und erlaubt es, zu wählen und zu überkreuzen.

Denn im Unterschied zum exklusiven Charakter der Wahrheit können Ressourcen zueinander in Konkurrenz stehen und einer gegenteiligen Logik unterliegen. Trotzdem aber können Wahrheit und Ressource gleich berechtigt koexistieren und man kann sich ihrer gleichzeitig bedienen."

F. Jullien 2018, S. 230/31

die Wirkung einer Symphonie. So wie Interaktion, Vernetzung oder Resonanz ist auch Emergenz kein von vorneherein positiver Begriff im Sinne eines Wachstums oder eines Fortschritts durch Selbstorganisation. Sie kann destruktiv sein und dazu führen, dass sie das, woraus sie entstanden ist, zerstört. Für die Beschreibung des Nicht-Handelns, des Handelns und der Beziehung zwischen beiden Seinsformen sind die Begriffe „Interaktion" und „Emergenz" ausgesprochen hilfreich. Viele Elemente interagieren bereits dann, wenn wir nicht-handelnd existieren, und bilden emergente Phänomene wie Wahrnehmungen, Können, zwischenmenschliche Beziehungen, Atmosphären, Ideen usw. Aus ihnen emergieren wiederum durch die Einwirkung zusätzlicher Elemente (Ideen, Fantasien, Reflexion, Pläne, Ziele, Entscheidungen) Handlungen. Handlungen entstehen nicht aus dem Nichts, sondern sind mehr oder weniger einflussreiche Regulierungen des Nicht-Handelns als einer Form der Teilhabe an Situationen.

Das Denken in Interaktionen und Emergenzen und die Einsicht in die Wirkung von Netzwerken verhindert, dass wir uns von der Achtsamkeit zu viel Autonomie im Sinne einer „großen Befreiung" (D. Suzuki) versprechen oder im Gegenteil denken, Achtsamkeit würde zu so etwas wie einem Erlebnis großer Harmonie führen. Netzwerke haben eine begrenzte Reichweite, kommen einander in die Quere und bestehen aus Zusammenspiel und Dissonanz, wie man an jedem Ökosystem, jeder Organisation und jeder lebendigen Familie sehen kann. Es ist unglaublich, wie blind totalitäre, esoterische und manche religiösen Systeme und Ideologien gegenüber diesen einfachen systemischen Erkenntnissen sind und wie sie früher oder später an dieser Leugnung scheitern. Das Nicht-Handeln stark machen, ohne die Bedeutung des Handelns infrage zu stellen! Dadurch verändert sich die Art und Weise des Handelns.

Freiheit und Determinismus

Die Erfahrung der Freiheit ist eine der wichtigsten Erfahrungen, die die Achtsamkeitspraxis ermöglicht. Für das Verständnis der Achtsamkeit als Lebensgefühl ist sie zentral.

Jede Freiheit ist bedingt (Bieri 2013). Es kann nur darum gehen, einen gegebenen Spielraum des Erlebens und Verhaltens zu nutzen oder zu erweitern. Der Spielraum ist aber notwendigerweise begrenzt. Freiheit ist immer Freiheit von etwas zu etwas. Dass wir uns mehr oder weniger frei fühlen können, ist kaum zu bestreiten und hat nichts mit der klassischen philosophischen Frage zu tun, ob wir im Sinne von Theorien, die mit dem Kausalitätsprinzip arbeiten, frei sind.

Gibt es überhaupt Freiheit? Ist nicht alles, was geschieht und was wir tun, determiniert?

Die Kausalität – das Prinzip von Ursache und Wirkung – ist ein Instrument des Denkens, das bei bestimmten Zielen brauchbar ist. Es hat, wie alle unsere Denkweisen und Instrumente, eine beschränkte Reichweite. Wir können die Wirklichkeit nicht einfach abbilden. Deshalb macht es auch keinen Sinn, zu behaupten, die Welt sei deterministisch strukturiert, es würde keinen Zufall geben, alles sei (vorher oder überhaupt) bestimmt usw. Die Suche nach Kausalität kann aus prinzipiellen Gründen nie an ein Ende kommen, weil es sich um ein heuristisches Prinzip handelt. Wenn Forscher:innen die persönliche Freiheit z. B. aus einer naturwissenschaftlichen Perspektive analysieren, in experimentellen Bedingungen operationalisieren oder auf der Ebene dessen suchen, was sich im Gehirn abspielt, so nehmen sie eine spezielle Perspektive ein, verwenden sie bestimmte theoretische und technische Instrumente und bewegen sich im Rahmen eines Paradigmas und einer begrenzten scientific community. Ihre Forschung, so interessant sie sein mag, ist nicht automatisch für das Verständnis des Erlebens und der Lebenspraxis bedeutsam. Möglicherweise lassen sich eines Tages Erkenntnisse aus der Hirnforschung gewinnen, die auch für die Analyse des Erlebens interessant sind, aber unser Erleben ist sehr differenziert und in Psychologie und Phänomenologie auch sehr differenziert beschrieben, während die Hirnforschung mit Konzepten arbeitet, die sie durch die Vereinfachung (und nicht die Aufhebung) dieser Erkenntnisse gewinnt. Diese Reduktion wird auch durch die Bedingungen des Experiments (Labor, MRT etc.) vorgegeben, die die natürlichen Bedingungen nicht wiedergeben können. Dass naturwissenschaftliche Forschungen oder Bestätigungen eine so hohe Anerkennung genießen, liegt an dem Ansehen, das die Naturwissen-

Inwiefern kann die Haltung der Achtsamkeit befreiend wirken?

„In einer idealen Welt würden die Treppen immer leicht ihre Form verändern, je nachdem, ob man hinauf- oder hinuntergeht. In unserer nicht-idealen Welt ist jede Treppe ein Kompromiss."

B. Bryson 2013, S. 400

„Und Jahre oder Jahrzehnte später zeigt sich ihr und uns, dass keine dieser kleinen Gesten klein war, sondern dass jede schwer war an Bedeutung und sie aus ihrem

Leben unmerklich in ein andres führte, das sie nie ausdrücklich gewollt oder gewählt hat, das aber irgendwann ihr eignes wird und nicht mehr zu vertauschen mit einem früheren. Im Rückblick hat sie eine Wahl, die vorwärts blickend ihr verborgen blieb, wie man im Dunkeln tappt mit kleinen folgenschweren Schritten, weil man nicht stehenbleiben kann, sondern sich fortbewegen muss. Am Ende hat sie vieles, was ihr wichtig war verloren. Man kann nicht alles haben, heißt es dann. Nicht haben aber kann man schon. Ideal, Wunschtraum, Ziel, ersehntes, unvorhandnes Land der Zukunft, gibt es dich noch, bist du noch da? – Hier bin ich, hier! Ein Stimmchen antwortet getreu wie eine ewige, in unsichtbarer Ferne flackernde Flamme."

A. Weber 2020, S. 104/05

schaften genießen. Für manche Menschen gelten sie als Inbegriff der Wissenschaft oder sogar als die einzige Form von Wissenschaft.

Die Naturwissenschaften sprechen eine Sprache, die mit der Perspektive unserer alltäglichen Erfahrung nicht kollidieren kann, weil sie sozusagen auf einer anderen Flugbahn unterwegs ist. Wenn jemand analysiert, mit welchen Pigmenten Raffael seine Bilder gemalt hat oder wie diese Pigmente gewonnen wurden, so sagt das nichts darüber aus, wie diese Bilder zu welcher Zeit auf bestimmte Betrachter:innen wirken oder gewirkt haben. Natürlich können zwischen den Betrachtungsweisen Verbindungen hergestellt werden, aber nicht im Sinne eines reduktiven „nichts als". Das ist ein grundsätzlicher erkenntnistheoretischer Einwand. Das alltägliche Erleben der Freiheit lässt sich daher nicht durch Überlegungen, die in einer ganz anderen Sprache als der Sprache des Erlebens und Lebens formuliert werden, bestreiten oder widerlegen. Die Neurobiologie ist nicht dazu da, subjektive Erfahrungen wegzuerklären, sondern allenfalls einen Beitrag zu ihrem Verständnis zu liefern. Die eine Erkenntnisform ist nicht von der anderen abhängig, Perspektiven lassen sich nicht aufeinander reduzieren. Dass wiederum alles, was wir erleben, irgendwie auch neurobiologische Entsprechungen hat, ist selbstverständlich. Dass man bei Meditationen auch Veränderungen im Gehirn erwarten kann, ist genauso trivial wie die Annahme, dass das Gehirn eines Klaviervirtuosen anders funktionieren wird als das eines Marathonläufers.

Die Erfahrung der Freiheit begegnet uns in der Achtsamkeitspraxis ständig:

- in der Freiheit, die Aufmerksamkeit zu lenken. Es ist leicht, einen Menschen in seiner Bewegungsfreiheit einzuschränken, aber nahezu unmöglich, seine Aufmerksamkeit zu kontrollieren. Das geht nur durch Drogen, starke Schmerzen, andere intensive Reize oder massive Suggestion. In den meisten alltäglichen Situationen und wenn wir uns dieser Möglichkeit bewusst sind, kann jeder Mensch entscheiden, worauf er in einer gegebenen Situation seine Aufmerksamkeit richten möchte.

- in der Freiheit, eigene und fremde Wahrnehmungs-, Denk- und Verhaltensmuster in Anführungszeichen zu setzen (s. Kap. 3, Dekonstruktion).
- in der Wechselwirkung von Akzeptanz und Freiheit: Akzeptanz setzt psychische Energie und Aufmerksamkeit frei, die wiederum die Möglichkeiten sichtbar machen und Akzeptanz erleichtern usw.
- in der Freiheit, Möglichkeiten zu sehen und nicht nur Wirklichkeiten. Auch Möglichkeiten können uns anmuten: Möglichkeiten, etwas zu verändern, kreativ zu gestalten, zu zerstören, mit etwas zu spielen, Möglichkeiten des Sprechens und des Umgangs miteinander, des Humors und der Mehrdeutigkeiten.
- in der Freiheit, mit Situationen und letztlich mit dem eigenen Leben zu experimentieren, ohne zu wissen, was dabei herauskommt.
- in der Freiheit, sich auf die Gegenwart zu konzentrieren und die Vergangenheit als vergangen, die Zukunft als zukünftig zu betrachten.
- in der Freiheit, sich die Zeit zu lassen, die man braucht.
- in der prinzipiellen Freiheit, die Sorgestruktur des Daseins zu begrenzen. Wir müssen uns nicht ständig um unser Dasein und unsere Zukunft sorgen, wenn wir das nicht wollen.
- in der Freiheit, nicht zu reagieren und nicht zu handeln.
- in der Freiheit, zu leben oder nicht zu leben (solange wir handlungsfähig sind).

Alle diese Punkte verbindet der kleine Moment des „Überstiegs" (L. Binswanger), in dem wir erleben, dass wir uns auf uns selbst beziehen können, ein Aufblitzen, ein subjektiver Abglanz der Rekursivität, die das Bewusstsein ausmacht. In jeder bewussten Bewegung, in jedem bewusst gesprochenen Wort leuchtet kurz die Freiheit auf. Das gilt auch für den Moment der Selbstkritik. Wer immer wieder sich selbst infrage stellt, hat häufig das Erlebnis der Freiheit, auch wenn es sonst Nachteile haben mag.

Wenn Sie irgendetwas alltäglich Brauchbares aus einem Achtsamkeitstraining mitnehmen wollen, nehmen Sie die Freiheit, nicht zu reagieren. Wie oft wird etwas an uns herangetragen: Kritik, Kommentare,

Fragen, Aufträge usw.! Müssen wir darauf reagieren? Zwischen dem Input und der Reaktion gibt es einen Spielraum, und wenn es keinen gibt, können wir ihn oft einrichten oder erweitern. Ist eine Frage, die uns gestellt wird, überhaupt eine Frage, die wir als sinnvoll akzeptieren wollen? Fragen geben so viel vor. Akzeptieren wir diese Vorgaben? Ist ein Auftrag oder ein Wunsch für uns so passend, dass wir ihm zustimmen oder ihn ablehnen müssen? Oder können wir ihn infrage stellen? Müssen wir die Kategorien, Maßstäbe, Erwartungen, Gewohnheiten anderer Menschen akzeptieren, nur weil sie erwarten, dass wir sie teilen? Manchmal ja, weil wir nicht die Zeit oder die Macht haben, sie infrage zu stellen. Oft aber auch nicht. Meine Beobachtung ist, dass viele Menschen gewohnheitsmäßig und rasch reagieren, dass sie sich gar nicht mit der Möglichkeit beschäftigen, die Vorgaben infrage zu stellen, die mit den Anliegen, den Fragen, den Anforderungen verbunden sind. Dadurch fühlen sie sich gehetzt, fremdbestimmt, funktionierend, aber nicht lebendig. Natürlich gibt es auch viele Anliegen, Aufträge, Verpflichtungen, die wir übernehmen und auf die wir reagieren sollten und oft auch müssen, aber nicht reflexartig, automatisch, besinnungslos. Zwischen dem, was an uns herangetragen wird, und unserer Antwort können wir oft den Raum der Achtsamkeit errichten, in dem wir unsere Freiheit realisieren. Vor allem müssen wir daran denken, dass das möglich ist. Und das wiederum lässt sich üben.

Altruismus

Wie ist Altruismus möglich? Ist Altruismus eine Folge von Achtsamkeit?

Die Berücksichtigung der wesentlichen Umstände und Dynamiken führt zu Umsicht und umsichtigem Handeln, die Wahrnehmung der unterschiedlichen Interessen ermöglicht genuinen Altruismus, also einen Altruismus, der nicht von eigenen Vorteilen dominiert ist. Es ist leicht zu sehen, dass szenisches Denken den Altruismus erleichtert. Die eigene Perspektive und die eigenen Interessen existieren im szenischen Denken unter anderen, sie haben keine automatische Priorität. Wir sind keine selbstverständlichen Protagonisten in Szenen, sondern Teilnehmer. Aber Altruismus ist eine Form des Handelns, bloßes Mitgefühl würde man zu Recht nicht als Altruismus bezeichnen. Altruistisches Handeln stellt eigene Interessen und Bedürfnisse hinten an, wenn es notwendig ist. Natürlich sollten bei diesem Übergang zum Handeln moralische und andere umfassende Überlegungen eine wichtige Rolle spielen, auch Altruismus ist nicht per se moralisch richtig. Das kann man leicht daran erkennen, dass Menschen in abhängigen Beziehungen oder totalitären Systemen gerne ihre eigenen Interessen gegenüber den Interessen des Partners oder der Partnerin oder des großen Ganzen zurückstellen, ohne dass dies einer guten Sache dienen muss.

Verhält man sich altruistisch, weil man sich selbst damit eine Freude macht, sich dann besser fühlt?

Die emotionale und kognitive Grundlage für den Altruismus liegt in der Selbst-Dezentrierung, die ein Teil der Haltung der Achtsamkeit ist. Sie ermöglicht neue Perspektiven und eine existenzielle Weitung (s. Kap. 7, Transzendenz und Sinnlichkeit). Hier begegnen sich das ethische und das spirituelle Potenzial der Achtsamkeit unmittelbar – im buddhistischen Mitgefühl wie in der christlichen Nächstenliebe. Der genuine Altruismus ist eine der wesentlichen Grundlagen des Christentums, das auch Gott selbst diese Eigenschaft zugeschrieben hat. Es hat mit der Menschwerdung Gottes und der zentralen Stellung der Nächstenliebe den Altruismus und sich selbst universalisierbar gemacht – mindestens als Idee, als Utopie. Den Text von „Bridge Over Troubled Water“ kann man als Liebeslied wie als Spiritual lesen und hören.

Bridge Over Troubled Water

When you're weary, feeling small
When tears are in your eyes, I'll dry them all
I'm on your side, oh, when times get rough
And friends just can't be found
Like a bridge over troubled water
I will lay me down

When you're down and out
When you're on the street
When evening falls so hard
I will comfort you
I'll take your part, oh, when darkness comes
And pain is all around
Like a bridge over troubled water
I will lay me down
[...]

Songtext Paul Simon

Auf dem Papier kommen achtsames Denken und Altruismus sehr sympathisch daher, aber in der sozialen Realität werden sie mit deutlich weniger Sympathie aufgenommen. Der Idee eines grundlegenden Egoismus des Menschen, also der Glaube, dass Menschen stets ihren eigenen Vorteil im Sinn haben, folgt auf ethischer Ebene der Utilitarismus, also die Auffassung, dass die Maximierung des Glücks möglichst vieler Menschen eine gute ethische Maxime sei. Beides ist weitverbreitet. Man begegnet daher jemandem, der nicht nur oder gar nicht seine eigenen Interessen zur Grundlage seines Handelns macht (oder auch naheliegende Loyalitäten nicht befolgt, die als eine erweiterte Form von Egoismus aufgrund von Empathie und/oder wechselseitiger Verbindlichkeiten aufgefasst werden), mit großer Skepsis und Misstrauen. Wenn man glaubt, dass er doch etwas Eigennütziges im Schilde führen muss, wird man natürlich irgendwie fündig. Der Altruismus steht daher immer unter dem Verdacht, nicht echt zu sein, sondern nur eine verkappte Selbstsucht, z. B. sich als Altruist zu stilisieren oder um sich einfach gut zu fühlen, biografische Probleme zu lösen oder einfach andere Zwecke zu verfolgen. Dabei ist es ganz offensichtlich und fast jedem vertraut, dass Menschen bereit sind, ihre Interessen gegenüber den Interessen von Angehörigen, insbesondere Kindern, zurückzustellen, manchmal auch gegenüber größeren Gemeinschaften, Fremden, aber auch Ideen und Utopien. Wenn man szenisch denkt, spricht nichts dafür, altruistisches Verhalten auf ein „nichts als …" zu reduzieren, denn es ergibt sich zwangsläufig als eine Handlungsoption, und man muss die Situation umgekehrt erst wieder auf sich zentrieren, um die eigenen Bedürfnisse zu spüren und einzubeziehen. Selbstverständlichen Vorrang haben sie dann nicht mehr. Aber einen nicht selbstverständlichen Vorrang haben sie oft doch, etwa bei starken Wünschen, Schmerzen oder Angst.

Rechtfertigen

Ich möchte verreisen, aber „Erholung", „Fernweh", „Interesse am anderen Land" etc. hören sich einfach plausibler an als einfach nur reisen zu wollen. Ich behandle jemanden liebevoll, aber ich weiß nicht warum. „Weil ich ihn liebe" führt nicht unbedingt weiter. Und warum höre ich gerne Musik? Weil sie meine Stimmung verbessert? Vielleicht tut sie das manchmal, aber manchmal auch nicht. Warum verdiene ich mehr Geld, als ich unbedingt brauche? Warum will ich noch mehr verdienen? Bedürfnisse nach Anerkennung und Sicherheit, Wunsch nach Luxus? Warum interessieren wir uns für andere Menschen, warum setzen wir Kinder in die Welt, warum leben wir überhaupt gerne? Gründe sind gut, um etwas, was wir tun, gegenüber uns oder anderen zu rechtfertigen, und manchmal sind sie auch wirklich motivierend, moralisch, wirtschaftlich etc. Oft werden Handlungen intuitiv durch die Annahme von Gründen in diesem Sinne ausreichend (miss-)verstanden.

Wenn wir akzeptieren, dass Handlungen nur Aspekte einer Situation sind, die aus vielen Elementen des Nicht-Handelns besteht, so werden wir vorsichtig gegenüber Begründungen und Rechtfertigungen. Handlungen lassen sich nicht so einfach begründen, auch wenn wir durchaus das Ziel angeben können, das sie definiert. Wir verfolgen tatsächlich oft Ziele. Aber Ziele sind nur eine Form von Gründen. Sie sind genau genommen allerdings einfach Teil der Beschreibung von Handlungen. Handlungen lassen sich nicht ohne Angabe von Zielen beschreiben. Man kann zusätzlich auch Gefühle als Gründe angeben, Bedürfnisse, psychologische Motive. Gründe müssen weder zutreffend oder gar erschöpfend sein. Manchmal möchte man einfach etwas tun, weiß aber nicht recht, wozu und wie man das sich selbst oder anderen gegenüber begründen soll. Man legt sich dann gerne einen Grund zurecht. Aber diese Gründe müssen weder die wahren Gründe sein, noch muss es überhaupt Gründe geben. Wenn es stimmt, dass unser Einfluss auf unser Handeln geringer ist, als wir denken, haben wir möglicherweise auch weniger Gründe für das, was wir tun, weil uns die Situation zu bestimmten Verhaltensweisen und auch Handlungen veranlasst, ohne dass wir das erkennen. Oft spielen wir einfach mit, gewohnheitsmäßig, im Vertrauen auf uns und andere. Es wäre auch viel zu anstrengend, wenn wir alles infrage stellen und alle unsere Handlungen begründen (können) müssten. Kein Sozialleben könnte so funktionieren (Luhmann 1968).

Ich habe oft keine Lust, mich zu rechtfertigen, aber andere erwarten es von mir. Ist es in Ordnung, wenn ich es bleiben lasse?

Es ist also angemessener, wenn wir nicht auf Begründungen bestehen, sie nicht allzu wörtlich nehmen und uns auch selbst nicht mehr rechtfertigen, als wir uns guten Gewissens rechtfertigen können. Nicht nur unser Verhalten, sondern auch unser bewusstes Handeln ist in der Regel durch einen Ozean an Nicht-Handeln geprägt und kann nicht so gerechtfertigt werden, wie man es gerne hätte. Das betrifft auch unser situatives moralisches Empfinden. So verbessert man wahrscheinlich nicht die moralische Qualität des Handelns in Fällen der Sterbehilfe, wenn man die moralische Kompetenz der Ärztin oder des Arztes ausschaltet, anstatt ihr nur einen groben Rahmen zu geben. Ähnlich zurückhaltend könnten wir bei kulturellen Besonderheiten oder in privateren Situationen wie Liebesbeziehungen, Eltern-Kind-Beziehungen sein, in denen die Umstände, Gefühle, Zufälle, die Geschichte und vieles andere die Beurteilungen schwer machen.

Wenn man versucht, etwas zu verstehen, werden die Grenzen der Erkenntnis rasch bewusst. Wenn man etwas regulieren will, müsste es eigentlich genauso sein, oder sogar noch stärker, denn Handlungen und Verhaltensweisen sind noch schwerer zu erfassen, zu formulieren, ändern sich ständig und sind sehr kontextuell und situativ. So ist es aber nicht, denn der Wunsch nach Regulierungen folgt einem noch größeren Bedürfnis nach Sicherheit. Das führt zu einer Unzahl von unnötigen Komplikationen und Konflikten und damit zu mehr Unsicherheit. Gerade in konkreten Situationen ist es gut, wenn sich die Moral auf eine weite Verteidigungslinie zurückzieht und erst aktiv wird, sobald wesentliche Vorgaben angegriffen werden. Das scheint mir eine wichtige Empfehlung. Aber tatsächlich funktioniert unser Alltag ganz anders: Es wimmelt in ihm von moralischen Beurteilungen, so als hätten wir es mit überschaubaren Situationen zu tun und vor allem als könnten wir sie auf Handlungen reduzieren. Anders gesagt: Als könnten und sollten wir alles begründen und regeln. Möge uns die Achtsamkeit zu größerer Enthaltsamkeit verhelfen, wenn wir Rechtfertigungen verlangen oder uns selbst rechtfertigen, wenn wir Vorwürfe und Vorschriften machen.

Sinn finden

Ich kann doch nur alleine entscheiden, ob etwas sinnvoll ist für mich, oder? Ist Sinn nicht immer subjektiv? Ist nicht alles, was man tut, sinnlos, wenn man ihm nicht selbst Sinn verleiht?

Es gibt viele Formen von „Sinn“, aber der gemeinsame Nenner ist, dass alles, was Sinn hat, immer auf etwas anderes verweist. Worte, Sätze, Begriffe haben einen Sinn (eine Bedeutung), Dinge oder Prozesse (eine Funktion), Regeln (Organisation von Handlungen und Zusammenspiel), Handlungen (ein Ziel), Normen (moralische oder statistische Vorgaben). Erlebnisse verweisen auf die Bedeutung, die sie für denjenigen haben, der sie erlebt. Er behält sie mindestens in Erinnerung und sie gestalten das mit, was er eben sein Leben nennt. Erlebnisse und Erlebniswerte prägen zunehmend die gesellschaftliche Entwicklung und die Ökonomie (Schulze 2000; Reckwitz 2019). Es wird nicht nur eine Ware angepriesen und verkauft, sondern die Händler und Marketingexperten sorgen für einen „Erlebniskauf". Die Ware selbst bringt auch nicht nur einen Nutzen, sondern weitere Erlebnisse. Man kann dies im Hinblick auf die ökonomischen Interessen, die Entwicklung der Gesellschaft, die Überforderungen des Einzelnen kritisch betrachten, aber zunächst einmal machen Erlebnisse unser Leben dicht und bewegend. Auch ein Teil der Attraktivität der Achtsamkeit beruht auf dieser Intensivierung des Erlebens, das das Leben wertvoller und beglückender macht (s. Kap. 1). In der Ethik kennt man Eigenwerte, Tugenden und Haltungen oder allgemeine Orientierungen wie das „gute" oder „richtige" Leben, die – je nach Auffassung – nicht mehr auf andere Werte verweisen, deren moralischer Sinn also eine Letztbegründung darstellt, aber allgemeine oder konkrete Handlungsaufforderungen beinhaltet (s. Kap. 13, Ethische Aspekte der Achtsamkeit).

Kann man Sinn finden oder muss man ihn nicht viel mehr erfinden?

Wie kann ich meinem Leben Sinn geben?

Insgesamt ist auffällig, dass im heutigen Sprachgebrauch Sinn meist positiv konnotiert ist („sinnvoll" – „sinnlos"). Das ist nicht selbstverständlich und nicht plausibel. Es ist durchaus möglich, dass ein Symbol oder eine Botschaft einen Sinn enthält, der von manchen als wertvoll und von anderen als gefährlich oder unmenschlich empfunden wird.

„Tetsugen, ein Zen-Gläubiger in Japan, entschloß sich, Sutras zu veröffentlichen, die zu jener Zeit nur in chinesischer Sprache erhältlich waren. Die Bücher sollten mit Holzblöcken in einer Auflage von siebentausend Abzügen gedruckt werden, und dies war ein gewaltiges Unterfangen. Tetsugen begann herumzureisen und Spenden für diesen Zweck zu sammeln. Einige Sympathisanten gaben ihm hundert Goldstücke, doch zumeist erhielt er nur kleine Münzen. Er erwies jedem Spender dieselbe Dankbarkeit.

Es gibt eine Kontroverse, ob „Sinn" immer von einem Menschen oder einer Gruppe von Menschen erzeugt werden muss. Kann es Sinn nur für „Subjekte" geben? Oder ist es umgekehrt so, dass ein Sinn bereits existiert und Subjekte erst durch Sinn eine Form bekommen, von Sinn erfasst werden. Ich möchte einen dritten Weg vorschlagen, aber vorher kurz zeigen, warum diese Frage so wichtig ist und warum vor allem das Verständnis und die Praxis der Achtsamkeit davon beeinflusst werden.

In einer traditionellen Position, die uns intuitiv einleuchtet, muss Sinn geschaffen werden, und zwar von Menschen. Die Welt an und für sich ist sinnlos, aber Menschen können sie mit Sinn ausstatten. Oft wird es so geschildert, als sei das eine Aufgabe jedes einzelnen Menschen. Die Menschen können sich in dieser sinnstiftenden Funktion näherungs-

Nach zehn Jahren hatte Tetsugen genügend Geld um mit seiner Arbeit zu beginnen. Zu dieser Zeit trat plötzlich der Uji-Fluß über die Ufer, und eine Hungersnot brach aus. Tetsugen nahm den Betrag, den er für die Bücher gesammelt hatte, und gab ihn her, um andere vor dem Hungertod zu bewahren. Dann begann er wieder mit seiner Tätigkeit des Sammelns. Einige Jahre danach überfiel eine Epidemie das Land. Tetsugen gab wieder her, was er gesammelt hatte, um seinem Volk zu helfen. Ein drittes Mal begann er mit seiner Arbeit. Und nach zwanzig Jahren wurde sein Wunsch erfüllt. Die Druckstöcke, mit denen die erste Ausgabe der Sutras hergestellt wurde. Kann man noch heute im Obaku-Kloster in Kioto sehen. Die Japaner erzählen ihren Kindern, das Tetsugen drei Ausgaben der

weise verstehen, sich unterstützen, auch beeinträchtigen, aber letztlich muss jeder selbst seinem Handeln und letztlich seinem Leben Sinn geben. Das ist die heroische existenzialistische Position, wie sie u. a. von Sartre, Camus und Yalom vertreten wird. Sinn ist hier vor allem etwas, was für mich persönlich bedeutsam ist, und deshalb spielen auch individuelle Themen wie Tod oder Einsamkeit eine große Rolle in diesen Theorien. Beginnend mit Kierkegaard wird etwas dann bedeutsam, wenn es „für mich" etwas bedeutet, wenn ich mich in irgendeiner Weise betroffen fühle. Durch die Sinnstiftung und daraus folgende Handlungen entwirft sich das Individuum selbst und gestaltet sein Leben, das zunächst nicht mehr ist als ein ungestaltetes Potenzial, ein „Für sich" (Sartre).

In einer einfachen Hinsicht ist das näherungsweise richtig. Wenn mich etwas nicht in irgendeiner Weise betrifft, wenn es kein Interesse, keine Gefühle bei mir auslöst, ist es für mich nicht wichtig, die Angelegenheit überhaupt ernst und wichtig zu nehmen, mich damit zu beschäftigen. Das gilt für persönliche Begegnungen, Informationen, Erlebnisse. „Erlebnisse" sind geradezu dadurch definiert, dass sie Spuren in meinem Leben hinterlassen, dass sie mich mehr oder weniger verändern. Aber schon bei einfachen Erlebnissen wird bei genauerem Hinsehen deutlich, dass wir immer schon miterleben, was andere erleben. Wenn wir heute die Natur als „Natur" erleben, so spielt es dabei eine erhebliche Rolle, wie sie im Laufe der Jahrhunderte gestaltet und interpretiert wurde. Wenn man heute eine verwildernde Waldregion besucht, wie man sie im Bayerischen Wald oder im Hainich findet, so versteht man erst, wie hergerichtet oder auch zugerichtet das ist, was wir normalerweise unter einem „Wald" verstehen.

Tatsächlich sind wir von Sinn umgeben, wir werden eher von ihm überschwemmt, als dass wir ihn erfinden, als dass wir ihn „stiften" müssten. Der entscheidende Schritt zu dieser Einsicht ist die Entkopplung von Sinn und Subjektivität. Sinn wird nicht von Subjekten geschaffen, sondern entsteht durch die Mitwirkung vieler menschlicher und nicht-menschlicher Beteiligter hinter ihrem Rücken. Subjektivität ist daran beteiligt, spielt aber nur eine periphere Rolle. Es ist sogar umgekehrt, dass die Subjektivität in ihrer konkreten Beschaffenheit nur aus den Sinnzusammenhängen heraus verstanden werden kann, in denen sie sich als Verarbeitung dieser sinnhaften Strukturen entwickelt.

Die bedeutsamsten Stationen dieser Denkweise, die sich vor allem im 20. Jahrhundert und durchaus in scharfer Kritik am Existenzialismus durchgesetzt hat, waren das Gespräch (Gadamer), kulturelle Strukturen (Levi-Strauss und der ethnologische Strukturalismus), die Sprache (der linguistische Strukturalismus, Cassirer, Rombach, die Sprachphilosophie Wittgensteins und seiner Nachfolger:innen) sowie die interaktive Struktur des Unbewussten, der Kognition, der Emotionen und des Selbst (G. H. Mead, Sullivan und ihre Nachfolger:innen). Im psychosozialen Bereich am einflussreichsten war sicher die Systemtheorie. Man kann es mit N. Luhmann auf den Punkt bringen: Nicht nur „psychische Systeme", sondern auch „soziale Systeme" arbeiten mit Sinn (Luhmann 1987). Auch auf politischer und soziologischer Ebene haben sich daher strukturalistische Denkweisen verbreitet. Alle diese Entwicklungen fanden auf den Schultern von Riesen statt: der Philosophie des alten Chinas, Nikolaus von Kues, Leibniz, Hegel, Herder, um nur wenige zu nennen.

Wenn wir noch einmal genauer hinschauen, dann sind wir überall Teil von sozialen Systemen – in unseren Wahrnehmungs- und Denkmustern und unserer Alltagspraxis. Überall, in einem Wald wie in der Liebe und der Sexualität oder im Internet, sind wir mit einem ganzen Team unterwegs. Es ist nahezu unmöglich, sich den Deutungsmustern der Liebe zu entziehen, wenn eine erotische Nähe entsteht. Im Internet werden wir nicht nur mit Texten, Bildern und filmischen Erzählungen konfrontiert, sondern selbst die Auswahl und Abfolge dieser Angebote wird uns schon vorgegeben, ohne dass wir das unbedingt merken. Wir vollziehen nach, was andere an Sinn gestaltet oder ausgewählt haben. Auch Empathie ist ein Nachvollziehen von Sinn, der unsere Sichtweise oder unser Selbstbild beeinflusst. Wenn ich sehe, dass z. B. sauberes Wasser oder der Kampf für Meinungsfreiheit für andere Menschen

Sutras hergestellt habe und daß die ersten zwei unsichtbaren noch besser seien als die letzte."

Ohne Worte – ohne Schweigen 2003, S. 55

„Nicht wir dürfen nach dem Sinn des Lebens fragen – das Leben ist es, das Fragen stellt, Fragen an uns richtet – wir sind die Befragten. [...] Leben selbst heißt nichts anderes als Befragt-sein, all unser Sein ist nichts weiter als ein Antworten [...]."

V. Frankl 2015, S. 116

„So sehen wir aber auch wie einfältig die Frage nach dem Sinn des Lebens gestellt ist, sofern sie nicht in aller Konkretheit gestellt wird – in der Konkretheit des Hier und Jetzt. Nach ‚dem' Sinn des Lebens zu fragen, muss uns in dieser Sicht ebenso naiv erscheinen, wie etwa die Frage des Reporters, der einen Schachweltmeister interviewt und hierbei fragen würde: ‚Und nun, verehrter Meister, sagen Sie mir: welchen Schachzug halten Sie für den besten?'"

V. Frankl 2015, S. 117

„Jenseits der Zweifel, die ins Bewusstsein dringen, gibts aber andere, die in weiter Seelenferne schwimmen. Ist es denn Liebe, die den Revolutionär macht, ist es Hass? Sind es Ideen oder ist es etwas Lebendiges, was

eine immense Bedeutung hat, so partizipiere ich an dieser Bedeutung, weil ich die Szene verstehe, in der die Bedeutung entsteht (s. Kap. 8, Der Einfluss der Achtsamkeit auf das Denken). Dazu müssen mir andere Menschen nicht explizit ihre Sichtweise mitteilen, aber wenn sie es tun, wird für mich weiterer Sinn generiert.

Wenn wir den Sinn an unsere Subjektivität binden, wird es schnell einsam um uns. Und wenn wir ihn an unsere Identität, unser Selbst binden, wird er labil. In der Achtsamkeit spielt die Selbst-Dezentrierung eine große Rolle. Diese Empfehlung löst aber rasch Ratlosigkeit aus. Was kommt danach? Sinnlosigkeit, wenn wir nichts anderes als einen subjektiven Sinn kennen. Wir brauchen Anregungen, die nicht von unserer Konstruktion unseres Selbst abhängen, und wir finden sie in den Ansprachen von Dingen, Prozessen und Menschen. Das geschieht ganz von selbst und gewohnheitsmäßig und auf vielfältige Weise. Der Sinn kommt uns entgegen, weil wir immer schon in einer Welt voller Sinn leben, der sich wie in einem Brennglas zu verdichten vermag, sodass wir Feuer fangen. Wie soll das Leben sinnlos sein, wenn wir achtsam sind?

Wir überleben in dem, was wir bewirken, in dem, was wir zu dem Leben beitragen, das nach unserem Tod weitergeht. In diesem Überleben transzendieren wir unser persönliches Schicksal. Intuitiv denken und spüren das die meisten Menschen, aber in unserem Bewusstsein geht es oft unter, weil der Sog der Selbst-Zentrierung stark ist, und weil der Zeitgeist diesen Sog verstärkt. Die Achtsamkeitspraxis hat hier eine große Aufgabe, sofern sie es schafft, sich gegen diesen Zeitgeist zu positionieren. Derzeit sieht es leider so aus, als würde sie ihm folgen (s. Kap. 1).

Die Haltung der Achtsamkeit ist durch ihre Empfangsbereitschaft und ihre Offenheit dazu geeignet, Sinn wahrzunehmen, auch dort, wo er vielleicht nicht auf den ersten Blick ins Auge springt. Da sie die das Mitschwingen sehr fördert, kann es sein, dass man schneller Anmutungen, Atmosphären, Werte, Notlagen und Handlungsaufforderungen erkennt. Es kann auch sein, dass man in dieser Haltung Sinn generiert, im Sinne von Erlebnissen, im Sinne von Werten und Altruismus (s. Kap. 13, Altruismus) oder im Sinne spiritueller Erfahrungen (s. Kap. 7, Transzendenz und Sinnlichkeit).

Diese Sinngebung muss aber passen, und das können wir nicht erzwingen. Manche Situationen sprechen uns an und rufen uns auf, uns in irgendeiner Weise in ihnen zu engagieren. Dazu mag es nicht kommen, aber der Aufruf geschieht, auch wenn wir ihm nicht folgen. Das entspricht unserem Erleben. Auch in unserem Erleben haben wir nicht den Eindruck, dass wir Sinn erfinden, sondern dass wir ihn finden. Ein Sinn, den wir als von uns konstruiert erleben, würde uns nicht motivieren. Er hätte nichts Zwingendes, wir könnten ihn ja jederzeit außer Kraft setzen. Es entspricht unserem alltäglichen Verständnis, wenn wir sagen, dass etwas „sinnvoll" oder „sinnlos" ist, „keinen Sinn macht". Wir denken dabei oft an einen intersubjektiven Sinn. Wer seine Arbeit sinnvoll findet, geht davon aus, dass sie einen Sinn für andere und einen Sinn über seine Existenz hinaus hat. Deshalb können Bäcker:innen, Erfinder:innen, Eltern, Lehrer:innen, Künstler:innen, Ingenieure und Ingenieurinnen usw. ihr Tun sinnvoll finden. Die darin wirkende Selbst-Dezentrierung entlastet von der Sorge um die eigene Existenz, wirkt befreiend, schafft Verbundenheit und mindert unter Umständen die Angst vor dem Tod. Dadurch wird es möglich, für eine sinnvolle Aufgabe auch ein persönliches Risiko einzugehen. Wir können die Welt szenisch erleben und finden uns irgendwo in ihr als Teil einer mehr oder weniger funktionierenden Gemeinschaft, „eingebettet" (Giddens).

Calhoun und Tedeschi (2013) haben beschrieben, wie man behutsam Sinnfragen auch und gerade dann in Gespräche einflechten kann, wenn belastende Lebensereignisse im Vordergrund stehen, und wie dadurch das Posttraumatische Wachstum gefördert wird (s. Kap. 11, Lebenskrisen, *Posttraumatisches Wachstum*). Wir haben gerade in der Arbeit mit Gefangenen gelernt, wie wichtig es ist und wie es möglich ist, in ein Achtsamkeitstraining auch die Themen der Endlichkeit und

den im Innersten
erschüttert, der vor
dem Unglücklichen
steht, vor dem,
der hungert,
leidet, vor dem,
der ... von einer
Bombenexplosion
zerfetzte Beine hat
und gleich sterben
wird?"

A. Weber 2020, S. 127

Wenn ich vergehe

Wenn ich vergehe
wird die Sonne
weiter brennen
Die Weltkörper
werden sich
bewegen nach
ihren Gesetzen
um einen
Mittelpunkt
den keiner kennt
Süß duften wird
immer
der Flieder
weiße Blitze
ausstrahlen der
Schnee
Wenn ich fortgehe
von unsrer
vergesslichen Erde
wirst du mein Wort
ein Weilchen
für mich sprechen?

R. Ausländer 2001, S. 323

Kunst

Ein Mensch malt, von Begeisterung wild,
Drei Jahre lang an einem Bild.
Dann legt er stolz den Pinsel hin
Und sagt: ‚Da steckt viel Arbeit drin.'
Doch damit war es leider aus:
Die Arbeit kam nicht mehr heraus.

E. Roth 2020, S. 106

der Sinnfindung einzubeziehen. Hans-Werner Eggemann-Dann und Andreas Fryszer (2021) haben gezeigt, wie ein „Zugang zum Sinnerleben bei Jugendlichen – als eigene Erfahrung, subjektiv, konkret und prägnant" – gefunden werden kann, indem man auf achtsame, nicht moralisierende Weise z. B. folgende Themen anspricht:

„▪ Begegnungen mit armen und behinderten Menschen, mit Menschen, die es schwer haben,
▪ Beobachtungen von Menschen, die mit Hingabe eine Aufgabe erledigen,
▪ erlebtes Engagement in politischen oder ökologischen Fragen bei Peers,
▪ eigene Betroffenheit über Ungerechtigkeit oder Naturzerstörung,
▪ Erfahrungen des Jugendlichen, wenn er selbst mit Hingabe etwas erledigt hat,
▪ Momente der Fürsorge des Jugendlichen für andere Menschen,
▪ Momente von Fürsorge, die der Jugendliche bei anderen Menschen auch für sich selbst beobachtet,
▪ Bewältigung von Leid bei anderen und beim Jugendlichen selbst,
▪ echte Freude, die er erlebt hat." (Fryszer, Eggemann-Dann 2021, i. Dr.)

Für mich ist Viktor Frankl für das Verständnis der Achtsamkeit ein bedeutender Autor, weil er die Erfahrung von Sinn der Fähigkeit zur äußeren Achtsamkeit, der Empfangsbereitschaft für moralische Anmutungen und Zumutungen zugeordnet hat. Frankl hat auch klargemacht, dass die wirklich empfundene Sinnfindung in der Gegenwart stattfinden muss, in ganz konkreten Situationen, dass sie nur in einer konkreten Situation umgesetzt werden kann, welche Überlegungen auch immer notwendig sein mögen, den Sinn zu legitimieren. Wenn er nicht in der Gegenwart verwurzelt ist, wenn der Sinn nicht zwischen uns und der Ansprache der Wirklichkeit entsteht, so wird er weder unsere Reflexion noch unsere Handlungen in Gang bringen. Auch deswegen ist es wichtig, in der Gegenwart sein zu können und nicht abwesend.

Viktor Frankl sah in dem Verlust dieses transsubjektiven Sinns eine wesentliche Ursache für seelische Störungen. Auch wenn man sicher die Entstehung psychischer Erkrankungen komplexer sehen muss, so scheint es mir doch richtig, dass die Selbst-Zentrierung im Gefolge des Zeitgeists zu einer Marginalisierung des transsubjektiven Sinns führt und dieser Verlust zu dem Erleben von Einsamkeit und Sinnlosigkeit beiträgt. Manchmal müssen wir auf die Suche gehen, und es wird immer wieder Phasen im Leben eines Menschen geben – und bei manchen Menschen dauern sie auch ein Leben lang –, in denen er keinen Sinn findet, der ihn wirklich packt, in denen er für nichts brennt. Im schlimmeren Falle erlebt er dann den fehlenden Sinn als generelle Sinnlosigkeit, im besseren erlebt er die vielen kleinen sinnvollen Anmutungen, die um ihn herumschwirren, und kann sich mit ihnen verbünden.

Trotz all dieser Überlegungen bleibt die Frage nach der Rolle des Subjekts bei der Entstehung und Rezeption von Sinn unklar und ich möchte abschließend noch einen Beitrag zu seiner Lösung beisteuern. Die Position von Viktor Frankl, die ich gerade skizziert habe, wurde von zeitgenössischen Autoren als „sinnobjektivistisch" bezeichnet (Noyon, Heidenreich 2012, S. 76 ff.; Utsch 2014, S. 18). Die von mir oben skizzierte existenzialistische Sichtweise wird als „sinnkonstruktivistische Position" bezeichnet. Sie wird in neuerer Zeit auch von Noyon und Heidenreich (im Rückgriff auf Camus) oder in der „Acceptance and Commitment Therapy" (ACT) vertreten und weist darauf hin, dass die Idee, wir könnten Sinn einfach so finden, vielleicht zu schlicht ist. Die Interpretation als „objektivistisch" wird zwar Viktor Frankl nicht gerecht, der z. B. auch schöpferische Werte kennt (Frankl, 2007 [1946], S. 91 ff.) und eine nicht-objektivistische Form von Transzendenz (s. das Zitat zum Kap. 7, Spirituelle Erfahrungen) vertritt, aber die Gegenüberstellung dieser zwei Positionen hilft uns, das dahinterliegende Problem zu lösen.

Der Mensch lebt nicht nur von Anfang an in einer Welt, die von Sinn durchdrungen ist, sondern dieser Sinn wird auch zu einem großen Teil unterhalb der Ebene des Handelns gestiftet, an deren markanten Erhebungen er sich dennoch orientiert. Ansprachen, inklusive moralischer

Wie kann Achtsamkeit das Erleben von Sinnhaftigkeit fördern?

Anmutungen, gehen wie alle Wahrnehmungen nicht in den bewussten Wahrnehmungen und Interpretationen auf. Dennoch gehört zu dem Sinn auch der subjektive Kontext eines Menschen, wenn wir von einem persönlichen Sinn sprechen, was mir passender erscheint als die Rede von einem „subjektiven" oder einem „konstruierten" Sinn. Persönlicher Sinn emergiert aus konkreten Interaktionen, d. h., er kann nicht auf vorhandene Sinnstrukturen und ihre Anmutungen und Handlungsaufforderungen reduziert werden. Er ist in jeder Situation auch immer etwas Neues, das aus den Interaktionen in einem neuen situativen und subjektiven Kontext entsteht (zur „Emergenz" s. Kap. 13, Nicht-Handeln und Handeln). Es ist individuell, therapeutisch, beratend sehr wichtig, die subjektiven Beiträge zu sinnhaften Strukturen ausreichend zu beachten. Das, was jemandem Sinn macht, ist immer auch von ihm eingefärbt, emergiert aus seinen persönlichen Voraussetzungen im Zusammenspiel mit dem Sinnpotenzial seiner Mitwelt. Es so zu sehen, entlastet alle Beteiligten, aber es bleibt in manchen Lebenslagen etwas zu tun, um Sinn emergieren zu lassen (s. auch Kap. 11, Lebenskrisen, Posttraumatisches Wachstum). Dafür gibt es in der Arbeit mit Achtsamkeit viele Vorgehensweisen: Vergänglichkeits-, Verlust- und Verbundenheitsmeditationen, Kontemplationen mit einer Verstärkung der emotionalen und d. h. immer auch körperlichen Resonanz. Es gibt – wie in diesem Abschnitt beschrieben – Möglichkeiten, Gespräche zu führen, die das Sinnpotenzial des Einzelnen ansprechen, aber auch entsprechende anamnestische Herangehensweisen und sogar semistrukturierte Fragebögen, wie sie in der ACT verwendet werden.

Auch aus gesellschaftlicher Perspektive kann es wichtig sein, subjektive Vorgaben als solche und im Sinne historischer Vorgaben deutlich zu machen. Ein Beispiel:

Man wird den Koran heute im Wissen um den politischen Islamismus und die feministische Perspektive lesen. Der Text ist Teil eines Gesprächs über Jahrhunderte hinweg. Aber ganz ohne Frage spielt die subjektive Erfahrung Mohammeds und das, was er in einer bestimmten historischen Situation sagen und erreichen wollte, ebenso eine Rolle wie der biografische, aktuelle und soziale Hintergrund unserer Deutungen, unser Wissen, unsere Sympathien oder Antipathien. Ohne die islamistischen Anschläge der letzten Jahrzehnte, die auch Teil unserer Biografie sind, hätten wir einen anderen Blick auf „den Islam". Es ist gefährlich, die historischen Bedingungen zur Genese des Sinns zu ignorieren, aber es geschieht ständig, bei der Interpretation des Alten und Neuen Testaments wie im Falle des Korans. Diese Ignoranz geht oft mit der Selbstimmunisierung eines Textes als Offenbarung und einer autoritären Weitergabe der Deutungshoheit einher. Die Texte werden nicht nur objektiviert, sondern geradezu fetischisiert. Gerade was so eindeutig klingt – „Offenbarung" und „Überlieferung" – ist dann paradoxerweise die Ursache für erbitterte Kontroversen. Da nicht reflektiert werden kann, was nicht erkannt wird, ist willkürlichen Interpretationen Tür und Tor geöffnet und diskursive Prozesse werden blockiert. Das trägt zu den übermäßigen Gewissheiten und Feindschaften innerhalb des Islams und den Schwierigkeiten großer Teile dieser religiösen Bewegung in moralischen und politischen Fragen bei. Umgekehrt ist es nicht weniger gefährlich, wenn wir unsere Empörung über den Fanatismus, die Brutalität, die Frauenfeindlichkeit oder den Antisemitismus islamistischer Gruppierungen ignorieren und sie ungefiltert in unsere Wahrnehmung „des Islams" einfließen lassen. Wenn Sinn verdinglicht wird, wird er auch unserer Verfügung entzogen. Oft ist es hilfreich, Sinn zu artikulieren und mitzugestalten. Subjektiver Sinn wird oft erst dann ein Thema, wenn der soziale Sinn problematisch wird, manchmal aber auch nur, weil ihn vorher niemand entwickelt oder keiner daran geglaubt hat, dass er eine Rolle spielen könnte.

Ethische Aspekte der Achtsamkeit

Achtsamkeit hat eine erhebliche ethische Bedeutung. Es ist daher sehr wertvoll, wenn z. B. buddhistische Achtsamkeitslehrer:innen die ethische Bedeutung der Praxis betonen. Tatsächlich war ja Achtsamkeit im Buddhismus sehr eng in eine ethische Gesamtkonzeption, den achtfachen Pfad, eingebunden. Problematisch erscheint mir, dass es oft so dargestellt wird, als könne Achtsamkeit nur im buddhistischen Sinne eine ethische Bedeutung bekommen. Tatsächlich verfügen wir in der philosophischen und wissenschaftlichen Welt über einen ausgedehnten und anspruchsvollen ethischen Diskurs.

Was ist "Ethik"?

Achtsamkeit verstehe ich als wichtigen, aber nicht ausreichenden Bestandteil *ethischer Intelligenz.* Mit ethischer Intelligenz meine ich die Fähigkeit, moralische Aspekte von Situationen zu erkennen und über ihre Konsequenzen nachzudenken. Sie beinhaltet

- die Fähigkeit zu moralischen Intuitionen und zu einer angemessenen Resonanz in Form von Gefühlen und Handlungsimpulsen,
- die Kenntnis moralischer Regeln, Normen, Rechte und Pflichten,
- die Fähigkeit, moralische Intuitionen, Werte und Regeln im Zusammenhang sehen und kritisch beurteilen zu können,
- die Fähigkeit, konkrete situative Entwicklungen und Handlungsmöglichkeiten und ihre Folgen abschätzen und moralisch bewerten zu können.

Es ist wichtig, zwischen Ethik und Moral zu unterscheiden. Ethik fragt nach der Begründbarkeit moralischer Urteile und Lösungen überhaupt, ist also eine Art Metatheorie, Moral fragt nach der Angemessenheit konkreter Verhaltensweisen. Moralische Probleme begegnen uns häufig als Aspekte von Situationen, auf die wir mit Gefühlen und Handlungsimpulsen reagieren. Voraussetzung dafür ist die Sensibilität für moralische Aspekte von Situationen und die Kompetenz, auf solche Aspekte emotional differenziert reagieren zu können. Emotional differenziert zu reagieren, beinhaltet wiederum den Wunsch und den Handlungsimpuls, den moralischen Anmutungen der Situation Folge zu leisten (oder darunter zu leiden, wenn dies nicht möglich ist).

„Der Zen-Meister Hakuin wurde von seinen Nachbarn als einer, der ein reines Leben führte, gepriesen. Ein Mädchen in seiner Nachbarschaft wurde plötzlich schwanger und die wollte nicht gestehen, wer der Mann war, aber nach langem Drängen nannte sie schließlich Hakuin. In großem Ärger gingen die Eltern

Im Nachdenken über ethische Prinzipien hilft es uns sehr, wenn wir Raum, Energie und Zeit für moralische Intuitionen schaffen. Sie begegnen uns in Form verschiedenster Anmutungen (Leid, Hilfsbedürftigkeit, Gewalt): als Szenarien (z. B. „Zwei gegen einen"), als Narrationen („Geiselnahme"), als Appelle (Bedürftigkeiten, Notlagen, Hilferufe,

Mimik, Gesten, Hilflosigkeit, Leid) oder als explizite moralische Deklarationen (Vorwürfe, Anklagen, Forderungen). Ohne Resonanz auf solche Anmutungen bleibt unser Engagement in konkreten Situationen voraussichtlich schwach.

Ethische Intelligenz ist offensichtlich komplex. Wir können davon ausgehen, dass sie wie jede Form von Intelligenz zu einem wesentlichen Teil lernbar ist. Wie jede Kompetenz muss sie sich nicht in manifestem Verhalten äußern. Eine Kompetenz zu haben bedeutet nicht, sie auszuüben. Es ist also möglich, dass sich eine Person oder ein Unternehmen für ein Vorgehen entscheidet, das ethisch falsch ist, und dies ganz bewusst tut, z. B. weil sie oder es andere nicht-ethische Prioritäten setzt. Kompetenz schafft – gemäß der ethischen Maxime „kein Sollen ohne Können" – Verantwortung, während im Falle der Inkompetenz nur die Verantwortung bleibt, sich nicht ausreichend um die notwendige Kompetenz gekümmert zu haben.

Meine These ist, dass Achtsamkeit in spezifischer Weise geeignet ist, die Empfangsbereitschaft für moralische Aspekte von Situationen zu fördern. Wir sind damit bei einer zweiten Bedeutung von „Achtsamkeit" angelangt, die in der deutschen Sprache mitschwingt: eine Haltung der Wertschätzung, des Bewahrens und Beschützens. Indem wir uns achtsam der Wirklichkeit und uns selbst zuwenden, ermöglichen wir die Erfahrung von Werten, die nicht dadurch entstehen, dass wir an etwas einen Maßstab anlegen oder Vergleiche anstellen (auch nicht mit Idealen) oder dass sie uns von Nutzen sind. In der Haltung der Achtsamkeit kann ein Wert auch in dem Objekt oder dem anderen Subjekt selbst liegen. Die Werte, die die Achtsamkeit mehr als jede andere Haltung aus sich heraus stärkt, sind jene, die Menschen, Dinge, Situationen und andere Vorkommnisse bereits haben oder eventuell im Laufe ihrer Entwicklung enthüllen: Diese „inhärenten" oder „intrinsischen" Werte (Taylor 1996, S. 116 ff.; Hauskeller 2001, S. 48 ff.; Zimmerman, Bradley 2019) zeigen sich uns umso deutlicher, je achtsamer wir sind.

zum Meister, ‚So?' war alles, was er zu sagen hatte. Nachdem das Kind geboren war, brachte man es zu Hakuin. Er hatte seinen guten Ruf verloren, was ihm jedoch keine Sorgen machte, und er kümmerte sich in bester Weise um das Kind. Von seinen Nachbarn erhielt er Milch und alles andere, was das Kleine benötigte. Ein Jahr später konnte die junge Mutter es nicht länger aushalten. Sie erzählte ihren Eltern die Wahrheit – daß der echte Vater ein junger Mann sei, der auf dem Fischmarkt arbeitete. Die Mutter und der Vater des Mädchens gingen wieder zu Hakuin und baten ihn um Verzeihung; sie entschuldigten sich des langen und breiten und wollten das Kind wieder mitnehmen. Hakuin war einverstanden. Während er das Kind übergab, war alles, was er sagte: ‚So?'"

Ohne Worte – ohne Schweigen 2003, S. 24

„Dieses ewige Gerede von Liebe und Pflicht macht mich ganz verrückt. Wenn Ihr, mein Herr, die Welt nicht um die Einfalt brächtet, so könntet auch Ihr, mein Herr, Euch von dem Windhauch tragen lassen (der bläst, wo er will) und würdet Euren Platz finden im allgemeinen LEBEN. [...] Die Schneegans braucht sich nicht täglich zu baden und ist dennoch weiß; der Rabe braucht sich nicht täglich zu schwärzen und ist dennoch schwarz. Über die Schlichtheit ihrer schwarzen und weißen Farbe lohnt es sich nicht zu disputieren. Die Betrachtungen von Name und Ruhm lohnt es sich nicht, wichtig zu nehmen ..."

Dschuang Dsï 2011, S. 117

Entitäten, denen wir in einer absichtslosen, offenen, empfangsbereiten Haltung der Nicht-Veränderung begegnen, können wir leichter und stärker als inhärent wertvoll erleben. Das kann implizit und explizit geschehen. Wir brauchen uns nicht über unsere Werte im Klaren zu sein, um sie zu leben. Die Explikation als Wert ist nicht zwingend, sondern wird erst notwendig, wenn die Frage nach dem Wert von etwas gestellt wird. Aber wenn wir uns nicht einem Menschen oder einem Ding aufmerksam und interessiert zuwenden, ihnen nicht unsere Zeit, Energie und Zuwendung um ihrer selbst willen schenken, werden wir sie weder explizit noch implizit als Selbstwert erkennen, und sie werden uns vor allem nicht emotional bewegen, und sie werden nicht dazu führen, dass wir handeln. Als Selbst- oder Eigenwerte nehmen die meisten Menschen mindestens ihre Kinder, Liebespartner und Freunde, oft die Natur und Kunstwerke, aber auch Objekte und Orte wahr, mit denen sie eine persönliche Geschichte verbindet. Auch Beziehungen, Engagements, Fähigkeiten, also viele Phänomene des Zwischen, sowie szenische Objekte wie Gemeinschaften, Familie usw. erscheinen uns als schützenswert, ohne dass wir nach ihrem Nutzen fragen müssen. Wir würden unsere Kinder nicht gegen klügere oder hübschere tauschen, wir beenden keine Freundschaft, weil wir einen besseren Freund gefunden haben oder weil er uns nicht mehr von Nutzen ist, wir schützen Tiere, Pflanzen, Landschaften und Kunstschätze. Dazu gehört auch, dass wir den Menschen und Dingen ihre Zeit lassen, sich zu entfalten. Wir lassen unseren Kindern ihre Zeit, sich auf ihre Weise zu entwickeln, eröffnen ihnen Chancen und lassen sie ihren Weg gehen, wir kümmern uns um das Wohl unserer Liebespartner:in und Freunde. Wir können auch uns selbst einen inhärenten Wert zumessen, indem wir unserem Körper, unseren Gefühlen und unseren Gedanken den Raum und die Zeit geben, die sie brauchen. Kaum jemand würde seine Lebensgeschichte und seine Identität mit einem anderen Menschen tauschen. Es ist nur in Extremsituationen denkbar, dass ein Mensch sich selbst kein unbedingter Wert mehr ist. Wesentlich häufiger verliert er einfach das Bewusstsein für seinen Wert (während sein Unbewusstes und sein Verhalten daran festhalten).

Die Konstruktion allgemein verbindlicher Werte und moralischer Anschauungen ist vermutlich ohne moralische Anmutungen überhaupt nicht möglich (Taylor 1997 [1981]; Hauskeller 2001, 2009; Nussbaum 2011; Fischer 2012). Jedes ethische System braucht einen Boden, also etwas, das in seiner Werthaftigkeit nicht auf anderes zurückführbar ist (und vieles, was auf anderes zurückführbar ist). Ethische Existenz beginnt und endet also mit dem Nicht-Handeln, denn alle Zweckhaftigkeit muss mit etwas beginnen, das selbst keinen weiteren Zweck verfolgt, und mit etwas enden, das diesem Zweck gedient hat und in ihm zur Ruhe kommt.

Intuitionen sind in der Letztbegründung ethischer Überlegungen unverzichtbar. Wir können nicht rational begründen, warum wir menschliches Leben, Biodiversität, Kathedralen oder alte Buddha-Statuen in Pakistan schützen wollen. Jede Berufung auf kulturelles Erbe und die Vielfalt des Lebens landet schließlich bei kollektiven Intuitionen. Ein aktuelles Beispiel: In Zeiten der Coronapandemie wurden Stimmen laut, die die Entwicklung verharmlosen, indem sie darauf hinweisen, dass es sich bei den von schweren Krankheitsverläufen Betroffenen doch in der Hauptsache um ältere Menschen handelt. Auch wenn es nicht so klar formuliert wird, schwingt mit, dass das 100. Lebensjahr weniger wertvoll ist, als das zehnte. In Schweden hat dies dazu geführt, dass auch Menschen, deren stationäre Behandlung aussichtsreich gewesen wäre, nicht in Krankenhäusern aufgenommen wurden, weil sie als zu alt eingeschätzt wurden. Aufgrund mangelnder Kapazitäten wurde in Italien ähnlich entschieden.

Die Triage (Auswahl der Menschen, die bevorzugt behandelt werden) bei einem Massenunfall ist weitgehend schicksalshaft, die Bewältigung einer langdauernden Pandemie aber ist es nicht. Natürlich liegt es im Sinn jeder Behandlung, dass sie aussichtsreich sein muss und nicht nur das Sterben verlängert. Aber dass man eine aussichtsreiche Behandlung Menschen versagt (bzw. versagen muss, weil man die Situation nicht verhindert hat) und wie man das Versagen begründet, sagt etwas über die Werte aus, die Gesellschaft und Staat vertreten.

Der Relativierung des Werts eines Lebens steht der UN-Zivilpakt gegenüber, der jedem Menschen unabhängig von Alter, Geschlecht, Herkunft, finanziellem Status, Begabung, Verdienst usw. ein Recht auf die bestmögliche Gesundheitsversorgung zuspricht. Von einer Relativierung dieser Rechte in Bezug auf Alter oder andere Eigenschaften eines Menschen ist aus gutem Grund keine Rede. Können wir sicher sein, dass nicht auch in Deutschland früher oder später wieder die Diskussion aufkommt, welches menschliche Leben mehr oder weniger lebenswert und damit letztlich auch vielleicht nach extrinsischen Maßstäben und unabhängig von der Entscheidung des Betroffenen lebensunwert ist? Die Absolutheit des Anspruchs auf Leben und Hilfe beruht auf Intuition, auf Lehren aus der Geschichte und auf einer weiten Definition menschlichen Lebens, aber sie lässt sich darüber hinaus nicht gefahrlos begründen. Hier sieht man, wie relevant die Haltung der Achtsamkeit sein kann, weil sie eine Begründung für dieses Vorgehen und die Nicht-Begründbarkeit liefert und gleichzeitig eine Praxis der Verinnerlichung der elementaren Werte bietet.

Wie lassen sich ethische und moralische Überlegungen begründen?

Die Frage ist allerdings, wie und mit welcher Reichweite solche Anmutungen zu allgemeinen Verpflichtungen gemacht werden können. Das ist nicht ohne Weiteres möglich. Unsere moralischen Intuitionen sind soziokulturelle Phänomene und nicht immun gegenüber kritischen Nachfragen nach ihrer Universalisierbarkeit oder ihren Folgen (Nussbaum 2000). Die Wahrnehmung inhärenter Werte ist alles andere als verlässlich. Moralische Anmutungen beinhalten kognitive Anteile, die falsch sein können. Es gab und gibt felsenfeste moralische Anmutungen, die unreflektiert im Rahmen von Traditionen übernommen und erst im weiteren Kontext oder in historischer Perspektive als wertlos bzw. unmoralisch erkannt werden. Beispiele sind Sklaverei oder Kinderehe, die in ihren kulturellen Umgebungen als moralisch weitgehend unproblematisch empfunden und mit entsprechenden kognitiven Mustern wie z. B. der Nicht-Humanität afrikanischer Menschen abgesichert wurden und im Falle der Kinderehe noch werden. Die Verehrung für einen Führer, die Begeisterung für ein Vaterland und einen Krieg, auch die Liebe zu einem Menschen mögen subjektiv noch so evident sein, aus einer weiteren Perspektive können sie dennoch blind und borniert sein. Auch innerhalb einer relativen Wertegemeinschaft oder einer individuellen Moral treten zudem moralische Konflikte gerade dann auf, wenn moralische Intuitionen miteinander in Konflikt geraten, z. B. wenn wir die Tötung von Tieren generell ablehnen, aber gleichzeitig die Wälder erhalten wollen, die von ihnen mangels natürlicher Feinde geschädigt werden, oder wenn wir über den Bau von Windrädern diskutieren, die bei allem Nutzen auch erhebliche Nachteile haben.

„Wohl soll jede [Seele, M. H.] sich erkennen, sich läutern, sich vollenden, aber nicht um ihrer selbst willen, wie nicht um ihres irdischen Glücks, so auch nicht um ihrer himmlischen Seligkeit willen, sondern um des Werks willen, das sie an der Welt Gottes vollbringen soll. Man soll sich vergessen und die Welt im Sinn haben."

M. Buber 2001 [1947], S. 45/46

Auch wenn eine ethische Theorie ohne Bezugnahme auf inhärente Werte in der Luft hängen würde, können wir alleine mit einer intuitiven Grundlage nicht weit kommen. Inhärente Werte sind nur eine notwendige, keine hinreichende Bedingung für eine verbindliche moralische Praxis. Lässt sich aber eine kulturübergreifend verbindliche moralische Basis finden, die eine kritische Behandlung moralischer Anmutungen und eine konsistente Ordnung von Werten ermöglicht? Offensichtlich brauchen wir erhebliche rationale Anstrengungen, um Werte gegeneinander abzuwägen und so etwas wie verbindliche moralische Regeln, Pflichten und konsistente moralische Anschauungen in konkreten gesellschaftlichen Situationen zu entwickeln. Wir brauchen für ein Gelingen dieses Versuchs aber auch eine überzeugende Vorstellung von dem, was notwendigerweise und irreduzibel zu einem gelungenen menschlichen Leben gehört, eine Vorstellung, die außerdem mit dem weitgehenden Erhalt der belebten und unbelebten Natur vereinbar ist und den lokalen Traditionen einen möglichst großen Spielraum lässt (Nussbaum 1998, 1999). Es ist sicher nicht leicht, solche Vorgaben mit Inhalt zu füllen und umzusetzen Interessen und Macht spielen dabei eine wesentliche Rolle. Es braucht strukturelle Veränderungen, nicht nur individuelle. Notwendig sind nicht nur genauere Programme, guter Wille, Intelligenz und Ideen.

Aber wenn die Aufmerksamkeit, die Gefühle und die Energie über tausend Anliegen und Themen zerstreut sind, wenn sie tages-, ja stunden- und sekundenweise aktualisiert werden, wie sollen sich dann bedeutsame Anliegen behaupten, die aus vielen unscheinbaren Schritten bestehen und gerade durch ihre Beständigkeit unsichtbar und langweilig werden? Aber selbst wenn unsere Aufmerksamkeit für gesellschaftliche Probleme weniger flüchtig ist, so wird sie durch zahllose andere Themen in Beschlag genommen – vom eigenen Befinden, von Beziehungen, beruflichen Problemen, Medienereignissen usw. Es ist schwer, sich auf die Fragen zu fokussieren, die ethisch und langfristig nicht nur für uns, sondern auch für größere Gemeinschaften relevant sind. Das Thema des Natur- und Klimaschutzes hat es nach Jahrzehnten wegen einer unübersehbaren Zuspitzung der Entwicklung in die Öffentlichkeit und die Tagespolitik geschafft. Aber all die anderen nationalen und internationalen Notstände lösen ohne dramatische Ereignisse keine halbwegs ähnliche Betroffenheit aus, trotz der unzähligen Opfer, der massenhaften Chancenlosigkeit, des ganzen aktuellen Elends. Damit sind wir wieder beim Anfang dieses Buches. Vieles beginnt mit der Wahrnehmung und der Aufmerksamkeit. Achtsamkeit ist unter anderem die Fähigkeit, die Aufmerksamkeit zu lenken und zu öffnen. Sie ist in erster Linie eine Kultivierung des Wahrnehmens und des Spürens, was immer sie auch für das Fühlen, das Denken und das Miteinander bedeuten mag. Sie ist die Kunst, die Leichtigkeit des eigenen Daseins zum Vorschein zu bringen, und die Kunst, sich auf das zu besinnen, was wirklich und wichtig ist.

14 Literaturverzeichnis

Amichai J. (2018) Gedichte. Würzburg: Königshausen & Neumann.

Analayo B. (2012) Achtsamkeit aus frühbuddhistischer Sicht. In M. Zimmermann, C. Spitz & S. Schmidt (Hrsg.) Achtsamkeit – ein buddhistisches Konzept erobert die Wissenschaft (S. 277–290). Bern: Hans Huber.

Ausländer R. (2001) Gedichte. Frankfurt a. M.: S. Fischer.

Baier K. (2009) Meditation und Moderne. 2 Bde. Würzburg: Königshausen & Neumann.

Batchelor S. (2001) Buddhismus für Ungläubige [Orig.: Buddhism Without Beliefs]. Frankfurt a. M.: Fischer.

Batchelor S. (2020) Die Kunst mit sich allein zu sein. Berlin: edition steinrich.

Beck U. (2015) [1986] Risikogesellschaft. Auf dem Weg in eine andere Moderne. Frankfurt a. M.: Suhrkamp.

Benoist J. (2014) Elemente einer realistischen Philosophie. Reflexionen über das, was man hat. Frankfurt a. M.: Suhrkamp.

Bhatti A. & Kimmich D. (2015) Ähnlichkeit. Ein kulturtheoretisches Paradigma. Konstanz: Konstanz University Press.

Bieri P. (2003) Das Handwerk der Freiheit: Über die Entdeckung des eigenen Willens. Frankfurt a. M.: Fischer.

Binswanger L. (1993) [1942] Grundformen und Erkenntnis menschlichen Daseins. In: Ausgewählte Werke Bd. 2. Heidelberg: Asanger.

Binswanger L. (1957) Schizophrenie. Pfullingen: Neske.

Böhme G. (1995) Atmosphäre: Essays zur neuen Ästhetik. Frankfurt a. M.: Suhrkamp.

Bohus M. & Huppertz M. (2006) Wirkmechanismen achtsamkeitsbasierter Psychotherapie. Zeitschrift für Psychiatrie, Psychologie und Psychotherapie, 4, 265–276.

Bollnow O. F. (1995) [1941] Das Wesen der Stimmungen. Frankfurt a. M.: Klostermann.

Borchert W. (1949) Das Gesamtwerk. Reinbek: Rowohlt Verlag.

Bräunlein P. J. (2012) Die materielle Seite des Religiösen. Perspektiven der Religionswissenschaft und Ethnologie. In U. Karstein & T. Schmidt-Lud (Hrsg.) Architekten und Artefakte. Veröffentlichungen der Sektion Religionswissenschaft der Deutschen Gesellschaft für Soziologie. Berlin: Springer Nature. DOI: https://doi.org/10.1007/978-3-658-10404-7_2.

Brecht B. (1967) Gesammelte Werke, Bd. 10. Frankfurt a. M.: Suhrkamp.

Breithaupt F. (2009) Kulturen der Empathie. Frankfurt a. M.: Suhrkamp.

Breithaupt F. (2017) Die dunklen Seiten der Empathie. Frankfurt a. M.: Suhrkamp.

Britton W. B., Lindahl J. R., Cooper D. J. et al. (2021) Defining and Measuring Meditation-Related Adverse Effects in Mindfulness-Based Programs. Clinical Psychological Science. DOI: https://doi.org/10.1177/2167702621996340.

Bronkhorst J. (2000) Die buddhistische Lehre. In H. Bechert (Hrsg.) Die Religionen der Menschheit: Bd. 24: Der Buddhismus I: Der indische Buddhismus und seine Verzweigungen (S. 45–151). Stuttgart: Kohlhammer.

Brooks C. & Selver C. (1979) Erleben durch die Sinne (Sensory Awareness). Paderborn: Junfermann.

Bryson B. (2013) Eine kurze Geschichte der alltäglichen Dinge. München: Goldmann.

Buber M. (1999) [1923] Ich und Du. In M. Buber (1999) Das dialogische Prinzip. Gütersloh: Gütersloher Verlagshaus.

Buber M. (1999) [1929] Zwiesprache. In M. Buber (1999) Das dialogische Prinzip. Gütersloh: Gütersloher Verlagshaus.

Buber M. (2001) [1947] Der Weg des Menschen nach der chassidischen Lehre. Gütersloh: Gütersloher Verlagshaus.

Bude H. (2019) Solidarität: Die Zukunft einer großen Idee. München: Carl Hanser.

Cabanas E. & Illouz E. (2019) Das Glücksdiktat: Und wie es unser Leben beherrscht. Frankfurt a. M.: Suhrkamp.

Calhoun L. G. & Tedeschi R. G. (2013) Posttraumatic Growth in Clinical Practice. New York: Routledge.

Cleary J. C. (2006) Swampland Flowers: The Letters and Lectures of Zen Master Ta Hui. Boston: Shambhala Publications.

Comte-Sponville A. (2008) Woran glaubt ein Atheist? Spiritualität ohne Gott. Zürich: Diogenes.

Csíkszentmihályi M. (1992) Flow. Das Geheimnis des Glücks. Stuttgart: Klett-Cotta.

Domin H. (2009) Sämtliche Gedichte. Frankfurt: S. Fischer.

Dreyfus H. & Taylor C. (2016) Die Wiedergewinnung des Realismus. Frankfurt a. M.: Suhrkamp.

Dschuang Dsï (2011) Das wahre Buch vom südlichen Blütenland. Köln: Anaconda.

Feichtinger J. (2015) Kakanische Mischungen. Von der Identitäts- zur Ähnlichkeitswissenschaft. In A. Bhatti & D. Kimmich (Hrsg.) Ähnlichkeit. Ein kulturtheoretisches Paradigma (S. 219–243). Konstanz: University Press.

Fénelon F. (2008) [ca. 1588] Über das Gebet. In G. Greshake & J. Weimayer (Hrsg.) Quellen geistlichen Lebens. Die Neuzeit. Mainz: Matthias-Grünewald-Verlag.

Fischer J. (2012) Verstehen statt Begründen. Warum es in der Ethik um mehr als nur um Handlungen geht. Stuttgart: Kohlhammer.

Fischer M. (Hrsg.) (1998) Da berühren sich Himmel und Erde. Musik und Spiritualität. Eine Anthologie. Zürich, Düsseldorf: Benziger.

Forbes D. (2019) Mindfulness and Its Discontents: Education, Self, and Social Transformation. Winnipeg: Fernwood Publishing Co.

Frankl V. (2007) [1946] Ärztliche Seelsorge: Grundlagen der Logotherapie und Existenzanalyse. Mit den ‚Zehn Thesen über die Person'. München: dtv.

Frankl V. (2015) [1946] Vom Sinn und Wert des Lebens. In V. Frankl (2015) Es kommt der Tag, da bist du frei. Unveröffentlichte Briefe, Texte und Reden. München: Kösel.

Frick E. & Boothe B. (2017) Spiritual Care. Über das Leben und Sterben. Basel: Orell Füssli.

Frick E. & Hilpert K. (2020) Spiritual Care von A–Z. Berlin: De Gruyter.

Fryszer A. & Eggemann-Dann H.-W. (2021) Systemisch arbeiten mit Jugendlichen: Methoden, Haltungen und Strategien. Göttingen: Vandenhoeck & Ruprecht (im Druck).

Gadamer H.-G. (2010) [1960] Wahrheit und Methode: Grundzüge einer philosophischen Hermeneutik. In: Gesammelte Werke: Bd. 1: Hermeneutik I. Frankfurt a. M.: Mohr Siebeck.

Gäng P. (1996) Was ist Buddhismus? Frankfurt a. M.: Campus.

v. Gebsattel V. E. (1954) Prolegomena einer medizinischen Anthropologie: Ausgewählte Aufsätze. Berlin: Springer.

Grossman P. (2015) Mindfulness: Awareness informed by an Embodied Ethic. Mindfulness, 6, 17–22. DOI: https://doi.org/10.1007/s12671-014-0372-5.

Habenicht U. (2018) Leben mit leichtem Gepäck. Eine minimalistische Spiritualität. Würzburg: Echter.

Han B.-C (2009) Duft der Zeit. Ein philosophischer Essay zur Kunst des Verweilens. Bielefeld: Transcript.

Harari Y. N. (2018) Homo Deus. Eine Geschichte von morgen. München: C. H. Beck.

Hauskeller M. (1995) Atmosphären erleben. Philosophische Untersuchungen zur Sinneswahrnehmung. Berlin: Akademie Verlag.

Hauskeller M. (2001) Versuch über die Grundlagen der Moral. München: C. H. Beck.

Heidegger M. (1979) [1927] Sein und Zeit. Tübingen: Max Niemeyer.

Heidegger M. (1985) [1955] Gelassenheit. Pfullingen: Neske.

Hemingway E. (1989) [1935] Die grünen Hügel Afrikas. In: Ders. Gesammelte Werke, Bd. 9. Reinbek bei Hamburg: Rowohlt.

Hörisch J. (1988) Die Wut des Verstehens. Zur Kritik der Hermeneutik. Frankfurt a. M.: Suhrkamp.

Howard S. J. (2016) Mindfulness may have risks as well as benefits. Journal of the Royal Society of Medicine, 109(7), 259–260. DOI: https://doi.org/10.1177/0141076816644113.

Huppertz M. (2000) Schizophrene Krisen. Bern: Huber.

Huppertz M. (2003) Musik und Gefühl. Musik & Ästhetik, 7(26), 5–41. Kostenl. Downloadfassung: https://www.mihuppertz.de/Downloadfassung%20Musik%20und%20Gefuehl.pdf (Zugriff: 23.06.2021).

Huppertz M. (2006) Wissen und Können in der Psychotherapie. In Psycho-logik 1/2006 (S. 1–17). Freiburg, München: Karl Alber. Kostenl. Downloadfassung: https://www.mihuppertz.de/Downloadfassung%20Wissen%20und%20Koennen.pdf (Zugriff: 23.06.2021).

Huppertz M. (2007) Spirituelle Atmosphären. In S. Debus & R. Posner (Hrsg.) Atmosphären im Alltag (S. 157–185). Bonn: Psychiatrie-Verlag. Kostenl. Downloadfassung: https://www.mihuppertz.de/Downloadfassung%20Spirituelle%20Atmosphaeren.pdf (Zugriff: 23.06.2021).

Huppertz M. (2009) Achtsamkeit – Befreiung zur Gegenwart. Paderborn: Junfermann.

Huppertz M. (2013) Meditation und Psychiatrie. Über die Verseelung und Vergeistigung der Meditation. In A. Renger & C. Wulf (Hrsg.) Meditation in Religion, Therapie, Ästhetik, Bildung. Paragrana. Int. Zeitschr. für Historische Anthropologie, 22(2) (S. 115–129). Berlin: Akademie-Verlag.

Huppertz M. (2014) Achtsamkeit und Unternehmensethik. SEM Radar, Zeitschrift für Systemdenken und Entscheidungsfindung im Management, 13(1), 49–83.

Huppertz M. (2015) Achtsamkeitsübungen. Experimente mit einem anderen Lebensgefühl. 99 Anleitungen für die Praxis. 2. veränderte Aufl. Paderborn: Junfermann.

Huppertz M. (2016) Erleuchtung – Erlebnis oder Einsicht? Zur Struktur von Erleuchtungserfahrungen aus Sicht der Phänomenologie und der Kognitionswissenschaft. In A. Renger (Hrsg.) ‚Erleuchtung': Konzepte – Rollen – Modelle (S. 177–202). Freiburg: Herder. Kostenl. Downloadfassung: https://www.mihuppertz.de/Erleuchtung%20%e2%80%93%20Erlebnis%20und%20Einsicht.pdf (Zugriff: 23.06.2021).

Huppertz M. (2017) Der Wert der Gefühle. Achtsamkeit und Emotionsregulation. Psychotherapie, 1/2017 (Themenheft: Therapie von Störungen der Emotionsregulation), 1–24. Kostenl. Downloadfassung: https://www.mihuppertz.de/01.12.2016_1-2017_06_Huppertz.pdf (Zugriff: 23.06.2021).

Huppertz M. (2019) Miteinander. In E. Frick & L. Maidl (Hrsg.) Spirituelle Erfahrung in philosophischer Perspektive (S. 215–234). Berlin: De Gruyter Verlag.

Huppertz M. (Hrsg.) (2021) Achtsamkeitsbasierte Therapie und Beratung. Zur Anwendung der Achtsamkeit in verschiedenen psychosozialen Kontexten. Frankfurt a. M.: Mabuse-Verlag.

Huppertz M. & Schatanek V. (2021) Achtsamkeit in der Natur. 101 naturbezogene Achtsamkeitsübungen und theoretische Grundlagen. 2. veränderte Aufl. Paderborn: Junfermann.

Illouz E. (2008) Die Errettung der modernen Seele: Therapien, Gefühle und die Kultur der Selbsthilfe. Frankfurt a. M.: Suhrkamp.

Jacoby H. (2004) [1945] Jenseits von ‚Begabt' und ‚Unbegabt'. Hamburg: Heinrich-Jacoby/Elsa-Gindler-Stiftung, Christians Verlag.

James W. (1997) [1901/2] Die Vielfalt religiöser Erfahrung. Leipzig: Insel.

Jullien F. (2018) Vom Sein zum Leben: Euro-chinesisches Lexikon des Denkens. Berlin: Matthes & Seitz.

Jullien F. (2010) Über das Fade: Eine Eloge zu Denken und Ästhetik in China. Berlin: Merve.

Kabat-Zinn J. (1998) Gesund durch Meditation. Bern: O. W. Barth.

Kehlmann D. (2017) Tyll. Hamburg: Rowohlt.

v. Kleist H. (1993) Sämtliche Werke und Briefe, Bd. II (Hrsg. H. Sembdner). 9. Aufl. München: Carl Hanser.

Knoblauch S. (2000) The musical Edge of Therapeutic Dialogue. New York: Analytic Press.

Kornfield J. (2004) Das Tor des Erwachens. Berlin: Ullstein.

Kuhn Shimu S. T. (2013) Das Tao der Worte. Darmstadt: Schirner Verlag.

Lampe L. (2016) „Unendlich viel Spiritualität" – Religiöse Musikdeutung in der gegenwärtigen Klassikszene. Dissertation, Philosophische Fakultät, Institut für Religionswissenschaft. Universität Heidelberg.

Langer E. (2015) [1989] Mindfulness. Das Prinzip Achtsamkeit. München: Verlag Franz Vahlen.

Langer S. (1957) Problems of Art. New York: Charles Scribner's Sons.

Langer S. (1992) [1942] Philosophie auf neuem Wege: Das Symbol im Denken, im Ritus und in der Kunst. Frankfurt a. M.: Fischer.

Lasch C. (1988) Das Zeitalter des Narzißmus. München: dtv.

Lasker-Schüler E. (2016) Sämtliche Gedichte. Frankfurt a. M.: Fischer Klassik.

Linden M. & Strauß B. (Hrsg.) (2012) Risiken und Nebenwirkungen von Psychotherapie. Erfassung, Bewältigung, Risikovermeidung. Berlin: MWV.

Ludwig S. (2002) Elsa Gindler – von ihrem Leben und Wirken: wahrnehmen, was wir empfinden. Hrsg.: Heinrich-Jacoby/Elsa-Gindler-Stiftung. Bearb.: M. Haag. Hamburg: Christians.

Luhmann N. (1968) Vertrauen – ein Mechanismus der Reduktion sozialer Komplexität. Stuttgart: Enke.

Luhmann N. (1987) Soziale Systeme: Grundriß einer allgemeinen Theorie. Frankfurt a. M.: Suhrkamp.

Meesmann H. (2010) Mystik – der wahre Weg zu Gott?: Die Kontroverse um den Benediktinerpater und Zen-Lehrer Willigis Jäger. Oberursel: Publik-Forum Verlagsgesellschaft mbH.

Merleau-Ponty M. (2011) [1966] Phänomenologie der Wahrnehmung. Berlin: De Gruyter.

Metzinger T. (2014) Der Ego-Tunnel: Eine neue Philosophie des Selbst: Von der Hirnforschung zur Bewusstseinsethik. München: Piper.

Minkovski E. (1971/2) [1933] Die gelebte Zeit. Salzburg: Müller.

Mitchell S. A. (1988) Relational Concepts in Psychoanalysis. Cambridge, Mass.: Harvard University Press.

Monroe K. R. (1996) The Heart of Altruism. Perceptions of a Common Humanity. Princeton, New Jersey: Princeton University Press.

Münster D. (2000) Religionsästhetik und Anthropologie der Sinne. München: Akademischer Verlag.

Noyon A. & Heidenreich T. (2012) Existenzielle Perspektiven in Psychotherapie und Beratung. Weinheim: Beltz.

Nussbaum M. (1998) Nicht relative Tugenden: Ein aristotelischer Ansatz. In K.-P. Rippe & P. Schaber (Hrsg.) Tugendethik. Stuttgart: Reclam.

Nussbaum M. (1999) Der aristotelische Sozialdemokratismus. In M. Nussbaum (1999) Gerechtigkeit oder das gute Leben. Frankfurt a. M.: Suhrkamp.

Nussbaum M. (2000) Vom Nutzen der Moralphilosophie für das Leben. Wien: Passagen Verlag.

Nussbaum M. (2001) Upheavals of Thought. The Intelligence of Emotions. Cambridge: The Cambridge University Press.

Ohne Worte – ohne Schweigen. 101 Zen-Geschichten (Hrsg. P. Zech). 2003. Frankfurt a. M.: Fischer Scherz.

Otto R. (1979) [1917] Das Heilige. München: Beck.

Pessoa F. (2008) [1946] Alberto Caeiro Poesia – Poesie. Frankfurt a. M.: Fischer Verlag.

Polanyi M. (1966) The Tacit Dimension. New York: Garden City.

Prohl I. (2004) Zur methodischen Umsetzung religionsästhetischer Fragestellungen am Beispiel zen-buddhistischer Praxis in Deutschland. MThZ, 55(2004), 291–299.

Prohl I. (2012) Materiale Religion. In M. Stausberg (Hrsg.) Religionswissenschaft. Ein Studienbuch. Berlin: De Gruyter. www.academia.edu. DOI: https://doi.org/10.151/9783110258936.379.

Proust M. (2004) [1923] Die Gefangene. Auf der Suche nach der verlorenen Zeit Bd. 5. Frankfurt a. M.: Suhrkamp.

Proust M. (1981) [1918] Im Schatten junger Mädchenblüte. Auf der Suche nach der verlorenen Zeit Bd. 2. Frankfurt a. M.: Suhrkamp.

Proust M. (1996) Der Gleichgültige. Zweisprachige Erzählung. Frankfurt a. M.: Suhrkamp.

Purser R. (2021) Wie Achtsamkeit die neue Spiritualität des Kapitalismus wurde. Frankfurt a. M.: Mabuse-Verlag.

Reckwitz A. (2019) Die Gesellschaft der Singularitäten: Zum Strukturwandel der Moderne. Frankfurt a. M.: Suhrkamp.

Renger A. (Hrsg.) (2016) „Erleuchtung". Kultur- und Religionsgeschichte eines Begriffs. Freiburg: Herder.

Richter J. (Hrsg.) (1995) Da lacht des Rabbis Herz. Jüdischer Humor. Gütersloh: Gütersloher Verlagshaus.

Rieff P. (2006) [1966] The Triumph of the Therapeutic: Uses of Faith after Freud. Wilmington: Intercollegiate Studies Institute.

Rilke R. M. (2006) Die Gedichte. Berlin: Insel.

Rosa A. (2019) Unverfügbarkeit. Würzburg: Residenz.

Rosa H. (2016) Resonanz: Eine Soziologie der Weltbeziehung. Frankfurt a. M.: Suhrkamp.

Roßler G. (2016) Der Anteil der Dinge an der Gesellschaft. Sozialität – Kognition – Netzwerke. Bielefeld: transcript.

Roth E. (2020) Das Beste von Eugen Roth. Köln: Anaconda.

Rousseau J. J. (2003) [1782] Träumereien eines einsamen Spaziergängers. Stuttgart: Reclam.

Ryle G. (1985) [1949]. Der Begriff des Geistes. Ditzingen: Reclam.

Sartre J. P. (1975) Der Ekel. Hamburg: Rowohlt.

Schindler S. (2020) Ein achtsamer Blick auf den Achtsamkeits-Hype. Organisationsberat Superv Coach, 27, 111–124. DOI: https://doi.org/10.1007/s11613-020-00641-z.

Schleiermacher F. (1969) [1799] Über die Religion. Reden an die Gebildeten unter ihren Verächtern. Stuttgart: Reclam.

Schmidbauer W. (1992) Hilflose Helfer. Reinbek: Rowohlt.

Schulze G. (2000) Die Erlebnisgesellschaft: Kultursoziologie der Gegenwart. Frankfurt a. M.: Campus.

Sennett R. (2014) Zusammenarbeit. Was unsere Gesellschaft zusammenhält. München: dtv.

Shaw J. (2018) Das trügerische Gedächtnis: Wie unser Gehirn Erinnerungen fälscht. München: Heyne.

Shonin E., Van Gordon W. & Griffiths M. D. (2014) Do mindfulness-based therapies have a role in the treatment of psychosis. Australian & New Zealand Journal of Psychiatry, 48(2), 124–127. DOI: http://dx.doi.org/10.1177/0004867413512688.

Signol C. (2007) Marie de Brebis: Der reiche Klang des einfachen Lebens. Eine Biografie. Stuttgart: Urachhaus.

Stueber K. R. (2017) Fremdverstehen und Fremdbewerten. Information Philosophie, Juni 2017: 18–35.

Stern D. N. (2005) Der Gegenwartsmoment. Frankfurt a. M.: Brandes & Apsel.

Stevens J. O. (1996) [1971] Die Kunst der Wahrnehmung. Gütersloh: Kaiser.

Strout E. (2020) Die langen Abende. München: Luchterhand.

Suzuki S. (2016) [1970] Zen-Geist – Anfänger-Geist: Unterweisungen in Zen-Meditation. Berlin: Theseus.

Tangney J. P., Dobbbins A. E., Stuewig J. B. & Schrader S. W. (2017) Is There a Dark Side to Mindfulness? Relation of Mindfulness to Criminogenic Cognitions. Personality and Social Psychology Bulletin, 2017, 1–12. DOI: https://doi.org/10.1177/0146167217717243.

Taylor P. W. (1997) [1981] Die Ethik der Achtung vor der Natur. In A. Krebs (Hrsg.) (1997) Naturethik. Frankfurt a. M.: Suhrkamp.

Thoreau H. D. (2013) [1851] Vom Wandern. Stuttgart: Reclam.

Timm U. (2017) Ikarien. Köln: Kiepenheuer & Witsch.

Tugendhat E. (2010) [1976] Vorlesungen zur Einführung in die sprachanalytische Philosophie. Frankfurt a. M.: Suhrkamp.

Uhlmann G. (2016) Diskursive Arbeit und Erleuchtung bei Platon. In A. Renger (Hrsg.) Erleuchtung – Kultur- und Religionsgeschichte eines Begriffs. Freiburg: Herder.

Utsch M., Bonelli R. M. & Pfeiffer S. (2018) Psychotherapie und Spiritualität. Berlin: Springer.

Van Dam N. T., van Vugt M. K., Vago D. R., Schmalzl L., Saron C. D., Olendzki A., Fox K. C. et al. (2019) Mind the hype: a critical evaluation and prescriptive agenda for research on mindfulness and meditation. Perspectives on Psychological Science, 13, 36–61.

Victoria B. (1997) Zen, Nationalismus und Krieg. Eine unheimliche Allianz. Berlin: Theseus.

Wallace B. A. (2012) Achtsamkeit: mehr als eine Methode der Streßbewältigung. In M. Zimmermann (Hrsg.) Achtsamkeit – ein buddhistisches Konzept erobert die Wissenschaft (S. 21–36). Bern: Hans Huber.

Wallace D. F. (2012) Das hier ist Wasser/This is Water: Anstiftung zum Denken – Zweisprachige Ausgabe. Köln: Kiepenheuer & Witsch.

Walser R. (2018) [1917] Der Spaziergang. Berlin: Insel.

Weber A. (2020) Annette, ein Heldinnenopus. Berlin: Matthes & Seitz.

Wiesel E. (1987) Worte wie Licht in der Nacht. Hrsg. u. eingeleitet von R. Walter. Freiburg: Herder.

Wittgenstein L. (2003) [1953] Philosophische Untersuchungen. Frankfurt a. M.: Suhrkamp.

Zimmerman M. J. & Bradley B. (2019) Intrinsic vs. Extrinsic Values. Stanford Encyclopedia of Philosophy. https://plato.stanford.edu/entries/value-intrinsic-extrinsic (Zugriff: 23.06.2021).

Zimmermann M. (2012) Vorwort. In M. Zimmermann, C. Spitz & S. Schmidt (Hrsg.) Achtsamkeit – ein buddhistisches Konzept erobert die Wissenschaft (S. 9–17). Bern: Hans Huber.

Zumwinkel K. (Hrsg.) (2014) Die Lehrreden des Buddha aus der Mittleren Sammlung (Majjhima Nikaya) Bd. I. Uttenbühl: Jhana Verlag.

Dank

Ich danke meinen Kolleg:innen und den Teilnehmer:innen unserer Gruppen und Workshops, mit denen ich in verschiedensten Kontexten gearbeitet habe: Für ihre Ideen, ihre Experimentierfreude, ihre Bereitschaft, sich in ihren Stärken und Schwächen zu zeigen und mit mir gemeinsam neue Wege zu gehen, für ihre Fragen, die ich in diesem Buch aufgreife, ihre Rückmeldungen und Kritik, für Frust und Freude, Zweifel und Begeisterung.

Ein besonderer Dank gilt Antje Sommer-Schlögl für die sorgfältige Durchsicht vorläufiger Fassungen des Textes, für ihre Kommentare, ihre Anregungen, kurzum ihr unerschütterliches Interesse. Gesine Heetderks hat mich mit ihrem feinen Sinn für gute Worte auf einige Zitate hingewiesen, die Eingang in dieses Buch gefunden haben. Ich möchte ihr aber auch dafür danken, dass sie mit mir seit Jahrzehnten an verschiedenen Projekten arbeitet und mit mir befreundet bleibt. Hans-Werner Eggemann-Dann hat mich unter anderem mit wertvollen Diskussionen zum Thema „Achtsamkeit und Sinn" unterstützt.

Simone Holz hat das Buch sehr geduldig und engagiert lektoriert. Wir haben zahllose Mails gewechselt. Durch ihre kontinuierliche Mitwirkung hat sie mich in allen Phasen begleitet und ermutigt. Franziska Brugger vom Mabuse-Verlag hat manche Irrungen und Wirrungen mitgetragen und dafür gesorgt, dass sie ein gutes Ende gefunden haben. Dass „Die Kunst da zu sein" ohne Komma im Titel steht, nehme ich alleine auf meine Kappe! Ohne die Arbeit und das Engagement der grafischen Abteilung und allen anderen Mitarbeiter:innen des Mabuse-Verlags wäre das Buch nicht zustande gekommen – ihnen allen bin ich dankbar.